영자신문이 **술술** 영어뉴스가 **쏙쏙**

시사 영단어 1 정치·경제

영자신문이 술술 영어뉴스가 쏙쏙
시사 영단어 1 정치·경제

2판 1쇄 인쇄 2022년 9월 25일
2판 1쇄 발행 2022년 9월 30일

지은이 곽영섭
펴낸이 엄경희
펴낸곳 서프라이즈

주소 서울 마포구 연남로5길 19-5
전화 02) 719-9758 팩스 02) 719-9768
이메일 books4u@naver.com
등록 제313-2003-00382호

ISBN 978-89-92473-25-5 14740
ISBN 978-89-92473-24-8 (전2권)

책값은 뒤표지에 있습니다.

영자 신문이 술술

시사 영단어

1 정치 · 경제

영어뉴스가 쏙쏙

곽영섭 지음

서프라이즈

책머리에

Preface

시사상식과 영어를 동시에 잡는다!

영어를 공부하는 목적은 사람마다 다르다. 학생들은 높은 점수를 받아 원하는 학교에 진학하거나 졸업 후 좋은 직장에 들어가기 위해 공부하고, 직장인들은 승진에서 탈락하지 않기 위해 또는 업무상 영어가 필요해 머리를 싸맨다. 하지만 영어를 공부하는 궁극적인 목적은 살아가면서 필요한 정보와 지식을 얻는 것이라 할 수 있으며 이것을 가장 잘 충족시켜 줄 수 있는 것이 시사영어가 아닐까 싶다.

그러나 큰맘 먹고 영자신문을 보거나 인터넷으로 뉴스 사이트를 보지만 이내 포기하고 만다. 모르는 단어에 막혀 사전을 찾다 진이 다 빠지기 때문이다. 그렇다고 머리를 탓하며 포기할 필요는 없다. 영어 실력은 IQ와는 전혀 상관없고 오직 누가 더 많은 시간을 투자해 반복해서 연습하느냐에 달려있기 때문이다.

시사영어를 잘하려면 무엇보다 시사영어에 사용되는 어휘에 익숙해져야 한다. 그러기 위해서는 다양한 분야의 글을 읽으며 영어 단어와 표현을 익혀야 하는데, 사실 많은 시간과 엄청난 노력을 요하는 일이다. 시사영어에 자주 쓰이는 단어와 표현을 일목요연하게 정리해 놓은 책이 있으면 이러한 시간과 노력을 크게 덜 수 있겠지만 유감스럽게도 시중에 나와 있는 시사영어 책들은 대부분 단편적인 것으로 충분하지 않은 것 같다.

이 책은 바로 이런 문제점을 해결하기 위해 기획되었는데, 시사영어에 자주 사용되는 단어와 표현을 주제별로 체계적이고 종합적으로 모아놓은 '시사어휘의 결정판'이라고 할 수 있다. 우선 시사영어를 정치, 경제, 사회, 문화, 의학, 과학, 정보통신, 스포츠 등의 분야로 나누고, 이를 다시 80개의 큰 주제별로, 그리고 그 아래 256개의 소주제로 나눠 다루고 있다. 각 주제별로 핵심이 되는 단어와 그 동의어, 유의어, 반의어를 포함한 관련 어휘를 총망라하여 용례와 함께 정리했으며, '필수예문'과 '심화학습'을 통해 충분히 문장 속에서 익힐 수 있도록 하였다. 더욱이 MP3가 제공되어 영어뉴스 청취 실전 연습에도 매우 유용할 것이다.

이 책은 실무적이고 시사적인 내용이 많이 출제되는 취직시험에 대비하는 데 더할 나위 없이 좋은 시사어휘 입문서로 대학생들의 필독서이며, 시사영어에 관심은 많으나 늘 시간에 쫓기는 직장인들에게는 시사상식과 영어를 동시에 잡을 수 있는 최적의 교재가 될 것이다. 또한 대입 수능시험을 준비하는 고등학생들에게도 훌륭한 참고서로서 한 단계 높은 영어를 접하게 해줄 것이다.

이 책에서 다루고 있는 어휘만 여러분의 것으로 만들면 시사영어는 정복한 것이나 다름없다고 감히 단언하고 싶다. '천릿길도 한 걸음부터'라는 속담처럼 차근차근 하나하나 익혀 나간다면 영어 공부의 최고 단계라고 할 수 있는 시사영어의 정복도 그리 멀지만은 않을 것이다. 영어를 공부하는 모든 이에게 하루빨리 그런 날이 오기를 기대해본다.

곽영섭

초점어휘

01 임명 취임 해임 사임

주제어	관련어
nominate	handpick, nominee, choice, appointment, incoming, promote
inaugurate	inauguration, be installed as, take the oath of office
dismiss	fire, sack, suspend, oust, depose, pension off, reinstate
resign	quit, step down, stand down, retire, resignation, outgoing

Birds of a feather flock together.

● 각 장의 주제어와 주요 관련어를 맨 앞에 따로 모아 배치하였다. 꼭 알아둬야 할 필수 어휘를 보여주는 한편, 뒤에 어떤 어휘에 대한 설명이 나올 것인지를 미리 알 수 있도록 한 것이다. 낯선 어휘에 체크했다가 추측한 의미가 맞는지 꼭 확인해보자.

시사상식 에세이

● 주제어와 관련된 속담이나 격언, 명언 등을 제목으로 해서 각 장에서 다루게 될 내용을 풀어쓴 도입문으로, 표현도 익히고 시사상식도 넓힐 수 있다. 시사영어와 함께 세상사에 대한 안목을 키워보자.

어휘해설

dismiss

● 주제어에는 우리말 뜻과 함께 영어 정의를 넣었으며, 특히 동의어를 포괄적으로 많이 제시해줌으로써 동어 반복을 피해 다양한 어휘를 사용하는 영어의 동의어 감각을 기를 수 있어 매우 유용하다. 이제 새로운 단어를 알아가는 재미, 어휘력이 쑥쑥 커가는 즐거움을 느껴보자.

● 비교해서 참조할 말을 폭넓게 보여주는 '유의어'와 '반의어' 역시 알짜배기 어휘만을 잘 정리해놓은 단이장 역할을 하면서 획기적으로 어휘를 확장시켜준다.

● '용례'에는 시사영어에서 빈번하게 쓰이는 핵심 표현들을 풍부하게 정리해놓아 이것만 잘 익혀두면 어떠한 뉴스를 접하더라도 쉽게 이해할 수 있도록 했다.

필수예문

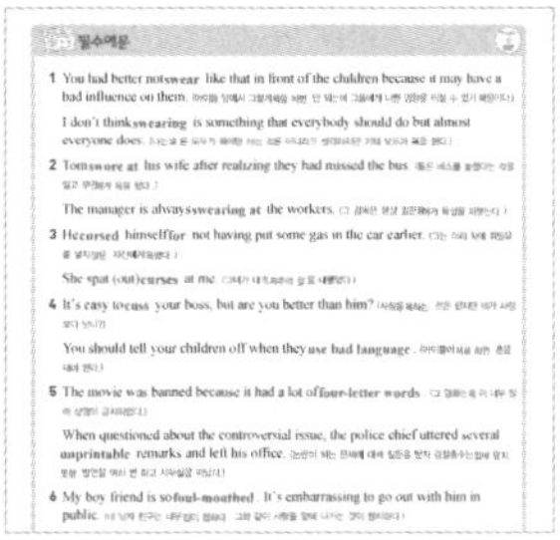
필수예문

● 반드시 알아두어야 할 단어나 표현을 문장 속에서 익힐 수 있도록 제시한 생생한 예문들이므로 가급적 입에서 술술 나올 정도로 외워두자. 일단 별색 표시한 필수 표현에 신경 쓰면서 큰 소리로 여러 번 읽으며 전체적인 내용이 머리 속에 들어오게 한 다음, 다른 유용한 표현까지 공부하는 것이 효과적이다. 영어 공부는 눈으로만 하지 말고 입으로 해야 된다는 것을 명심하자.

● 나아가, 암기하는 데 그치지 말고 우리말 뜻을 보고 영어로 옮기는 연습을 해보라. 처음에는 힘들겠지만 꾸준히 하다 보면 차츰 쉬워지며 그렇게 한달 정도만 해도 놀랄 정도로 영작 실력이 향상된 것을 느낄 수 있을 것이다.

● '필수예문'은 녹음되어 있어 더욱 활용도가 높다. MP3를 들으며 따라해보는 것은 물론, 듣고 바로 우리말로 번역해보는 연습을 한다면 더 이상 좋은 듣기, 말하기 훈련이 없다.

심화학습

심화학습

● 어휘해설과 필수예문에서 미처 다루지 못한 표현을 다양한 형식으로 보여준다. 추가 표현을 예문과 함께 정리하거나, 주제별로 짧은 영어 설명문을 제공하거나, 분야별 전문용어나 관용표현을 심도 있게 보여준다. 특히 주식 및 채권 용어 정리나 스포츠 종목별 표현 정리는 전문화된 경제 뉴스와 스포츠 뉴스도 거뜬히 따라잡을 수 있도록 해준다.

차 례

Contents

BOOK 2 사회·문화·과학·스포츠

■ 괄호 사용에 관한 일러두기

이 책에는 영문이나 국문에 모두 [ ], ( ) 두 가지의 괄호가 사용되었으며, 아래와 같이 [ ]는 앞의 말과 대체되는 말을, ( )는 생략 가능하거나 부연 설명하는 말을 나타내는 것으로 크게 구분할 수 있다.

❙ spread[start, circulate] a rumor, set a rumor afloat 소문을 내다

'spread a rumor', 'start a rumor', 'circulate a rumor', 그리고 'set a rumor afloat' 등이 모두 '소문을 내다'라는 뜻임을 나타낸다.

❙ a rise[fall] in exports 수출의 증가[하락]

'a rise in exports'는 '수출의 증가'를 'a fall in exports'는 '수출의 하락'을 뜻함을 나타낸다.

❙ go into [take] a recess 쉬다, 휴회하다

take가 바로 앞의 단어인 into만이 아니라 go into를 대체하므로 [ ]를 into와 한 자 띄었다.

❙ peripheral (device) 주변 장치

'peripheral device'는 '주변 장치'라는 말이며 'peripheral'만으로도 같은 뜻으로 쓰임을 나타낸다.

❙ wild[idle] speculation 근거 없는(터무니없는) 추측

'wild speculation'이나 'idle speculation'이 '근거 없는 추측'이라는 뜻으로 '터무니없는 추측'이라는 말을 부연한 것이다.

Part 1

정치
politics

01 임명 | 취임 | 해임 | 사임

주제어	관련어
nominate	handpick, nominee, choice, appointment, incoming, promote
inaugurate	inauguration, be installed as, take the oath of office
dismiss	fire, sack, suspend, oust, depose, pension off, reinstate
resign	quit, step down, stand down, retire, resignation, outgoing

●●● Birds of a feather flock together. 유유상종(끼리끼리 모인다).

역대 정권들은 무슨 큰 사건이라도 터지면 내각에 책임을 물어 총리(prime minister)와 장관을 갈아 치우고 정부가 비난을 받으면 분위기 쇄신용으로 개각(cabinet reshuffle)을 단행하곤 했다. 대개는 대통령의 측근들을 뽑거나 소위 코드가 맞는 인사들이 낙점을 받고 아무리 능력이 있더라도 야당에 있는 사람들은 제외되기 십상이었다.

누구를 어떤 자리에 앉히는 것은 nominate, 선거를 통해 뽑는 것은 elect이다. 새로운 직위나 자리에 취임하는 것은 be inaugurated라고 하며 자리에서 물러나게 하는 것은 dismiss, 스스로 물러나는 것은 resign이라고 한다.

세계 유일의 초강대국(superpower)인 미국의 대통령 임기는 4년 중임으로(four years of two terms) 헌법에 명시적으로 그 누구도 두 번 넘게는 대통령을 할 수 없도록 규정하고 있다(No person shall be elected to the office of the President more than twice). 미국의 대통령 취임식을 보면 대통령이 성경에 손을 얹고 취임선서(US presidential oath of office)를 하는데 그 내용은 아래와 같다.

"I do solemnly swear that I will faithfully execute the office of President of the United States, and will do the best of my ability, preserve, protect and defend the Constitution of the United States."
"나는 미합중국 대통령의 직무를 충실히 수행하며, 최선을 다하여 미합중국의 헌법을 보전하고, 보호하고, 수호할 것을 엄숙히 선서한다."

nominate

임명하다, 지명하다
to officially select someone for a particular job because he or she is considered the best person to do it = appoint, choose, designate, name, opt for, select, tap

'임명하다'는 뜻의 단어들은 대개 5형식 형태의 문장으로 쓰인다. 보어에는 일반적으로 정관사가 붙지 않으나 때로 쓰이며 보어 앞에 as가 오기도 한다. '어떤 팀이나 단체에 뽑히다'는 의미로 쓰일 때 뒤에 전치사 to가 쓰이기도 하고 직위 앞에서는 for가 오기도 하며 때로는 목적보어로 to-부정사구를 취하기도 한다.

nominate someone + 명사(직위)　　nominate someone + as + 명사(직위)
nominate someone + for[to] + 직책　　nominate someone + to-부정사

유의어 **choose between A and B** A, B 중에서 고르다 **choose from** ~중에서 고르다 **commission** 위임하다, 임관하다 **delegate** 대표(대리)자로 임명하다 **elect** 선거를 통해 선출하다 **handpick** 직접(마음대로) 뽑다 **ordain** (성직자를) 임명하다 **reappoint, renominate, rename** 재임명하다 **single out, pick out** (많은 후보들 중에서) 선발하다

반의어 **discharge, dismiss, fire, reject**

용례 **nominate ~ as prime minister** ~를 총리로 임명하다 **nominate ~ for a public post** ~를 공직에 임명하다 **nominate ~ for president[governor]** ~를 대통령[주지사] 후보로 지명하다
| **appoint a new secretary** 새 비서를 임명하다 **appoint ~ to a high post** ~를 고위직에 임명하다 **appoint ~ to do the duty** ~를 그 임무를 하도록 임명하다
| **replace** ~를 대신하다, ~의 뒤를 잇다 = displace, follow, succeed, supersede, supplant
| **fill in** ~의 대리를 하다 = cover for, front for, sit in, stand in, sub, substitute

---

election 선거

a vote to select the winner of a position or political office = ballot, balloting, choice, poll, polls, selection, voting

용례 **a presidential election[poll]** 대통령 선거 **a general[parliamentary] election** 총선[국회의원 선거] **a mayoral[gubernatorial] election** 시장[지사] 선거
| **a local election** 지방선거 **a by-election** 보궐선거 **a re-election** 재선거 **a snap election** (예상에 없던) 임시 선거 **hold[call] an election** 선거를 실시하다[선거를 하겠다고 선언하다] **a run-off election** 결선 투표 **a primary** 예비선거 **an election fraud** 선거 부정
| **run for an election** 선거에 출마하다 **run unopposed** 단독 입후보(출마)하다 **announce[file] one's candidacy for** ~의 입후보를 발표하다[등록하다] **withdraw one's candidacy for** ~의 입후보를 사퇴하다 **drop out of the race for presidency** 대선 후보를 사퇴하다 **seek re-election** 재선을 노리다 **be elected to[for] a second term** 재선되다
| **vote for** ~를 찍다 **go to the polls** 투표를 하다 **cast a ballot** 투표하다 **a ballot box** 투표함 **stuff the ballot boxes** (투표함에) 부정표를 넣다, 부정 투표로 득표수를 늘리다 **vote-buying** 매표 행위 **voting irregularities** 투표 부정 **a polling place[station], a polling[voting] booth** 투표소 **an exit poll** 출구조사 **voter turnout** 투표율 **eligible voters** 총 유권자 **likely voters** 예상 투표자
| **win[score, clinch, secure] a sweeping[overwhelming] victory** 압승을 거두다 **secure a lopsided victory** 일방적 승리를 거두다 **score a razor-thin[hair-breadth] victory** 아슬아슬한 승리를 하다 **declare a victory** 승리를 선언하다 **concede defeat** 패배를 인정하다 **win[have] 30 percent of the votes** 30퍼센트 득표하다

| **a close vote** 호각의 투표 **a close district** 접전 지역 **a neck-and-neck race** 접전의 선거전 **a cliff-hanging[nail-biting] vote** 손에 땀을 쥐게 하는 투표

| **a direct vote** 직접 투표 **an open vote** 기명 투표 **a secret vote** 무기명 투표 **a vote of confidence** 신임 투표 **a voice vote** 구두 투표 **vote by a show of hands** 거수 투표를 하다 **buy a vote** 표를 매수하다 **a fair vote** 깨끗한 한 표 **a null and void vote** 무효 투표 **invalid votes** 무효 표 **swing votes** 당락에 영향을 주는 표 **electronic voting** 전자 투표

an electronic voting machine 전자 투표기 **count votes[ballots]** 개표하다 **vote-counting** 개표

appointment 임명, 지명

the act of choosing someone for a particular job = choice, choosing, designation, election, installation, naming, nomination, ordination, selection

용례 **accept[reject, decline] one's appointment** 임명을 수락하다[사양하다] **get[receive] an appointment** 임명되다 **his appointment as foreign minister** 그를 외무장관으로 임명함

a popular appointment 인기를 받은 임명

nominee 지명자, 선택된 사람, 인선자

= appointee, appointment, candidate, choice, designate, pick, selection

| **the president's nominee for justice minister** 대통령의 법무장관 지명자 **the list of Oscar nominees** 오스카상 후보 명단 **president-elect** 대통령당선자 **premier-designate** 총리지명자 **option** 취사선택 **alternative** 선택의 대상, 대안

elected post[position] 선출직

| **an appointed post[position]** 임명직 **change three elected municipal posts to appointed positions** 시정부 선출직 세 개를 임명직으로 바꾸다

| **an elected[appointed] official** 선출직[임명직] 관리 **increase the number of elected officials** 선출직 관리 숫자를 늘리다 **have fewer elected officials** 선출직 관리 숫자를 줄이다 **consist of three appointed posts** 임명직 세 명으로 구성되다

incoming 후임의, 신임의 = ingoing, new, newly appointed, succeeding

| **an incoming minister** 신임 장관

| **interim president[prime minister]** 임시 대통령[총리] **caretaker president** 임시 대통령, 대통령 직무대행 **a caretaker government** 선거 관리 내각, 잠정 내각, (총사퇴 후) 과도 정부 **acting prime minister** 총리서리

promote 승진시키다

to give someone a higher position in a job or organization = advance, ascend, better oneself, elevate, exalt, graduate, move up, prefer, raise, up, upgrade

용례 **be promoted** 승진하다 = move[climb] up the ladder, move onto higher things

| **promotion** 승진 = advancement, elevation, preferment, rise, upgrading

| **get[win, obtain] promotion** 승진하다 **be on one's promotion** (결원이 생기는 대로) 승진될 예정이다 **put ~ in for (a) promotion** ~를 승진 후보로 올리다 **Congratulations on your promotion!** 승진 축하해요! **You deserve the promotion.** 넌 승진할 만해.

| **get[lose] one's stripes** (군대) 승진하다[강등되다]

| **deadhead** (젊고 유능한 사원을) 선배 사원을 제치고 승진시키다(발탁하다), 발탁 인사를 하다

| **kick ~ upstairs** ~를 이름뿐인 자리로 끌어올리다, 모양새를 갖춰 내보내다

| **demote** 강등(좌천)시키다 = break, bust, declass, degrade, downgrade, disrate, lower, reduce,

relegate, set back, kick ~ downstairs

| **be demoted, be reduced[degraded] to a lower grade[rank]** 강등되다, 좌천되다 **be demoted[busted] from sergeant to corporal** 병장에서 상등병으로 강등당하다

| **bench** (선수를) 벤치에 앉혀 놓다, 벤치로 물러나게 하다

| **demotion** 강등(좌천) = degradation, reduction, relegation

필수예문

track 001

1 The president plans to **nominate** a former university professor **the next premier** soon after a long selection process, but opposition parties strongly oppose **his appointment.** (오랜 인선 과정 끝에 대통령은 곧 전직 대학교수를 차기 총리로 지명할 계획이지만 야당은 그의 임명을 강하게 반대한다.)

2 Despite fierce objection from opposition parties, the president **nominated** a famous businessman **for the post of** prime minister. (야당의 극심한 반대에도 불구하고 대통령은 유명한 기업가를 총리에 임명했다.)

The businessman has **appointed** Tim **as** his chief of staff, citing his excellent ability to achieving harmony among people. (그 사업가는 팀의 뛰어난 인화 능력을 사 그를 자신의 비서실장에 임명했다.)

3 The politician said he would **accept his nomination for** vice president, though he was incompatible with the presidential candidate. (그 정치인은 비록 자신이 대통령 후보와 잘 안 맞지만 부통령 지명을 수락하겠다고 밝혔다.)

Many members of the Congress have said they will **oppose Mr. Gonzales' nomination.** (미 하원의 많은 의원들이 자신들은 곤잘레스의 지명에 반대할 것이라고 밝혔다.)

4 The charity group has **tapped** a former minister **to serve** as president. (그 자선 단체는 전직 장관을 회장으로 기용했다.)

The top prosecutor has resigned amid a corruption scandal and his successor has not yet been **named.** (검찰총장은 부정 사건의 와중에 사임했고 그의 후임은 아직 임명되지 않았다.)

5 The board of directors is under criticism for **choosing** someone who has no experience in labor matters. (이사회는 노동 문제에 경험이 없는 사람을 임명했다는 비난을 받고 있다.)

The **incoming** prime minister said he would not allow labor unions to stage illegal strikes. (후임 총리는 노조가 불법 파업을 하는 것을 허용하지 않겠다고 말했다.)

6 The presidential candidate gave no sign of his **pick for** running mate. (그 대선 후보는 자신의 부통령 후보 지명에 대한 암시를 하지 않았다.)

After successfully clinching a large deal from a foreign company, he has **been promoted to** the position of director of a large trading company. (외국 회사로부터 큰 계약을 성사시킨 뒤 그는 큰 무역회사의 이사로 영전했다.)

7 I think he will surely **get a promotion** next time. (나는 그가 다음에는 확실히 승진할 것이라 생각한다.)

For some reason, female workers have failed to **climb up the corporate ladder** until recently. (어떤 이유인지 여성들은 최근까지 기업에서 승진하지 못했다.)

8 You are unlikely to **be** fired or **demoted** unless you make a serious mistake. (중대한 실수만 범하지 않으면 너는 해고되거나 좌천되지 않을 것이다.)

As a result of the incident, he has **been reduced in rank to** a private. (그 사건 결과 그는 이등병으로 강등되었다.)

inaugurate

취임시키다

to induct someone into office by a formal ceremony = install, instate, institute, induct, invest, ordain

용례 **inaugurate a president** 대통령 취임식을 거행하다

| **install ~ in an office** ~를 어떤 직위에 임명하다 **institute ~ into a benefice** ~를 성직에 임명하다 **be ordained as a priest** 신부로 서품을 받다

| **be inaugurated as** ~로 취임하다 = be sworn in as, be installed as, take office

| **step in as** ~로 들어오다, 취임하다 **seize[take] power** 권력을 잡다 **come to[into] power** 정권을 장악하다 **fall from power** 정권(권력)을 잃다 **rise to power** 권좌에 오르다

| **take the helm of** ~의 장이 되다 **be at the helm of** ~의 장이다 **head[lead] an organization** 단체를 이끌다(수장이다) **chair a body** 기구의 의장을 맡다 **take over as head of the organization** 조직의 장 자리를 이어받다

| **preside over a meeting** 회의를 주재하다

| **take the reins** (현재의 지도자 대신) 지휘하다, 지배하다 **take the reins as acting prime minister** 총리대행으로 정부를 장악하다 **assume[drop] the reins of government** 정권을 잡다[놓치다] **hold the reins** 정권을 잡고 있다

inauguration 취임

induction into office by a formal ceremony = induction, installation, instatement, investment, ordainment

용례 **an inauguration (ceremony)** 취임식 = a swearing-in ceremony

| **take an[the] oath of office** 취임선서를 하다 **put one's right hand on the Bible** 오른손을 성서 위에 얹다

inaugural 취임의, 개시의, 처음의

| **an inaugural address[speech]** 취임연설 **an inaugural ceremony** 취임식 **a presidential inaugural committee** 대통령 취임 위원회 **an inaugural ball** 취임 축하 무도회 **an inaugural meeting** 창립총회 **an inaugural tournament** 첫 대회

| **exaugural** 퇴임의 **an exaugural message[speech, address]** 퇴임사

chief (조직, 단체의) 장(長), 우두머리, 수장

= big gun, big wheel, bigwig, boss, captain, chieftain, head, head man, honcho, leader, overseer, president, supervisor

반의어 **subordinate, underling**

| **the chief of police** 경찰서장 **the chief of a family** 가장 **a branch chief** 지점(지부)장

| **the top brass** (군의) 고급간부; 최고위층 **governor** 주지사, 총재, 이사

| **deputy** 대리, 부(副) **a deputy chairman** 부의장, 부회장 **a deputy chief** 부주임 **a deputy governor[mayor]** 부지사[부시장] **a deputy premier[prime minister]** 부총리(부수상) **the Deputy Speaker** (미 하원의) 부의장

| **minister** 장관 **ministerial** 장관의, 각료의, 내각의 **ministerial authority** 장관의 권한 **a ministerial conference** 각료회의 **a ministerial-level meeting** 장관급 회담 **hold ministerial office** 장관직을 맡다 **a ministerial crisis** 내각의 위기

| **vice[deputy] minister** 차관 **assistant minister** 차관보(補) **secretary** (미국, 영국의) 장관 **deputy secretary** 부장관(우리나라의 차관급) **undersecretary** 차관 **assistant secretary** 차관보 **deputy assistant secretary** 부차관보 **Assistant Secretary of State for East Asian and Pacific Affairs** 미 국무부 동아태 차관보

| **ministry** (행정부의) 부(성) **department** (미국 연방정부의) 부(部)

필수예문

track 002

1 The leader of the main opposition party is slated to **be inaugurated as** prime minister on Thursday. (그 제1야당 당수는 목요일 수상으로 공식 취임할 예정이다.)

When will the new president **be inaugurated**? (새 대통령은 언제 취임합니까?)

2 The party leader will **be sworn in as** prime minister on Thursday. (그 당수는 목요일 수상으로 취임할 것이다.)

He will **be installed as** the university's new president next month. (그는 다음 달 대학의 신임 총장으로 취임할 것이다.)

3 The president-elect said he will reform the nation's officialdom when he **takes office**. (대통령 당선자는 자신이 취임하면 나라의 관료 조직을 개혁하겠다고 밝혔다.)

The billionaire tycoon has **been at the helm of** Microsoft Corp., the world's top software maker, for more than 10 years. (그 억만장자 사업가는 10년 이상 세계 최대 소프트웨어 업체인 마이크로소프트사의 사장으로 재직해왔다.)

4 The **inauguration ceremony** is scheduled for Monday, January 21, because January 20 falls on a Sunday. (1월 20일이 일요일이라서 취임식은 월요일인 1월 21일로 예정되어 있다.)

The **presidential inaugural committee** is comprised of Bush's close aides. (대통령 취임 위원회는 부시의 측근들로 구성되어 있다.)

5 President Bush prepared to **take the oath of office** for a second term on Thursday. (부시 대통령은 목요일에 있을 제2기 임기 취임선서할 준비를 했다.)

In his **inaugural speech**, President George W. Bush pledged to fight against terrorism. (조지 W. 부시 대통령은 취임연설에서 테러와 싸우겠다고 천명했다.)

6 He **took the helm of** the beleaguered company after it became bankrupt following South Korea's financial crisis. (그는 한국의 금융위기 이후 어려움에 처한 회사가 부도가 나자 사장으로 취임했다.)

Who will **preside over** next week's **inaugural meeting**? (누가 다음 주에 있을 창립총회를 주재합니까?)

dismiss

해임하다, 해고하다

to officially make someone leave their job = ax, boot, boot out, bump, can, cashier, discharge, disemploy, displace, drop, fire, kick out, pension off, pink-slip, sack, shut out, terminate, turn away, unseat, wash out

유의어 **bounce** 갑자기 해고하다 **defrock, disfrock, unfrock** ~를 성직에서 해직하다, 명예를 박탈하다 **disqualify** 자격을 박탈하다 **impeach** 탄핵하다 **recall** (선출직 공직자를 투표로) 해임하다 **retire** ~를 퇴직(은퇴, 퇴역)시키다; 퇴직하다

반의어 **contract, employ, engage, hire**

용례 **be dismissed for misconduct** 직권남용으로 해임되다 **dismiss an entire cabinet** 전내각을 해임하다 **be removed for taking bribes** 수뢰 죄로 파면당하다 **be removed from school** 퇴학당하다 **be fired from one's job** 직장에서 해고당하다 **be sacked for corruption** 부패한 죄로 해고당하다

| **give ~ the sack[boot, ax, push, heave-ho]** ~를 해고하다 = show ~ the door, lay off, give ~ notice, send ~ packing, give someone someone's marching orders[walking papers]

| **lay off** 일시 해고하다 = furlough, suspend

| **layoff** 일시(강제) 해고; (운동선수 등의) 활동 중지 기간 **prevent layoffs** 해고를 막다 **a two-month layoff due to injury** 부상 때문에 두 달을 쉼 **deselect** 연수 기간 중에 해고하다

| **oust, depose, dethrone** 축출하다, 퇴위시키다 **ousted[deposed, dethroned] dictator** 축출된 독재자 **ouster** 축출, 추방

| **dismissal** 해임 = notice, removal, expulsion, ejection, sacking, firing

| **be relieved of one's duties[post]** 면직되다

| **retain** 유임시키다, (고용을) 유지하다 **be retained** 유임되다 **retention** 유임

---

leaving 환송의

intended for someone who is leaving a job or organization = farewell 환송의, 송별의 (공식적인 행사)

용례 **a leaving party** 환송회 **a farewell speech[dinner]** 환송사[환송 만찬]

| **farewell** 작별, 작별사, 송별회 = adieu, bye-bye, cheerio, goodbye, leave-taking, parting, salutation, sendoff, so long, ta-ta, toodles, valediction

| **valedictory** 고별(작별)의; 졸업생 대표의 고별 연설 **a valedictory speech[address]** 고별사 **give a valedictory[address]** 고별사를 하다

| **a valedictorian, a valedictory speaker** (고별 연설을 하는) 졸업생 대표

| **salutatory** 환영사, 인사말; (졸업식에서 차석 졸업생의) 개식사(開式辭) **a salutatorian** (졸업식에서) 개식사를 하는 차석 졸업생

reinstate 복직시키다, 복권시키다

to bring back into original existence, use, function, or position = bring back, put back, recall, redeem, reelect, reestablish, rehabilitate, rehire, reinstall, reintroduce, reinvest, renew, restitute, restore, return, revive

용례 **be reinstated as treasurer** 회계담당으로 복직되다 **reinstate war criminals as national heros** 전범자들을 국가적 영웅으로 복권시키다 **be reinstated as an Olympic sport** 올림픽 종목으로 부활되다

reinstatement, reinstallment, rehabilitation 복직 **file for reinstatement** 복직을 신청하다 **call for a person's reinstatement** ~의 복직을 요구하다

apply for the restoration of a person's civil rights ~의 복권을 신청하다 **restore a person's civil rights** ~를 복권시키다

필수예문

track 003

1 Opposition lawmakers have called on the president to **dismiss** several ministers who use their offices only to improve their private businesses. (야당의원들은 대통령에게 직위를 사사로운 용무에 이용하는 일부 장관들을 해임하라고 요구해왔다.)

Opposition lawmakers failed to muster enough support to **sack** South Korea's defense minister. (야당의원들은 한국의 국방장관을 해임하기 위한 지지를 이끌어내는 데 실패했다.)

2 A court **removed** him **from office**, saying he violated the code of judicial ethics. (법원은 법관 윤리규정을 어겼다는 이유로 그를 해임했다.)

Companies are banned from **firing** workers for joining a union. (회사는 노조에 가입했다고 종업원을 해고할 수 없다.)

3 He has **been given the boot** from his job, but he hated it anyway. (그는 해고를 당했지만 어쨌든 그 일을 좋아하지 않았었다.)

The defense minister has **been relieved of his duties** in the wake of the shooting spree. (그 총기난동 사건으로 국방장관이 해임되었다.)

4 The prime minister has **been ousted** and put under house arrest after a lengthy power struggle that has tightened the grip of hardliners in the military government. (군부정권에서 강경파들의 권한을 강화시킨 오랜 권력투쟁 이후 총리는 축출되어 가택연금에 처해졌다.)

5 The **deposed** king of Afghanistan is emerging as a key player in the UN-sponsored peace talks. (아프가니스탄의 퇴위 당한 왕이 유엔이 지원하는 평화회담의 핵심 인물로 등장하고 있다.)

Are you going to Tom's **leaving party** on Friday? (금요일 톰의 환송 파티에 갈 거야?)

6 The president has refused to **reinstate** him in his post, saying he has tarnished the company's image. (사장은 그가 회사의 이미지를 실추시켰다며 그를 복직시키는 것을 거부했다.)

The International Olympic Committee has decided to **reinstate** baseball **as** an Olympic sport. (국제올림픽위원회는 야구를 올림픽 종목으로 부활시키기로 결정했다.)

resign

사임하다, 사퇴하다, 물러나다

to officially and permanently leave a job = abdicate, cease work, chuck it, demit, end service, jack it in, leave, pack it in, quit, quit cold, relinquish, retire, sign off, stand down, step down, vacate

유의어 **ankle** 직장을 떠나다, 사직하다 **bail out** 손을 떼다, 단념하다 **chuck up** 그만두다, 단념하다 **drop out of** ~를 그만두다 **fold** 망하다, 폐간되다 **renounce** 포기하다 **surrender** 단념하다, 포기하다

반의어 **assume, take up**

용례 **resign as chairman** 의장(회장)직을 사임하다 **resign the premiership** 수상직을 사임하다 **quit as, retire as, resign from** ~의 직을 그만두다 **resign from the council** 위원회에서 사퇴하다 **resign because of an influence-peddling scandal** 이권개입 스캔들로 사임하다

| **resign en masse** 총사퇴하다 **resign for political reasons** 정치적인 이유로 사퇴하다 **resign for health reasons** 건강상의 이유로 사임하다

| **outgoing** 이임하는, 퇴임하는 = departing, retiring, leaving

---

resignation 사임, 사표, 사의

leaving a job officially and permanently = abandonment, abdication, departure, giving up, leaving, notice, quitting, renunciation, retirement, surrender, tendering, termination, vacating, withdrawal

용례 **hand in [tender] one's resignation** 사표를 내다 **accept[take] someone's resignation** 사표를 수리하다 **a sudden[unexpected, surprise, blitzkrieg] resignation** 갑작스런[예상치 못한, 깜짝, 전격적인] 사표

| **return someone's resignation, refuse to accept someone's resignation, turn down someone's resignation** ~의 사표를 반려하다

| **agree to an early departure from office** 조기 퇴임에 동의하다 **confirm someone's departure from office** ~의 사임을 확인하다 **call for someone's departure from office** ~의 사임을 요구하다 **announce someone's departure from the office of** ~의 ~직 사임을 발표하다

| **stay[remain] in office** 계속 재직하다, 계속 정권을 쥐다 **hold on [cling] to power** 정권(권력)을 고수하다

| **separation[division] of powers** 권력분립 **a system of checks and balances** 견제와 균형의 제도 **executive, executive branch** 행정부 **legislature, legislative branch** 입법부 **judiciary, judicial branch** 사법부 **the fourth branch, the press** 제4부, 언론 **the Chief Executive** 대통령

| **the legislative, the legislature, the legislative branch** 입법부 **congress** (미국, 남미, 중미 공화국의) 국회 **diet** (덴마크, 스웨덴, 헝가리, 일본 등의) 국회, 의회 **parliament** (영국) 의회 **the Assembly** (입법) 의회, 입법부 **the National Assembly** (대한민국) 국회 **form a constituent assembly** 제헌의회를 구성하다

| **congressional, parliamentary** 국회의, 의회의 **a congressional (standing) committee** 국회 (상임) 위원회 **lawmaker, congressman, parliamentarian, Assemblyman, solon** 국회의원 **a unicameral[bicameral] legislature** 단원제[양원제] 국회

| **the Congress, the House of Representatives** 미국의 하원 **the Senate** 미국의 상원 **the House of Lords** 영국의 상원 **the House of Commons** 영국의 하원 **the House of Representatives** 일본의 중의원(衆議院) **the House of Councillors** 일본의 참의원(參議院) **Speaker** (영·미 국회의) 하원의장

필수예문

track 004

1 Despite the president's dissuasion, the prime minister **resigned** to take responsibility for a conscript's shooting spree that has made soldiers' parents jittery over their safety. (대통령의 만류에도 불구하고, 총리는 병사들의 부모들이 그들의 안전에 대해 걱정하게 만든 한 사병의 총기난동 사건에 대한 책임을 지고 사임했다.)

2 The party leader will **stand down** sooner rather than later to allow a younger figure to take over. (그 당수는 후진에게 길을 터주기 위해 조만간 사임할 것이다.)

Jim was forced to **quit as** chairman of the committee amid mounting criticism over his inability. (짐은 그의 무능에 대한 비난이 고조되자 위원회 의장직을 사임할 수밖에 없었다.)

3 The three-term lawmaker said he will **resign for health reasons.** (그 3선의원은 건강상의 이유로 사퇴할 것이라고 밝혔다.)

The minister **tendered his resignation** after the scandal that involved several top officials of the ministry. (장관은 여러 부처 고위 관리들이 관여된 추문사건 이후 사표를 냈다.)

4 In his famous **departing speech** of 1961, the politician directly mentioned the power of the military industrial complex and the need to be wary of the intertwined relationships between corporations and the military. (1961년의 유명한 이임연설을 통해 그 정치인은 군산복합체의 권력과 기업과 군대의 밀접한 관계에 유의할 필요성을 직접 언급했다.)

5 The **outgoing** foreign minister said he believes the North Korean nuclear issue will be resolved peacefully. (이임 외무장관은 자신은 북핵 문제가 평화적으로 해결될 것으로 믿는다고 말했다.)

After battling a string of injuries, the striker **retired from** international football. (계속되는 부상과 싸우고 난 뒤, 그 스트라이커는 축구 국가대표팀에서 은퇴했다.)

6 The president immediately **accepted the resignation of** the defense minister. (대통령은 즉각 국방장관의 사표를 수리했다.)

The lawmaker **revoked his resignation** only two hours after he said he would leave politics. (그 국회의원은 정계를 떠나겠다고 말한 지 겨우 2시간 뒤에 사의를 번복했다.)

심화학습

정실주의(nepotism, patronage)란 공직 임용에 있어 실력과 능력 이외의 요인, 즉 정치적 요인뿐만 아니라 혈연, 지연, 학연 등 개인적인 친분, 기타의 온정 관계 등을 기준으로 행하는 것을 말한다. 한편, 엽관주의(spoils system)란 공직에의 임명을 정당에 대한 공헌도와 충성도에 따라 행하는 것을 말한다. 이것은 복수 정당제도(multi-party system)와 긴밀한 관계를 가지며 정권이 바뀔 때마다 공무원들도 따라서 바뀌는 것을 전제로 한 것이다.

대통령 취임식이나 외국의 국가원수(head of state)가 방문할 때 대포를 쏘아 환영을 하는데, 이를 예포(gun salute)라고 하며 보통 21발을 쏘아 최고의 예우를 표한다. 그런데 왜 하필이면 21발일까? 미국에서 1842년에 21발의 예포를 쏘는 관습이 확립되었는데, 일설에 의하면 미국이 독립한 해인 1776년의 숫자를 하나씩 더한 것이라고 한다.

❑ **welcome[oppose] the appointment of** ~의 임명을 환영[반대]하다

ex. Opposition parties **welcomed the appointment of** a civic group leader as the nation's environment minister. (야당은 시민단체의 장을 환경부 장관으로 임명한 것을 환영했다.)

| **support[favor] a person's appointment** ~의 임명을 지지하다 **receive a letter of appointment** 임명장을 받다 **present one's credentials to** ~에 신임장을 제정하다 **accredit an envoy to a foreign country** (신임장을 주어) 사절을 외국에 파견하다

❑ **win[clinch] the nomination for** ~의 지명을 받다

ex. Despite opposition from several party members, he has **won the Democratic nomination for** presidency. (여러 당원들의 반대에도 그는 민주당의 대통령 후보 지명을 받았다.)

| **accept one's nomination** 지명을 수락하다 **reject[turn down] one's nomination** 지명을 거절하다 **make[give] an acceptance speech** 수락 연설을 하다

❑ **speculation about** ~에 대한 추측, 하마평

ex. **Speculation** is widespread **about** whom the president will tap as ministers in an upcoming cabinet reshuffle. (다가올 개각에서 대통령의 장관 인선에 대한 하마평이 무성하다.)

| **a cabinet reshuffle[shakeup, reorganization], a restructuring of the ministers** 개각 **conduct[make, carry out, undertake] a partial reshuffle** 부분 개각을 하다 **a full-scale cabinet reshuffle** 전면 개각 **a massive[major, sweeping] cabinet reshuffle** 대폭 개각 **a minor[small-scale, small] reshuffle** 소폭 개각 **reorganize[reshuffle, reconstruct, recompose, revamp] the cabinet** 개각을 하다

❑ **be mentioned as** ~로 거론되다

ex. He **is mentioned as** the strongest candidate for prime minister. (그는 총리직에 오를 가장 유력한 후보로 거론되고 있다.)

| **The shortlist is at its shortest.** 최종후보자 명단이 최대한 좁혀진 상태다. **be shortlisted for** ~의 후보로 뽑히다 **be next in line for** ~의 영순위에 있는 **a lock to do** ~할 것이 확실한 사람 **narrow the list of candidates to three** 후보를 세 명으로 좁히다 **leading candidate** 유력 후보 **contender** 경쟁자

❑ **confirmation hearing** 인준 청문회

ex. His **confirmation hearing** should focus on judicial philosophy, not specific cases. (그의 인준 청문회는 구체적인 사건들보다 그의 사법관에 초점이 맞추어질 것이다.)

| **a hearing on the confirmation of ~ nominee** ~지명자 인준 청문회 **win Senate confirmation** 상원의 인준을 받다

❑ **spoils system** 엽관제도

ex. The **spoils system** was the name given by its critics in the 1830s to the policy of filling government offices with adherents. (엽관제도란 1830년대 추종자들로 관직을 채우는 정책에 대해 비판자들이 붙인 이름이었다.)

| **be under fire for nepotism[patronage]** 정실인사로 비판을 받다

❑ **receive a 21-gun salute** 21발의 예포를 받다

ex. After **receiving a 21-gun salute**, the president is to give a 10-minute speech that will offer to work with opposition parties. (21발의 예포가 발사된 후 대통령은 야당과 공조를 약속할 10분간의 연설을 할 계획이다.)

| **the inaugural parade** 취임 축하 퍼레이드 **inaugural celebrations[festivities]** 취임 축하행사

❑ **resign en masse** 총사퇴하다

ex. The cabinet **resigned en masse** to take responsibility for the bribery scandal. (내각은 수뢰 사건에 대한 책임을 지고 총사퇴했다.)

| **be sent packing** 해임되다, 탈락하다, 짐을 싸다 **collective[mass] resignation** 총(단체)사임, 집단 사표

❑ **cast an absentee ballot** 부재자 투표를 하다

ex. Registered voters can **cast an absentee ballot** if they are unable to vote in person on the election day because they are away from home, ill or disabled. (등록 유권자는 집을 떠나 있거나 질병이 있거나 신체장애 등의 사유로 선거일에 직접 투표할 수 없으면 부재자 투표를 할 수 있다.)

| **absentee, absentee voter** 부재 투표자 **vote an absentee ballot, vote absentee** 부재자 투표를 하다 **apply for an absentee ballot, request an absentee ballot application** 부재자 투표 신청을 하다 **absentee voting** 부재자 투표 **authorized representative** 지정 대리인

❑ **a show of hands** 거수, 거수에 의한 의사 표시

ex. Defying strong opposition from rank-and-file members, the ruling party decided to choose its presidential candidate by **a show of hands.** (평당원들의 강한 반대를 무시하고 집권당은 거수로 대통령 후보를 선출하기로 했다.)

| **vote by a show of hands** 거수로 표결하다 **be determined[decided] by a show of hands** 거수로 결정되다 **a vote by a show of hands, a show-of-hands vote** 거수 투표

02 비난 | 칭찬 | 욕설 | 명예훼손

주제어	관련어
criticize	**criticism, slam, admonish, find fault with, backbite, bad-mouth**
praise	**complimentary, kudos, acclaim, laudable, flatter, sycophant**
swear	**cuss, bad language, four-letter word, foul-mouthed, unprintable**
libel	**slander, defamation, smear campaign, muckraking, defamatory**

●●● The pot calls the kettle black. 숯이 검정 나무란다.

남의 눈에 있는 티(the mote in another's eye)는 보아도 내 눈에 있는 들보(the beam in one's own eye)는 보지 못하는 것이 인지상정일지 모르지만 유독 우리나라 사람들은 심한 것 같다. 남들이 잘 되는 꼴은 보지 못하고 어떻게 해서든지 꼬투리를 잡아 흉을 보고 깎아내려야만 직성이 풀린다.

얼마 전 한 TV 프로그램에서 한국인의 특질(idiosyncrasy)에 대해 조사(survey, poll)한 것이 있었는데 그 중 하나가 셋만 모이면 소위 '뒷담화하는(backbite)' 것이라고 한다. 친구 서넛이 모이면 그 자리에 없는 녀석 흉보고 직장 술자리에서는 상사를 씹는 것이 최고의 안주감이다. 정치권(political circle)을 보면 비난에만 그치는 것이 아니라 저주(curse)와 육두문자를 써가며(use four-letter words) 상대방을 깎아내리기에 혈안이다. 서로 존중하는 태도는 눈곱만큼도(not a whit, no whit) 찾아볼 수 없다.

그렇지만 칭찬(praise)에는 또 무척 인색하다. 돈 들이지 않고 사람을 행복하게 만들 수 있는 것이 칭찬임에도 불구하고 대체로 칭찬하는 법이 없다. 칭찬을 하면 어디 덧나는 것도 아니고 남을 칭찬함으로써 자신의 위치가 더 높아지고 스스로를 빛나게 하는데도 말이다. 오죽하면 '사촌이 땅을 사면 배가 아프다(You get stomachache when your cousin buys land)' 는 속담까지 있으랴!

criticize	**비난하다** to say what you think is wrong or bad about someone or something = animadvert on, attack, blame, censure, chastise, chide, condemn, cut down, denounce, denunciate, disparage, fault, hit, jump on, knock, point the[a, one's finger] at, rap, reprehend, take down, trash, trim, zap

동사마다 특정한 전치사나 부사와 같이 쓰이는데 criticize는 for, over, as를 데리고다니며, 동의어들도 같은 형을 취한다.

criticize someone[something] for[over] ~를 ~하다고 비난하다

criticize someone[something] as ~를 ~라고 비난하다

be criticized for[over] ~로 비난 받다

반의어 **applaud, approve, cheer, compliment, laud, praise**

용례 **criticize bitterly[harshly, severely, sharply, strongly]** 신랄하게 비판하다 **criticize fairly** 공정하게 비판하다 **criticize someone** ~를 비난하다 **criticize him for his behavior** 그의 행동을 비난하다 **criticize a novel** 소설을 비평하다

| **admonish** 꾸짖다, 나무라다, 책망하다 = berate, chide, rate, rebuke, reprimand, reproach, reprove, scold, tax, upbraid, call down, chew out, dress down, bring[call, take] to task, call someone on the carpet, let someone have it

| **find fault with** 흠잡다, 트집 잡다 = denigrate, pick holes in, put down, knock, run down, pick on, carp, cavil

| **backbite** (뒤에서) 험담하다, 사람이 없는 데서 비난하다 = speak spitefully about someone who is not there, bad-mouth, bitch about, slag off

| **captious** 트집 잡는, 말꼬리를 잡고 늘어지는 = cantankerous, carping, caviling, fault-finding, finicky, nit-picking, overcritical **a captious politician** 트집 잡기 좋아하는 정치인

| **backtalk, backchat, sass** (무례한) 말대답, 응답 **back-talk** 말대꾸하다

| **Don't give me any backtalk!** 말대답(말대꾸)하지 마! = Don't give me any of your sass!

| **a crusty reply** 퉁명스러운 대답 **comeback** 재치 있는 말대꾸(응답) **rejoinder** (대답에 대한) 답변, 대답, 응답 **make a witty rejoinder** 재치 있는 답변을 하다 **retort** (주장에 대한) 반론, 역습, 반박, (멋진) 말대꾸, 응수 **make a retort** 말대꾸하다, 되받아치다 **a quick retort** 재빠른(민첩한) 대꾸(응수) **riposte** 즉각적인 응수, 대꾸 **make a sharp riposte** 재치 있게 응수하다 **replication** 답, 응답; 〈법률〉 (피고의 답변에 대한) 원고의 응답 **counter** 반대, 논박 **return** 응답, 대답

| **respond, return** 답하다, 대꾸하다 **shoot back, retort** 말대꾸하다, 맞받아 응수하다

| **circle (the, someone's) wagons around** ~를 적극적으로 옹호하다(두둔하다)

---

slam 맹비난하다, 혹평하다

to strongly criticize someone or something in public, for example in a newspaper or on television

= bash, blast, blister, castigate, clobber, damn, drub, excoriate, flay, fluff, fulminate against, fustigate, lash, lambaste, lash into, pan, pillory, rip, roast, scarify, scathe, scorch, scourge, shoot down, skin, skin alive, slap, slash, slate, slog, slug, whack

반의어 **praise**

용례 **be slammed by** ~의 맹비난(혹평)을 받다 **be roasted to a merciless degree** 가차없는 혹평을 받다

| **blast a job-cut plan** 감원 계획을 맹비난하다 **be clobbered for one's opposition to the plan** 그 계획에 반대한다고 맹비난 받다 **be lambasted for[over] racist remarks** 인종차별적인 발언으로 맹공을 받다
| **slam**과 같은 뜻의 숙어 = do a hatchet job on, burn someone's ears, put someone on the griddle, put someone on the hot seat, rake[call, drag, haul, take] someone over the coals, read the riot act to, tear someone to shreds

criticism 비난

disapproval expressed by pointing out faults or shortcomings = accusation, attack, aspersion, carping, cavil, censure, denunciation, disparagement, faultfinding, hit, knock, knocking, opprobrium, putdown, quibble, rap, slap, stricture, swipe, the bird

반의어 **approval, compliment, praise, raves**

용례 **harch criticism** 맹비난

| **animadversion** 맹비난, 혹평 = bad press, bashing, blast, brickbats, flak, lemon, pan, panning, roast, scorcher, slam, static, vitriol, zapper
| **tirade** 장황한 비난 = diatribe, fulmination, harangue, philippic, screed, sermon, tongue-lashing
| **critical** 비판적인 **a critical voice** 비판의 목소리 **be sharply[very] critical of** ~에 대해 아주 비판적이다 **be critical of the tax increase** 세금 인상에 비판적이다
| **accusatory** 비난의 **scathing** (비판이) 신랄한 **be a critic of** (공개적으로) ~를 비난(비평)하다
| **critic** 비평가, 비난하는 사람 **a harsh[severe, unkind] critic** 혹독한 비평가 **an impartial[unbiased] critic** 공정한 비평가 **critique** (비평의) 글, 책, 연설

impeach 탄핵하다

| **impeach the president for** ~의 혐의로 대통령을 탄핵하다 **impeachment** 탄핵 **the impeachment of** ~의 탄핵 **an impeach motion** 탄핵 동의안 **file[submit] an impeachment motion against the president** 대통령 탄핵안을 발의하다 **start impeachment proceedings against** ~의 탄핵 절차를 시작하다
| **face impeachment charges** 탄핵에 직면하다 **pass[reject] an impeachment motion** 탄핵안을 통과시키다[부결시키다] **a hearing on the impeachment case** 탄핵 청문회 **conduct a presidential impeachment trial** 대통령 탄핵 재판을 하다

필수예문

track 005

1 Amnesty International has **criticized** the country **for** its apparent failure to clamp down on torture and police maltreatment and to stick to the agency's human rights standards. (국제사면위원회는 그 나라에 대해 고문과 경찰 학대에 대해 명백히 단속하지 않고 위원회의 인권 기준을 준수하지 않는다고 비난을 해왔다.)

2 Police **criticize** drivers **for** traveling too fast in the fog. (경찰은 운전자들이 안개 속에서 과속한다고 비난한다.)

The parliament **attacked** the government **for** its lack of concern for the unemployed. (국회는 정부의 실업자에 대한 배려 부족을 비난했다.)

3 Japan **launched a bitter attack on** the US proposal to reduce farm subsidies. (일본

은 농업 보조금을 감축하자는 미국의 제안을 신랄하게 비난했다.)

South Korean drivers **are** often **slammed for** speeding and ignoring safety warnings. (한국의 운전자들은 과속과 안전 경고를 무시한다고 종종 맹비난을 받는다.)

4 The defense minister has **been pilloried** in the press **for** his poor handling of the draft-dodge scandal. (국방장관은 병역기피 사건을 미숙하게 처리한다고 언론으로부터 맹비난을 받고 있다.)

The TV drama **was panned by** all the critics. (그 TV 드라마는 모든 비평가들의 혹평을 받았다.)

5 My dad knows when to praise and when to **chide.** (우리 아빠는 언제 칭찬을 하고 언제 꾸지람을 해야 하는지를 알고 있다.)

My mom is always trying to **find fault with** my study. (엄마는 내 공부에 대해 늘 못마땅해 하신다.)

6 If someone **backbites** you, do not backbite him in return. (누가 너를 험담하더라도 같이 험담하지 마라.)

I don't like people who **talk about you behind your back** and then pretend to be nice to you when they meet you. (나는 남이 없는 데서 험담을 하고 직접 만나면 잘해주는 체하는 사람들을 좋아하지 않는다.)

7 The reclusive leader is very sensitive to any kind of **criticism.** (세상에 모습을 잘 드러내지 않는 그 지도자는 어떠한 종류의 비난에도 아주 민감하다.)

All politicians **are critical of** the way in which the president runs the country. (모든 정치인들이 대통령의 국정운영 방식에 비판적이다.)

He **is an outspoken critic of** the government's economic policy. (그는 정부의 경제정책을 공개적으로 비난한다.)

The government reform in the financial system may **be open to criticism** if they appear to be discriminatory against foreign financial institutions. (정부의 금융개혁은 외국 금융기관에 차별적으로 보이면 비난을 받기 쉽다 (비난을 면할 수 없을지도 모른다).)

8 The Constitution gives the House of Representatives the right to **impeach** the president. **Impeachment** means that a charge of misconduct is filed against the president. A majority of the members of the House must vote for these charges in order to **impeach** the president. (헌법은 연방 하원에 대통령을 탄핵할 권리를 부여한다. 탄핵은 대통령에 대해 위법 혐의가 제기된다는 것을 의미하며 대통령을 탄핵하기 위하여 하원의 재적 과반수가 이러한 혐의에 찬성표를 던져야 한다.)

praise

칭찬하다, 찬양하다

to tell someone that you admire and approve of = acclaim, admire, applaud, celebrate, commend, compliment, cry up, eulogize, exalt, extol, laud, panegyrize, resound, sing the praises of, sing one's praises, speak highly of, tout

유의어 **adore** 숭배하다, 숭상하다 **bless** (신을) 찬송하다, 찬양하다 **cheer** 환호하다, 성원하다 **clap** 박수갈채를 보내다 **glorify** (경멸적) 미화하다 **hail** 대환영하다 **pay homage to** ~에 경의를 표하다 **pay tribute to** ~에 찬사를 바치다 **rave over** 격찬하다 **stroke** 치켜세우다 **worship** 숭배하다, 예찬하다

반의어 **condemn, criticize**

용례 **praise the player** 그 선수를 칭찬하다 **praise his performance** 그의 성적을 칭찬하다 **praise him for his courage** 그의 용기를 칭찬하다

| **praise oneself** 자화자찬하다 = sing one's own praises, blow one's own trumpet[horn], praise one's own wares, ring one's own bell, call one's geese swans

| **laud[praise] ~ to the skies** ~를 극찬하다

| **self-praise** 자화자찬 = self-laudation, self-admiration, self-flattery

| **say good things about** 좋은 얘기를 하다 **put in a good word for** 잘 말해주다 **put in a plug for** ~를 칭찬해두다, 좋게 이야기해두다

---

praise 칭찬, 찬양

an expression of admiration and approval = acclaim, acclamation, accolade, adoration, applause, approbation, big hand, bravo, bouquet, celebration, cheer, commendation, compliment, encomium, eulogy, exaltation, extolment, hymn, kudos, laudation, ovation, panegyric, plaudit, puff, rave, tribute, warm fuzzy

반의어 **criticism**

용례 **deserve praise** 칭찬받을 만하다 **receive[win] praise from** ~로부터 칭찬을 받다

| **be loud[warm] in someone's praise** ~를 극구 칭찬하다 **beyond all praise** 이루 다 칭찬할 수 없는, 칭찬할 말이 모자라는 **damn with faint praise** 마지못해 칭찬하는 체하다 **in praise of** ~를 칭찬하여 **sing one's own praises** 자화자찬하다

| **a rousing hymn** 열광적인 찬양 **throw bouquets** 칭찬하다, 비행기 태우다 **throw bouquets at** ~를 칭찬하다

---

complimentary 칭찬의

saying good things about someone or their achievements = acclamatory, approbative, commendatory, encomiastic, encomiastical, eulogistic, laudable, laudatory, panegyrical, plauditory, praiseful

반의어 **critical, denouncing, disparaging, insulting, unflattering**

용례 **a complimentary address** 축사 **highly complimentary** 크게 칭찬하는 **complimentary about** ~에 관해 칭찬하는

| **glowing** 격찬하는 **glowing colors** 열렬한 찬사 **a glowing description** 격찬의 글 **a glowing account[report]** 극찬하는 설명[보고]

| **commendable, praiseworthy, laudable** 칭찬할 만한, 훌륭한

be highly[widely, universally] acclaimed, critically acclaimed 크게[널리, 두루] 격찬을 받는, 비평가들로부터 호평을 받는 **much-praised** 칭찬이 자자한, 많은 사람들이 칭찬하는

favorable 우호적인 **a favorable answer** 호의적인 대답 **a favorable comment** 호평 **be favorable to[for]** ~에 호의적이다, 긍정적이다

flatter 아첨하다

to praise someone in an insincere way in order to please them or get something from them = adulate, apple-polish, blandish, blarney, bootlick, brownnose, butter up, fawn, honey, humor, jolly, kiss-ass, kowtow, massage, overcompliment, overpraise, puff, snow, soft-soap, soften up, stroke, sweet-talk, sweeten up, toady

반의어 **insult, offend**

용례 **feel flattered by** ~로 기뻐하다, 우쭐해지다 **flatter oneself** 자만(자신)하다, 편리하게 생각하다

humor someone's opinion ~의 의견에 장단을 맞추다

flattery 아첨, 감언 = adulation, apple-polishing, applesauce, banana oil, blandishment, blarney, bootlicking, fawning, fulsomeness, honeyed words, obsequiousness, oil, palaver, puffery, smoke, snow, snow job, soft words, soft soap, sweet talk, sycophancy, toadyism, tribute, truckling, unctuousness

flatterer 아첨꾼 = apple-polisher, ass-kisser, bootlicker, brownnose, fawner, flatterer, flunky, groveler, lackey, lickspittle, sycophant, toady, truckler, yes man, yes woman

필수예문

track 006

1 The press **praised** the president **for** the calm and competent way he had handled a financial crisis that could have a serious impact on the finance industry as well as the whole economy. (언론은 경제 전반은 물론 금융 산업에 심각한 영향을 미쳤을 수도 있는 금융위기를 침착하고 유능하게 처리했다고 대통령을 칭찬했다.)

2 The finance minister **complimented** the banking industry **for** not panicking during last month's crisis. (재무장관은 은행들이 지난달 위기시 공황을 일으키지 않은 것을 칭찬했다.)

Tom **was paid the biggest compliment** possible when his boss appointed him an executive. (톰은 사장이 그를 이사로 임명했을 때 최고의 찬사를 받은 셈이었다.)

3 I am so pleased to meet you. My wife has always **spoken very highly of** you. (만나서 정말 반갑습니다. 제 아내가 늘 당신을 크게 칭찬했어요.)

The local media has been **paying glowing tribute to** the reform-minded president. (국내 언론은 개혁적인 대통령에게 최고의 찬사를 해오고 있다.)

4 When the singer's album came out in the United States, it was **lauded[praised] to the skies** but now it seems to be virtually forgotten. (그 가수의 앨범이 미국에서 발매되었을 때 큰 찬사를 받았으나 지금은 사실상 잊혀진 것 같다.)

He has promised to **put in a good word for** me with the police to help me get set free. (그는 나의 석방을 도우려고 경찰에 잘 말해주겠다고 약속했다.)

5 South Korean and US diplomats have made a **praiseworthy** attempt to mitigate mounting anti-American sentiment. (한미 외교관들이 증대되는 반미감정을 완화하기 위한 칭찬받을 만한 시도를 했다.)

He is always **flattering** me. (그는 언제나 나에게 알랑거린다.)

This photo **flatters** her. (이 사진은 그녀의 실물보다 낫다.)

6 **Flattery** will get you nowhere. (아첨은 아무짝에도 소용이 없다.)

It's no use trying to **butter** him **up**. He is not changing his mind. (그에게 아첨하려고 해도 소용없다. 그의 마음은 변하지 않을 테니까.)

swear

욕하다

to use offensive language, especially because you are very angry = be foul-mouthed, bedamn, blaspheme, curse, cuss, damn, darn, execrate, flame, imprecate, talk dirty, use (bad) language[obscenities], utter profanity

용례 **swear at someone** ~에게 욕을 퍼붓다 **swear loudly** 크게 욕설을 내뱉다 **swear foully** 더럽게 욕설하다

| **blaspheme against God** 하느님을 모독하다 **cuss at other drivers** 다른 운전자에게 욕하다 **curse bitterly** 심하게 욕하다

bad language 욕, 욕설

words that most people think are offensive = bad word, curse, cursing, cussing, cuss word, dirty word, expletive, filthy language, filthy word, foul language, four-letter word, malediction, naughty word, oath, obscenity, profanity, swear, swearing, swearword, tinker's cuss

용례 **use bad language to** ~에게 욕하다 **a torrent of bad language** 마구 퍼붓는 욕 **utter a curse** 욕설을 내뱉다 **let slip a curse** 무심코 욕설을 내뱉다 **use four-letter words** 욕설을 하다

foul-mouthed 야비한(상스러운, 모독적인) 말을 쓰는, 입이 건(험한)

using foul or obscene language = base, coarse, despicable, dirty-minded, foul, foul-mouthed, impure, indecent, licentious, low, mean, nasty, obscene, offensive, pornographic, raunchy, scatological, scurvy, smutty, suggestive, vicious, vile, vulgar

용례 **a foul-mouthed child** 입정 사나운 아이

| **base English** 저속한 영어 **a scurvy trick** 비열한 책략 **vulgar words** 상스러운 말 **vulgar manners** 버릇없는 태도 **a vulgar fellow** 야비한 사람

| **unprintable** 무례한, 거친, 입에 담기 힘든 = vile, vulgar, unspeakable

| **scatology** 외설성, 외설 문학 연구[취미]

필수예문

track 007

1 You had better not **swear** like that in front of the children because it may have a bad influence on them. (아이들 앞에서 그렇게 욕을 하면 안 되는데 그들에게 나쁜 영향을 미칠 수 있기 때문이다.)

I don't think **swearing** is something that everybody should do but almost everyone does. (나는 욕은 모두가 해야만 하는 것은 아니라고 생각하지만 거의 모두가 욕을 한다.)

2 Tom **swore at** his wife after realizing they had missed the bus. (톰은 버스를 놓쳤다는 것을 알고 부인에게 욕을 했다.)

The manager is always **swearing at** the workers. (그 감독은 항상 일꾼들에게 욕설을 퍼붓는다.)

3 He **cursed** himself **for** not having put some gas in the car earlier. (그는 미리 차에 휘발유를 넣지 않은 자신에게 욕했다.)

She spat (out) **curses** at me. (그녀가 내게 저주의 말을 내뱉었다.)

4 It's easy to **cuss** your boss, but are you better than him? (사장을 욕하는 것은 쉽지만 네가 사장보다 낫니?)

You should tell your children off when they **use bad language**. (아이들이 욕을 하면 혼을 내야 한다.)

5 The movie was banned because it had a lot of **four-letter words**. (그 영화는 욕이 너무 많아 상영이 금지되었다.)

When questioned about the controversial issue, the police chief uttered several **unprintable** remarks and left his office. (논란이 되는 문제에 대해 질문을 받자 경찰총수는 입에 담지 못할 발언을 여러 번 하고 사무실을 떠났다.)

6 My boy friend is so **foul-mouthed**. It's embarrassing to go out with him in public. (내 남자 친구는 너무 입이 험하다. 그와 같이 사람들 앞에 나가는 것이 창피하다.)

Under the law, the use of **vulgar words** over the Internet would be illegal. (그 법에 의하면 인터넷상에서 저속한 말을 사용하는 것은 불법이 된다.)

libel

명예를 훼손하다, 중상(비방)하다

to attack the good name and reputation of someone = asperse, bad-mouth, calumniate, defame, denigrate, derogate, malign, revile, scandalize, slander, slur, smear, traduce, vilify

유의어 **blacken** ~에게 오명을 씌우다, 비방하다 **burlesque** ~를 희화화하다 **caricature** 풍자하다 **crack** (신용 따위를) 손상하다, 떨어뜨리다 **do dirt to** 남을 속이다, ~에게 비열한 짓을 하다 **scorch** 마구 헐뜯다 **sully** (명성, 정신 따위를) 훼손하다, 상처 입히다 **travesty** 희화화하다

용례 **libel against[on] the president** 대통령을 비방하다

| **bad-mouth someone** ~를 헐뜯다 **blacken someone's character[name]** 누구의 인격[이름]을 더럽히

다 **vilify homosexuals** 동성애자들을 비방하다

defamation 명예훼손

a malicious attack = aspersion, backstabbing, brickbats, calumny, character assassination, cheap shot, denigration, depreciation, detraction, dirt, dirty laundry, dirty linen, disparagement, libel, mud, obloquy, opprobrium, rap, scorcher, slam, slime, slur, smear, traducement, vilification

반의어 **laudation, puffery**

용례 **defamation of character** 명예훼손 **be sued for defamation of character** 명예훼손으로 고소된 | **commit libel** 명예훼손죄를 저지르다 **bring an action of libel against** ~에 대하여 명예훼손으로 고소하다 **file a libel suit against** ~에 대하여 명예훼손으로 고소하다 | **mudslinging** 중상, 인신공격, 이전투구 **muckraking** 추문 폭로

defamatory 명예를 훼손하는

harmful and often untrue = abusive, calumnious, contumelious, libelous, maligning, opprobrious, slanderous, traducing, vilifying, vituperative

반의어 **commending, complimentary, exalting, flattering, honoring, praising**

용례 **a defamatory statement[book, remark]** 명예훼손적인 진술[책, 발언] | **a libellous statement** 중상모독적인 진술 | **disparaging comments** 비방적인 논평 **a slanderous allegation** 모략적인 혐의 **a slanderous attack[accusation]** 비방성 공격[비난]

필수예문

track 008

1 The politician has sued South Korea's largest-circulation newspaper for **libeling** him by running a fake story claiming that he received a large amount of money from a construction company. (그 정치인은 한국의 최대 부수를 자랑하는 신문사에 대해 그가 건설회사로부터 큰 액수의 돈을 받았다는 허위 기사를 실어 자신의 명예를 훼손했다고 고소했다.)

2 The newspaper was accused of **libeling** him. (그 신문은 그의 명예를 훼손한 혐의로 고발되었다.)

The former lawmaker's attempt to discredit his opponent boomeranged on him when he was charged with **libel**. (상대방을 망신시키려던 전직 국회의원의 시도는 그가 명예훼손죄로 고발되자 그에게 부메랑이 되어 돌아왔다.)

3 He was charged with **slandering** a government minister. (그는 정부 장관을 중상모략한 혐의로 고발되었다.)

If he charges me with bribery, I will countercharge him with **slander**. (그가 나를 수뢰죄로 고소하면, 나는 그를 명예훼손으로 맞고소하겠다.)

4 She plans to sue the bookstore that sells a **defamatory** book. (그녀는 명예를 훼손하는 책을 파는 서점을 고소할 계획이다.)

The former president has brought a **defamation suit** against an influential newspaper. (전직 대통령은 영향력 있는 신문사를 상대로 명예훼손 소송을 제기했다.)

5 You must apologize for your **slanderous** remarks about me. (너는 나의 명예를 훼손하는 발언에 대해 사과해야 한다.)

A **mudslinging campaign** can always backfire and usually does. (인신공격(폭로전)은 늘 역효과가 날 수 있고 보통 그렇다.)

6 The lawmaker was expelled from the party for **muckraking** reporting on corruption there. (그 의원은 당내 부패에 관한 추문 폭로 보도로 당에서 축출되었다.)

The ruling party has launched a **slanderous attack** on the opposition leader. (집권당은 야당 지도자에 대해 비방성 공격을 개시했다.)

심화학습

이름이 널리 알려진 정치인이 모 기업으로부터 얼마를 받아 챙겼다고 언론에 대서특필(make big splashes)된다. 처음에는 극구 부인하며 언론을 명예훼손으로 고소하겠다고 난리법석을 떨다 결국에는 인정을 하고 수갑을 찬 채 구치소로 향한다. 이런 모습을 하도 보아 국민들은 아예 그러려니 하고 신경도 쓰지 않는다. 바로 '명예훼손 소송을 내다'는 file[lodge, bring] a libel suit라고 한다.

❑ **come in for [come under] criticism[attack, fire]** 비난을 받다

ex. Japanese-style management practices such as lifetime employment and bottom-up decision making have **come in for criticism** in recent times. (종신고용이나 상향식 의사결정 등과 같은 일본식 경영방식들이 최근에 비난을 받아왔다.)

| **be under criticism[fire, attack] for** ~로 비난을 받고 있다 **draw fire from** ~에게서 비난을 받다 = draw someone's fire, draw the fire of

❑ **heap[rain] criticism on** ~에 비난을 퍼붓다

ex. The news media feels free to **heap criticism on** just about anyone or anything but is absolutely intolerant of any criticism of its own work. (언론은 누구든지 어떤 대상에게나 자유롭게 비난을 퍼붓지만 자신들의 일에 대한 어떠한 비판도 절대로 용납하지 않는다.)

| **receive harsh[strong, heavy, severe, fierce] criticism from** ~에게서 맹비난을 받다
come in for [run into] flak, draw[get] flak, get[take] a lot of flak for ~때문에 맹비난을 받다 **fire a broadside against, launch[fire off] a salvo of criticism against, launch a salvo of criticism against** ~에 대해 강하게(일제히) 비난하다

| **take a swipe at** ~를 신랄히 비난하다 **a chorus[flurry, hail, salvo] of criticism** 빗발치는 비판 **take a sideswipe at** ~를 간접적으로(넌지시) 비난하다

❑ **constructive criticism** 건설적 비판

ex. I am always ready to accept **constructive criticism.** (나는 늘 건설적 비판을 수용할 준비가 되어 있다.)

| **It's just criticism for criticism's sake.** 비난을 위한 비난

❑ **trade slurs with** ~와 서로 비난(비방)하다

ex. The governing party **traded slurs with** the main opposition party over the revision of a draconian security law. (여당과 제1 야당은 가혹한 보안법 개정을 두고 서로 비난을 했다.)

❙ **trade barbs with** 가시 돋친 말을 주고받다, 가시 돋친 설전을 벌이다

❏ **win[earn, receive] kudos** 찬사를 받다, 명성을 얻다

ex. Ten public agencies **received kudos** from the consulting company for their high-caliber administrative systems. (10개의 공공기관이 훌륭한 경영제도를 갖고 있다고 컨설팅회사로부터 찬사를 받았다.)

❙ **get a good press** 언론의 호평을 받다 **get rave reviews** 극찬(격찬)을 받다 **draw[win, receive] critical acclaim** 비평가들의 호평을 얻다 **be hailed as** ~로 호평을 받다, 환영을 받다

❏ **lavish[heap, rain] praise on** ~를 크게 칭찬하다

ex. Opposition lawmakers **heaped praise on** the president's plan to create a state fund to help the underprivileged. (야당 의원들은 사회적 약자를 돕기 위한 정부기금을 만들겠다는 대통령의 계획을 크게 칭찬했다.)

❙ **shower ~ with compliments, shower compliments on** ~에게 칭찬 세례를 퍼붓다

❏ **get[give, induce] a standing ovation** 기립박수를 받다[보내다, 유도하다]

ex. South Korean fans **gave** their national soccer team **a standing ovation** after they earned a convincing 2-0 victory over Asian rival Iran. (한국 팬들은 국가대표 축구팀이 아시아 라이벌인 이란에 2-0 확실한 승리를 거두자 기립박수를 보냈다.)

❙ **draw[get, win] applause for** ~에 대해 갈채(찬사)를 받다 **be applauded to the echo** 극구 칭찬을 받다, 우레와 같은 갈채를 받다 **give ~ a big hand** (연주회 등이 끝난 뒤) ~에게 큰 박수를 보내다 **Let's give him a big hand!** 자, 그 사람에게 큰 박수를 보냅시다! **burst into applause** (갑자기) 박수갈채를 보내다

❏ **contain strong language** 욕설이 들어 있다

ex. The following program **contains strong language**, and some viewers may find it offensive. (본 프로에는 욕설이 들어 있어 일부 시청자들의 귀에 거슬릴 수 있습니다.)

❙ **use too much bad language** 욕을 너무 많이 하다 **learn the swear words first** 욕을 먼저 배우다

❏ **file[lodge, bring] a libel suit[case, action] against** ~를 명예훼손으로 고소하다

ex. The opposition party is planning to **file a libel suit against** the president for naming it as a pro-enemy political group. (야당은 대통령에 대해 당을 이적 정치단체로 매도했다고 명예훼손으로 고소할 계획이다.)

❙ **bring a libel action against** ~를 명예훼손으로 고소하다 **file a $100 million defamation suit against** ~에 1억 달러 명예훼손 소송을 제기하다 **win[lose] a libel suit against** ~에 대한 명예훼손 소송에서 승소[패소]하다

❏ **wage[launch] character assassination on** ~를 인신공격하다

ex. Political analysts say the best way to deal with the recalcitrant opposition leader is to **launch character assassination on** him. (그 완강한 야당 지도자를 상대하는 최고의 방법은 그에 대해 인신공격을 하는 것이라고 정치 분석가들은 말한다.)

❙ **be involved in political mudslinging** 정치적인 이전투구에 관련된 **launch a muckraking campaign against** ~에 대해 폭로전을 시작하다

03 찬성 | 반대 | 승인 | 부결

주제어	관련어
agree	assent, approve of, support, subscribe to, go along with
oppose	objection, buck, hostility, antagonism, opponent, anti-war
approve	endorse, sanction, authorize, approval, green light, go-ahead
reject	nix, spurn, vote down, rejection, rebuff, thumbs-down

●●● Too many cooks spoil the broth. 사공이 많으면 배가 산으로 간다.

남이 내놓은 의견(suggestion)이나 보고서(report)를 진지하게 경청하지도(hang on) 않고 다짜고짜 시비부터 거는 '딴지족'들이 있다. 특히 우리나라 정당들의 경우 이런 경향이 심한데, 상대 당이 내놓은 정책이나 법안은 제대로 검토해보지도 않고 걸핏하면 문제를 정치 쟁점화하여(politicize) 태클을 거는 수가 다반사다.

노무현 정권(the Roh Moo-hyun government)이 역점사업(front-burner project)으로 추진했던 행정수도 이전(move the nation's administrative capital out of Seoul) 문제 역시 격렬한 찬반 논란을 불러일으키며 결국 한 보수 시민단체(civic group)가 헌법재판소(the Constitutional Court)에 소원을 제기하는(file a constitutional petition) 일까지 벌어졌었다. 하지만 수도 이전으로 손해를 보게 될 기득권층의 거센 반발에도 불구하고 정부는 이 사업을 강행하여 충남 연기에 후보지를 선정하고 행정수도 건설을 추진하고 있다.

국회(the National Assembly)는 대표적인 의사결정기관(decision-making body)이며 각종 법안(bill, legislation)과 예산(budget)을 심의 의결하는 곳이다. 국민을 대표하는 기구로서 이들에 대한 승인(approval)과 부결(rejection)을 결정하는 권한을 갖고 있다. 국회가 법안을 통과시키면 대통령의 재가를 거쳐 정부가 공식으로 발표를 하고 정식 법으로서 효력이 생기게 된다. 찬성하지 않을 경우 대통령은 거부를 하고 국회에 재심을 요구할 권한이 있는데 이를 거부권(veto)이라고 한다.

agree

찬성하다, 동의하다

to have the same opinion with someone else's plan or suggestion = accede, approbate, approve, approve of, assent, be for, be in favor of, comply, consent, concur with, fall in with, favor, get behind, go along with, go for, hold with, okay, recognize, sign, subscribe to, support, uphold

'찬성하다'는 의미로 쓰일 때 agree를 따라다니는 전치사는 with인데, 다른 사람의 의견이나 제안에 함께 하는 것이므로 with라고 생각하면 기억하기 쉽다. 같은 뜻의 동사 assent 뒤에는 to가 오고, approve는 of를 동반하며, '반대하다'는 동사 object의 들러리는 to 또는 against이다.

유의어 **acquiesce** 마지못해 따르다, (소극적으로) 동의하다 **admit** 인정하다 **adopt** 채택하다 **recognize** 인정하다, 승인하다 **sign** 서명하고 승인하다

반의어 **object, oppose, refuse**

용례 **agree to[with] one's plan** ~의 계획에 찬성하다 **agree readily** 흔쾌히 찬성하다 **approve of the plan** 그 계획에 찬성하다

| **vote for** 투표를 통해 찬성하다 **vote an aye to** 찬성표를 던지다 **second** 결의안 등에 찬성하다 **say amen to** ~에 동의하다, 찬성하다 = say aye to, give ~ the thumbs-up, be agreeable to, say ditto to

| **wink at, connive at** 눈감아주다, 묵인하다

| **rubber-stamp** ~에 덮어놓고 도장을 찍다, ~을 형식적으로 승인하다; 거수기 역할을 하는 **a rubber-stamp legislature** 거수기 국회

---

assent 찬성, 동의

agreement with a statement or proposal to do something = acceptance, accession, accord, affirmation, agreement, approval, authorization, compliance, concurrence, consent, favor, nod, permission, sanction, suffrage

반의어 **disagreement, dissent**

용례 **by common assent** 전원 이의 없이, 전원 일치로 **give one's assent to** ~에 동의하다, 찬성하다 **in assent** 동의하여 **with one assent** 만장일치로

| **give a nod of assent** 고개를 끄덕여 동의를 표시하다 = nod one's assent

affirmative 긍정적인, 찬성하는; 긍정, 찬성자측

| **an affirmative answer** 긍정적 회답 **an affirmative proposition** 긍정 명제 **Two negatives make an affirmative.** 이중 부정은 긍정이 된다.

| **take the affirmative** 찬성 쪽에 서다 **in the affirmative** 긍정적으로, 찬성하여 **answer in the affirmative** 긍정(찬성)하다

| **an affirmative action program** 차별 대우에 대한 처우개선 프로그램

| **negative** 반대의, 부정의; 부정적인 말, 거부, 거절 **a negative vote** 반대 투표 **a negative answer** 부정적 답변 **answer in the negative** 아니라고 대답하다

| **pro-** 찬성의 **pro-abortion** 낙태를 지지하는 **pro-choice** 낙태 권리를 지지하는, 낙태 합법화를 지지하는 **pro-business** 기업 이익 우선의, 친재계의 **pro-family, pro-life** 임신 중절(낙태 합법화) 반대의 **pro-lifer** 임신 중절 반대론자 **pro-growth** 개발 찬성의, 성장 정책의

필수예문

track 009

1 The governing party is unlikely to **agree with** the urban development plan which is expected to cause severe traffic congestion in downtown areas and add to air pollution. (집권당은 도심지역에 심각한 교통체증을 일으키고 대기오염을 가중시킬 것으로 예상되는 도시개발 계획에 찬성할 것 같지 않다.)

2 Jim suggested going for a picnic and we all **agreed.** (짐이 소풍을 제안했고 우리 모두는 찬성했다.)

The boss **agreed wholeheartedly** when I suggested that we should have our meetings in a ski resort in the future. (내가 앞으로는 스키장에서 회의를 갖자고 제안하자 사장은 전적으로 찬성했다.)

3 I can hardly **approve of** the plan because it lacks feasibility. (나는 실현 가능성이 부족한 그 계획에 찬성할 수 없다.)

I **approve of** your opinion in principle, but I can't accept your proposal to buy a new house. (나는 원칙적으로는 너의 의견에 찬성하지만 새 집을 사자는 제안은 받아들일 수 없다.)

4 The president has **given his approval to** a proposal to crack down on anti-government activity. (대통령은 반정부 활동을 엄단하자는 제안에 찬성했다.)

Despite opposition from environment groups, the highway construction project **received universal approval.** (환경단체들의 반발에도 불구하고, 그 고속도로 건설 계획은 널리 찬성을 받았다.)

5 Most civic groups **assent to [support]** a proposal to ban same-sex marriage. (동성 결혼을 금지하자는 제안에 대부분의 시민단체들이 찬성한다.)

Silence must not always be read as **consent.** (침묵을 항상 동의로 이해해서는 안 된다.)

6 The political party **is all for** cutting taxes despite fierce opposition from the poor. (빈곤층의 강력한 반대에도 불구하고 그 정당은 감세에 적극 찬성한다.)

Most civic groups **are in favor of** government measures to cut car insurance premiums. (대부분의 시민단체들은 정부의 자동차보험료 인하 조치에 찬성한다.)

7 Just a third of eligible voters **gave the thumbs-up to** the president's second term. (겨우 유권자의 1/3만이 대통령의 재선에 찬성했다.)

Most Americans are willing to **say amen to** increased use of biometric technologies by private sector firms, providing proper privacy safeguards are applied. (대부분의 미국인들은 적절한 개인정보 보장책이 적용된다면 민간 기업들이 생체인식 기술을 더 많이 사용하는 것에 기꺼이 찬성한다.)

8 It is always difficult to convince others to **go along with** new ideas. (남을 설득하여 새로운 아이디어에 찬성하게 만드는 것은 늘 어렵다.)

Most parents **subscribe to** the view that children should be given responsibility from an early age. (대부분의 부모들은 어린이들은 어린 나이부터 책임이 주어져야 된다는 견해에 찬성한다.)

He was forced to **answer in the affirmative.** (그는 찬성을 하도록 강요당했다.)

oppose

반대하다
to think something is wrong and, in some cases, try to prevent it = be against, be opposed to, buck, counter, demur, disagree, disapprove, gainsay, protest, speak against, thwart

유의어 **argue** 논쟁하다 **confront** 맞서다 **defy** 반항하다, 무시하다 **deny** 부정하다, 부인하다 **dispute** 이의를 제기하다 **frown on[upon, at]** 불찬성의 뜻을 표시하다, 난색을 보이다 **resist** 저항(반항)하다 **take issue with** ~와 대립하다, 의견이 맞지 않다, 논쟁하다 **withstand** 항거하다

반의어 **support**

용례 **oppose bitterly[resolutely, strongly, vehemently, vigorously]** 단호하게(강하게) 반대하다 **oppose abortion[the death penalty]** 낙태[사형제도]에 반대하다 **oppose a general election** 총선에 반대하다 **oppose one's nomination** ~의 임명을 반대하다

---

objection 반대, 이의

words or behavior that show that you oppose something = argument, cavil, challenge, demur, disagreement, disapprobation, disapproval, discontent, kick, niggle, opposition, protest, protestation, remonstrance, repugnancy, unwillingness

반의어 **agreement, approval**

용례 **by objection** 이의를 제기하여 **have no objection to** ~에 이의가 없다 **see no objection [not see any objection] to** ~에 반대할 이유가 없다 **take[make, raise] (an) objection to** ~에 반대하다

| **without demur** 이의 없이 **have an opposition to** ~에 반대이다 **in opposition to** ~에 반대하여 **offer opposition to** ~에 반대(저항)하다

| **hostility** 적의, 적대행위 **antagonism** 적대, 반목, 반대행위

| **opposing** 반대하는 = opposite, differing, contrary, contradictory, conflicting, clashing, incompatible

| **the opposition** 야당, 야권 **an opposition party** 야당 **the main opposition party** 제1야당 **a ruling[governing] party** 집권당, 여당 **a small[minor] party** 군소 정당 **a splinter party** 분파(분리, 별도의) 정당

| **a political party** 정당 **form[set up, establish] a political party** 정당을 창당하다 **dissolve a political party** 정당을 해산하다 **break away from [bolt from, defect from, leave] a political party, break ranks** 탈당하다 **join a political party** 정당에 입당하다 **be expelled from a political party** 정당에서 제명되다

---

opponent 반대자

a person or group that opposes a plan or others = adversary, antagonist, anti, challenger, competitor, contender, contestant, disputant, dissentient, enemy, entrant, foe, litigant, match, opposer, opposition, oppugnant, rival, scrapper

반의어 **ally, colleague, partner**

용례 **a political opponent** 정적 **opponents of abortion** 낙태 반대자 **a formidable[strong] opponent** 강적 **a weak opponent** 약한 상대

| **antagonist** 적대자, 라이벌, 대립자 **enemy** 적 **foe, adversary** 적, (시합의) 상대 **a bitter foe** 원수 **an implacable foe** 철천지원수 **a formidable[powerful] adversary** 무시무시한[강력한] 경쟁상대

a tenacious adversary 완강한 상대

| **nemesis** (이길 수 없는) 강적; 복수; 천벌 **play the nemesis** 복수하다 **meet one's nemesis** 천벌을 받다 **political nemesis** 정치적인 인과응보

| **anti-** 반대의 **anti-war** 반전의 **anti-smoking** 흡연 반대의 **anti-American** 반미의 **anti-abortion** 낙태 반대의 **anti-alcoholism** 과음 반대, 절주

필수예문

track 010

1 The referendum showed that almost 95 percent of the population **oppose** the construction of a nuclear power plant which may pose a serious threat to their health. (주민들 중 거의 95퍼센트가 건강에 심각한 위협이 될지도 모르는 원전 건설에 반대하는 것으로 주민투표 결과 드러났다.)

2 No member of the committee has ever **objected to** the proposal to build a bridge over the river. (위원회의 어떤 위원도 강 위에 다리를 놓자는 제안에 반대한 적이 없다.)

Environmental groups **strongly oppose** the reclamation project. (환경단체들은 그 매립 사업에 강력히 반대한다.)

3 The education minister **is strongly against** the use of corporate punishment in schools. (교육부 장관은 학교 체벌에 강하게 반대한다.)

The leader of the labor union **was openly hostile to** a proposal to discuss the issue of temporary workers further. (노조위원장은 임시직 문제를 추가로 논의하자는 제안에 공개적으로 반대했다.)

4 Oil company presidents **voiced strong opposition to** a government plan to lower gas prices. (석유회사 사장들은 휘발유 가격을 내리려는 정부 계획에 강한 반대를 표명했다.)

Some ministers have **raised objections to** a government decision to move an administrative capital out of Seoul. (일부 각료들이 행정수도를 서울 밖으로 이전하려는 정부 결정에 반대했다.)

5 The politician is one of the **opponents** of the troop dispatch motion. (그 정치인은 군대 파견 동의안의 반대자들 중 한 명이다.)

The English will tell you that their **biggest rival** is Germany but the Germans won't tell you it's England for them. (영국 사람들은 자신들의 최대 경쟁상대가 독일이라고 말할 테지만 독일 사람들은 그들에게 그것은 영국이라고 말하지 않을 것이다.)

6 American security and intelligence sources estimate that **anti-American** sentiment is running particularly high among terrorist groups. (미국의 안보 및 정보 소식통들은 특히 테러단체들 사이에서 반미감정이 높다고 보고 있다.)

Pro-abortion activists support the new government bill, but **anti-abortion** groups strongly oppose it. (낙태 찬성 운동가들은 정부의 새 법안에 찬성하지만 낙태 반대 단체들은 법안에 강력히 반대한다.)

approve

승인하다, 재가하다
to consent to officially or formally = accept, authorize, confirm, endorse, give one's blessing to, give the go-ahead[green light, word, OK] to, license, ok, permit, ratify, sanction, validate

유의어 **accredit** 인가하다 **affirm** 단언하다, 긍정하다 **assent** 동의하다 **back** 지지하다 **charter** ~에게 특허(특권, 특전)를 주다, (지부, 지점 따위의) 설립을 인가하다 **certify** 보증하다 **empower** 권한을 부여하다, 허용하다 **mandate** ~에게 권한을 위임(위탁, 위양)하다 **seal** 부여(하사)하다

반의어 **deny, disallow, disapprove, invalidate, oppose, refuse, reject**

용례 **approve a bill** 법안을 승인하다 **approve the budget** 예산을 승인하나 **approve a proposal** 제안을 승인하다

| **authorize the spending of money** 예산 지출권을 승인하다 **endorse a proposal** 제안을 승인하다

| **be licensed to practice nursing** 간호사 면허가 있다 **grant[issue] a license** 면허를 주다[발급하다] **apply for a license** 면허를 신청하다 **issue a driver's license** 운전면허증을 발급하다 **revoke a driver's license** 운전면허를 취소하다

---

approval 승인, 재가

an act of confirming officially = authorization, confirmation, endorsement, go-ahead, green light, license, ok, OK, permission, ratification, sanction, support, the nod, validation

반의어 **denial, disapproval, refusal, rejection**

용례 **get[gain] approval from** ~의 승인을 얻다 **meet with a person's approval** ~의 승인을 얻다 **give[express] one's approval for** ~에 동의하다 **with the approval of the committee** 위원회의 승인을 받아

| **conditional approval** 조건부 승인 **get[receive] conditional approval from** ~로부터 조건부 승인을 받다 **give[grant] conditional approval to** ~를 조건부로 승인하다 **grant conditional approval for someone to do** ~가 ~할 수 있도록 조건부 승인을 하다

| **nod one's approval** 고개를 끄덕여 동의하다

필수예문

track 011

1 Defying opposition from civic groups, the Senate would most likely **approve** a controversial bill restricting the activities of non-governmental organizations on the second week of November. (시민단체의 반대를 무시하고 미 상원은 필시 11월 둘째 주에 비정부 기구의 활동을 제한하는 논란이 되는 법안을 승인할 것 같다.)

2 The legislature is slated to hold a plenary session on Thursday to **approve** the budget bill for fiscal 2006. (입법부는 목요일 전체회의를 열어 2006 회계연도의 예산안을 승인할 예정이다.)

According to latest reports, Iraq's prime minister will urge parliament to **approve** a new international peace plan for the country. (방금 들어온 보도에 의하면 이라크 총리가 새로운 국제 평화안을 승인하도록 의회에 촉구할 것이라고 한다.)

3 The commanding officer has **sanctioned** the sentence of a regimental court-martial. (그 지휘관은 연대 군법회의의 판결을 재가했다.)

South Korea's stock exchange has been urging the government to **sanction** the move to open up the exchange to international investors. (한국의 증권거래소는 외국투자자들에게 문호를 개방하는 조치를 승인할 것을 정부에 촉구해오고 있다.)

4 The administration is still hesitant to **endorse** the imposition of punitive tariffs on US beef. (행정부는 아직도 미국산 소고기에 대한 높은 관세 부과를 승인하는 것을 망설이고 있다.)

If the full board votes to **endorse** the proposal, the name change would go into effect immediately. (위원회 전체가 그 제안의 승인에 찬성투표를 하면 명칭변경이 즉시 이루어진다.)

5 Pressured by business organizations, the parliament has **okayed** the tax-cut bill. (경제단체들의 압력으로 국회는 감세안을 승인했다.)

I am sure that we will be able to **get the OK from** the boss. (나는 우리가 사장으로부터 승인을 받을 수 있을 것으로 확신한다.)

6 The mobile giant has announced that its board of directors will **seek** stockholder **approval** to take over a rival company. (그 거대 이동통신회사는 이사회가 경쟁사를 인수하는 데 대한 주주들의 승인을 구할 것이라고 발표했다.)

US officials **gave** the drug company **conditional approval** to market a new depression drug. (미국 관리들은 그 제약회사에 새로운 우울증 치료제 판매를 조건부로 승인했다.)

reject

부결시키다, 거부하다(거절하다)

to use official powers to formally refuse a request or suggestion = cashier, chuck, decline, deny, eighty-six, give ~ the thumbs-down, kill, nix, refuse, repudiate, say no to, shoot down, throw away, throw out, turn down, veto

유의어 **blackball** 반대투표를 하다, 왕따시키다 **brush off** 무시하다 **discard** 포기하다, 버리다 **discount** 도외시하다 **dismiss** 기각(각하)하다 **ice out** 무시하다, 따돌리다 **jettison** 버리다 **jilt** (특히 여자가 애인을) 버리다, 차버리다 **junk** 버리다 **renounce** 부인하다, 포기하다 **scrap** (계획 등을) 파기(폐기)하다 **slough** 버리다 **spurn** 일축하다, 퇴짜놓다

반의어 **accept**

용례 **reject a motion** 동의안을 부결하다 **reject the offer of a better job** 더 좋은 일자리 제의를 거절하다 **reject a suitor** 구혼자에게 퇴짜놓다

| **reject completely[flatly, outright, totally]** 딱 잘라(단호하게) 거절하다 **reject a gift[an argument, a decision, a possibility, a suggestion]** 선물[주장, 결정, 가능성, 제안]을 거부하다

| **blackball a candidate** 후보자에게 반대표를 던지다

| **chuck a resolution** 결의안을 부결시키다

| **decline** 제안(제의)을 거절하다 = spurn, rebuff, repudiate, pass up, knock back

| **nix a legislation bill** 법안을 부결시키다

rejection 부결, 거절

the act of using official powers to formally refuse a request = denial, ding, dismissal, go-by, kick, negation, nix, no dice, no go, no way, rebuff, repudiation, thumbs-down, turndown, veto

반의어 **acceptance, welcome**

용례 **complete[outright, flat, total] rejection** 단호한 거절 **meet with unanimous rejection** 만장일치로 기각되다 **a scornful rejection** 경멸에 찬 거절

| **give a denial to, make a denial of** ~를 부정하다, 거절하다 **give a flat denial** 단호히 거절하다 **take no denial** 싫다는 말을 못하게 하다 **give ~ the red light** ~에게 금지하다

| **put the kibosh on** ~에 결정타를 먹이다, 끝장을 내다; ~를 저지하다 **put a[the] lid on** ~를 단속(억제)하다

| **filibuster** 의사 진행 방해; 의사 진행을 방해하다 = delay, hindrance, interference, obstruction, opposition, postponement, procrastination, stonewalling, talkathon **carry on[conduct, engage in] a filibuster** 의사 진행을 방해하다 **filibuster against** ~에 반대해 의사 진행을 방해하다

| **an attempt to stonewall a debate** 토론을 방해하려는 시도 **stage a talkathon** (의사 진행을 방해하기 위한) 지연 연설을 하다

필수예문

track 012

1 The anti-smoking bill has **been rejected** by a vote of 40 to 10, despite persistent lobbying efforts by tobacco companies and growers to pass it through parliament. (담배회사와 담배 재배농가의 국회 통과를 위한 집요한 로비 노력에도 불구하고 그 금연 법안은 40대 10으로 부결되었다.)

2 Internet companies asked the US Senate to **kill** copyright legislation that might result in jail time for people who trade copyrighted files online. (인터넷 회사들은 미 상원에 저작권이 있는 파일을 온라인으로 거래하는 사람들에게 징역형을 부과하게 할 수도 있는 저작권 법안을 부결시키라고 요청했다.)

The bill **was** passed in the House but **thrown out** by the Senate. (그 법안은 미 하원에서는 통과되었으나 상원에서는 부결되었다.)

3 The company has repeatedly **said no to** requests for a pay hike. (그 회사는 봉급인상 요구를 계속 거부했다.)

Lawmakers are expected to **nix** a controversial bill to define marriage as a union between a man and a woman. (국회의원들은 결혼을 남녀 사이의 결합으로 규정하는 논란이 되는 법안을 부결시킬 것으로 예상되고 있다.)

4 The majority of union members **voted against** a proposal to stage a general strike. (노조원의 대다수가 투표를 통해 총파업을 하자는 제안을 부결시켰다(반대표를 던졌다).)

Unionized workers **voted down** an interim wage agreement calling for a 5-percent increase in base pay. (노조원들은 기본급 5퍼센트 인상을 제시하는 잠정 임금협상안을 투표를 통해 부결시켰다.)

5 Thousands of protesters marched to the National Assembly building to denounce the **rejection** of the impeachment complaint against the president. (수천 명의 시위대가 대통령 탄핵안 부결을 비난하기 위해 국회로 행진했다.)

She applied for a new position, but it was **no dice**. (그녀는 새 직장에 지원했으나 실패하고 말았다.)

6 Lawmakers **gave the thumbs down to** a government plan to cut corporate taxes by more than a third. (국회의원들은 법인세를 1/3이상 인하하자는 정부안을 거부했다.)

The president **gave a flat denial to** allegations of his involvement in the bribery scandal. (대통령은 뇌물수수 사건에 자신이 연루되었다는 주장을 단호히 부인했다.)

심화학습

도로의 신호등(traffic light)은 기본적으로 두 가지 색을 갖고 있는데 빨강은 정지신호이고 파랑(green)은 가도 좋다는 뜻이다(A red light means stop, while a green one means go). 또 하나 노랑(yellow, amber)은 정지를 준비하라(prepare to stop)는 신호다. 여기에서 유래하여 green light에는 '승인, 허가' 라는 뜻이 있어 give the green light는 '승인하다'는 의미가 된다.

국회에서 어떤 법안에 대한 찬반의 수가 똑같은 경우 그 법안은 어떻게 처리될까? 이런 경우 국회의장(National Assembly Speaker)이 결정권을 가지게 되는데 그가 찬성하느냐 반대하느냐에 따라 그 법안의 가부가 결정된다. 이를 가부동수 결정권(casting vote)이라고 한다. 의장은 보통 자신의 당적에 따라 혹은 소신에 따라 투표를 하게 된다(vote according to his party affiliation or his own personal beliefs).

❑ **the pros and cons** 찬반양론, 이해득실, 장단점

ex. Marrying a person from a totally different culture has its **pros and cons.** (완전히 다른 문화적 배경을 가진 사람과 결혼하는 것은 장단점이 있다.)

| **weigh the pros and cons** 이해득실을 따져보다 **debate the pros and cons** 득실을 논의하다, 찬반 토론을 하다 **consider the pros and cons** 찬반양론을 고려하다

❑ **give the green light to** ~를 승인하다

ex. The government has **given the green light to** the project. (정부는 그 사업을 승인했다.)

| **give the go-ahead to, give ~ the go-ahead** ~를 승인하다 **get the green light [the go-ahead] for[to do]** 승인을 받다 **give the nod to** ~를 승인하다 **get the nod from** ~로부터 승인을 받다

❑ **express strong objection to** ~에 강한 반대를 표명하다

ex. Environmental groups have **expressed strong objection to** the tunnel project. (환경단체들은 터널 사업에 강한 반대를 표명했다.)

| **face strong opposition from** ~의 강한 반대에 부닥치다 **voice one's opposition to** ~에 대한 반대를 표명하다 **support someone's opposition to** ~에 대한 반대를 지지하다 **be strongly[totally] opposed to** ~에 강하게[절대] 반대하다

❑ **have no objection to** ~를 반대하지 않다

ex. The opposition leader has stressed that he **has no objection to** the tax-cut bill. (야당 지도자는 자신은 감세안에 반대하지 않는다고 강조해왔다.)

| **raise[make, find] an objection to[against]** ~에 이의를 제기하다, 반대하다 **see no objection to** ~에 반대할 이유가 없다고 보다

❑ **end the antagonism between** ~사이의 반목을 끝내다

ex. The move has failed to **end the antagonism between** the leaders of the party and its more left-wing members. (그 조치는 당 지도부와 보다 좌파성향의 당원들 간의 반목을 끝내지 못했다.)

❏ **veto** 거부하다, 거부권을 행사하다

ex. The president **vetoed** the stimulus package passed by the House. (대통령은 하원이 통과시킨 경기 부양안을 거부했다.)

❙ **the veto power** 거부권 **exercise the power[right] of veto over** ~에 거부권을 행사하다 **put[set] a[one's] veto on** ~를 거부하다, 거부권을 행사하다

❏ **vote down** (투표하여) 부결시키다

ex. The company's board of directors **voted down** its proposed merger with a foreign competitor. (그 회사의 이사회는 외국 경쟁회사와 합병하자는 제안을 부결시켰다.)

❙ **be voted down 7-6** 반대 7 찬성 6으로 부결되다 **vote down ~ on party lines** 당론으로 부결시키다 **be subject to a free vote** 자유 투표에 부쳐지다 **pass a bill with a vote of 43 in favor, 12 against, and 6 abstentions** 법안을 찬성 43, 반대 12, 기권 6으로 통과시키다 **pass an energy bill with a vote of 72 to 26** 찬성 72, 반대 26으로 에너지법안을 통과시키다

❏ **casting vote** 가부동수 결정권

ex. The **casting vote** is the vote that decides an issue when two sides have exactly the same number of votes. (가부동수 결정권이란 양측이 정확하게 똑같은 수의 표를 가질 때 결정을 하는 표를 말한다.)

❙ **hold[have] the casting vote** 결정권을 가지다 **exercise[use] the casting vote** 결정권을 사용하다 **give his casting vote with the[a] yes on** ~에 대해 그가 찬성의 결정권을 사용하다 **the chairman's exercise of the casting vote** 의장의 결정권 행사 **refuse to exercise his casting vote on** ~에 그의 결정권 행사를 거부하다

04 존경 | 경멸 | 관심 | 무시

주제어	관련어
respect	honor, venerate, look up to, idolize, respectable, respectful
despise	scorn, disdain, think nothing of, contempt, slight, contemptuous
interest	concern, attention, heed, interested, interesting, indifferent
ignore	bypass, shrug off, neglect, disregard, heedless, negligible

●●● Respect yourself if you would have others respect you.

타인에게 존경받고 싶으면 먼저 자기 자신을 존경해라.

자신을 최대한 낮추고 남을 추켜세우는 사람이 있는가 하면 자신보다 나이나 지위(status)가 높은 사람 앞에서도 당당하며 그래서 타인들로부터 존경(respect)을 받는 사람도 있다. 얼마 전만 해도 겸손한 사람이 대우를 받았으나 요새는 자기 PR시대여서 자신의 의견을 당당하게 피력할 줄 알아야 인정받으며, 상관의 의견이나 지시를 무조건 따르기보다는 잘못이 있으면 과감하게 지적하도록 요구받고 있다.

흔히들 우리나라에는 많은 사람들이 존경할 만하고(respectable) 모범(role model)으로 삼을 만한 정치 지도자가 없다고 한다. 아마도 이는 여간해서는 상대방의 존재를 인정하지(recognize) 않으려는 왜곡된(distorted) 경쟁 심리에서 연유하는 것인지도 모른다. 지도자라고 자칭하는 사람들이 자신의 위치에 맞는 말과 행동(words and action)을 하기보다는 상대방을 무시하는(ignore) 경멸적인 언사(scornful remarks)로 스스로의 품위를 떨어뜨리는 예가 더 많다.

각 정당 대변인(spokesperson)의 언론 브리핑을 듣고 있노라면 간혹 실소를 금치 못할 때가 있다. 카메라에 익숙하지 않은 탓인지 얼굴은 굳을 대로 굳어 있고 마치 초등학생이 교과서를 읽듯이 성명(statement)을 발표한다. 내용을 보면 더욱 가관인데 불과 몇 줄짜리 짤막한 글은 상대 정당을 헐뜯고 깎아내리는 악의적인 내용으로 가득하다. 선진 외국 정치인들은 아무리 상대방과 견해가 달라도 최소한의 예의는 차리며 비난을 하더라도 뭔가 품위가 있어 보이는데, 한국의 정치는 거기에 비하면 아직 멀었다는 생각이 든다.

respect

존경하다, 존중하다
to admire someone because they have high standards, abilities or qualities
= admire, adore, esteem, heed, honor, obey, observe, pay attention, regard, revere, reverence, set[lay, put] store by, show courtesy, value, venerate

유의어 **abide by, adhere to** 준수하다 **awe** 경외하게 하다, 위압하다 **comply with** 응하다, 따르다 **defer to** ~에 경의를 표하다 **follow** 추종하다 **uphold** 찬성하다, 지지하다

반의어 **despise, disrespect**

용례 **respect the old** 노인을 공경하다 **respect one's parents** 부모님을 존경하다 **respect ~ as one's senior** ~를 선배로서 존경하다 **respect oneself** 자존심이 있다

| **esteem one's advice** ~의 충고를 존중하다 **esteem him for his diligence** 그의 근면함을 높이 평가하다

| **honor one's parents** 양친을 공경하다 **be honored as** ~로 존경받다

| **regard the rights of all** 모든 사람의 권리를 존중하다

| **revere the politician** 그 정치가를 존경하다 **be revered by** ~의 존경을 받다

| **be venerated as a social leader** 사회 지도자로 존경받다

---

respect 존경, 존중

admiration for someone, especially for their good personal qualities = adoration, consideration, courtesy, deference, dignity, esteem, homage, honor, regard, reverence, tribute, veneration

반의어 **disrespect**

용례 **gain[command, win, earn] the respect of** ~의 존경을 받다 **be held in respect** 존경받다 **hold ~ in respect** ~를 존경하다 **in [out of] respect for** ~에 경의를 표하여 **stand in (high) respect as** ~으로서 (크게) 존경받고 있다

| **have great esteem for** ~를 크게 존경하다 **hold ~ in (high) esteem** ~를 (매우) 존경하다 **gain[get] high esteem** 높이 존경받다 **earn[lose, merit] the esteem of the public** 일반 사람들의 존경을 받다[잃다, 받을 만하다]

| **have a great regard for** ~를 크게 존경하다 **have no regard for** ~를 존중하지 않다 **hold ~ in high[low] regard** ~를 존경하다[존경하지 않다]

---

idolize 숭배하다, 우상화하다

to admire someone very much or too much = admire, adore, canonize, deify, dote on, exalt, glorify, hero-worship, lionize, put ~ on a pedestal

반의어 **vilify**

용례 **idolize a pop group** 팝 그룹을 숭배하다 **be idolized as** ~로 우상시되다, 우상화되다 **be lionized and then rejected by the press** 언론에 의해 영웅시되다 그런 뒤에 내쳐지다

| **apotheosize** 신격화(신성시)하다

| **idol** 우상 = icon, favorite, darling, superstar **hero, heroine** 영웅, 위인

| **idolatry** 우상숭배 = idolism, idolatrism, fetishism, iconolatry, paganism, heathenism

| **idolatrous** 우상숭배의 = idol-worshipping, idolistic, icon-worshipping

---

respectable 존경할 만한, 훌륭한

deserving of esteem and respect = admirable, august, decent, estimable, honorable, redoubtable, redoubted, reputable, respected, venerable

반의어 **bad, disreputable**

용례 **a respectable middle-class background** 훌륭한 중산층 배경

| **an honorable man** 훌륭한 사람

| **come of a decent family** 명문가 출신이다

| **a dignified person** 위엄 있는 사람

| **a redoubtable opponent** 가공할 적수

| **a venerable gentleman** 존경할 만한 신사

| **respectful** 경의를 표하는, 공손한 **a respectful bow** 공손한 절 **be respectful of** ~를 존중하다

필수예문

track 013

1 Although the veteran politician quit politics a long time ago, he **is** still **respected by** his political opponents for his significant contribution to the promotion of democracy. (그 노회한 정치인은 오래 전에 정계를 떠났지만 민주주의를 진흥시킨 그의 큰 공헌 때문에 아직도 정적들에게서 존경을 받는다.)

2 Everybody **respects** him **as** an actor and as a man. (모두가 그를 영화배우로서 그리고 한 인간으로서 존경한다.)

The majority must **respect** the opinions of the minority. (다수는 소수의 의견을 존중해야 한다.)

3 The politician **is admired for** his contribution to the country's democratization. (그 정치인은 그 나라의 민주화에 기여한 공로로 존경받는다.)

A seven-year-old girl **revered** by Hindus and Buddhists as a living goddess has had a rare festive excursion. (힌두교도들과 불교도들에게 살아 있는 여신으로 추앙 받는 7세의 소녀가 드물게 축제 나들이를 했다.)

4 Many Koreans **have great respect for** the writer. (많은 한국인들이 그 작가를 크게 존경한다.)

I **have a deep respect for** the work of painters who were prominent in the 1950s through to the late 1960s. (나는 1950년대에서 1960년대 말까지 두드러졌던 화가들의 작품을 깊이 존경한다.)

5 If children aren't taught **respect**, then they will not show it as they grow older. (만약 어린이들이 존경에 대해 가르침을 받지 않으면 나이가 들어가면서 존경을 표하지 않을 것이다.)

Children no longer **have proper regard for** their parents and teachers. (아이들은 더 이상 부모와 선생님에 대해 마땅히 가져야 할 존경심을 갖지 않는다.)

6 Although 10 years have passed since his death, the baseball player is still **idolized** by millions of fans. (그 야구선수는 죽은 지 10년이 지났지만 아직도 수백만 팬들의 숭배를 받고 있다.)

The scientist has **been lionized as** a national hero thanks to his trailblazing research. (그 과학자는 선구적인 연구 덕택에 국민적 영웅 대접을 받아왔다.)

7 After starring in a blockbuster movie, the young actress has become a teenage

icon. (빅 히트한 영화에서 주연을 맡은 후 그 젊은 여배우는 십대의 우상이 되었다.)

Most analysts predict that mid-cap stocks will emerge as **the darling of** the stock market next year, while tech issues will become the market's dog. (대부분의 분석가들은 내년에는 중형주들이 주식시장의 인기종목으로 떠오르는 반면 기술주들은 천덕꾸러기가 될 것이라고 예상한다.)

8 He has turned Jewish philanthropy into a prestigious, **respectable** activity. (그는 유대인의 자선사업을 훌륭하고 존경할 만한 활동으로 바꾸었다.)

Many citizens stood in **respectful** silence as the funeral procession went by. (장례 행렬이 지나갈 때 많은 시민들이 경의를 표하며 묵묵히 서 있었다.)

despise

경멸하다, 깔보다; 몹시 싫어하다

to hate someone or something and think they have no importance or value = abhor, abominate, be allergic to, contempt, detest, disdain, execrate, hate, loathe, look down on, misprize, scorn, slight

유의어 **deride** 조롱하다, 비웃다 **disregard** 무시하다 **eschew** 피하다 **flout** 업신여기다 **neglect** 무시(경시)하다 **revile** 비방하다 **shun** 피하다, 멀리하다 **snub** 냉대(무시)하다 **spurn** 일축(무시)하다 **trash** 업신여기다, 놀리다 **undervalue** 과소평가하다, 경시하다

반의어 **admire, appreciate, cherish, like, love, respect**

용례 **despise utterly** 철저히 경멸하다 **despise someone for** ~때문에 얕보다 **despise one's hypocrisy** ~의 위선을 경멸하다 **despise oneself** 자기혐오에 빠지다

| **disdain flattery** 아첨을 경멸하다 **disdain rock music** 록 음악을 경멸하다

| **scorn cowards and liars** 비겁자와 거짓말쟁이를 경멸하다

| **feel slighted** 무시당한다고 느끼다

contempt 경멸

a feeling of hate towards someone you think worthless = contumely, despisement, despite, disdain, disesteem, disrespect, distaste, repugnance, ridicule, scorn, slight

반의어 **esteem, honor, regard, respect**

용례 **an object of contempt** 경멸의 대상 **show[throw] contempt** 경멸하다 **below[beneath] contempt** 경멸할 가치도 없는 **in contempt of** ~를 경멸하여

| **have disdain for** ~에 경멸감을 갖다 **show disdain for** ~에 경멸감을 나타내다 **a look of disdain** 경멸의 표정

| **make slight of** ~를 얕잡아보다, 경시하다 **put a slight on someone** ~를 얕잡아보다, 경시하다

contemptuous 경멸적인

manifesting or feeling contempt = contumelious, derisive, despicable, disdainful, disrespectful, scornful

반의어 **complimentary, deferential, humble, polite, respected, respectful**

용례 **a contemptible behavior** 경멸할 만한 행동 **a contemptible person** 야비한 사람

a contemptible act 치사한 행동
| **be disdainful of foreigners** 외국인을 경멸하다 **a disdainful air** 경멸하는 태도
| **a derisive laugh** 조소
| **be scornful of** ~를 경멸하다 **turn a scornful shoulder on** ~에게 조소적인 태도를 취하다 **shoot a scornful look at** ~를 경멸적인 눈초리로 바라보다

필수예문

track 014

1 Although many of us **despise** politicians, we always run to them whenever there is something to be done with the government machinery. (우리들 중 많은 사람들이 정치인을 경멸하지만 우리는 정부기관에 처리할 일이 있을 때마다 늘 그들에게 달려간다.)

2 You should not **disdain** a man because he is poor. (가난하다고 해서 남을 경멸해서는 못쓴다.)

I **have a huge disdain for** those artists who say that they don't need a prize to have their talent recognized. (나는 자신들의 재능을 인정받기 위해 상은 필요 없다고 말하는 그런 예술가들을 몹시 경멸한다.)

3 People usually **scorn** cowards and liars. (사람들은 대개 비겁자와 거짓말쟁이를 경멸한다.)

A leader cannot **escape the scorn of** his own people. (지도자는 자기 밑에 있는 사람들의 경멸을 피할 수 없다.)

4 The composer **looks down upon** the new, rock-influenced music. (그 작곡가는 새로운, 록의 영향을 받은 음악을 경멸한다.)

Insurance companies may **look down upon** you **for** getting tested for HIV. (보험회사들은 에이즈 검사를 받았다고 당신을 얕볼지도 모른다.)

5 Almost everyone **has great contempt for** him. (거의 모두가 그를 몹시 경멸한다.)

At school, he **had complete contempt for** all his teachers. (학교에서 그는 자신의 교사들을 전부 완전히 경멸했다.)

6 The beautiful girl shot a **scornful** look at me. (그 아름다운 여자가 경멸적인 눈초리로 나를 보았다.)

I **am disdainful of** those who are stuck-up and think they are better than everyone else. (거만하고 자신들이 다른 모든 사람들보다 낫다고 생각하는 사람들을 나는 경멸한다.)

interest

관심, 흥미; 취미
a state of curiosity or concern about or attention to something = bag, care, concern, curiosity, game, hobby, leisure activity, matter, pastime, pursuit, recreation, regard, relaxation, thing

유의어 **attentiveness** 조심성 **diversion** 기분전환, 오락 **engrossment** 열중, 몰두 **enthusiasm** 열중, 열광 **excitement** 흥분, 자극시키는 것 **heed** 주의, 조심 **note** 주의, 주목 **preoccupation** 몰두 **racket** 야단법석

반의어 **boredom**

용례 **a matter of interest** 관심사 **a matter of common interest** 공동 관심사

| **be of interest to, have [an] interest for** ~에 흥미가 있다 **be of no interest to, have no interest for** ~에는 흥미가 없다

| **feel[lose] [an] interest in** ~에 흥미를 갖다[잃다] **have[take] an interest in** ~에 흥미(관심)를 갖다

| **express interest in** ~에 관심을 표명하다

| **a matter of grave concern** 중대 관심사 **a matter of primary concern** 최대 관심사

interested 관심이 있는

feeling interested in something that is enjoyable = concerned, curious, drawn, enticed, excited, intrigued, roused, stimulated, stirred, struck, taken, turned on

반의어 **bored, uninterested**

용례 **be interested in** ~에 관심이 있다 **get[become] interested in** ~에 관심을 갖게 되다 **be deeply[greatly, highly, keenly, very much] interested in** ~에 매우(크게) 관심이 있다

| **interest** 관심을 갖게 하다 = fascinate, intrigue, get ~ interested

| **absorbed** 몰두한 = engrossed, enthralled, fascinated, hooked, intent, keen, mesmerized, occupied, spellbound

| **be all ears, bend an ear** 열심히 귀를 기울이다, 경청하다 **be all eyes** 주의를 집중하다, 열심히 주시하다, 뚫어지게 보다

| **be indifferent to** ~에 관심이 없다, 무관심하다 = be unconcerned about, care nothing for, take no interest in, be uninterested in, leave ~ cold, be apathetic to **be indifferent to politics** 정치에 무관심하다 **be completely indifferent to popular opinion** 국민의 소리에 전혀 귀기울이지 않다

interesting 재미있는

arousing or holding the attention = absorbing, amusing, appealing, arresting, compelling, engrossing, entertaining, intriguing, riveting

반의어 **boring, uninteresting**

용례 **an interesting book[story]** 재미있는 책[이야기] **interesting to someone** ~에 흥미 있는

| **an absorbing tale** 흥미진진한 이야기 **an engrossing story** 마음을 빼앗는 이야기 **an intriguing item of news** 흥미를 끄는 뉴스

| **captivating** 매혹적인, 흥미를 끄는 = enchanting, engaging, enthralling, entrancing, fascinating, gripping, inviting, magnetic, pleasing, winning

필수예문

track 015

1 The company **is interested in** taking over a foreign mobile phone manufacturer as part of efforts to be an industry leader. (그 회사는 업계 선두가 되기 위한 노력의 일환으로 외국 휴대전화 회사를 인수하는 데 관심이 있다.)

I was so **intent on** my work that I didn't notice the time. (나는 너무나 일에 열중해서 시간 가는 줄 몰랐다.)

2 Our greatest **concern** is how to tide over the present crisis. (우리의 최대 관심사는 이 위기를

어떻게 극복하느냐이다.)

I have lost all **interest** in my job. (나는 일에 대한 흥미를 완전히 잃었다.)

3 The boys listened **with great interest** as the teacher talked about his girl friend. (소년들은 선생님이 여자 친구에 대한 얘기를 하자 큰 관심을 갖고 들었다.)

The Labor Party has always been **interested in** a five-day workweek. (노동당은 늘 주5 일제에 관심을 가져왔다.)

4 He **cares nothing** either **for** wealth or for fame. (그는 재산이나 명성에 관심이 없다.)

Why is it that so many people in this country are so **indifferent to** politics? (이 나라의 그렇게 많은 사람들이 정치에 무관심한 이유는 도대체 무엇인가?)

5 It will be **interesting** to see her reaction when she realizes it's a surprise party. (그녀가 깜짝 파티라는 것을 알 때 그녀의 반응을 보는 것은 재미있을 것이다.)

The novel I'm reading at the moment is very **absorbing**. (내가 지금 읽고 있는 소설은 매우 재미있다.)

6 In his study, the scientist has discovered a great deal of **intriguing** information about the planet's history. (그 과학자는 그의 연구에서 그 행성의 역사에 관한 아주 많은 흥미 있는 정보를 알아냈다.)

The author offers readers an **engrossing story** as well as a guide to spiritual maturity. (그 작가는 독자들에게 영적인 성숙에 대한 지침은 물론 흥미진진한 이야기를 제공한다.)

ignore

무시하다

to pay no attention to what someone says or does = blink, brush aside, brush off, cold-shoulder, cut, cut dead, dial out, neglect, overpass, pass over, reject, scorn, shrug off, slight, tune out

유의어 **avoid** 피하다, 경원하다 **discount** ~를 도외시해 듣다, 도외시하다 **disdain** 경멸하다 **live with** 감수하다, 참고 견디다 **omit** 게을리 하다 **overlook** 간과하다 **pooh-pooh** 콧방귀 뀌다, 멸시하다 **wink at** 눈감아주다

반의어 **acknowledge, pay attention to**

용례 **ignore one's advice** ~의 충고를 무시하다

| **not listen to** (충고 등을) 무시하다 = take no notice of, set[brush] aside, defy, flout, turn a deaf ear to

| **fall on deaf ears** 무시당하다 = go unnoticed, go unheeded

| **overlook** (잘못된 것을) 무시하다 = let it pass, turn a blind eye to, shut[close] one's eyes to, bury one's head in the sand

| **snub** (사람을 의도적으로) 무시하다 = pretend not to notice[see], cut ~ dead, look right through, shut out, give ~ the go-by

disregard 무시, 경시, 무관심

lack of attention and due care = apathy, brushoff, disinterest, heedlessness, inattention, indifference, insouciance, overlooking, oversight, scorn, slight, slighting, unconcern, unmindfulness

반의어 **consideration, thoughtfulness**

용례 **have a disregard for[of]** ~를 무시하다 **have a complete disregard for** ~를 완전히 무시하다 **in disregard of** ~를 무시하고

| **bid defiance to, set ~ at defiance** ~를 무시하다

| **be heedless of** ~를 무시하다, 무관심하다 = be defiant of

| **negligible** 무시할 수 있는 **a negligible[paltry, small] amount** (무시해도 좋을 만큼의) 얼마 되지 않는 양[액수]

| **nonchalant** 태연한, 무관심한, 냉담한 = aloof, apathetic, blase, careless, cool, detached, disimpassioned, disinterested, dispassionate, frigid, incurious, indifferent, insouciant, lackadaisical, laid-back, listless, lukewarm, offhand, uncaring, unconcerned, unemotional, unexcited, unfeeling, unflappable, unimpressible, unperturbed, unruffled, untroubled

| **nonchalance** 태연, 무관심, 냉담 **with pretended nonchalance** 일부러 태연하게

필수예문

track 016

1 To the disappointment of the human rights activist and his fellow protesters, the president was able to continue to **ignore** widespread criticism that he had failed to cope with the crisis. (그 인권운동가와 그의 동료 항의자들이 실망스럽게도, 대통령은 위기에 대처하지 못했다는 만연된 비난을 계속 무시할 수 있었다.)

2 The prosecutor **ignored** my answer and continued his question. (검사는 나의 대답을 무시하고 자신의 질문을 계속했다.)

Taiwan will **ignore** the patent and make copies of the anti-viral drug Tamiflu. (타이완은 특허를 무시하고 조류독감 치료제인 타미플루를 복제 생산할 것이다.)

3 Investors **shrugged off** worries about inflation and snapped up shares. (투자자들은 인플레이션에 대한 우려를 무시하고 많은 주식을 사들였다.)

Police arrested a motorist who had repeatedly **disregarded** their warnings. (경찰은 경고를 반복적으로 무시한 운전자를 체포했다.)

4 She made up her mind to **snub** Tom at the party. (그녀는 파티에서 톰을 무시하기로 작정했다.)

The government is under fire for **turning a blind eye** to hardships faced by unemployed workers. (정부는 실업자들이 겪는 어려움을 못 본 체한다고 비난을 받고 있다.)

5 I was very hurt when she **cut** me **dead** in the street. (길에서 그녀가 나를 모른 체하자 나는 몹시 마음의 상처를 받았다.)

I am very mad at his **giving** me **the go-by**. (나는 그가 나를 모른 체한다는 것에 몹시 화가 난다.)

6 Ever since his father died, he has been trying to **shut out** everyone he knows. (아버지가 돌아가신 후 그는 자신이 아는 모든 사람을 의도적으로 무시하려 해왔다.)

What amazes me is his **complete disregard for** anyone else's opinion. (나를 놀라게 하는 것은 그가 다른 사람들의 의견을 완전히 무시한다는 것이다.)

심화학습

어릴 적 학교에서 선생님이 묻는다. 우리나라 역사에 등장하는 인물 중에서 가장 존경하는 사람이 누구냐고. 훈민정음(Korean alphabet)을 창제하신(invent) 세종대왕(King Sejong)과 더불어 이 물음에 대한 대답으로 빠지지 않고 상위권을 차지하는 인물이 있었으니 바로 임진왜란 당시 얼마 되지 않는 전함(warship)과 병사들을 이끌고 일본의 함대(fleet)를 무찌른 이순신 장군(admiral)이다. 지금도 큰 칼(sword) 옆에 차고 광화문 네거리에서 후손(descendant)들을 지켜보고 계신다. 이런 동상(bronze statue)을 밑에서 받치고 있는 기초를 받침대 또는 대좌(pedestal)라고 하는데, put ~ on a pedestal이라는 표현은 따라서 '남을 숭배하다, 받들어 모시다' 라는 뜻이 된다. 반대로 대좌에서 동상을 끌어내린다는 뜻의 knock ~ off one's pedestal은 '~를 깎아 내리다, 코를 납작하게 만들다' 는 뜻이다.

❑ **put[set, place] ~ on a pedestal** 숭배하다, 받들어 모시다

ex. Such a novelist cannot be **put on a pedestal.** (그런 소설가가 숭배를 받을 수는 없다.)

❙ **heartthrob** 우상, 동경의 대상; 애인 **pinup** (벽에 꽂아 놓는) 미인 사진 **a pinup girl** (사진을 벽에 핀으로 꽂아 장식할 만한) 완벽한 미인

❑ **win[earn, gain, command] the respect of** ~의 존경을 받다

ex. With his smooth handling of the crisis, the politician **earned the respect** even **of** his political opponents. (그 위기를 잘 처리함으로써 그 정치인은 심지어 자신의 정적들로부터도 존경을 받았다.)

❙ **mutual respect** 상호 존중 **full of admiration for** ~에 대한 감탄으로 가득 찬

❑ **cast[dart] a glance of contempt at[on]** 경멸하는 눈으로 보다

ex. She **cast a glance of contempt at** the suspect. (그녀는 그 용의자를 경멸의 눈초리로 보았다.)

❙ **eye ~ with contempt** 경멸하는 눈으로 보다 = gaze in contempt upon ~, look at ~ contemptuously
talk[speak] disrespectfully 경멸하여 말하다 = speak in contempt
give a scornful[disdainful] laugh 경멸하여 웃다 = laugh ~ to scorn

❑ **contempt of court** 법정모독

ex. Two journalists have been charged with **contempt of court** for refusing to reveal their source of leaked government documents. (두 명의 기자가 유출된 정부 문서의 출처를 밝히기를 거부하여 법정모독죄로 기소되었다.)

❙ **be held in contempt of court** 법정모독으로 구속되다 **face a contempt of court charge** 법정모독 혐의를 받다 **be guilty of contempt of court** 법정모독죄가 인정되다 **be jailed for contempt of court** 법정모독으로 수감되다

❑ **express interest in** ~에 관심을 표명하다

*ex.*The government is already **expressing interest in** his stem-cell study. (정부는 벌써 그의 줄기세포 연구에 관심을 표명하고 있다.)

❙ **show interest in** ~에 관심을 보이다 **be deeply[keenly] interested in** ~에 깊은 관심을 가지다
citing lack of interest 관심 부족을 이유로

❑ **rekindle[revive] interest in** ~에 대한 흥미를 되살아나게 하다, 다시 불을 붙이다

ex. The blockbuster movie has **rekindled** South Koreans' **interest in** the Korean War. (대히트를 친 그 영화는 한국인들의 한국전쟁에 대한 관심을 되살아나게 했다.)

❑ **turn a blind eye to** 보고도 못 본 체하다, 무시하다

ex. Citizens accuse municipal parking inspectors of **turning a blind eye to** commercial vehicles blocking pedestrian crossings. (시민들은 시의 주차단속 요원들이 횡단보도를 막고 있는 상업용 차량들을 못 본 체하고 있다고 비난한다.)

| **fix one's eyes on[upon]** ~를 주시하다, 눈여겨보다 **keep an eye on[upon]** ~를 감시하다, ~에 유의하다 **keep one's eyes open[skinned, fixed, peeled]** 눈을 부릅뜨고 경계하다, 방심하지 않다

❑ **turn a deaf ear to** ~에 귀를 기울이려 하지 않다, 마이동풍이다

ex. The government has **turned a deaf ear to** calls for increased welfare spending. (정부는 복지 지출을 증가하라는 요구에 귀를 기울이지 않고 있다.)

| **fall on deaf ears** (부탁, 요구 등이) 받아들여지지 않다, 소 귀에 경 읽기 **give ear to** ~를 경청하다 = lend one's ears to **be all ears** 열심히 귀를 기울이다, 경청하다 = bend an ear **My ears are burning.** 귀가 근질근질한 걸 보니 누가 내 말을 하고 있나봐. = Someone must be talking about me.

❑ **trample[tread] ~ underfoot** ~를 짓밟다, 유린하다

ex. He wants to emigrate to a country where human rights are not **trampled underfoot.** (그는 인권이 유린되지 않는 나라로 이민을 가고 싶어한다.)

| **trample on** ~를 짓밟다, 무시하다 **ride roughshod over** ~를 짓밟다, 함부로 대하다

❑ **bury[hide] one's head in the sand** 사실을 외면하다, 위험이 다가옴을 직시하려 하지 않다

ex. You will never solve the problem if you just **bury your head in the sand.** (단지 현실을 외면한다면 문제를 절대 해결할 수 없을 것이다.)

| **face the music** 자신의 행위에 의한 결과를 솔직히 받아들이다; 현실을 직시하고 대책을 세우다, 의연히 난국에 대처하다 **pick up the pieces** 사태를 수습하다; 화해시키다; (한번 중단한 후) 다시 착수하다 **patch up** (싸움, 사건 따위를) 가라앉히다, 수습하다 **crisis management** 위기관리 **crisis manager** 위기관리자

05 관계 | 싸움 | 타협 | 분리

주제어	관련어
relation	ties, rapport, related, get along with, be on bad terms with
fight	scuffle, fracas, ruction, war, battle, encounter, campaign, drive
compromise	accommodation, reconciliation, rapprochement
separation	secession, separate, divide, separatist, unity, consolidation

Out of sight, out of mind. 눈에서 멀어지면 마음도 멀어진다.

사람 사이의 관계는 묘한(subtle) 것이어서 지지고 볶고 싸우더라도 자주 만나면 정이 들고 가뭄에 콩 나듯이 보면 자연 서먹서먹해지고(estranged) 멀어지게 된다. 특히 남녀 사이에서 며칠만 만나지 않고 전화 통화를 하지 않으면 썰렁해지고 최악의 경우 냉기류가 흐르게 되고 그로 인해 아예 깨지는 경우가 종종 있다.

남녀관계뿐만 아니라 나라(country, nation)와 나라 사이의 관계(relations)도 늘 좋을 수만은 없고 그때그때 다른데 우리나라와 미국을 보면 잘 알 수 있다. 노무현 정부(the Roh Moo-hyun administration)가 미국이 시키는 대로 말을 듣지 않고 자주(self-reliance) 노선을 취하려고 하고 악의 축(axis of evil)으로 여기는 북한(North Korea, the Democratic People's Republic of Korea)과 교류를 늘리자 부시 대통령(George W. Bush)을 비롯한 미국의 강경파들의 미움을 사게 되어 관계가 소원해졌다. 그러자 국내의 소위 보수파들은 전통적인 혈맹인 미국을 멀리하는 현 정부에 맹공을 퍼부으며 관계 복원을 요구하고 있다.

관계가 틀어지면 갈등(conflict)이 빚어지거나 결국에는 싸움(quarrel, war)까지 하게 되는 수가 있고 그 전에 대화(dialogue)를 통해 화해(reconciliation, rapprochement)를 하기도 한다. 옛 유고의 예에서 보는 것처럼 심지어 한 국가 내에서 인종간의 갈등이 심화되어 한 국가가 여러 개의 작은 나라들로 분리되기도 한다.

relation

관계, 관련
the way people, organizations, or countries behave towards each other
= connection, contact, kinship, relationship, ties

유의어 **affiliation** 협력(친선) 관계 **bond** 유대, 연분 **consanguinity** 혈족 관계 **lineal[collateral] consanguinity** 직계[방계] 친족 **correlation** 상관 관계 **dependence** 의존 관계 **hookup** 동맹, 연대; 협력(우호) 관계 **interconnection** 상호연관성 **interrelation** 상호(상관) 관계 **interrelationship** 상호 연관성 **network** 망상 조직, 계통

용례 **have a close relationship with** ~와 가까운 관계이다 **form[establish, set up, enter into] relations with** 관계를 맺다

| **diplomatic[conjugal, human] relations** 외교[부부, 인간]관계 **set up[establish, form] diplomatic relations[ties] with** ~와 외교관계를 수립하다

| **the relation between cause and effect** 인과관계 **What relation is he to you?** 그는 너와 어떤 친척 관계인가? **a man with many contacts** 발이 넓은 사람

---

related 관련이 있는, 관계된

being connected or associated = affiliated, associated, concerned, connected, correlated, germane, linked, mutual, pertinent, reciprocal, relevant

반의어 **separate, unconnected**

용례 **be related to** ~와 관련이 있다 **related matters** 관련 사항 **be closely[distantly] related to me** 나와 가까운[먼] 친척 관계이다

| **be related to** ~와 관계가 있다 = have relation to, be connected with, have bearing on, be concerned with, have concern with, have something to do with, be relevant to, be affiliated with (사람, 조직 등과), bear reference to, bear on

| **be unrelated to** ~와 관계가 없다 = have nothing to do with

---

get along[on] with ~와 잘 지내다, 사이가 좋다

to have a good or close relationship = be on good terms with

용례 **get along with everyone** 모두와 잘 지내다 **get on with his brothers** 형제들과 의좋게 지내다

| **hit it off with** 뜻이 맞다, 죽이 잘 맞다

| **relate to** 잘 어울리다, 마음이 통하다 **fit in with** (취향 등이 맞아) 잘 어울리다 **have a good rapport with** ~와 친밀한 관계를 갖다 **The chemistry is just right.** 호흡(성격)이 척척 맞다.

| **be on bad terms with** ~와 관계(사이)가 나쁜 = not get along[on] with, not hit it off

| **be on good[friendly, speaking, visiting] terms with** ~와 좋은[친근한, 말을 건네는, 서로 왕래하는] 사이이다

| **incompatible** (성격이나 취미 등이 틀려) 서로 잘 안 맞는 **physically incompatible** 속궁합이 안 맞는 **personality difference** 성격차이

| **incompatibility** 양립 불가, 불일치; 호환성이 없음

---

go out with ~와 만나다, 사귀다

to have a loving relationship with someone that you are not married to = be seeing, be dating

용례 **go out with Jane** 제인과 사귀다 **be seeing Tom** 톰과 사귀다
| **be going steady** 특정한 이성 한 사람과 교제하다, 진지하게 사귀다 **steady** 정해진 짝(애인)
| **have a relationship with** ~와 오랫동안 성관계를 맺다 **have an affair with** 바람을 피우다 **be involved with** ~와 관계를 맺다(특히 적당하지 않은 사람과) **have a fling with** ~에게 잠시 한눈 팔다 **I am taken.** 난 임자 있는 몸이야. 만나는 사람이 있어.
| **romance** 연애 **find romance** 연애를 하다 **a teenage[secret] romance** 10대들의[은밀한] 연애
| **romantic** 낭만적인, 연애의 **a romantic love** 낭만적인 사랑 **a romantic adventure** 낭만적인 모험 **a romantic atmosphere** 낭만적인 분위기 **romantic fiction** 연애 소설

필수예문

track 017

1 The European Union has decided to **establish diplomatic relations with** the Democratic People's Republic of Korea in an effort to ease tension on the Korean Peninsula. (유럽연합은 한반도 긴장 완화를 위한 노력의 일환으로 조선민주주의인민공화국(북한)과 외교관계를 수립하기로 결정했다.)

2 South Korea **set up diplomatic ties with** China in 1992, which has lead to a surge in bilateral trade. (한국은 1992년에 중국과 수교했는데 이로 인해 양국 교역이 크게 늘었다.)

The member nations of the European Union have voted to **end** all **diplomatic ties with** Austria should the country allow a suspected terrorist entry. (유럽연합 회원국들은 오스트리아가 테러 용의자에게 입국을 허용한다면 모든 외교관계를 단절하기로 투표를 통해 결정했다.)

3 He likes painting and the **related** arts. (그는 회화와 관련 예술을 좋아한다.)

That's totally **unrelated to** our main topic. (그것은 우리 주제와 전혀 관련이 없다.)

The couple tried very hard to make their marriage work, but the **chemistry** just wasn't right. (그 부부는 결혼을 잘 유지하기 위해 아주 열심히 노력했지만 성격이 맞지 않았다.)

4 Politicians should try to **stay on good terms with** local community leaders. (정치인들은 지역사회 유지들과 좋은 관계를 유지하도록 노력해야 한다.)

I **am on speaking terms with** him. (나는 그와 만나면 인사나 할 정도의 사이다.)

5 The **rapport** between the two was so unique that they produced some of the greatest music of all time. (그들 두 사람의 좋은 관계는 유례가 없어 역사상 가장 훌륭한 음악의 일부를 만들어냈다.)

The agreement brought about a **diplomatic rapprochement between** the two countries. (그 협정의 체결로 양국간의 외교관계가 회복되었다.)

6 It is obvious that Tom and Jane are **incompatible** and he wishes he has never married her. (톰과 제인은 서로 안 맞아 그가 그녀와 결혼을 안 했으면 하고 바라는 것은 명백하다.)

Although this **personality difference** might be related to the occurrence of the phenomenon, this difference is probably too small to take a major role. (비록 이 성격 차이가 그 현상의 발생과 연관이 있을 수도 있지만 이 차이는 아마도 너무 적어 큰 역할을 하지 못한다.)

7 How long have you been **going out with** her? (얼마나 오래 그녀와 사귀고 있습니까?)

Do you know if she **is dating** anyone at the moment? (그녀가 지금 사귀는 사람이 있는지 아세요?)

8 Their marriage broke up because the husband **had a fling with** his secretary. (남편이 여비서와 잠시 바람을 피워 그들의 결혼은 파경을 맞았다.)

I have been **having an affair with** a former classmate since March 2003. We actually dated in our teens and we are now at it once again. (나는 2003년 3월부터 옛 동창과 바람을 피우고 있다. 십대에 우리는 실제로 사귀었고 다시 그러고 있다.)

fight

싸우다

to push, hit, or kick in order to hurt each other = bandy with, battle, bear arms, brush with, cross swords, duel, exchange blows, grapple, joust, ply weapons, repel, resist, scrap, scuffle, tilt, tug, tussle, wrestle

fight는 보통 주먹과 주먹이 오고 가는 물리적인 싸움을 의미하고 quarrel은 의견이 서로 다르거나 입장이 틀려 누군가와 말로 하는 싸움이나 논쟁을 뜻한다.

유의어 **assault** 공격하다 **attack** 공격(습격)하다 **box** 권투하다 **challenge** 도전하다 **clash** 충돌하다 **dispute** 논쟁하다 **feud** 반목하다 **meet** ~와 대결하다 **repel** 격퇴하다 **resist** 저항하다

반의어 **retreat, withdraw**

용례 **fight a battle[duel]** 전투(결투)하다 **fight a fire[cancer]** 진화 작업을 하다[암과 투병하다]

| **fight for** (대의를 위해 혹은 불의와) 싸우다 = campaign, work for, champion, be a champion of, contend, fight against, combat, strive, struggle, wage war on

| **put up a fight** (강자 혹은 불의와) 싸우다, 저항하다 = resist, hold out against, make a stand, fight back, oppose, stand up to

| **bicker** 말다툼하다 = altercate, brawl, fall out with, have a quarrel [words, a row, a crossword] with, quarrel with, spar, tiff, wrangle

---

fight 싸움

the act of pushing, hitting and kicking to hurt each other = affray, bout, broil, brush, clash, contention, contest, dogfight, duel, fisticuffs, fracas, fray, free-for-all, fuss, joust, melee, ruckus, ruction, rumble, run-in, scrap, scrimmage, scuffle, set-to, spat

용례 **start a fight** 싸움을 시작하다 **pick a fight** 싸움을 걸다 **be spoiling[looking] for a fight** 싸우고 싶어 안달하는

| **quarrel** 말다툼 = affray, altercation, bickering, brannigan, brawl, broil, catfight, dust, fuss, hassle, rhubarb, row, spat, squabble, tiff, wrangle

| **quarrelsome** 싸움을 좋아하는; 호전적인, 공격적인 = contentious, pugnacious; aggressive, bellicose, belligerent, scrappy

| **feud** (여러 대에 걸친 가족, 종족간의) 원한, 적의, 불화 **a family feud** 가정불화 **a party feud** 당 내부의 갈등 **a deadly feud** 불구대천의 원한 **at feud with** ~와 반목하여

| **vendetta** 복수, 앙갚음; 오랫동안의 불화, 앙숙 **have a personal vendetta against** ~에 개인적인 원한이 있다

war 전쟁

a state of open, armed, often prolonged conflict carried on between nations, states, or parties = action, battle, bloodshed, cold war, combat, conflict, contention, contest, enmity, fighting, hostilities, hostility, strife, strike, struggle, warfare

반의어 **ceasefire, peace**

용례 **an aggressive war** 침략 전쟁 **a civil war** 내란, 내전 **a cold war** 냉전 **a hot war** 열전 **a nuclear war** 핵전쟁 **World War I[II]** 제1차[제2차] 세계 대전

| **declare war on** ~에 선전포고하다, ~와의 전쟁을 선언하다 **a declaration of war** 선전포고 **a war of words** 설전 **the war on drugs[crimes]** 마약과의[범죄와의] 전쟁

| **wage (a) war with[against]** 전쟁하다 = make war with[against], war with, take up arms against, open hostilities with, go to war with

be at war 전쟁 상태에 있다 **remain technically at war with** 엄밀히 말하면 ~와 전쟁 중이다

| **put up a good[bad, poor] fight** 선전[고전]하다

| **fight, battle, encounter, action, campaign, fray** 전투 **combat** (1대1의) 백병전 **scuffle, skirmish** 소규모 전투

| **campaign** 투쟁 = fight, struggle, crusade, battle, drive **wage[stage] a campaign against** ~반대 투쟁을 벌이다 **launch[mount] a campaign against** ~반대 투쟁을 시작하다 **win the battle against** ~와의 투쟁에서 이기다

| **war** 전쟁하다, 싸움을 하다 = attack, attempt, battle, bombard, campaign against, challenge, clash, combat, contend, contest, kill, make war, march against, meet, take on, tug, wage war

| **pacifism** 평화주의, 평화론, 반전론 **a lifelong[convinced, confirmed] pacifist** 평생 동안의[확고한, 확인된] 평화주의자 **pacifist principles** 평화주의 원칙 **Japan's pacifist constitution** 일본의 평화헌법 **a peace advocate** 평화론자 **promote peace** 평화를 증진하다 **make peace with** ~와 화평하다, 화해하다

| **peacemaker, peacekeeping forces, peacekeepers** 유엔 평화유지군 **peacekeeping operations** 평화유지 작전 **a peackeeping mission** 평화유지 임무

| **a war advocate, a jingo, a jingoist** 주전론(主戰論)자 **advocate war, clamor for war, sound the note of war** 주전론을 펴다

| **armistice, ceasefire** 휴전, 정전; 휴전 조약 **an armistice agreement** 휴전 협정 **declare[announce] an armistice** 휴전을 선언하다 **agree on [work out] an armistice** 휴전에 동의하다(이르다) **sign an armistice** 휴전 협정에 서명하다 **broker[mediate, negotiate] a ceasefire** 정전(휴전)을 협상하다

| **a peace treaty** 평화 조약 **the treaty of peace and amity** 평화 우호 조약 **sign a peace treaty with** ~와 평화 협정에 조인하다 **overtures of a peace treaty** 평화 조약의 제의

| **a military demarcation line** 군사 분계선 **a demilitarized zone** 비무장 지대 **cross the 38th parallel** 38선을 넘다 **battlefield, battleground** 전장, 전쟁터 **front** 전방, 최전선 **combat zone** 작전(전투) 지역

| **border** 국경 **cross-border** 국경을 넘는(초월한) **borderless** 국경 없는 **Doctors Without Borders, Medecins Sans Frontieres (MSF)** 국경 없는 의사회

| **theater** 전역[戰域], 작전 구역 **a theater of war** 전쟁터, 전역 **a new theatre of civil war** 새 내전 현장 **base withdraw theater nuclear weapons from** ~에서 전역 핵무기를 철수시키다 **deploy[base] theater nuclear weapons in** ~에 전역 핵무기를 배치하다

| **tactic, tactics** 전술 **air tactics** 항공 전술 **a scare tactic** 위협 전술

| **tactical** 전술의 **a tactical blunder** 전술상의 실수 **tactical bombing** 전술적 폭격 **tactical nuclear weapons** 전술 핵무기

| **strategy** 전략 **adopt[design, devise, formulate, map out, plan, work out] a strategy** 전략을 세우다
| **strategic, strategical** 전략의, 전략상의 **strategic arms** 전략 병기 **a strategic base[stronghold]** 전략 요지[거점] **strategic materials** 전략 물자 **strategic nuclear weapons** 전략 핵무기
| **strategist** 전략가, 병법가; 책사(策士) **an armchair strategist** 이론뿐인 전략가 **a military strategist** 군사 전략가
| **territory** 영토 **territorial** 영토의 **territorial rights** 영토권 **territorial integrity** 영토 보전 **territorial sovereignty** 영토 주권 **a territorial dispute** 영토 분쟁 **a colony** 식민지 **colonial rule** 식민 통치 **colonize** 식민지화하다 **a protectorate** 보호령, 보호국
| **airspace, the territorial sky** 영공 **violate the South Korean airspace[the territorial sky of South Korea]** 한국의 영공을 침범하다
| **territorial waters, the territorial sea** 영해 **South Korean waters** 한국의 영해 **the open sea, the high seas, international waters** 공해 **the exclusive economic zone** 배타적 경제 수역 **continental shelf** 대륙붕 **international maritime law** 국제 해양법 **the United Nations Convention on Law of the Sea(UNCLOS)** 유엔 해양법 조약

필수예문

track 018

1 The owner of the bar had to call in the police when two drunken men began **fighting over** a game of cards. (두 취객이 카드놀이로 싸우기 시작하자 술집주인은 경찰을 불러야 했다.)

I will **fight** anyone who tries to stop me entering the office. (나를 사무실에 못 들어가게 하려는 누구와도 싸우겠다.)

2 Did you **have a fight** at school today? (너 오늘 학교에서 싸웠니?)

Why don't you stop **picking a fight with** me? (나한테 싸움 좀 그만 걸지 그래?)

Don't talk to her — she's just trying to **start a fight**. (그녀하고 말하지 마. 그냥 싸움을 시작하려고 하니까.)

3 Jack needed no excuse to attack us because he was **spoiling for a fight**. (잭은 싸움을 하고 싶어 안달이었으므로 우리를 공격할 구실이 필요 없었다.)

She **quarreled with** her husband **about** their children. (그녀는 아이들 문제로 남편과 다투었다.)

4 The civic organization has promised to **fight against** racism. (그 시민단체는 인종차별주의에 대항해 싸우겠다고 약속했다.)

Women have had to **fight for** equality in almost every country of the world. (세계 거의 모든 국가에서 여성들은 평등을 쟁취하기 위해 싸워야 했다.)

5 Leaders at the ruling party have **locked horns** in an unseemly **row** as debate rages over the question of his resignation. (집권당의 지도자들은 그의 사퇴 문제에 대한 논란이 뜨겁게 달아오르자 볼썽사나운 논쟁을 벌이며 서로 싸우고 있다.)

The president urged the whole nation to **prepare for war**. (대통령은 전국민에게 전쟁에 대비

하라고 촉구했다.)

6 The labor union is **launching a campaign against** racial discrimination, threatening to go on strike unless the management accepts its demands. (노동조합은 자신들의 요구를 경영진이 들어주지 않을 경우 파업을 하겠다고 위협하며 인종차별 반대 운동을 벌이고 있다.)

The United States has announced that it will not field-test or deploy new **strategic nuclear weapons** for a period of 2 to 3 years if Russia does likewise. (미국은 러시아가 같은 조치를 취한다면 2~3년간 새로운 전략 핵무기를 실전시험하거나 배치하지 않겠다고 발표했다.)

compromise

타협하다, 화해하다

to reach an agreement with someone by accepting less than you really want = agree, compound, come to a composition with, come to terms with, meet halfway, split the difference, strike a balance, temporize with

유의어 **adjust** 조정하다 **arbitrate** 중재하다 **compose** 해결하다, 조정하다 **concede** 양보하다, 용인하다 **conciliate** 조정하다 **go fifty-fifty with** 절반씩 나누다 **negotiate** 협상하다 **settle** 해결하다 **trade off** 교환하다, 자리바꿈을 하다

반의어 **contest, differ, disagree, dispute, quarrel**

용례 **compromise a dispute with** 남과 타협하여 분쟁을 해결하다 **compromise on[over]** ~에 대해 타협하다 **compromise with** ~와 타협하다 **compromise on these terms** 이런 조건으로 타협하다 **make concessions on** ~에 대해 양보하다

| **compromise** 타협 = accommodation, composition, concession, cop-out, deal, happy medium, middle course, middle ground, settlement, win-win situation

| **agree[agree on, agree to, arrive at, come to, reach, work out] a compromise** 타협에 이르다, 타협을 보다 **reject a compromise** 타협안을 거부하다

| **strike[hit] the[a] happy medium** 타협점을 찾다, 중용의 해결책을 찾아내다

| **find (a) middle ground** 타협점을 찾다 **(a) middle ground between** ~ 사이의 타협점 **occupy the political middle ground** 정치적인 중도를 걷다

| **find common ground** 공통된 입장(타협점)을 찾다 **be on common ground** 의견이 일치하다; 공통의 장에 서 있다

reconciliation 화해

reestablishment of cordial relations = accommodation, accord, amity, compromise, concession, rapprochement

반의어 **disagreement, dissension**

용례 **bring about [effect] a reconciliation** 화해하다 **a reconciliation between** ~ 사이의 화해 **make up with** 화해하다 = make peace with, reconcile oneself with, accommodate with

| **hold out the[an] olive branch** 화의(화해)를 제의하다

| **bury the hatchet[tomahawk]** 싸움을 그만두다, 화해하다

| **detente, thaw** 긴장 완화 **further detente between the two countries** 양국간의 긴장 완화를 조성하다

a gradual thaw in relations with North Korea 북한과의 관계에 있어서 점진적인 해빙 상태

| **the Cold War** 동서(미·소) 냉전 **end the Cold War** 냉전을 종식시키다 **the post-Cold War era** 냉전 이후 시대 **the Iron Curtain** 철의 장막(서유럽과 옛 소련권의 이념적인 장벽) **the Bamboo Curtain** 죽(竹)의 장막 (냉전 시대 중국과 자유 세계와의 장벽)

uncompromising 타협하지 않는

unwilling to grant concessions or negotiate = brick wall, hard-core, hard-line, inexorable, inflexible, intransigent, obdurate, obstinate, pigheaded, recalcitrant, resolute, rigid, stiff-necked, stubborn, tough, unbending, uncompliant, unyielding

반의어 **compromising, cooperative, flexible**

용례 **an uncompromising attitude** 타협하지 않는 태도

| **have a reputation for being inflexible** 융통성이 없다는 평판을 받다

| **talk to a brick wall** 상대로부터 아무런 반응을 얻지 못하다

| **be intransigent about** ~에 대해 비타협적이다

| **deal with a recalcitrant Iran** 완강하게 반항하는 이란에 대처하다

필수예문

track 019

1 Terrorism is not an issue on which President Bush is prepared to **compromise** because he and his close aides have been waging a worldwide campaign against terrorist attacks for the past two years. (테러 행위는 부시 대통령이 타협할 준비가 되어 있는 문제가 아닌데 이는 그와 그의 측근들이 지난 2년 동안 테러 공격을 없애기 위한 전세계적인 전쟁을 펼쳐왔기 때문이다.)

2 It is really difficult to **reach a compromise** that is acceptable to all parties. (모든 이해 당사자들이 받아들일 수 있는 타협을 하기란 정말 어렵다.)

There is **no room for compromise[accommodation]**.
= It **admits of no compromise**. (그것은 타협의 여지가 없다.)

3 The management has already **made significant concessions on** pay and working conditions. (경영진은 이미 임금과 근로조건에 상당한 양보를 했다.)

The president had to **make concessions to** his rival to maintain the fragile coalition. (대통령은 깨지기 쉬운 연립을 유지하기 위해 정적에게 양보해야 했다.)

4 We are prepared to **meet** you **halfway**. (우리는 당신들과 절충할 준비가 되어 있다.)

Israelis and Palestinians know that only a **political compromise** can end the agony. (이스라엘과 팔레스타인은 정치적 타협만이 고통을 끝낼 수 있다는 사실을 알고 있다.)

5 The dictator **held out an olive branch to** the opposition by releasing 100 political prisoners. (그 독재자는 100명의 정치범을 석방함으로써 야당에 화의를 제의했다.)

I think it's time for the two parties to **bury the hatchet** and cooperate. (나는 지금은 양측이 화해하고 협력할 때라고 생각한다.)

6 The city council has taken an **uncompromising stand** against the proposals for the new building. (시의회는 건물 신축 제안에 대해 강경한 반대 입장을 취했다.)

The prime minister believes that his **intransigent attitude** has scored in the realms of foreign policy and domestic politics. (수상은 자신의 비타협적인 태도가 외교와 국내 정치 부분에서 성공했다고 믿는다.)

separation

분리, 이탈, 별거

to separate something into two or more parts = break-up, departure, detachment, disconnection, disengagement, dissociation, disunion, estrangement, gap, parting, segregation, severance, split, split-up, splitsville

유의어 **apartness** 동떨어짐 **dissolution** 해산, 이혼 **division** 차이, 분열 **divorce** 이혼 **gap** 차이 **partition** 분할, 분단 **rift** 틈, 불화, 차이 **rupture** 단절, 불화

반의어 **connection, unification**

용례 **the separation of church and state** 정교(政敎) 분리 **separation of powers** 삼권분립 **judicial separation** (법정의 판결에 의한) 부부 별거

| **detachment, breakaway** 이탈 **segregation** 흑백 인종 격리 **apartheid** (남아공의) 인종차별주의

| **separate** 분리하다 = break up, divide, disjoin, secede, segregate, split

be separated from 분리되다 = be divided from, be isolated from, break away from, split off

| **separatist** 분리주의자 = secessionist

| **take ~ apart** 분해하다 = dismantle, take ~ to pieces, strip down

| **isolate** 격리시키다 = cut ~ off from, keep ~ apart, put ~ in quarantine

| **a breakaway group** 분리단체 = a breakaway party, a dissenting group, a faction, a groupuscule, an off-shoot, a political faction, a religious sect, a schismatic, a seceder, a splinter group

---

unity 단일성, 통일성, 통합

an unreduced or unbroken completeness or totality = accord, combination, concord, concurrence, consensus, integrity, oneness, singleness, singularity, solidarity, totality, unanimity, undividedness, unification, uniformity, union, wholeness

반의어 **partiality**

용례 **lack unity** 통일성이 결여되다 **at[in] unity** 일치하여, 사이좋게 **achieve[destroy, shatter] unity** 통일을 이루다[무너뜨리다] **political[national, economic] unity** 정치적인[국가적인, 경제적인] 단결

| **unify** 통일(통합)하다 = integrate, combine, consolidate, put[bring] together, make ~ into one

unify the Korean Peninsula 한반도를 통일하다 **unification** 통일 **pursue the unification of the Korean Peninsula** 한반도의 통일을 추구하다 **the Ministry of Unification** 통일부 **criticize the government's unification policy** 정부의 통일 정책을 비판하다

| **divide** 분단시키다 **be divided after the war** 전쟁 이후 분단되다 **division** 분단

North Korea 북한

| **the Democratic People's Republic of Korea(DPRK)** 조선민주주의인민공화국(북한의 정식 명칭)

communism 공산주의 **communist** 공산주의자

| **Great leader Kim Il-sung** 위대하신 지도자 김일성 **Dear leader Kim Jong-il** 경애하는 지도자 김정일 **the Supreme People's Assembly** 최고인민회의 **the Presidium of the Supreme People's Assembly** 최고인민회의 상임위원회 **the Mansudae Assembly Hall** 만수대 의사당 **the People's Army** 인민군 **songun(military-first) policy** 선군 정책 **juche(self-reliance) ideology** 주체사상

| **the Korean Central News Agency(KCNA)** 조선중앙통신 **Radio Pyongyang** 평양방송 **Korean Central Television** 조선중앙 TV **the Rodong Sinmun** 노동신문

필수예문

track 020

1 Since the **secession** of a province would require an amendment to the Constitution of Canada, such an amendment would require negotiations with at least the governments of all provinces and the federal government. (한 주의 분리는 캐나다 헌법의 개정을 요하는 사항이기 때문에 그러한 개정은 적어도 모든 주 정부와 연방정부와의 협상을 필요로 하게 될 것이다.)

2 His goal is to seek **secession** of the state from India. (그의 목표는 그 주를 인도로부터 분리시키는 것이다.)

We will have to **split** the class in half [two]. (우리는 반을 반으로 나누어야 될 것 같다.)

3 Some countries still **segregate** men and women. (일부 국가는 여전히 남녀를 분리한다.)

It is sensible to **keep** boys and girls **apart** at a family gathering. (가족 모임에서 남자애와 여자애들을 따로 떼어놓는 것이 현명하다.)

4 Mandela was in jail for more than 25 years for opposing **apartheid** in South Africa. (만델라는 남아프리카의 인종차별 정책을 반대한 이유로 25년 이상 옥살이를 했다.)

Russia is the **breakaway province**'s main economic partner and most residents have Russian citizenship. (러시아는 그 분리된 주의 주요 경제 파트너이고 대부분의 주민이 러시아 시민권을 갖고 있다.)

5 A lack of **unity** is preventing opposition leaders from honing a cohesive message that could attract public support. (단합이 되지 않아서 야당 지도자들은 대중의 지지를 얻을 수 있는 일관된 메시지를 만들어내지 못하고 있다.)

Most Western European leaders remain skeptical about European **political and economic unity**. (대부분의 서유럽 지도자들은 유럽의 정치경제적 통합에 대해 여전히 회의적이다.)

6 Inter-Korean dialogue and cooperation will contribute to the **unification** of the Korean Peninsula because it seems unrealistic for the current political leaders of South and North Korea to agree on **peaceful unification**. (남북대화와 협력은 한반도의 통일에 기여할 것인데 이는 남북의 현 지도자들이 평화통일에 합의하는 것이 비현실적으로 보이기 때문이다.)

심화학습

사회 뉴스로 자주 등장하는 소재의 하나. 서울에 사는 40대의 모씨가 내연의 처가 돈을 주지 않는다(refuse to give him money)고 그녀를 살해한 혐의(on charges of murder)로 체포되었다. 내연이란 '남녀가 혼인을 했거나 또는 그 뜻을 가지고 한집에 살기는 하나, 아직 신고를 하지 못한 관계'라는 뜻인데 법적으로 혼인신고를 하지 않았지만 실질적으로 부부의 연으로 살고 있는 사실혼의 의미로 영어로는 common-law relationship이라고 한다. common law는 관습법, 불문법이라는 뜻으로 내연의 관계도 명문화되지는 않았지만 암묵적으로 결혼한 것과 마찬가지이므로 내연의 처는 common-law wife, 내연의 남편은 common-law husband라고 한다.

❏ **break off[sever, cut, end] diplomatic relations[ties] with** ~와 외교관계를 단절하다

ex. Opposition parties have demanded the government **break off diplomatic relations with** the United States. (야당들은 정부에게 미국과의 외교관계를 단절하라고 요구했다.)

| **resume[re-establish] diplomatic relations[ties] with** ~와 외교관계를 재개하다 **severance of diplomatic ties** 외교관계 단절 **maintain diplomatic relations with** ~와의 외교관계를 유지하다

❏ **strain relations** 관계를 긴장시키다

ex. **Relations** between India and Bangladesh have been **strained** for some time due to a territorial dispute. (인도와 방글라데시의 관계는 영토 분쟁으로 한동안 긴장된 상태이다.)

| **sour relations** 관계를 틀어지게 하다 **improve[boost] bilateral relations** 양국 관계를 증진시키다 **foster friendly relations** 우호적인 관계를 조성하다

❏ **mend (one's) fences with** ~와의 관계를 개선하다, 화해하다

ex. Israel has made a major effort to help Jordan **mend its fences with** Washington after siding with Saddam Hussein in the first Gulf War. (이스라엘은 제1차 걸프전에서 사담 후세인을 지지한 요르단의 대미 관계 개선을 돕기 위해 큰 노력을 기울여 왔다.)

| **fence-mending** 관계 회복, 관계 개선; 관계 개선[회복]을 위한 **fence-mending trip** 관계 개선을 위한 방문 **fence-mending efforts** 관계 개선을 위한 노력

❏ **declare war on drugs** 마약과의 전쟁을 선포하다

ex. Health experts are calling on the government to **declare war on marijuana** and other drugs to tackle drug abuse. (건강 전문가들은 정부가 마약 남용에 대처하기 위해 마약과의 전쟁을 선포할 것을 요구하고 있다.)

| **declare war on crimes** 범죄와의 전쟁을 선포하다 **wage a campaign against crimes** 반 범죄운동을 전개하다 **launch a crusade against corruption** 반부패 운동을 시작하다

❏ **political wrangle[squabble, row, fray]** 정치 논쟁

ex. Britain has been involved in a lengthy **political wrangle** over the role and power of the hereditary monarchy. (영국은 세습군주제의 역할과 권한에 대한 오랜 정치 논쟁에 휘말려왔다.)

| **stall in [be caught in, be mired in] political wrangle** 정치적인 언쟁 때문에 지지부진하다 **fan[fuel] political bickering** 정치 논쟁을 부채질하다(기름을 붓다) **be left in political limbo** 정치적 불안(망각)상태에 빠져

❏ **bone of contention** 불화(싸움)의 원인, 논쟁점 = the cause of a quarrel, the apple of discord

ex. The family property was a major **bone of contention** when their father died. (그들의 아버지가 세상을 뜨자 가족 재산이 불화의 주원인이었다.)

| **have[got] a bone to pick with** ~에게 불평이 있다, 할 말(따질 일)이 있다

❑ **be in conflict with** ~와 갈등을 겪다, 대립하다

ex. The governing party **is in conflict with** the main opposition party over the impeachment of the president. (여당은 제1야당과 대통령 탄핵 문제로 대립하고 있다.)

| **resolve the conflict between work and family** 일과 가정의 갈등을 해결하다 **worsen ethnic conflict** 인종 갈등을 악화시키다

❑ **throw[fling] down the gauntlet to[on]** ~에 도전하다, 도전장을 내밀다

ex. A price war looks likely now that a top mobile phone manufacturer has **thrown down the gauntlet to** its competitors. (최대 휴대폰 제조회사가 경쟁사에 도전장을 내밀어 가격인하 경쟁이 벌어질 것 같다.)

| **take[pick] up the gauntlet** 도전에 응하다

❑ **rapport** 신뢰 관계, 신뢰감

ex. The chief executive officer of the company has a very good **rapport** with his employees. (그 회사의 최고경영자는 직원들과 훌륭한 신뢰 관계를 맺고 있다.)

| **strike up [establish] a rapport with** 긴밀한 신뢰 관계를 맺다 **There was little rapport between the two women.** 그 두 여자들 사이에는 신뢰감이 거의 없었다.

❑ **rapprochement** 화해, 국교 회복

ex. The pact brought about a diplomatic **rapprochement** between the two countries. (그 협정의 체결로 양국간의 외교관계가 회복되었다.)

| **bring about a rapprochement with** ~와의 국교를 회복하다 **opt for a rapprochement policy with** ~와 화해를 택하다 **broker a rapprochement among** ~ 사이의 화해를 중재하다 **rule out a rapprochement with** ~와의 화해를 배제하다

❑ **secessionist** 분리주의의, 분리된 = breakaway

ex. A **secessionist** province declared its independence from Georgia, leaving the country in political limbo. (한 분리주의 주가 그루지야로부터 독립을 선언해 나라를 정치적 불안에 빠뜨렸다.)

| **back a secessionist province** 분리주의 주를 지지하다 **a secessionist war** 분리주의 전쟁 **recognize a breakaway state** 분리된 주를 인정하다

❑ **have a common-law relationship with** ~와 내연의 사이다

ex. The businessman has **had a common-law relationship with** a famous actress for over 20 years. (그 사업가는 한 유명한 여배우와 20년 넘게 내연의 관계를 맺고 있다.)

| **a common-law wife[husband]** 내연의 처[남편] **live with a common-law wife** 내연의 처와 동거하다 **marry one's common-law wife** 내연의 처와 결혼하다 **live in a common-law relationship with** ~와 내연의 관계로 지내다

❑ **form a national unity government** 거국정부를 구성하다

ex. The US president again called for Iraqi leaders to **form a national unity government** that will bring confidence to the Iraqi people. (미국 대통령은 이라크 지도자들에게 이라크 국민들에게 자신감을 가져다 줄 거국정부를 구성할 것을 재차 요청했다.)

| **create a government of national unity** 거국정부를 수립하다 **formation of a national unity government** 거국정부 구성 **form an inclusive government** 포괄적 정부를 구성하다 **interim government** 임시(과도)정부 **set up a government-in-exile** 망명정부를 세우다

06 동의 | 이견 | 논쟁 | 협상

주제어	관련어
agree	**consent, accede to, concur, agreement, concurrence, concord**
disagree	**differ, dissent, contradict, disagreement, discord, divided**
dispute	**debate, controversy, rhubarb, polemic, argue, split hairs, pedantic**
negotiate	**bargain, negotiation, bargaining, parley, negotiator, arbitrate**

●●● You may take a horse to the water, but you cannot make him drink. 평양감사도 제가 싫으면 그만이다.

아무리 좋은 일이라도 자기 마음에 들지 않으면 억지로 시키기(force someone to do) 힘든 법이지만 직장 생활을 하다보면 싫어도 어쩔 수 없이 해야 되는 일이 많다. 상사가 시키는 일이 마음에 들지 않고 누가 보더라도 동의할 수 없는 그런 일이지만 때로는 울며 겨자 먹기로 따르고 해야 하는 것이 세상사다.

국가적인 사업(national project)을 수행하는 데 국민의 완전한 동의를 얻기란 하늘의 별따기로, 그 단적인 예로 우리나라의 방사능폐기물처리장(a nuclear waste repository) 선정 과정을 들 수 있다. 정부는 2003년 전북 부안의 위도를 후보지(candidate site)로 정했으나 주민들(residents)의 거센 항의에 부닥치게 되었고 급기야 화난 군민들이 절에 들른 군수(county chief)를 집단폭행하는(gang up on) 사태까지 벌어졌고 정부는 후보지 선정을 철회하지(back down from) 않을 수 없었다.

동의(agree)를 구하는 과정은 어려우며 이견(dissent)이 있을 경우 상대방을 열심히 설득해야 하지만 이것이 여의치 않게 되면 때로 격렬한 논쟁(fierce debate)이 벌어지게 된다. 이런 이견이나 논쟁은 협상(negotiation)의 과정을 거쳐 관계된 모든 사람들이 어느 정도 수긍할 수 있는 합의에 도달하게 되는 것이 보통이다.

agree

동의하다, 의견이 일치하다, 합의를 보다

to have the same opinion as someone else = accede, assent, be of the same opinion, be of the same mind, comply, concede, concur, consent, set, settle, shake hands, shake on, share the view that, side with, stand together, subscribe, yes

'동의하다, 의견이 일치하다'는 뜻의 agree의 패턴은 여러 가지인데 그 중 하나는 to-부정사다. 또한 전치사로 to, with, upon, about 등이 올 수 있다. '사람 또는 사물에 대해 동의하다'라고 할 때는 with가 오고 on, upon은 동의 · 일치점을 나타내는 경우에 사용된다.

agree to undertake the job 그 일을 맡기로 승낙하다

agree with him 그에게 동의하다

agree with[to] the plan 그 계획에 동의하다

agree on that point 그 점에서 일치하다

agree about the matter 그 건에 관하여 동의하다

agree that ~라는 점에서 의견을 같이하다

반의어 **contend, disagree, dispute, dissent, oppose, protest, refuse**

용례 **agree with someone on** 누구와 ~에 의견이 일치하다 **agree to differ** 견해차는 어쩔 수 없는 일이라고 서로 단념하다, 견해차를 확인하다 **unless otherwise agreed** 별도 합의된 사항이 없으면

| **I couldn't agree (with you) more[less].** (당신의 의견에) 대찬성[절대 반대]이다.

| **accede to a proposal** 제의에 응하다

| **comply with a rule** 규칙에 따르다

| **subscribe to someone's opinion** ~의 의견에 동의하다

---

agreement 합의, 일치; 협약, 협정

an arrangement about what should be done = accession, accord, accordance, concert, concord, concordance, concurrence, unison; accord, affidavit, contract, deal, document, pact, protocol, settlement, transaction, treaty

반의어 **disagreement, dissension**

용례 **come to [arrive at, reach] an agreement** 합의에 도달하다 **a verbal[written] agreement** 구두[서면] 협약 **complete[full, solid, total] agreement** 완전한 합의 **mutual[tacit] agreement** 쌍방 합의[묵계]

| **a unanimous agreement[decision, choice, vote]** 만장일치의 합의[결정, 선택, 투표]

| **come to [reach] an accord** 합의에 이르다 **with one accord** 만장일치로 **an interim accord** 잠정협정 **sign an accord** 협정에 조인하다

| **unanimous** 만장일치의 = concordant, in complete agreement, of one mind, like-minded

| **violate[break, breach] an agreement** 합의를 위반하다(깨다) **break a ceasefire agreement** 휴전협정을 깨다 **violation[breach] of an agreement** 합의 위반 **clear[open] violation of an agreement** 명백한(공공연한) 협정 위반 **in violation[breach] of an agreement** 합의를 위반하여

필수예문

track 021

1 Sun and Microsoft have **agreed to** pay royalties for use of each other's technology since many experts point out that such an accord would be mutually beneficial. (선사와 마이크로소프트사는 상호 기술사용에 대해 로열티를 지급하기로 합의했는데 이는 많은 전문가들이 그런 합의가 서로에게 도움이 될 것이라고 지적하기 때문이다.)

2 All teachers **agree with** one another on the importance of reading skills, but there remain crucial differences as to how they should be taught. (모든 선생님들이 독서능력의 중요성에 대해서는 서로 의견이 일치하지만 그것을 어떻게 가르치느냐 하는 문제에 대해서는 중대한 차이가 남아 있다.)

Most experts **agree that** money laundering is a serious problem. (대부분의 전문가들이 돈세탁이 심각한 문제라는 것에 인식을 같이하고 있다.)

3 I don't **concur with** you **on** this matter. (이 문제에 대해서 나는 당신과 의견이 일치하지 않는다.)

Smoking should be banned in all public places. **I couldn't agree more.** (모든 공공장소에서 흡연이 금지되어야 한다. 나는 전적으로 찬성이다.)

4 The lawmaker was elected chairman of the board by a **unanimous** vote. (그 국회의원은 만장일치의 표결로 이사회 의장으로 선출되었다.)

After months of negotiations, the two countries **reached a complete agreement on** ending the territorial dispute. (몇 달 간의 합의 끝에 양국은 영토 분쟁을 종식하는 데 완전한 합의를 이루었다.)

5 The president and the leader of the main opposition party appeared to be **of the same opinion.** (대통령과 제1야당 당수는 의견이 일치된 것으로 보였다.)

If you are **of the same mind as** Tom, you must join the national charity campaign. (네가 톰과 같은 생각이라면 너는 그 전국적인 자선 운동에 동참해야 한다.)

6 Both sides **share the view that** peace on the Korean Peninsula can only be achieved through dialogue and continued efforts to boost economic exchange between South and North Korea. (양측은 한반도에서의 평화는 오직 대화와 남북 경제협력 증진을 위한 계속적인 노력을 통해서만 달성될 수 있다는 데 의견을 같이한다.)

7 There is little chance of the two countries **reaching agreement** while they both maintain such inflexible positions on the tricky issue. (그 까다로운 문제에 양국이 그렇게 유연하지 못한 입장을 견지하는 한 합의에 이를 가능성은 거의 없다.)

8 After marathon talks, both sides finally succeeded in bridging differences and **came to an agreement.** (장시간의 회담 끝에 양측은 마침내 입장 차이를 좁히는 데 성공하고 합의에 이르렀다.)

The champion defeated the challenger **in a unanimous 12-round decision** to successfully defend the WBA and WBC titles. (챔피언은 도전자를 12라운드 심판 전원일치 판정승으로 물리치고 WBA, WBC 타이틀을 성공적으로 방어했다.)

disagree

의견을 달리하다, 다르다
to have a different opinion from someone else = differ, disaccord, discord, dissent, diverge, fall out, take issue, vary

유의어 **bicker** 말다툼하다 **break with** 절교하다 **debate** 논쟁하다 **discept** 논쟁하다 **haggle** 값을 깎다, 말다툼하다 **object** 이의를 제기하다, 반대하다 **quibble** 얼버무리다 **stickle** 반대하다
반의어 **agree, concur, consent**
용례 **disagree with someone on[about, as to, over]** ~와 ~에 대해 의견이 다르다 **agree to disagree** 서로의 의견 차이를 인정하고 싸우지 않기로 하다 **disagree bitterly[profoundly, sharply]** 크게 의견이 다르다 **disagree completely[totally, utterly]** 완전히 다르다
| **differ with someone on something** ~와 어떤 문제에 대해 의견이 다르다 **differ entirely with** ~와 의견이 전혀 다르다 **agree to differ** 견해차를 확인하다 **I beg to differ.** 실례지만 나의 의견은 다릅니다.
| **dissent from** ~와 의견을 달리하다

disagreement 의견 차이; 부조화

a situation in which people disagree with each other = difference, discord, dissent, dissidence, disunion, disunity, variance
반의어 **accord, agreement, harmony, pact, treaty**
용례 **have an disagreement with** ~와 다투다, 티격태격하다 **in disagreement with** ~와 불일치하여, 의견이 달라 **express a disagreement** 의견 차이를 표명하다
| **be at loggerheads with** ~와 언쟁하여, 싸움을 하여
| **at odds with** ~와 다투어, 불화하여
| **fall out with** ~와 싸우다, 사이가 나빠지다

divided 의견이 갈라진, 분열된

being a situation in which some strongly support one attitude and the others disagree and support another = apart, disjoined, divided, in half, separated, shredded, split
반의어 **attached, connected, coupled, fastened, linked, united**
용례 **be divided[split] down the middle** 정확히 반반으로 갈라진 **be deeply[sharply] divided** 첨예하게 분열된 **be divided on** ~에 대해 의견이 갈라진 **remain divided** 분열된 상태다 **a divided society** 분열된 사회 **an ethnically divided region** 인종 대립 지역
| **irreconcilable views[differences]** 타협할 수 없는 견해[차이]
| **different** 다른 = disparate, dissimilar, divergent, diverse, unlike, variant, various
| **contradict** (말 등이) 서로 다르다 = conflict, go against, be at odds with, be inconsistent with, be at variance with, there is a discrepancy between ~, be contradictory to, be conflicting with

필수예문

track 022

1 Opposition parties **disagree with** a government-proposed bill that aims to raise next year's budget by 10 percent and focuses on helping the economy pull out of

a severe slump. (야당은 내년도 예산 10퍼센트 증액을 목표로 하여 경제를 심각한 침체로부터 벗어나게 돕는 것에 초점을 맞춘 정부안에 반대한다.)

2 The government **disagrees with** the ruling party **about** ways of spurring the economy. (정부는 경제를 활성화하는 방안에 집권당과 의견이 엇갈리고 있다.)

Politicians **differ over** methods of curbing inflation. (정치인들은 인플레이션을 잡기 위한 방법에 대해 의견이 다르다.)

3 I am sick of all your arguments about religion. Why can't you two just **agree to differ**? (종교에 대한 너희들의 주장 모두 이젠 신물이 나. 왜 의견 차이를 인정하고 그만 싸우지 못해?)

I **disagree completely with** the point of this article, but the first half is too interesting to ignore. (나는 이 기사의 논점과 완전히 의견이 다르지만 전반부는 너무 재미있어 무시할 수 없다.)

4 South Korea and Japan have been **at loggerheads** for months **over** the claim on a set of islets on the East Sea known as Dokdo in South Korea. (한국과 일본은 한국에서 독도로 알려진 동해상에 있는 일군의 작은 섬을 두고 몇 달 동안 다투고 있다.)

Are you still **at odds with** her? (아직 그녀와 사이가 안 좋아?)

5 The international community is **split right down the middle over** the question of nuclear disarmament. (국제사회는 핵무기 군축에 대해 정확히 반반으로 의견이 갈려 있다.)

The actress has filed for divorce, **citing irreconcilable differences.** (그 여배우는 화해할 수 없는 차이를 이유로 이혼소송을 제기했다.)

6 This is quite **different from** any other movie of his. (이 영화는 그가 만든 다른 영화와는 아주 딴판이다.)

The two suspects **gave contradictory accounts** of the case. (두 용의자는 사건에 대해 다르게 얘기했다.)

dispute

논쟁, 논란; 분쟁, 말다툼

a disagreement or argument about something important = argument, altercation, bickering, brawl, broil, brouhaha, commotion, conflict, contention, controversy, debate, discord, feud, fracas, friction, fuss, hoo-ha, hubbub, miff, polemic, quarrel, rhubarb, row, rumpus, squabble, squall, strife, tiff, uproar, wrangle

반의어 **agreement, understanding**

용례 **beyond[out of, past, without] dispute** 논란의 여지 없이, 분명히 **a point in dispute** 논점, 쟁점 **open to dispute** 논란의 여지가 있는

| **a border dispute** 국경 분쟁 **an industrial dispute, a labor dispute** 노동쟁의, 산업 분쟁 **an international dispute** 국제 분쟁 **a jurisdictional dispute** 관할권 분쟁 **a legal dispute** 법적 분쟁 **a territorial dispute** 영토 분쟁

| **controversial** 논란이 되는 = contentious, arguable, contentious, debatable, disputable, moot, questionable

| conflict 갈등, 불화 = feud, discord, dissension, disagreement
| arbitrate[mediate, broker] a dispute 분쟁을 조정하다 **settle a dispute out of court** 법정 밖에서 분쟁을 해결하다
| arbitration 조정, 중재 **a court of arbitration** 중재 재판소 **refer[take, submit] ~ to arbitration** ~를 중재에 부치다 **go to arbitration** 중재를 의뢰하다, 중재에 부쳐지다

---

argue 논하다, 논쟁하다; 말다툼하다, 입씨름하다

to put forth reasons for or against something; to engage in a quarrel = debate, dispute, talk about; altercate, bandy, bicker, cross swords, hassle, quarrel, row, squabble, wrangle

반의어 **abstain, keep quiet, keep silent; agree, assent, concur, harmonize**

용례 **argue with** ~와 논쟁하다 **argue with someone about[on]** ~와 ~에 대해 토론하다 **bitterly[heatedly, passionately, strenuously, vehemently] argue** 격론을 벌이다 **argue in a circle** 논의가 공전되다
| squabble over[about] 하찮은 일로 다투다 = bicker
| split hairs[a hair, straws, words] 극단적으로 세밀하게 구별하다, 지나치게 꼬치꼬치 따지다 = quibble **nitpicking** 꼬치꼬치 따지기 **pedantic** 사소한 것을 꼬치꼬치 따지는 = fussy
| argument 논쟁, 언쟁 = row, quarrel, squabble, tiff, exchange, showdown, rumpus, ruckus, spat, spar
| presidential debate 대통령 토론(회)
| hold[host] a presidential debate 대통령 토론회를 열다(개최하다) **take part [participate] in a presidential debate** 대통령 토론에 참석하다 **clash[face off] in a TV debate on** ~ 문제를 둘러싸고 TV 토론회에서 격돌하다 **a presidential debate takes place [occurs] in** ~에서 대통령 토론회가 열리다 **the first televised debate between the two main candidates in the US presidential election campaign** 미국 대선 두 명의 선두주자간의 첫 TV 토론
| do better in the final debate 마지막 토론회에서 더 잘하다 **come out on top** 승리하다 **be declared the winner of the second debate** 두 번째 토론회의 승리자로 판정을 받다 **the moderator of the final presidential debate** 최종 대통령 토론회 사회자

필수예문

track 023

1 A **debate over** the health effects of minute exposures to airborne manganese is heating up as more and more countries begin adding the metal to gasoline. (점점 많은 나라들이 망간을 휘발유에 첨가하기 시작함에 따라 공기 중에 떠다니는 망간에 미세하게 노출되는 것이 건강에 미치는 영향에 대한 논란이 가열되고 있다.)

Researchers **dispute** what these findings portend for people. (연구원들은 이 발견들이 인간에게 무엇을 경고하는지 논란을 벌이고 있다.)

2 A **debate** is raging **over** forcing people with schizophrenia to take medication. (정신분열증 증세를 가진 사람들로 하여금 강제로 약을 복용하도록 하는 것에 대해 격렬한 논란이 일고 있다.)

The **controversy over** North Korea's nuclear weapons program is likely to continue. (북한의 핵개발에 대한 논란은 계속될 것 같다.)

3 There has been serious **friction between** the two countries **over** the issue of beef imports. (소고기 수입 문제를 놓고 양국간에 심각한 마찰이 있어왔다.)

A 130-year-old **border dispute** between the United States and Russia may be settled with an agreement on fishing rights in the North Pacific Ocean. (미국과 러시아와의 130년 된 영토 분쟁이 북태평양에서의 어업권에 관한 합의와 더불어 해결될 수도 있다.)

4 Most business organizations expect an increase in strikes and **industrial disputes** over the next year. (대부분의 경제단체들은 향후 1년 동안 파업과 노동쟁의가 증가할 것으로 예상한다.)

A recent government policy on education contains some **controversial** new ideas. (최근에 나온 정부의 교육정책은 몇몇 논란이 되는 새로운 내용이 들어있다.)

5 The couple **had a blazing row** last night. They are not speaking to each other now. (그 부부는 어젯밤 심하게 싸워 지금 서로 말을 안 하고 있다.)

She has **had a tiff with** her boyfriend. (그녀는 남자 친구와 말다툼을 했다.)

6 You are **splitting hairs**. Don't get technical. (넌 지금 지나치게 따지고 있어. 너무 따지지 마.)

The company president is under criticism for letting his personal **feuds** affect his judgment. (그 회사 사장은 자신의 개인적인 원한이 판단에 영향을 미치게 한다는 비난을 받고 있다.)

negotiate

협상하다

to discuss something in order to reach an agreement = bargain, confer, consult, contract, dicker, discuss, hold talks, horse-trade, make terms, parley, wheel and deal

유의어 **accommodate** 조정하다 **arrange** 해결하다, 조정하다 **concert** 협조하다 **covenant** 계약하다 **deal** 거래하다 **intercede** 중재하다, 주선하다 **referee** 중재하다, 심판을 보다 **step in** 개입하다 **stipulate** 계약 조건으로 요구하다 **umpire** 중재하다, 심판을 보다

용례 **negotiate with someone on[for, about, over]** ~에 대해 ~와 협상하다 **negotiate a deal** (협상을 통해) 협약을 맺다 **a negotiated deal[contract, agreement]** 수의 계약

| work out 철저히 논의하다; 타결시키다 = thrash out, hammer out, arrange, reach an agreement, agree on, settle, come to terms about, pull off, conclude, bring off

| negotiator 협상자 = bargainer, parleyer, haggler, wheeler-dealer, dickerer

chief[lead] negotiator 협상 대표 **point man** 교섭 대표, 교섭 창구 **the negotiating[bargaining] table** 협상 테이블 **return[come back] to the negotiating table** 협상에 복귀하다 **bring ~ back to the bargaining[negotiating] table** ~를 협상에 복귀시키다

| have it[the matter, the whole thing] out with ~와 결판을 내다, 매듭 짓다

| drive a (hard) bargain 심하게 값을 깎다; 유리한 조건으로 거래(계약)하다

negotiation 협상

a meeting of the representatives of two opposing groups in an official or business context
= bargaining, colloquy, consultation, dicker, discussion, entente, meeting, parley, talks

용례 **be in negotiations[talks] with** ~와 교섭(협상)중이다 **enter into [open, start] negotiations with** ~와 교섭(협상)을 개시하다 **break off [carry on, resume] negotiations with** ~와 교섭을 중단[계속, 재개]하다 **open[closed-door] negotiations** 공개[비공개] 협상

| **collective bargaining** (노사간의) 단체 교섭 **plea bargaining** 유죄 답변 거래 (가벼운 구형 등 검찰 측이 양보하고 그 대신 피고측이 유죄를 인정하는 따위의 거래) **a colloquy between the two leaders** 두 지도자간의 회담 **have[hold] talks with** ~와 협상(회담)하다 **preliminary talks on disarmament** 군축에 관한 예비회담 **hold a parley with** ~와 교섭(담판)하다

| **negotiable** 협의할 수 있는, 논의의 여지가 있는 = discussable, debatable, subject to bargaining, transactional **a negotiable bond** 양도성 채권 **negotiable securities** 양도성 증권 **a negotiable certificate of deposit** 양도성 예금증서

| **diplomat** 외교관 **a career diplomat** 직업 외교관 **diplomatic immunity** 외교관의 면책특권 **enter the diplomatic service** 외교관이 되다 **a diplomatic mission** 해외 공관

| **envoy** 외교관, 사절, 공사 **a special envoy** 특사 **accredit an envoy to a foreign country** 신임장을 주어 사절을 외국에 파견하다

| **ambassador, ambassadress** 대사 **an ambassador-at-large** 무임소 대사 **a goodwill ambassador** 친선 대사 **an ambassador extraordinary** 특명 대사 **an ambassador extraordinary and plenipotentiary** 특명 전권 대사 **a roving ambassador** 순회 대사 **a charge d' affaires** 대리 대사 **an ambassador to the United States** 주미 대사 **the U.S. ambassador to South Korea [Seoul]** 주한 미국 대사 **ambassadorial[ambassador-level] meeting** 대사급 회담

| **embassy** 대사관 **the South Korean Embassy in Washington** 워싱턴 주재 한국 대사관 **a military attache** (대사관) 무관 **a commercial attache** 상무관 **a financial attache** 재무관 **first[second, third] secretary** 1등[2등, 3등] 서기관

| **minister, legate** 공사 **legation** 공사관

| **consul** 영사 **vice-consul** 부영사 **a consul general** 총영사 **an acting consul** 대리 영사 **an honorary consul** 명예 영사 **consulate** 영사관 **consulate general** 총영사관

| **recognize** (국가나 정권을) 인정(승인)하다 **diplomatic recognition** 외교 승인 **switch diplomatic recognition from A to B** 외교 승인을 A에서 B로 바꾸다

필수예문

track 024

1 After a two-year lull, South Korea started to **negotiate with** North Korea **on** the reunion of families that have been separated since the end of the 1950-53 Korean War. (2년간 중단된 끝에 남한은 북한과 1950~53년의 6.25 전쟁 종식 이후 헤어진 이산가족 상봉에 대한 협상을 시작했다.)

2 Foreign ministers from the United States, Japan, South Korea and China are meeting in Beijing to **negotiate an agreement on** North Korea's atomic weapons program. (미국, 일본, 한국, 중국의 외무장관들이 북한의 핵무기 개발 계획에 대한 합의를 협상을 통해 이끌어내기 위해 베이징에서 만나고 있다.)

3 The United States and Thailand will soon **open negotiations on** an aviation agreement. (미국과 태국은 곧 항공 협정에 관한 협상을 시작할 것이다.)

South Korea will **start[begin] talks with** the United States soon **on** resuming US beef imports, which have been banned for two years due to mad cow concerns. (한국은 광우병에 대한 우려 때문에 2년 동안 금지되었던 미국산 소고기 수입 재개에 대한 협상을 미국과 시작할 것이다.)

4 The two Koreas agreed to **resume[reopen, restart] negotiations on** the denuclearization of the Korean Peninsula. (남북한은 한반도 비핵화에 대한 협상을 재개하기로 합의했다.)

Japan and North Korea agreed to **resume talks** in Beijing to discuss establishing diplomatic ties. (일본과 북한은 국교수립을 논의하기 위한 회담을 북경에서 재개하기로 합의했다.)

5 South Korea has been urging North Korea to **return to the negotiating table** with the United States. (남한은 북한에 대해 미국과의 협상 테이블에 복귀할 것을 촉구해왔다.)

A timeline for the next meeting is still **under discussion**. (다음 회의 일정은 아직 논의 중이다.)

6 You'd better **have it out** once and for all. I can't stand this constant argument. (너 이번에 단호하게 결판을 내도록 해. 나는 끊임없이 계속되는 이 싸움을 참을 수 없어.)

After much hard **bargaining**, we reached an agreement. (많은 어려운 교섭 끝에 합의에 도달했다.)

The top US **envoy** to Seoul has urged North Korea to come back to talks on dismantling its nuclear weapons program. (주한 미국 대사는 북한에 대해 북핵 회담에 복귀할 것을 촉구했다.)

심화학습

천양지차란 '하늘과 땅처럼 큰 차이'란 뜻으로 사물, 현상, 의견 등이 서로 엄청나게 다름을 이르는 말인데 영어에도 이와 비슷한 표현이 있으니 be poles apart이다. 여기서 말하는 poles란 남극(the South Pole)과 북극(the North Pole)을 말하는데 둘 사이는 엄청 먼 거리임에는 틀림없다. 따라서 이것은 '의견 차이가 현격한, 천양지차인'이라는 뜻이다. poles 대신에 worlds가 쓰이기도 한다.

❑ **consensus of opinion** 일치된 의견

ex. The **consensus of opinion** seems to be that the president should quit taking responsibility for the bribery scandal. (일치된 의견은 대통령이 뇌물 사건에 대한 책임을 지고 물러나야 한다는 것처럼 보인다.)

| **reach a consensus** 합의에 이르다 **a general consensus** 전반적인 합의 **the national consensus** 국민적 합의 **consensus politics** 합의 정치 **The consensus is that ~.** 일치된 의견은 ~라는 것이다. **There is a broad consensus ~.** ~해야 한다는 데 폭넓은 합의가 모아지고 있다.

❑ **find common ground (in)** ~에 의견의 일치를 보다

ex. It is obvious that religion and politics can **find common ground.** (정치와 종교가 공통된 입장을 찾을 수 있다는 것은 명백하다.)

| **reach common ground** 의견에 일치를 보다, 공통된 의견에 도달하다 **be on common ground** 의견이 일치하다, 공통의 장에 서 있다 **look for common ground** 공통된 입장을 찾다 **see eye to eye with someone on[about]** ~에 대해 의견이 일치하다 **grasp for a common thread** 공통점을 모색하다

❑ **rift** 의견 차이, 틈, 불화

ex. A **rift** has developed between the government and the ruling party over an economic stimulus package. (정부와 여당 사이에 경기부양책을 두고 의견 차이가 생겼다.)

| a deep division in the party over tax policy 조세정책을 둘러싼 당내의 깊은 분열 **a split over** ~를 둘러싼 의견의 차이 **an issue dividing the party** 당을 갈라놓는 문제

❑ **be wide apart over[on]** ~에 대해 상당히(크게) 의견이 갈라진

ex. The two leaders exchanged views on a wide range of issues but **remained wide apart over** the territorial dispute. (두 지도자는 광범위한 문제에 대해 의견을 나누었지만 영토 분쟁에 대해 의견이 크게 달랐다.)

| be worlds[poles] apart over ~에 대해 의견 차이가 현격한 **narrow[bridge] one's differences over** ~에 대한 의견 차이를 좁히다 **hammer[iron] out differences** 견해차를 해소하다

❑ **play the devil's advocate** (토론 따위를 활발하게 하기 위해) 일부러 반대 의견을 말하다, 악역을 맡다

ex. He had an obligation to **play the devil's advocate** and so he took the other side in the debate. (그는 일부러 반대를 할 의무가 있었고 그래서 토론에서 반대 편을 들었다.)

| be out of tune with ~와 조화되지 않는, 일치되지 않는

❑ **spark[set off, ignite, arouse] a controversy** 논란을 불러일으키다

ex. His remarks have **sparked a** heated **controversy** over the legality of the government move. (그의 발언은 정부 조치의 합법성에 대한 뜨거운 논란을 불러일으켰다.)

| at the center of a controversy over ~에 대한 논란의 중심에 있는 **run into a heated controversy** 뜨거운 논란을 빚다 **the subject of fierce controversy** 격렬한 논란의 대상 **A fierce controversy has begun[started] over ~.** ~에 대한 격렬한 논란이 시작되었다.

❑ **patch up [settle] one's differences** 의견 차이를 조정하다

ex. Their final attempt to **settle their differences** ended in disappointment and separation. (의견 차이를 조정하려는 그들의 최종 시도는 실망과 결별로 끝났다.)

| be reconciled 논쟁을 끝내기로 타협하다 **kiss and make up** 싸움을 끝내고 화해하다

❑ **be much[widely] discussed[debated]** 논의가 활발하다(분분하다)

ex. The issue has **been widely discussed** but so far no one has drawn any conclusions. (지금까지 그 문제에 대한 논의가 활발했지만 누구도 어떤 결론을 내리지 못했다.)

| be the subject of debate[discussion] 활발히 논의되다 **be on the agenda** 활발히 논의되는 **place[put] ~ on the agenda** ~를 상정하다 **top the agenda in a meeting** 회담의 주 의제다

❑ **be open to discussion[negotiation]** 논의[협상]의 여지가 있다

ex. Where to build a soccer-specific stadium **is open to negotiation.** (축구전용 구장을 어디에 세울 것인가 하는 문제는 협상의 여지가 있다.)

| a moot point[question] 쟁점(문제점) **a debatable question** 논란의 여지가 있는 문제

❑ **rupture[failure, breakdown, breakoff] of talks** 회담 결렬

ex. A **rupture of talks** could prompt North Korea to declare itself a nuclear state. (회담이 결렬되면 북한을 자극하여 핵무기 보유국가로 선언하게 만들 수 있다.)

| rupture the talks 협상을 결렬시키다 **come to a rupture** 결렬되다 = break off, break down, fall apart **hit a snag** 장애에 부닥치다 **face rough going** 난항을 겪다

07 결정 | 취소 | 고수 | 포기

주제어	관련어
decide	**decision, decisive, indecisive, undecided, wishy-washy, resolve**
cancel	**cancellation, retract, revoke, revocable, eat one's word**
obey	**obedient, obedience, observe, submissive, yes-man**
abandon	**abandonment, give up, kick the habit, grow out of ~**

●●● Look before you leap. 돌다리도 두드려보고 건너라.

무슨 일을 하든지 신중히(prudently) 생각한 다음 결정(decision)을 내리고 행동에 옮기는 신중파가 있는가 하면 쉽게 결심했다 하루가 멀다 하고 마음이 바뀌는(stick at nothing) 작심삼일형의 사람들도 있다. 이는 아무리 사소한 것이라도 무언가 결정을 내린다는 것이 그렇게 쉽지 않다는 것을 보여주는 것이다.

직장인들의 고민 중 하나는 점심 한 끼를 어떻게 해결하느냐 하는 것이다. 근처 식당은 한정되어 있고 하루 하루 메뉴를 정하는 것이 여간 성가신(troublesome) 게 아니다. "어느 식당에 가지? Which restaurant should we go to?" "글쎄. 네가 정해. I don't know — you decide." 부장은 어제 저녁에 한잔 했으니 얼큰한 해장국을 먹자고 하고 미스 김은 오랜만에 돈가스나 먹자고 우기며 김 과장은 시원한 동태탕이 어떠냐고 제안한다. 하지만 결론은 부장을 따라 내키지 않는 해장국집으로 모두 향하게 된다.

이런 사소한 결정을 내리는(make a decision) 데도 의견이 분분한데 한 국가에서야 두말할 나위도 없다. 그런데 어려운 과정을 거쳐 내린 결정이 때로는 취소되기도(be canceled) 하고, 또 온갖 어려움이 있어도 끝까지 고수(stick to) 하기도 한다. 정부가 아무리 좋은 결정을 내렸다고 하더라도 국민적 저항이 너무 클 경우 어쩔 수 없이 포기해야(abandon) 하는 상황이 생기기도 한다.

decide

결정하다, 결심하다

to make a choice that you are going to do something = adjudge, choose, conclude, determine, elect, opt, reach a decision, resolve, will

보통 '무엇을 하기로 결정하다' 라고 할 때 decide의 뒤에 따르는 형태는 to-부정사구다. 날이 너무 추워 오늘은 집에 있기로 했다면 decide to stay home today라고 하면 되고 돈이 없어 너무나도 사고 싶은 새 차를 안 사기로 했다면 decide against buying a new car. 또 쇼핑을 가 마음에 드는 옷이 있어 망설이다 가격표를 보고는 사지 않기로 마음을 먹는다면 decide not to buy the dress because it is too expensive라고 한다. 진행형으로는 잘 쓰이지 않는다.

decide to do, decide between ~하기로 결정하다, ~의 어느 하나로 결정하다

decide for[in favor of] ~하기로 결심하다

decided against ~ing ~하지 않기로 결정하다

decide what[how, when, where] to do 무엇을[어떻게, 언제, 어디서] 할 것인가를 결정하다

decide that ~라고 결정하다

유의어 **adjudicate** 판결하다, 재결하다 **call the shots** 지배하다, 감독하다 **cinch** 확보(보증)하다 **clinch** 결말을 짓다, 마무리 짓다 **pick** 고르다 **rule** 판결을 하다 **select** 선택하다 **set** (장소, 일시 따위를) 정하다 **vote** 투표로 결정하다

반의어 **balk, defer, fluctuate, hem and haw, postpone, vacillate, waffle, waver**

용례 **decide to become a teacher** 선생님이 되기로 결심하다 **decide on a course of action** 행동 방침을 정하다 **decide a question** 문제를 해결하다

| **decide by ballot[vote, poll]** 투표로 결정하다 **decide unanimously** 만장일치로 결정하다 **decide against** ~를 반대하는 결정을 하다 **decide between** ~의 어느 하나로 결정하다

| **make up one's mind** 결심하다 = come down in favor of

| **be up to** ~에게 달린 = rest with, be up for someone to decide

| **depend on** ~에 따라 결정되다, ~에 달려있다 = be dependent on, be determined by, be dictated by, be based on, rest on, hinge[hang] on, be decided by, be contingent upon

---

decision 결정, 결심

something that has been decided, firmness of purpose = adjudication, choice, conclusion, determination, judgment, resolution, ruling, selection, verdict

반의어 **deadlock, draw, stalemate, standoff, tie**

용례 **make[take, arrive at, come to, reach] a decision** 결정하다, 해결되다 **by one's own decision** 독단으로 **with decision** 결연하게 **a decision-making body** 의사결정기구 **a man of decision** 과단성 있는 사람

| **come to [form, make, take] a resolution** 결심하다 **make a New Year's resolution** 새해 결심을 하다

| **reach[arrive at] a verdict** (배심원이) 평결을 내리다 **bring in [deliver, give, hand down, render, return] a verdict of guilty[not guilty]** 유죄[무죄] 평결을 내리다

| **make a choice from** ~에서 고르다 **You can have your choice.** 마음대로 고르시오.

---

decisive 결정적인, 단호한

good at making decisions quickly and firmly = conclusive, crisp, decided, determined, final, firm, positive, resolute, resolved, strong-minded, trenchant, unhesitating, unwavering, unfaltering, unshakable, unflinching

반의어 **inconclusive, inconsequential, indecisive, indefinite, questionable**

용례 **a decisive battle** 결전 **decisive measures** 단호한 조치

| **undecided** 결정을 내리지 못한, 미결의 = unsettled, pending, uncertain, irresolute, hesitating, vacillating, be in two minds (about, as to, whether), dither **be undecided about[as to]** ~에 대해 결정을 내리지 못한 **undecided voters** 부동표 **an undecided character** 우유부단한 성격

| **moot** 미결의, 토론의 여지가 있는 **a moot point** 논쟁점 **a moot question** 미해결 문제

| **indecisive** 결단력이 없는, 우유부단한 = wishy-washy, weak-willed, irresolute, vacillating, wavering, fluctuating, hesitant, shilly-shallying

| **indecisiveness** = indecision, irresolution, vacillation, hesitation

| **blow hot and cold** 태도가 늘 바뀌다, 변덕이 죽 끓듯하다

필수예문

track 025

1 The United Nations **decided to** impose a wide range of economic sanctions on Iran in an attempt to pressure the country to dismantle its controversial nuclear program. (유엔은 이란에게 논란이 되는 핵 프로그램을 포기하도록 압력을 넣으려고 광범위한 경제 제재를 가하기로 결정했다.)

2 If you **decide on** a career in journalism, you have to study English harder. (언론에 종사하겠다고 마음을 먹으면 영어 공부를 더 열심히 해야 한다.)

You'd better **make up your mind** soon. I can't wait forever. (너 어서 결정을 해. 내가 언제까지나 기다릴 수는 없으니까.)

The price of a car **depends on** the amount of material and labor involved in making it. (자동차의 가격은 그것을 만드는 데 투입된 재료와 노동의 양에 따라 결정된다.)

3 You don't have to **make a decision about** that now. Think about it for a day or two. (지금 그 결정을 할 필요는 없어. 하루 이틀 더 생각해봐.)

After carefully listening to the evidence, the jury **concluded that** the man was guilty of murdering his former girlfriend. (증언을 경청한 뒤 배심원은 그 남자가 옛 애인을 살해해 유죄라는 결정을 내렸다.)

4 Some critics are slamming the United States for **jumping to the conclusion** that South Korea is discriminating against imported cars. (일부 비평가들은 한국이 수입차에 대해 차별대우를 하고 있다고 미국이 성급한 결론을 내린 것을 맹비난하고 있다.)

Whether or not you take the exam **is entirely up to you.** (네가 시험을 보든 안 보든 전적으로 네게 달렸다.)

5 The country needs a strong, **decisive** leader if it is to overcome the current economic crisis. But its president is under fire for his **indecisiveness** and lack of leadership. (그 나라는 현재의 경제위기를 극복하기 위해서 강력하고 과단성 있는 지도자가 필요하다. 하지만 그 대통령은 우유부단함과 지도력 부족으로 비난을 받고 있다.)

6 Most voters **remain undecided about** who to vote for. (대부분의 유권자들은 누구에게 표를 찍을 것인가 결정을 못 하고 있다.)

He is always **blowing hot and cold.** (그는 늘 변덕이 죽 끓듯한다.)

7 You'd better stop **sitting on the fence** and **make up your mind** whose side you are on. (형세 관망은 그만두고 누구 편인지 결정을 해.)

Adolescents are young people who **straddle the fence** between childhood and adulthood. (청소년이란 유년기와 성인기 사이에서 형세를 관망하는 젊은이들이다.)

8 My husband wants me to get a job, but I **am** still **in two minds about** it. (남편은 내가 일자리를 갖기를 원하지만 나는 아직 망설이고 있다.)

Politicians are usually **wish-washy**. That's why nothing gets done. (정치인들은 대개 우유부단하다. 그래서 되는 일이 없다.)

cancel

취소하다

to arrange that a planned event will not now take place = abort, annul, call off, countermand, render invalid, repeal, rescind, revoke, undo

유의어 **abolish** 폐지하다 **abrogate** 폐지하다, 방해하다 **black out** (파업 따위로) 방송을 중단하다 **blot out** (쓴 것을) 지우다, 말소하다 **break off** 중단하다 **cross out** 줄을 그어 지우다 **delete, expunge** 삭제하다 **scratch out** 명부에서 삭제하다 **sink** 제외하다

반의어 **allow, establish, permit, uphold**

용례 **cancel an order** 주문을 취소하다 **cancel permission** 허가를 취소하다 **cancel an appointment** 약속을 취소하다 **cancel an agreement** 협정을 해지하다

| **call off an appointment** 약속을 취소하다 **call off an alert** 경계경보를 해제하다 **call off a game** 게임을 중지하다

| **annul[repeal] a law** 법률을 폐기하다

| **recall[rescind, revoke] an edict** 포고령을 취소하다

| **undo one's engagement** 파혼하다 **What's done cannot be undone.** 엎지른 물은 다시 주워담을 수 없다.

---

retract (진술, 의견, 약속, 말 따위를) 철회하다, 취소하다

to formally state that something you previously said is not true = abjure, back, back down, back off, back water, be off, do an about-face on, go back on, nig, palinode, pull back, recall, recant, renege on, reverse, revoke, take back, unsay, withdraw

반의어 **extend**

용례 **retract one's opinion** 의견을 취소하다 **retract an allegation** 주장을 철회하다 **retract a charge** 고소를 취하하다

| **recant one's views** 자기 견해를 취소하다

| **revoke a charter** 인가증을 취소하다 **revoke a person's citizenship** ~의 시민권을 취소하다
| **renege on a commitment** 약속을 어기다 **renege on a contract[deal]** 계약을[거래를] 어기다

cancellation 취소

the act of calling off some arrangement = abolition, abrogation, dissolution, nullification, recall, recantation, repeal, retraction, reversal, revocation, undoing, withdrawal

반의어 **confirmation, ratification**

용례 **cancellation of a trip** 여행 취소 **the sudden cancellation of the visit** 방문의 갑작스런 취소

| **issue[publish] a retraction** 취소하다, 철회하다
| **the revocation of the contract** 계약의 취소
| **the withdrawal of the statement** 성명의 취소
| **revocable** 취소할 수 있는 = retractable, recallable, reversible
| **irrevocable** 취소할 수 없는 = irremediable, irretrievable, irreversible, unalterable unreversible, unchangeable, unrepealable

필수예문

track 026

1 The Chinese premier has **canceled** his planned visit to Japan this week to protest Tokyo's whitewashing of wartime atrocities that has angered South Korea and other Asian countries. (중국 총리는 한국과 다른 아시아 국가들의 분노를 산 세계 제2차 대전 당시의 잔혹 행위를 호도한 일본 정부에 항의하여 이번 주 방일 계획을 취소했다.)

2 Will you call the restaurant and **cancel the** reservation? (식당에 전화해서 예약 취소할래?)

I want to **cancel** my trip. Could I get a refund? (여행을 취소하려고 해요. 환불받을 수 있을까요?)

3 The bad weather has caused many flight delays, but so far, there have been no **cancellations**. (악천후로 많은 항공편이 연착했지만 지금까지 결항은 한 편도 없다.)

Unionized workers at General Motors have decided to **call off** their strike after accepting the management's offer. (GM의 노조원들은 경영진의 제안을 수락한 후 파업을 취소하기로 했다.)

4 We have to **scrub** a trip to Japan because we haven't really got enough money for it. (우리는 정말로 돈이 충분치 않아 일본 여행을 취소해야 한다.)

I am afraid the party **is off**. (유감이지만 파티는 취소되었다.)

The wedding **is off**! (결혼식은 취소되었다!)

5 He can't be trusted because he **eats his words** too often. (그는 하도 식언을 잘 하므로 믿을 만한 사람이 못 된다.)

I **take** that **back**. (나 그 말 취소하마.)

The suspect **retracted** his confession in a court hearing, saying it was made under duress. (법정 심리에서 용의자는 강압에 의해서 이루어졌다며 자백을 취소했다.)

6 Tom has had his driving license **revoked** for drunken driving. (톰은 음주운전으로 면허증을

취소당했다.)

Your vote by proxy is **revocable** at your option. (대리인에 의한 투표는 자유롭게 취소할 수 있다.)

obey

따르다, 준수하다, 고수하다
to do as official laws and rules stipulate = abide by, accede, act upon, adhere to, deliver on, follow, hew to, keep, observe, respect, stick to

유의어 **answer to** 일치하다 **discharge** (의무, 약속, 직무 따위를) 이행(수행)하다 **execute** 실행하다 **knuckle under** 항복(굴복)하다 **live by** ~를 생활의 지침으로 삼다
반의어 **disobey**
용례 **obey one's superiors** 상사(의 명령)를 따르다 **obey one's parents** 부모에게 복종하다 **obey a law** 법을 준수하다
| **abide by a decision** 결정을 따르다
| **adhere strictly to a schedule** 일정을 철저하게 지키다 **adhere strictly to the rules** 규칙을 철저하게 준수하다
| **hew to the party line** 당의 노선을 따르다
| **deliver on a promise** 약속을 지키다
| **stick to one's promise** 약속을 어김없이 지키다
| **observe the school code** 교칙을 준수하다

obedience 준수, 복종

obeying rules, laws or orders = accordance, compliance, conformity, deference, docility, duteousness, dutifulness, duty, manageability, observance, reverence, tractability, willingness
반의어 **disobedience**
용례 **active[passive] obedience** 자발적[수동적]인 복종 **blind obedience** 맹종 **hold ~ in obedience** ~를 복종시키고 있다 **in obedience to** ~를 따라서, ~에 복종하여 **compel obedience from** ~에게 복종을 강요하다
| **the observance of laws** 법률 준수 **strict observance of basic human rights** 기본 인권의 엄격한 준수
| **compliance with the law** 법률의 준수
| **blind deference** 맹종
| **obedient** 순응하는, 복종하는 = dutiful, disciplined, biddable, duteous, law-abiding, rule-abiding, conforming, compliant, tractable, amenable, malleable, governable
| **submissive** 고분고분한, 맹종하는 = servile, subservient, slavish, compliant
| **yes-man** 윗사람에게 맹종하는 사람 = creep
| **recalcitrant** 반항적인, 완강한 = contumacious, defiant, disobedient, insubmissive, intractable, obstinate, refractory, resistant, stubborn, unruly, untoward, wayward, wild, willful, withstanding

필수예문

track 027

1 Canada plans to take all diplomatic measures to urge the United States to **obey** the requirements of the UN Charter. (캐나다는 모든 외교적 수단을 동원하여 미국에 유엔 헌장의 의무 사항을 준수하도록 촉구할 계획이다.)

All lawmakers of the ruling party are required to **hew to the party line.** (집권당의 전 의원들은 당의 노선을 따르도록 요구받고 있다.)

2 President George W. Bush urged China to **abide by** the rules of the World Trade Organization (WTO), saying Beijing agreed to **adhere to** the bloc's rules when it gained WTO membership. (조지 부시 대통령은 중국에 세계무역기구 규정을 준수할 것을 촉구하며 중국이 세계무역기구에 가입할 때 규칙을 지킬 것에 동의했다고 말했다.)

3 Don't ask why. Just **do as you are told.** (이유는 묻지 마. 그냥 시키는 대로 해.)

All companies are required to **comply with** the court's ruling on layoffs. (모든 회사는 법원의 정리해고에 대한 판결을 준수해야 할 의무가 있다.)

4 Too many traffic accidents are occurring because motorists are not **observing** safety regulations. (운전자들이 안전 규정을 지키지 않아 너무 많은 교통사고가 발생하고 있다.)

All players have to **abide by** the referee's decision, so they should not argue his calls. (모든 선수들은 심판의 결정을 따라야 하고 이에 항의해서는 안 된다.)

5 His wife is a meek and **obedient** woman who never answers back. (그의 아내는 절대로 말대꾸를 하지 않는 얌전하고 순종적인 여인이다.)

The government has the duty to protect tax-paying and **law-abiding** people. (정부는 세금을 내고 법을 준수하는 국민을 보호해야 할 의무가 있다.)

6 Tim is so demanding that he expects his wife to be completely **submissive.** (팀은 너무 자기 위주라 아내가 완전히 복종적이기를 기대한다.)

It's no use to apply for a job with the company unless you are happy being a **yes-man.** (기꺼이 윗사람에게 맹종하지 않으려면 그 회사에 일자리를 신청해도 소용없다.)

abandon

포기하다, 버리다; (사람 따위를) 저버리다

to stop doing something without successfully completing it = abdicate, back out, bow out, cast off, chuck up, cop out, discard, discontinue, disown, ditch, dump, forsake, give up, kiss goodbye, leave behind, let go, quit, relinquish, renounce, ship out, stop, surrender, throw up, throw overboard, vacate, waive, walk out on, withdraw

유의어 **chicken out** (공포, 두려움으로) 뒷걸음질하여 ~하지 않다 **deep-six** (배에서) 바다로 버리다, 수장하다 **drop**

out 낙제하다 **duck** (타격, 일, 책임 따위를) 피하다 **forfeit** (권리, 재산 따위를) 잃다, 몰수되다, (자유, 권리 따위를) 박탈당하다 **vacate** (직책, 지위 등을) 물러나다, 사임하다, 공석으로 하다

반의어 **adopt, cherish, claim, continue**

용례 **abandon one's plan** 계획을 포기하다 **abandon one's home[friend]** 가정[친구]을 버리다 **forsake former habits** 이전의 습관을 버리다

| **forsake one's hometown** 고향을 버리다

| **back out of [back down from] the project** 그 사업을 포기하다, 그 사업에서 손을 떼다

| **relinquish one's right** 권리를 포기하다 **relinquish a plan** 계획을 단념하다

| **waive a claim** 주장을 포기하다

---

stop 끊다

to stop something that you used to regularly do because it is harmful or unhealthy = break, chuck, desist from, dispense with, discontinue, drop, halt, give up, go cold turkey, hold, jack in, kill, kiss off, knock off, leave off, pack in, pack up, quit, quit cold turkey, refrain, terminate, wind up, wrap up

반의어 **begin, continue, start**

용례 **stop smoking** 담배를 끊다 **stop drinking** 술을 끊다

| **quit[give up] smoking** 담배를 끊다

| **break[kick] the habit** 습관을 버리다

| **grow out of** (나쁜 버릇 따위에서) 벗어나다, 자라서 ~이 고쳐지다 **outgrow a bad habit** 자라서 나쁜 버릇이 없어지다

---

abandonment 포기

the act of stopping doing something = disclaimer, relinquishment, renunciation, renouncement, surrender, waiver

용례 **abandonment of the project** 사업의 포기

| **issue[publish] a disclaimer** 포기 성명을 발표하다

| **the renunciation of war** 전쟁 포기

| **agree to a waiver** 권리 포기에 동의하다 **sign a waiver** 권리 포기 증서에 서명하다

| **abandoned** 버림받은, 유기된 = deserted, forsaken, cast aside

an abandoned baby 기아(棄兒) **an abandoned bank account** 휴면 계좌

필수예문

track 028

1 The US delegation demanded that North Korea first **abandon** its nuclear ambitions and create a nuclear-free Korean Peninsula in order to avoid economic sanctions. (미국 대표단은 북한에 경제제재를 피하기 위해 먼저 핵 야망을 버리고 한반도를 비핵화할 것을 요구했다.)

2 The prime minister has refused to talk to the terrorists unless they **renounce** violence. (총리는 테러리스트들이 폭력을 포기하지 않는 한 그들과의 대화를 거부해왔다.)

The businessman **forsook** the glamor of city life for a small cottage in the country. (그 사업가는 시골의 작은 오두막에서 살기 위해 도시 생활의 매력을 포기했다.)

3 You'd better **give up** because it is no use arguing with him. (그 사람하고 싸워봤자 소용 없으니 네가 포기하는 게 좋아.)

He **stopped** going to baseball games when he entered college. (대학에 진학하자 그는 야구 경기장에 가는 것을 그만두었다.)

4 He had to **give up smoking (cigarettes)** because of a lung disease. (그는 폐질환으로 담배를 끊어야만 했다.)

The doctor has told him to **give up drinking (alcohol)** which is harmful to his health. (의사는 그에게 건강에 해로운 술을 끊으라고 했다.)

5 After serving a prison term, he **gave up drugs [came off drugs]**. (옥살이를 한 후 그는 마약을 끊었다.)

My son always bites his fingernails. Tell me how to get him to **break the habit**. (내 아들은 늘 손톱을 깨물어요. 그 습관을 끊게 할 방법 좀 알려주세요.)

Unless you **break the habit of** eating too quickly, you will never fail to suffer a stomach disease. (너 식사를 너무 빨리 하는 습관을 없애지 않으면 반드시 위장병에 걸릴 것이다.)

6 Some doctors advise smokers to use hypnosis to help them **kick the habit**. (일부 의사들은 흡연자들에게 그 습관을 버리는 데 도움이 되도록 최면을 이용할 것을 권한다.)

You don't have to worry about his wetting the bed. I am sure he will **grow out of** it by the time he is six. (그가 밤에 오줌을 싸는 거 걱정할 필요 없어. 그가 여섯 살쯤 되면 틀림없이 고치게 될 것이다.)

심화학습

육면체(hexahedron)의 주사위(die, dice)에는 1에서 6까지의 숫자가 적혀 있고 이것을 던져 높은 숫자가 나오는 사람이 이기는 놀이가 주사위 놀이다. 어릴 때(childhood)의 기억이지만 이 놀이를 하다 자꾸 지면 규칙을 지키지 않고 꼭 다시 던지겠다고(cast) 우기는 친구들이 있었다. 이미 한 번 던져지면 승패는 결정이 나고 그것을 되돌릴 수 없는데도 말이다. The die is cast[thrown].이 말은 주사위는 던져졌다는 뜻에서 '운명은 이미 결정되었다, 이제 돌이킬 수 없다'는 의미로 쓰인다.

❏ **when the chips are down** 일단 유사시에, 위기(시련)에 빠졌을 때

ex. **When the chips are down**, I'll always be there for you. (위기가 닥치면 나는 항상 너의 곁에 있을 거야.)

| **The die is cast[thrown].** 주사위는 던져졌다, 운명은 이미 결정되었다, 이제 돌이킬 수 없다.

❏ **when the crunch comes** 위기[결정적 시기]가 올 때, 일단 유사시에는, 만일의 경우

= when it comes to the crunch, when it comes to it

ex. **When it comes to the crunch,** big business interests still dominate. (위기시에는 대기업의 이익이 우위를 차지하게 된다.)

| **deal a decisive blow to** ~에 결정타를 날리다

❑ **hang[be, tremble, lie] in the balance** 어느 쪽으로 기울지 모르는 불안정한 상태에 있다, 미정인 상태다

ex. The fate of talks between the two Koreas on economic cooperation **hangs in the balance** as Pyongyang wants to review Seoul's offer of economic aid. (남북 경제협력회담의 운명이 북한이 남한의 경제원조 제의를 검토하기를 원함에 따라 어떻게 될지 모른다.)

| **in the scale** 어느 쪽으로도 결정되지 않은 **in the wind** 아직 미결인 = in the air

❑ **back down on** 철회하다, 취소하다, (주장 등을) 굽히다

= back down from, back out of, back off on, back away from

ex. The prime minister said he would **back down on** a proposed anti-terror bill that would enable police to hold suspects for up to 90 days without charging them. (수상은 기소하지 않고 용의자들을 90일간 구금할 수 있게 하는 반테러 법안을 철회할 것이라고 말했다.)

| **backpedal on campaign promises** 선거공약을 철회하다

❑ **go by the book** 규정대로 하다

ex. Law enforcement officers must always **go** completely **by the book** when making arrests. (법집행관들은 체포시 항상 철저히 규정대로 해야 한다.)

| **stick to the rules** 규칙을 따르다 **deliver on a promise** 약속을 지키다 **deliver the goods** 약속(계약)을 이행하다

| **lay down ground rules** 기본원칙을 정하다 **agree in principle** 원칙적으로 동의하다 **behave[act] on a principle** 원칙에 따라 행동하다

❑ **toe the line[mark, scratch]** 통제(명령, 당규)에 복종하다, 규칙(명령, 습관)에 따르다

ex. You have to toe the line if you want to keep your job. (일자리를 유지하려면 규칙을 따라야 한다.)

| **dig one's toes in** 자기 입장(의견)을 고수하다, 완강하게 버티다

❑ **have ~ under one's thumb** ~를 좌지우지하다, ~를 가지고 놀다 (마음대로 하다)

ex. He is only an assistant manager but he **has** his boss **under his thumb**. (그는 부지배인에 지나지 않지만 사장을 갖고 논다.)

| **be under someone's thumb** ~의 손아귀에 쥐여서, ~이 시키는 대로 **be at someone's beck and call** 늘 ~이 시키는 대로 하다 **have ~ at one's beck and call** ~를 마음대로 부리다

❑ **throw[toss] in the towel** 포기하다, 항복하다 (권투에서 패배의 표시로 타월을 링 안으로 던지는 데서 유래)

ex. Even if you're feeling discouraged, don't **throw in the towel** and try to look on the bright side. (좌절감을 느끼더라도 포기하지 말고 긍정적으로 생각해라.)

| **throw[toss, have] one's hat in[into] the ring** (시합 따위에) 출전하다, (후보자로서) 출마를 선언하다.

08 발언 | 발표 | 주장 | 연설

주제어	관련어
remark	**comment, mention, be worded, imply, stipulate, as one puts it**
announce	**announcement, pronounce, make public, statement, communique**
allege	**allegation, assert, claim, insist, maintain, alleged, allegedly**
speech	**harangue, speaker, oration, valedictory, demagogue, speechless**

●●● News travels fast. 발 없는 말이 천 리 간다.

평소에는 주위 사람들과 스스럼없이 얘기도 잘하고 말도 조리 있게 하다가도 많은 사람들(a crowd) 앞에만 서면 입이 딱 얼어붙고 한없이 작아지는 무대공포증(stage fright)을 갖고 있는 사람들이 의외로 많다. 이들은 회사일로 프레젠테이션이라도 하게 되면 며칠 전부터 극심한 스트레스를 받으며 고민한다. 사실 많은 사람들 앞에서 말을 잘한다는 것은 어느 정도 선천적으로 타고 나야 하지만 전문가들에 따르면 후천적인 노력을 통해 이런 무대공포증 환자들도 말을 잘할 수 있다고 한다.

이런 이들에게 연설(speech)을 잘하는 사람들은 부러움의 대상이 된다. 우리나라 정치인들 중 가장 뛰어난 연설가를 꼽으라면 많은 이들이 김대중 전 대통령을 말한다. 과거 그의 선거 유세 연설을 들어보면 그가 연설의 귀재라고 불리었던 이유를 알 것도 같다.

정부가 어떤 정책(policy)을 추진하려면 그것에 대해 국민이 어떻게 생각하고 있는지 여론(public opinion)의 동향을 파악해야 한다. 최종 결론을 내리기 전에(before making a final decision) 여러 차례 공청회(public hearing)를 열어 찬반 의견을 수렴하고 다시 미조정(fine-tuning)을 한 뒤 드디어 언론을 통해 공표(announce)하게 되는 과정을 밟는 것이 보통이다. 그러한 과정을 거치더라도 정책을 발표하고 나면 여론의 질타를 받는 경우가 허다해 취소하고 다시 처음부터 정책을 수립하기도 한다.

remark

말하다, 소견을 말하다

to express an opinion about a person or a situation = animadvert, comment, commentate, crack, declare, mention, note, observe, pass comment, say, speak, state, utter

'말하다'는 의미로 쓰이는 영어 단어에는 speak, talk, say, tell, state, utter, converse 등이 있는데 그 뜻에 약간의 차이가 있다.

speak 말하는 것을 의미하는 넓은 뜻의 말.

talk 이치에 맞는 이야기를 하다, 듣는 이의 존재를 암시.

converse talk의 딱딱한 말, 특히 사상 · 의견의 교환을 강조.

say 단순히 발음하다, 또는 speak하여 어떤 내용을 전하다.

tell 방법에 관계없이 어떤 내용을 전하는 것을 강조하는 말.

state 명확한 말로 say하다.

utter 말이나 소리를 입으로부터 내는 행위를 강조.

용례 **remark that** ~라고 말하다 **remark on the event** 그 사건에 관해 논평하다

| **point out** 지적하다

| **be worded** 표현이 ~한 **strongly worded** 강한 어조의, 표현이 강한 **wording** 어조 **strong wording** 강한 어조

| **as one puts it** ~의 표현을 빌리면 **in one's own words** ~의 나름대로, ~가 보는 대로

| **exclaim** 외치다, 불쑥 말하다 = come out with, blurt out

| **murmur** 중얼거리다 = mumble, mutter, whisper, say ~ under one's breath

| **growl** 화난 목소리로 ~라 말하다, 으르렁거리다 = snarl, grunt

| **say something one shouldn't** 해서는 안 될 말을 하다 = speak out of turn

| **according to** ~에 의하면, ~라고들 한다 = rumor has it that, they[people] say, there is a talk of, apparently, supposedly, purportedly, be rumored, be rumored to be, be said to be

---

remark 발언, 소견

something that someone says = comment, mention, mind, observance, observation, opinion, point, reference, statement, things to say, utterance, word

용례 **make[pass] a remark on[about]** ~에 관해 한마디 하다, 비평하다, 소견을 말하다

| **acknowledgments** (책에 실리는 저자의) 감사의 말

| **annotation** 주해, 주석 **Korean annotations** 한국어 주해

| **bon mot** 명언, 명문구

| **comeback** 말대꾸, 재치 있는 응답 **crack** 경구, 기지에 찬 농담 **wisecrack** 경구, 명언 = witticism

| **elucidation** 설명, 해명 **exegesis** (성서의) 해설, 주석 **explication** 설명, 해설 **exposition** (연극, 소설 등에서) 상황(배경) 설명, 인물 제시 **gloss** 주해, 주석, 해설 **illustration** 설명, 해설, 예증 **note** 주, 주석

| **notice** (신간 서적, 연극, 영화 따위의) 단편, 논평, 소개 **obiter dictum** 부언

| **recognition** 발언권 **reflections** 감상, 의견 **regards** (편지 따위에서) 안부 전하는 인사, 문안의 전언

---

imply 암시하다

to say or suggest something in an indirect way = allude, betoken, connote, denote, hint, import, include, indicate, insinuate, intend, intimate, involve, mean, mention, point to, presuppose, refer, say indirectly, signify, suggest

용례 **imply that** ~를 암시하다

| **allude to** ~를 내비치다

| **drop[give, let fall] a hint** 넌지시 말하다, 암시하다 **drop a broad hint** 노골적으로 암시하다

| **take a[the] hint** (암시를 받고) 알아채다 **say in a roundabout way** 우회적으로 말하다

| **implication** 암시 = suggestion, hint, inference, insinuation, innuendo, allusion

stipulate (법 등이) 규정하다, 명문화하다

to state very clearly and exactly what is allowed by law = button down, lay down, particularize, pin down, provide, require, say, settle, specify, spell out, state

용례 **stipulate that** ~라고 명기하다 **agree to the terms stipulated in the contract** 계약서에 명기된 조건에 동의하다

| **be conditioned on** ~를 조건으로 하다 **postulate that** ~라고 가정하다, 간주하다 **tag** ~에 첨가(부가)하다

필수예문

track 029

1 The president **remarked that** he found his visit to Washington to be very interesting and necessary. (대통령은 자신의 워싱턴 방문이 매우 흥미 있고 필요한 것이라는 것을 알았다고 말했다.)

She **remarked that** it was really exciting to teach students about science. (그녀는 학생들에게 과학을 가르치는 것은 정말 흥미 있는 일이라고 말했다.)

2 It **says** in today's paper that oil prices are going up again. (오늘 신문 보도에 의하면 유가가 다시 상승하고 있다고 한다.)

I'd like to **say a few words about** the publicity plan. (홍보 계획에 대해 몇 마디 하고 싶습니다.)

3 It would be unimaginable for a Senator to **make a remark** making light of Jewish religious ceremonies. (상원의원이 유대인의 종교 의식을 경시하는 발언을 한다는 것은 상상할 수 없을 것이다.)

The president refused to **comment on** the financial crisis. (대통령은 금융위기에 대해 언급하기를 거부했다.)

South Korea's suicide rate is very high, as a government report **points out**. (정부 보고서가 지적한 대로 한국의 자살률은 아주 높다.)

4 The police chief **made no comment about** the suicide bomb attack on the hotel. (경찰총수는 호텔에 대한 자살 폭탄 공격에 대해 어떤 논평도 하지 않았다.)

It may seem **an awful thing to say**, but I was happy when I got divorced. (말하기 거북하지만 이혼을 하고 나는 행복했다.)

5 His speech about same-sex marriage is very **carefully worded**. (동성애 결혼에 대한 그의 연설은 아주 표현이 조심스럽다.)

Let me **put it** another way. (다르게 말해볼게.)

I don't know how to **put it**. (어떻게 표현해야 할지 모르겠다.)

The suspect **implied** that he might have links to an organized crime ring. (용의자는 자신이 조직 폭력단과 연관이 있을지도 모른다는 암시를 주었다.)

Can't you just **drop a hint**? (암시 좀 줄 수 없어?)

6 "What a gorgeous car!" he **exclaimed**. ("정말 멋있는 차군!"하고 그는 감탄을 했다.)

I don't want to make a speech — I will only **come out with** something stupid. (나는 연설하고 싶지 않아요. 멍청한 얘기를 하게 되고 말 거예요.)

7 Be careful not to **blurt out** my secret. (무심코 내 비밀을 누설하지 않도록 조심해.)

He was **whispering** something in her ear so that no one else could hear. (남이 듣지 못하게 그는 그녀의 귀에 뭔가를 소곤거리고 있었다.)

He is always **saying[swearing] under his breath**. (그는 늘 낮은 목소리로 말을 한다[욕을 한다].)

8 You have **said something you shouldn't**. (너 해서는 안 될 얘기를 했어.)

You'd better not **speak out of turn** — it's a secret. (너 경솔하게 이야기하지 않는 것이 좋아. 그건 비밀이야.)

The law clearly **stipulates** that smoking is banned in all public places. (모든 공공장소에서는 금연이라고 법은 분명히 명시하고 있다.)

announce

(공식적으로) 발표하다

to state something publicly or officially = announciate, blazon, declare, disclose, express, give out, intimate, issue, make known, make public, proclaim, promulgate, pronounce, publish, release, report, say, state, trumpet, unveil

유의어 **advertise** 광고하다, 선전하다 **broadcast** 방송하다, 퍼뜨리다, 선전하다 **call** 선언(포고)하다 **communicate** 전달하다, 통지하다 **drum** 요란하게 선전하다 **impart** ~를 알리다, 전하다

반의어 **conceal, keep secret, repress, suppress, withhold**

용례 **announce a plan** 계획을 발표하다 **announce one's death[birth, marriage, divorce]** ~의 사망[출생, 결혼, 이혼]을 발표하다 **be formally[officially, informally] announced** 정식[공식, 비공식]으로 발표되다

| **announcement** 발표 = advice, briefing, bulletin, communique, declaration, disclosure, manifesto, notification, promulgation, pronunciation, publication, release, report, statement **make an announcement** 발표하다 **draft[draw up] a statement** 선언서(성명서)를 작성하다 **issue a manifesto** 성명을 발표하다

saying 속담

a well-known expression that gives advice or says something about human life = adage, aphorism, apothegm, axiom, byword, daffodil, dictum, epigram, gnome, maxim, motto, precept, proverb, saw, statement, truism

용례 **a common[old, popular, wise] saying** 잘 알려진 속담 **a hackneyed saying** 진부한 격언 **an old saying** 옛 격언 **sayings and doings** 언행

| **It's a common saying that** ~는 흔히들 하는 말이다 **A saying goes that time is money.** 시간은 금이라는 속담이 있다. **as the saying is[goes]** 이른바, 속담에도 이르듯이

| **a familiar adage** 잘 알려진 격언 **an old adage** 옛 속담

필수예문

track 030

1 A South Korean chip giant has **said** it is planning to build a new factory in the north of the United States as part of its efforts to cut costs and establish a global production base. (한국의 거대 반도체 기업은 비용 절감과 전세계적인 생산기지 구축을 위한 노력의 일환으로 미국 북부에 새 공장을 세울 계획이라고 발표했다.)

2 The politician **announced** his resignation as the leader of the main opposition party following his defeat in the presidential election. (그 정치인은 대통령 선거에 패배한 후 제1 야당 당수직 사임을 발표했다.)

Most US companies plan to **state** their commitment to equal opportunities. (대부분의 미국 회사들이 기회 균등에 대한 그들의 약속을 발표할 계획이다.)

3 The retired political leader has repeatedly **declared** he would not join a coalition government. (은퇴한 정치 지도자는 연립정부에 가담하지 않겠다고 여러 번 공언했다.)

The United Nations **declared** its opposition to the new government of Iraq. (유엔은 이라크의 새 정부에 대한 반대를 천명했다.)

4 The defense minister **expressed** his deep regret over a conscript's shooting spree that killed 10 soldiers. (국방장관은 10명의 병사를 사망케 한 한 사병의 총기난사 사건에 대해 깊은 유감을 표명했다.)

The president **expressed his concern about** the deepening crisis in North Korea. (대통령은 북한의 심화되는 위기에 대해 우려를 표명했다.)

5 The ruling party said its leader would **make a statement about** the bribery scandal in an effort to assuage public anger over it. (여당은 당 대표가 국민의 분노를 누그러뜨리기 위해 뇌물 사건에 대한 발표를 할 것이라고 말했다.)

Will you be quiet? The president is about to **make an announcement.** (조용히 좀 해주시겠습니까? 사장님이 곧 발표하십니다.)

6 **As the saying goes**, if you give a man a fish, you feed him for a day — but teach him how to fish and you feed him for life. (속담에 있듯이 사람에게 고기를 주면 하루를 먹여 살릴 수 있지만 고기 잡는 법을 가르치면 평생 먹여 살리게 된다.)

allege

(근거 없이) 단언하다, ~를 주장하다
to state that something is true, even though it has not been proved or may not be true = adduce, asseverate, avouch, avow, claim, confirm, declare, maintain, state, swear

반의어 **contradict, deny, disagree, object, protest, repudiate**
용례 **allege a fact** 사실을 주장하다 **allege ~ as a fact** ~를 사실이라고 주장하다 **allege that** ~라고 주장하다 **maintain that** ~라고 주장하다
| **claim to do** ~하다고 주장하다 **claim to have done** ~했었다고 주장하다
| **maintain one's innocence** 무죄를 주장하다 **maintain that** ~라고 주장하다
| **assert** 단언하다, 확언하다, 주장하다 **assert one's innocence** 결백을 주장하다 **assert one's rights[claims, liberties]** 권리[요구, 자유]를 주장하다 **Justice will assert itself.** 정의는 반드시 밝혀진다.
| **insist** 주장하다, 고집하다 = swear, maintain, protest
| **insist absolutely[definitely, positively]** 단호하게[확실히, 적극적으로] 주장하다 **insist stubbornly** 완강하게 주장하다.

allegation 주장

a statement of a belief or opinion that other people may not believe or agree with = accusation, affirmation, asservation, averment, avowal, charge, claim, declaration, deposition, plea, profession, statement
용례 **allegation that** ~라는 주장 **make an allegation** 주장을 하다 **refute[deny, dismiss] an allegation** 주장을 부인하다
| **alleged, purported** 주장된, 간주된 **an alleged criminal** 범인으로 간주된 사람, 용의자
allegedly, purportedly (진위는 모르나) 주장하는 바에 따르면, 들리는 바에 의하면
| **nondescript** 특징이 없는, 정체를 알 수 없는; 특징 없는 사람 = characterless, colorless, commonplace, dull, empty, featureless, garden, indescribable, mousy, ordinary, unclassifiable, unclassified, undistinguished, unexceptional, uninspiring, uninteresting, unremarkable, vague
a nondescript novel[building] 특징 없는 소설[건물]

필수예문

track 031

1 The opposition party **alleges that** the president was involved in a vote-buying scandal in which his campaign workers distributed envelopes of cash to voters. (야당은 대통령이 그의 선거운동원들이 돈 봉투를 유권자들에게 돌린 매표 사건에 연루되어 있다고 주장한다.)

2 Jane is **alleging that** the boss discriminated against her because she was a woman. (제인은 자신이 여자여서 사장이 차별대우를 했다고 주장하고 있다.)

The man **claimed** he had been drinking with friends at the time of the murder, but police are still suspicious. (그 남자는 살인사건이 발생했을 때 자신은 친구들과 술을 마시고 있었다고 주장했지만 경찰은 아직도 의심을 하고 있다.)

3 Tom **claims** to have met her at a year-end party. (톰은 그녀를 송년회에서 만났었다고 주장한다.)

The notorious terrorist **is alleged** to have been the mastermind of a plot to assassinate the president. (그 악명 높은 테러분자가 대통령 시해 음모의 주모자였다고 한다.)

4 Morocco began to **assert** its independence after World War II with the formation of the Independence Party. (모로코는 제2차 세계대전 후 독립당의 창당과 함께 독립을 주장하기 시작했다.)

When questioned, all the witnesses **affirmed** that the murder had taken place exactly as the police described it. (심문을 받자 모든 증인들이 그 살인사건은 경찰이 기술한 바로 그대로 일어났다고 증언했다.)

5 North Korea **insists** that the United States lift sanctions against its eight companies as South Korea voices optimism the row would not sidetrack six-way nuclear talks. (북한은 남한이 북핵 논란이 6자회담을 지연시키지 않을 것이라는 낙관론을 펴고 있으므로 북한의 여덟 개 회사에 대한 미국의 제재를 풀라고 강하게 주장한다.)

6 The prosecution will investigate **allegations** that a close aide to the president received money from a businessman in return for peddling his influence to help his company win a government contract. (검찰은 대통령의 한 측근 인사가 정부 계약을 딸 수 있도록 도와 이권을 행사한 대가로 한 기업인으로부터 돈을 받았다는 주장에 대해 조사할 것이다.)

speech

연설

the act of delivering a formal spoken communication to an audience = address, allocution, disquisition, lecture, oration, sermon, spiel, talk

유의어 **appeal** 호소 **bombast** 호언장담 **chalk talk** 칠판에 분필로 써 가며 하는 강의, 스스럼없는 분위기의 강의(토론) **discourse** 강연 **eulogy** 송덕문, 찬양연설 **homily** 설교 **oratory** 웅변 **panegyric** 송덕문 **pep talk** 격려 연설 **prelection** 강연 **recitation** 낭독문 **salutation** (연설, 편지의) 인사말 **skull session** 수뇌 회담 **soapbox oration** 가두 연설 **stump** 유세 연설 **valedictory** (졸업생 대표가 하는) 고별사

용례 **make[give, deliver] a speech** 연설하다 **a keynote speech** 기조 연설 **an opening speech** 개막 연설

| **harangue** 열변, 장광설 = diatribe, tirade

| **address** ~에게 연설하다, ~에게 말을 걸다 = approach, bespeak, call, deliver, discourse, discuss, give speech, give talk, greet, hail, lecture, memorialize, orate, pitch, pontificate, root for, sermonize, spiel, spout, stump, talk

| **speaker** 연설자, 연설가 = demagogue, haranguer, lecturer, orator, speech-maker, spieler

| **a good[poor] speaker** 연설을 잘하는[못하는] 사람

---

speechless 할 말을 잃은

unable to say anything because you are too surprised or shocked = aghast, aphonic, astounded, buttoned up, clammed up, close-mouthed, dazed, dried up, dumb, dumbfounded, dumbstruck, dummied up, iced, mum, mute, silent, taciturn, thunderstruck, tight-lipped, tongue-tied, trap shut, uncommunicative, voiceless, wordless

반의어 **loquacious, verbose**

용례 **be left speechless** 말문이 막히다 **be speechless with rage[fury]** 격노해서 말을 못하는 **be speechless with surprise** 놀라서 말을 못하는

| **stand aghast at** ~에 아연실색하다

| **close-mouthed about** ~에 대해 입을 닫은

| **completely dumbfounded** 그저 어안이 벙벙한

| **at a loss for words, be lost for words** 할 말을 잃은

| **Words fail me.** 말이 안 나오네. **I don't know what to say.** 무슨 말을 해야 할지 모르겠군.

필수예문

track 032

1 The president **gave a moving speech about** the contribution of dead soldiers to their motherland during a ceremony to mark the 50th anniversary of the bloody Korean War. (대통령은 피비린내 나는 한국전쟁 50주년 기념식에서 사망한 병사들의 조국에 대한 헌신에 대해 감동적인 연설을 했다.)

2 **Addressing** a group of famous politicians, he stressed that the political community should ramp up efforts to make itself corruption-free. (유명 정치인을 대상으로 한 연설에서 그는 정치권은 부정부패를 없애기 위한 노력을 배가해야 한다고 역설했다.)

3 He has been asked to **make a speech to** a group of businessmen. (그는 일단의 기업가에게 연설해달라는 부탁을 받았다.)

I don't think he will succeed in politics because he is such a **poor speaker**. (그는 눌변가라서 정치인으로 성공하지 못할 거라고 생각한다.)

4 The young lawmaker is a **great orator** and is always asked to speak on important political issues. (그 젊은 의원은 연설을 아주 잘해 늘 중요한 정치적인 문제에 대해 연설을 하라고 부탁을 받는다.)

Tom thinks he is a **poor speaker**. (톰은 자신은 연설을 잘 못한다고 생각한다.)

5 Many people regard Hitler as having been a **demagogue**. (많은 사람들은 히틀러가 선동가였다고 생각한다.)

He has all the makings of a **good orator**. (그는 훌륭한 웅변가의 소질이 다분히 있다.)

6 **Speechless** with anger, I watched her leave me. (화가 나 할 말을 잃고 나는 그녀가 떠나는 것을 지켜보았다.)

I **become tongue-tied** whenever I get a chance to talk to her. (그녀에게 말할 기회가 있을 때마다 나는 입이 얼어버린다.)

심화학습

1980년 5월 군부의 계엄령 선포(declaration of martial law)와 시위대의 무력진압에 항거하여 광주 시민들이 봉기하였다(stage a civil uprising). 특전사(special forces)들이 투입되어 닥치는 대로 시위대를 검거하

고 진압하여 수백 명에 달하는 사상자(fatalities)들이 발생하였는데 이른바 광주민주화운동이다. 이처럼 국가가 혼란 상태에 빠지거나 자연재해(natural disaster)가 발생하여 많은 이재민(displaced people)이 발생할 경우 국가는 특단의 조치로 비상사태를 선포하는데 이를 declare a state of emergency라 한다.

❏ **as someone puts it** ~의 표현을 빌리자면

ex. The job of reinterpreting the Bible, **as one scholar puts it**, a "sensitive business." (성서를 재해석하는 일은 한 학자의 표현을 빌리자면 "민감한 일"이다.)

| **put it briefly[bluntly]** 간략하게 [터놓고] 표현하다

❏ **tough wording** (선언문 따위의) 강한 어조

ex. Even though the draft does not directly threaten sanctions, its **tough wording** amounts to substantial pressure on Iran to drop its nuclear program. (비록 그 초안이 직접 제재를 위협하고 있지는 않지만 강한 어조는 이란으로 하여금 핵 개발 계획을 포기하라는 상당한 압력과 마찬가지다.)

| **soften the wording of a statement** 성명의 표현을 부드럽게 하다 **tone down** 어조를 부드럽게 하다

❏ **decline comments on** ~에 대한 논평을 거부하다

ex. The chief prosecutor **declined comments on** the month-long investigation into his alleged bribe-taking. (검찰총장은 그의 수뢰 주장에 대한 한달 간에 걸친 수사에 대해 논평을 거부했다.)

| **not want to talk about ~ any more** ~에 대해 더 이상 언급을 원하지 않다

❏ **make opening remarks** 모두 발언을 하다

ex. He will be given an opportunity to **make opening remarks** and to present any evidence relevant to the purpose of the hearing. (그에게 모두 발언과 심리의 목적에 맞는 모든 증거를 제시할 기회가 주어질 것이다.)

| **closing[concluding] remarks** 마무리 발언

❏ **declare a state of emergency** 비상사태를 선포하다

ex. According to the constitution, the chief executive is empowered to **declare a state of emergency** in case of armed rebellion and natural disaster. (헌법에 따르면, 행정부 수반은 무장 반란이나 자연재해시 비상사태를 선포할 권한을 갖고 있다.)

| **declare martial law** 계엄령을 선포하다

❏ **issue a joint communique** 공동성명을 발표하다

ex. China and Russia **issued a joint communique**, pledging to work together on terrorism, UN reform and the Korean Peninsula's nuclear issue. (중국과 러시아는 공동성명을 발표하고 테러, 유엔 개혁 그리고 한반도 핵문제에 공조하기로 약속했다.)

❏ **allegedly** 주장하는 바에 따르면, 전하는 바에 의하면

ex. A 14-year-old girl was missing after her 18-year-old boyfriend **allegedly** shot her parents to death and abducted her at gunpoint. (14세의 한 소녀가 알려진 바에 따르면 그녀의 18세 남자 친구가 그녀의 부모를 총으로 쏴 죽이고 그녀를 총으로 위협하며 납치한 뒤 실종되었다고 한다.)

| **purportedly, reportedly** 주장하는 바에 따르면, 보도에 따르면

❏ **deny allegations** 주장을 부인하다

ex. The company has **denied allegations** that it colluded with competitors to fix product prices. (그 회사는 경쟁사들과 가격 담합을 했다는 주장을 부인했다.)

| **refute allegations** 주장을 반박하다

09 약속 | 제안 | 신뢰 | 불신

주제어	관련어
promise	pledge, swear, vow, as good as one's word, renege on
suggest	propose, commend, proposal, make a proposal, suggestive
believe	belief, credence, faith, swallow, believable, trustworthy, gullible
disbelieve	disbelief, doubt, discredit, unbelieve, incredible, flaky

●●● A promise is a promise. 약속은 약속이다.

살다 보면 수없이 많은 약속을 하게 되지만 그것을 제대로 지키기는 정말 어려운 일이다. 새해가 시작되면 모두 올해에 꼭 이것만은 하리라 스스로 약속하지만(make New Year's resolutions) 달력이 달랑 한 장 남게 되는 12월에 되돌아보면 제대로 한 것이 없이 일년이 후딱 지나가버린 것을 느끼고 스스로에게 한 다짐을 지키지 못했음을 후회하게 된다.

스스로에게 한 약속은 자책과 후회를 하고 새로운 다짐을 하면 그만이지만 타인에게 한 약속을 지키지 않으면(break one's promise) 그 결과는 자못 심각하다. 우선 다른 사람들의 신용을 잃게 되고 못 믿을(unreliable) 사람이라고 평이 난다. 그러면 아무리 철석같이 약속하더라도 사람들이 냉소적으로 보게 되어 세상살이가 힘들어진다.

타인의 불신(distrust)을 받는다는 것은 정말 괴롭고 힘든 일인데, 특히 정치인들의 경우 한번 국민의 신임을 잃게 되면 그 결과는 치명적이다. 일국의 수상이 의원들로부터 불신임을 받으면 의회는 불신임 투표(vote of no confidence)를 통해 해임을 결의할 수 있다. 대통령도 실정을 하거나 커다란 잘못을 하게 되면 국회가 탄핵(impeachment)을 통해 자리에서 물러나게 할 수 있다.

promise

약속하다

to tell someone that you will definitely to do something = assure, give[pass] one's word, pledge, profess, swear, undertake, vow

동사 promise는 뒤에 바로 목적어가 오기도 하고 두 개의 목적어를 취하는 형태로도 쓰인다. 또한 부정사구가 직접 목적어로 쓰일 때도 있으며 that-절을 목적어로 취하기도 한다.

promise one's help 조력을 약속하다

promise to pay the bill 청구서를 치르겠다고 약속하다

promise her the doll 그녀에게 인형을 주기로 약속하다

promise the book to me 나에게 책을 주겠다고 약속하다

He promised me to come at six. = He promised me that he would come at six. 그는 6시에 오겠다고 나에게 약속했다.

유의어 **affirm one's loyalty** 충성을 맹세하다 **answer for** ~를 보증하다, (날짜, 시간, 장소 따위를) 정하다, 약속하다 **bargain** 매매 약속을 하다 **be bound to** ~할 의무가 있다 **commit oneself to do[~ing]** ~하겠다고 언질을 주다, 약속하다 **cross one's heart** 가슴에 십자를 긋다, (거짓말이 아님을) 맹세하다 **insure** 보증하다 **plighted lovers** 굳게 언약한 연인 **profess** 공언하다 **vouch for** 보증하다 **warrant quality** 품질을 보증하다

용례 **I (can) promise you** (문두, 문미에 쓰여) 틀림없이, 반드시, 정말로 단언하지만 **pledge allegiance to the flag** 국기에 충성을 맹세하다

| **keep one's promise** 약속을 지키다 = stick to one's promise, abide by one's promise, be as good as one's word, deliver on one's promise, deliver the goods

| **break[violate] one's promise** 약속을 어기다 = break one's word[engagement, agreement], go back [renege] on one's promise, fail to keep one's word[promise], break an appointment [a date] (with)

| **breach of promise** 약속 위반, 위약, 혼약 불이행

promise 약속

telling someone to do something definitely = appointment, assurance, avowal, commitment, date, engagement, guarantee, oath, pledge, swear, swearing, undertaking, vow, word

용례 **give[make] a promise** 약속하다 **Promises, promises!** 또 그 약속이란 소리!

| **have an appointment with** ~와 만날 약속이 있다 **make[fix, arrange, set up] an appointment with** ~와 만날 약속을 하다

| **have[make] a date with** ~와 만나기로 약속하다, ~와 데이트를 하다

| **have a dinner engagement with** ~와 저녁 약속이 있다

promising 전도 유망한

indicative of future success or full of promise = able, assuring, auspicious, bright, encouraging, favorable, gifted, hopeful, likely, propitious, reassuring, rosy, talented, up-and-coming

반의어 **inauspicious, unfavorable**

용례 **a promising player** 전도 유망한 선수 **a promising career** 전도 유망한 경력

| **a bright[rosy] future** 장밋빛 미래

| **a talented songwriter and performer** 재능 있는 작곡가 겸 가수

| **an up-and-coming young actor** 유망한 젊은 배우

punctual 시간을 지키는, 시간을 엄수하는, 규칙적인, 꼼꼼한

occurring, acting, or performed exactly at the time appointed = accurate, careful, conscientious, exact, heedful, meticulous, on schedule, on time, painstaking, particular, precise, prompt, punctilious, scrupulous, timely

반의어 **early, late**

용례 **as punctual as a clock** 시계처럼 시간을 엄수하는 **punctual to the minute** 1분도 어기지 않는, 꼭 제 시간에 **on the dot** 꼭 제시간에

| **lose one's appointment** 약속 시간에 늦다 = be behind time for one's appointment, be late for one's engagement

필수예문

track 033

1 Bowing to international pressure not to act unilaterally, the United States reversed course and **promised to** consult with its allies before doing whatever it was going to do in the future. (일방적으로 행동하지 말라는 국제적인 압력에 굴복하여 미국은 입장을 바꾸어 앞으로 무슨 일을 하더라도 그 전에 동맹국들과 협의를 하겠다고 약속했다.)

2 South Korea has **promised** North Korea its full support if Pyongyang dismantles a controversial atomic plan. (남한은 북한에 논란이 되는 핵무기 계획을 포기하면 전폭적인 지원을 하겠다고 약속했다.)

My father has **promised** me a new car if I pass my exam. (아버지는 내가 시험에 합격하면 새 차를 사주시겠다고 약속했다.)

3 I **promise that** it can't happen ever again. (다시는 그런 일이 없을 것을 약속합니다.)

Promise me you will call me. **I promise.** (나한테 전화하겠다고 약속해. — 내 약속하지.)

I **give you my word** that I will never tell anyone about what happened. (누구에게도 일어난 일에 대해 절대 얘기하지 않겠다고 약속하마.)

4 She **promised to** let me have the camera if I really wanted it. (그녀는 내가 정말 카메라를 원한다면 주겠다고 약속했다.)

I am sure she will **keep her promise** because she is **as good as her word.** (그녀는 언행이 일치하는 사람이므로 약속을 지키리라 확신한다.)

5 The government has failed to **deliver on its promise** to cut taxes. It is now under fire for **breaking a promise** again. (정부는 세금을 인하하겠다는 약속을 지키지 않았다. 이제 다시 약속을 깼다고 비난을 받고 있다.)

6 North Korea must now **keep its side of the bargain** and scrap its nuclear weapons program. All countries want Pyongyang not to back out of an agreement reached in Beijing. (북한은 이제 자신들이 지켜야할 약속을 지켜 핵무기 계획을 포기해야 한다. 모든 국가들이 북한이 베이징에서 이루어진 합의를 철회하지 않기를 바란다.)

7 Japan has **vowed to stick to [stand by]** the promise, but it has again **gone back on [reneged on]** it. (일본은 약속을 지키겠다고 천명했지만 또 지키지 못했다.)

She **undertook to** buy me a house, but she couldn't go through it in the end. (그녀는 나에게 집을 사주겠다고 약속했지만 그것을 끝내 지킬 수 없었다.)

8 The scandal threatened an abrupt end to a **promising** political career. (그 추문 사건은 한 전도 유망한 정치인의 생명을 갑작스럽게 끝내버릴 것 같았다.)

She expected guests to **be punctual** at meals. (그녀는 손님들이 식사시간에 늦지 않기를 기대했다.)

He is not a particularly **punctual** person. (그는 특별히 시간을 잘 지키는 사람은 아니다.)

The master gets annoyed until his breakfast is not ready at seven o'clock **on the dot**. (주인은 아침이 7시 정각에 준비가 되지 않으면 짜증을 낸다.)

suggest

제의(제안)하다, 추천(천거)하다

to tell someone your ideas about what they should do = advance, commend, float, make overtures, move, offer, propone, propose, proposition, propound, put, put forward, recommend, tip, tip off, tout

유의어 **advise** 권고하다, 충고하다 **advocate** 주창하다 **broach** [문제, 말 따위를] 꺼내다 **exhort** 설득하다, 권고하다 **pose** [문제를] 제기[제출]하다 **submit** ~를 의견으로 진술하다, 상신하다 **tip** ~를 몰래 귀띔해주다, 밀고하다, ~를 예상하다 **tip off** ~에게 비밀 정보를 제공하다 **tout** ~를 극구 선전[추천]하다, 칭찬하다

용례 **suggest to take a day off** 하루 쉴 것을 제안하다 **I suggest that** ~합시다 **Can[May] I make a suggestion?** 제안 하나 해도 될까요?

| **suggest** 추천하다, 천거하다 = propose, recommend, nominate, put one's name forward

| **propose** (정식으로) 제안하다 **propose a new method** 새로운 방법을 제안하다

| **offer one's aid (to)** 원조를 제안하다

---

proposal 제안

a suggestion made formally to an official person or group = bid, offer, overture, presentation, proffer, proposition, recommendation, suggestion, tender

반의어 **withdrawal**

용례 **accept[reject] a proposal** 제안을 수락[거부]하다 **draw up[make, present, put forth, put forward, submit] a proposal** 안을 제출하다, 제안하다

| **an offer of help** 원조 제안 **accept[cancel, refuse] an offer** 제의를 수락[취소, 거절]하다

| **overtures of peace** 강화 제의 **make overtures to** ~에 제의하다

---

suggestive 암시하는, 시사하는 바가 많은

tending to suggest or imply = allusive, connotative, evocative, indicative, insinuating, intriguing, pregnant, redolent, remindful, reminiscent, significative, signifying, symbolic, symptomatic

용례 **suggestive of** ~를 암시하는 **a suggestive piece of article** 시사하는 바가 많은 논설

| an allusive style 암시적인 문체
| be indicative of one's disapproval ~의 반대를 나타내다
| a pregnant utterance 의미심장한 발언

필수예문

track 034

1 A ranking United Nations official **suggested that** the United States and other Western nations contribute more funds to Asian nations hit by a tsunami, saying there would be more available if taxes were raised. (한 고위 유엔 관리는 미국과 다른 서방 국가들이 지진해일로 큰 타격을 받은 아시아 국가들에 더 많은 자금을 기부할 것을 제안했는데 세금을 인상하면 더 많은 자금이 생기게 될 것이라고 말했다.)

2 Where do you **suggest** we go after dinner? (저녁 먹고 우리 어디에 가면 좋을까?)

He **floated** several ideas but none of them attracted much attention. (그는 여러 가지 아이디어를 냈지만 어느 것도 많은 주의를 끌지 못했다.)

I **recommend** it to you. (나는 그것을 너에게 추천해.)

The United Nations **proposed that** South Korea and Japan should settle their row over a set of islets in the East Sea through dialogue. (유엔은 한국과 일본이 대화를 통해 독도 분쟁을 해결할 것을 제안했다.)

3 The United States has **put forward** a peace plan that it hopes will lay the groundwork for discussions. (미국은 협상의 토대가 되기를 바라는 평화협상안을 제시했다.)

The tax-cut bill, aimed at spurring corporate capital spending, is likely to **be put before** a parliamentary committee soon. (기업 설비투자 활성화를 목표로 하는 감세안은 곧 국회 위원회에 상정될 것 같다.)

4 I **suggest** that we meet here at five. (우리 5시에 여기서 만나기로 하자.)

Can[May] I suggest we meet tomorrow instead? (대신 내일 우리 만나면 안 될까요?)

Can[May] I make a suggestion? (제안 하나 해도 되겠습니까?)

What[How] about going out for lunch one day next week? (다음 주 언제 점심 같이하면 어떨까?)

Why don't you wait for me outside? (밖에서 저를 기다리시지요?)

I think we **might as well** buy this car. (우리 이 차를 사면 좋겠어.)

The president **suggested** his son **for** the vacant directorship. (사장은 비어 있는 이사 자리에 자신의 아들을 추천했다.)

All committee members are invited to **suggest names**. (위원회의 모든 위원들이 추천하기를 요청받고 있다.)

5 Who would you **recommend for** the presidency? (사장직에 누구를 천거하시겠습니까?)

Ask friends to **recommend** housemaids. That's the safest way. (친구들에게 부탁해서 가정

부를 추천해달라고 해. 그게 가장 안전한 방법이야.)

The president has power to **nominate** people **to** certain key offices, including the top prosecutor. (대통령은 검찰총장을 포함해 일부 주요 자리에 인물을 천거할 권한이 있다.)

Would you mind if I **put your name forward** to replace him? (그를 대신할 후보로 당신을 추천해도 괜찮겠습니까?)

6 I bought the car **on his recommendation** and have regretted it ever since. (나는 그의 추천으로 그 차를 샀는데 그 이후 죽 후회하고 있다.)

I have a proposition to make. (제안할 게 있습니다.)

Archaeologists announced that they had unearthed several artifacts **suggestive of** an ancient society. (고고학자들은 자신들이 고대사회를 암시하는 여러 점의 유물들을 발굴했다고 발표했다.)

believe

믿다

to accept as true or real = accept, accredit, buy, credit, give credit to, give[attach, lend] credence to, have faith[confidence] in, put[place] credit in, regard, rest assured, suppose, swallow, swear by, take it, think, trust, understand

반의어 **disbelieve, discredit, distrust, doubt, question, suspect**

용례 **I believe in him.** 그의 인격을 믿는다. **I believe him.** 그의 말을 믿는다.

| **believe it[me] or not** 믿거나 말거나, 거짓말이라고 생각하겠지만, 놀라지 말지어다 **believe ~ hook, line and sinker** ~를 전적으로 믿다

| **swallow** (사실이 아닌 것을) 믿다 = swallow, fall for, buy

| **take a person's word for it** ~의 말을 믿다

| **take ~ at face value** 액면 그대로 믿다

| **depend on** ~를 신뢰하다, 믿다 = rely on, count on, bank on

| **belief** 믿음, 신앙 **to the best of my belief** 내가 믿는 바로는 **religious belief** 종교적 신앙 **shake a person's belief** ~의 믿음을 흔들다

| **have confidence[faith] in** ~를 믿다

| **atheist** 무신론자 **atheism** 무신론 **agnostic** 불가지론자

believable 믿을 수 있는, 신뢰할 수 있는

capable of eliciting belief or trust = acceptable, authentic, authoritative, convincing, credential, credible, creditable, dependable, fiduciary, persuasive, plausible, reliable, tenable, tried, trusty, trustworthy

반의어 **doubtful, questionable, unbelievable, unconvincing**

용례 **an entirely believable explanation[scenario]** 전적으로 믿을 수 있는 설명[시나리오]

| **a credible witness** 믿을 만한 증인

| **a plausible excuse** 그럴듯한 구실

| **reliable information[evidence]** 믿을 만한 정보[증거]

dependable 사람을 믿을 수 있는 = reliable, can rely on, can count on, solid, steady, be a safe pair of hands, be there
tried and tested 물건을 믿을 수 있는 = well-tried
have a ring of truth 진짜 같다, 틀림없을 것 같다
credulous 쉽게 믿는, 잘 속는 = gullible

필수예문

track 035

1 Most private economists **believe that** the South Korean economy will be able to pull out of a two-year slump and grow about 5 percent thanks to a recovery in consumer spending. (대부분의 민간 경제학자들은 한국 경제가 2년간의 침체에서 벗어나 민간 소비 회복으로 5퍼센트 정도 성장할 수 있을 것이라 믿고 있다.)

2 Any new agreement with the North Koreans must begin by acknowledging that North Korea **cannot be trusted** to honor its promises, given its bad diplomatic record. (북한과의 어떤 새로운 합의도 과거 나쁜 외교 행적을 감안하면 북한이 약속을 지키리라 신뢰할 수 없다는 것을 인정하는 것으로 시작해야 한다.)

3 **Believe it or not**, that's a fact. (믿거나 말거나, 그것은 사실이다.)

I can't believe my ears[eyes]. (내 귀를[눈을] 믿을 수 없어.)

Mr. Tom, **I believe**? (톰이지요?)

I believe so. = **So I believe.** (그렇게 생각해.)

I don't believe this! = **I can't believe this[that, it]!** (이거 믿을 수 없어!)

You better believe it. (정말이야.)

4 He tends to **accept** everything they say without question. (그는 그들의 말을 의심없이 모두 믿는 경향이 있다.)

You'd better **take** what I am saying **on trust.** (너는 내 말을 전적으로 믿는 것이 좋다.)

Do you want to check for yourself? No, I'll **take your word for it.** (직접 알아보고 싶으세요? — 아니오, 당신 말 믿을게요.)

You'd better not **take** the letter **at face value.** (그 편지를 액면 그대로 믿지 않는 것이 좋다.)

5 **That's too much to swallow.** (그건 믿을 수 없어.)

I don't **buy it.** (나는 그것을 안 믿어.)

What an idiot! She **believed** the whole story **hook, line and sinker.** (정말 바보야! 그녀는 그 이야기를 전적으로 믿었어.)

I can't **believe in** you because you are so unreliable. (너는 너무 신용이 없어 너를 신뢰할 수 없다.)

I **have every confidence in** him. (나는 그를 전적으로 신뢰한다.)

She **has great faith in** her employees. (그녀는 직원들을 대단히 믿는다.)

6 Religious **belief** has countless different forms. (종교적 믿음에는 수없이 다른 형태가 있다.)

The court's ruling has **shaken my belief in** the legal system. (법원의 판결은 사법체계에 대한 나의 믿음을 흔들어놓았다.)

His story is **believable[credible]** because he doesn't usually exaggerate. (그는 보통 과장하지 않기 때문에 그의 이야기는 믿을 만하다.)

I don't really **trust** my boss, but some of what he says **has a ring of truth.** (나는 정말 사장을 신용하지 않지만 그가 하는 말의 일부는 진짜인 것 같기도 하다.)

disbelieve

불신하다

not to believe something = doubt, discount, discredit, distrust, mistrust, not swallow, not accept, not buy, not credit, question, reject, repudiate, scoff at, scorn, scout, suspect, unbelieve

반의어 **believe, trust**

용례 **distrust one's own eyes** 자기 눈을 의심하다 **disbelieve the news** 뉴스를 불신하다 **not believe a word of it** 한마디도 믿지 않다 **disbelieve every word he says** 그가 하는 모든 말을 불신하다

| **take ~ with a pinch of salt** ~를 에누리해서 듣다

| **disbelief** 불신 **have a distrust of** ~를 불신하다 **lose one's credit, bring discredit on oneself** 불신을 사다 **cause mutual distrust** 상호불신을 야기하다 **watch[stare] in disbelief** 불신하여 보다[응시하다]

| **disbelieving** 믿지 않는, 의심하는 = doubting, incredulous, leery, mistrustful, show-me, skeptical, suspicious, unbelieving

---

unbelievable 믿을 수 없는

difficult or impossible to believe = beyond belief, doubtful, dubious, far-fetched, fishy, flaky, flimsy, implausible, improbable, inconceivable, incredible, past belief, questionable, unconvincing, unlikely, untrustworthy

반의어 **believable, credible, plausible, real**

용례 **be too good to be true** 믿기 어려운 **a dubious friend** 믿지 못할 친구 **an implausible theory** 믿기 어려운 이론

| **a lame story** 믿기 어려운 이야기 **lame** = far-fetched, glib, not wash, not hold water

| **an unreliable person** 믿을 수 없는 사람 **unreliable** = can't rely on

| **incredulous** 잘 믿지 않는 = skeptical, cynical

필수예문

track 036

1 Despite his strong claim, police **disbelieved** every word the suspect of the grisly murder said because he has criminal records. (그의 강력한 주장에도 불구하고 경찰은 끔찍한 살인 용의자가 한 모든 말을 믿지 않았다. 그가 전과가 있기 때문이다.)

2 I never **doubt** his story because he is so reliable. (나는 그가 아주 믿을 만한 사람이므로 그의 얘기

를 절대로 의심하지 않는다.)

Prosecutors **doubted whether** a suicide note had ever existed. (검사들은 유서가 도대체 있었는지 의심했다.)

3 It's best to **take** what she says **with a pinch of salt** because she's always exaggerating. (그녀는 늘 과장하는 버릇이 있으므로 그녀의 말은 에누리해서 듣는 것이 최선이다.)

The scientists were **incredulous** when they heard that research funding was to stop. (과학자들은 연구 자금 조달이 중단될 거라는 얘기를 들었을 때 쉽사리 믿지 않았다.)

4 Jane stared at her husband **in utter disbelief.** (제인은 전혀 믿지 못하는 표정으로 남편을 응시했다.)

Jack does **not believe** in Santa Claus anymore. (잭은 산타클로스의 존재를 더 이상 믿지 않는다.)

A growing number of young people in South Korea are **atheists**. (점점 많은 숫자의 한국 젊은이들이 무신론자이다.)

5 Many consumers say that they **have little faith in** modern home appliances. (많은 고객들은 현대 가전기기들에 대한 신뢰가 거의 없다고 말한다.)

It's unbelievable how fast airplanes can fly these days. (요새 비행기들이 얼마나 빨리 나는지 믿을 수가 없다.)

It's incredible that the fugitive is still at large. (탈주범이 아직도 잡히지 않았다니 믿을 수 없다.)

6 **It is highly unlikely that** he will win a gold medal at the Olympics. (그가 올림픽에서 금메달을 딸 가능성은 아주 없다.)

That sounds too good to be true. (그것은 사실일 리가 없다.)

심화학습

여름에 태풍(typhoon)이 한반도를 휩쓸고(rage through) 난 뒤 흔히 강풍과 폭우(torrential rains)로 피해를 입은 이재민을 돕자는 모금방송(telethon)을 방송 3사가 경쟁적으로 한다. 일반인들에게 얼굴이 널리 알려진 정치인이나 연예인, 심지어 어린 초등학생들까지 고사리 손으로 모은 돈을 모금함에 넣는 장면은 낯설지 않다. 이렇게 돈을 기부하는 것을 donate, contribute라 한다. '1억원을 내겠다고 약속하다'는 pledge 100 million won for victims of the typhoon과 같이 쓴다.

❑ **pledge to do** ~할 것을 (공식적으로) 약속하다, 언질을 주다

ex. South Korea's top financial regulator has **pledged to** crack down on accounting falsification in an effort to make corporate accounting more transparent. (한국 금융 감독기관의 수장은(금융감독원장은) 기업의 회계를 보다 투명하게 하기 위해 분식회계에 단호한 조취를 취하겠다고 약속했다.)

| **vow to do** ~할 것을 약속하다, 맹세하다 **a pledge to clamp down on terrorism** 테러를 엄단하겠다는 약속

❑ **make good on a campaign pledge[promise]** 선거공약을 지키다

ex. The president is under fire for not **making good on his campaign promise** to lower income taxes. (대통령은 소득세를 인하하겠다는 선거공약을 지키지 않는다고 비난을 받고 있다.)

| **renege on a campaign promise** 선거공약을 지키지 않다

❏ **pledge $10 million to** ~에 천만 달러 성금을 내겠다고 약속하다

ex. The couple has **pledged $10 million to** a non-profit foundation to build a cancer research center. (그 부부는 한 비영리 재단에 암 연구센터 건립을 위한 기금으로 천만 달러를 내겠다고 약속했다.)

| **donate[contribute] $10 million to** ~에 천만 달러를 기부하다

❏ **make overtures to** ~에 제안하다, 협상을 시작하다

ex. As a result, it would not be surprising to see the Kurds **make overtures to** Turkey in the months ahead. (따라서 추후 몇 달 안에 쿠르드족이 터키에 협상을 시작하는 것을 보게 되는 것도 놀라운 일은 아닐 것이다.)

| **be hailed as a conciliatory gesture** 유화 제스처로 환영을 받다

❏ **cast[throw] doubt on** ~를 의심하다, 의문을 제기하다

ex. A new parliamentary report **casts doubt on** an informer who claimed that there was a strong link between Al-Qaeda and Iraq. (새 의회 보고서는 알카에다와 이라크 사이에 강한 관련성이 있다고 주장한 제보자를 의심하고 있다.)

| **put a question mark on** ~에 의문을 제기하다

❏ **be skeptical of[about]** ~에 회의적이다

ex. Sales of Diet Pepsi are up, but some retailers and bottlers **remain skeptical about** the product's success. (다이어트 펩시의 매출이 증가했지만 일부 소매상과 음료회사들은 제품의 성공에 여전히 회의적이다.)

| **put[place] one's complete trust in** ~를 완전히 믿다

❏ **according to reliable sources** 믿을 만한 소식통에 의하면

ex. **According to reliable sources**, the military leader has suffered a life-threatening injury in a car accident. (믿을 만한 소식통에 의하면 그 군부 지도자는 교통사고를 당해 생명을 위협하는 부상을 당했다고 한다.)

| **an informed[well-informed] source** 정통한 소식통

❏ **deepen mutual distrust** 상호불신의 골을 깊게 하다

ex. The accident has the potential to **deepen mutual distrust** while simultaneously worsening the ability of both governments to resolve problems through bilateral negotiations. (그 사건은 상호불신의 골을 깊게 할 가능성이 있으며 동시에 양 정부의 상호 협상을 통한 문제해결의 능력을 악화시킬 수 있다.)

| **deepen mutual trust** 상호신뢰를 깊게 하다 **deepen mutual hatred** 상호간의 적대감을 깊게 하다

10 입장 | 노선 | 자유 | 탄압

주제어	관련어
position	stance, stand, policy, where one stands, tack, bias, course
conservative	progressive, liberal, radical, rightist, leftist, centrist
free	feel free, independent, freedom, liberty, liberate, emancipate
oppress	oppression, persecute, dictator, strongman, despot, tyrant

●●● Give me liberty or give me death! 나에게 자유가 아니면 죽음을 달라!

어떤 사건이나 문제가 생겼을 때 그것을 바라보는 사람들의 입장(position)은 제각기 다르고 그 차이에 따라 보수(conservative), 진보(progressive) 등이 생기게 된다. 노무현 정부가 들어선 이후 우리나라에서는 경제 정책의 초점을 성장(growth)에 둘 것이냐 아니면 분배(income redistribution)에 둘 것이냐에 대한 뜨거운 논쟁이 있어 왔다. 이는 경제를 보는 관점에 따라 생기게 되는 주장들이며 성장론자들은 전체적인 규모를 키워야한다고 주장하는 반면 분배론자들은 부의 재분배를 역설한다.

대기오염(air pollution)에 찌든 서울에서 생활하다 주말에 교외에라도 나가 신선한 공기를 마시게 되면 청량한 기운이 가슴에 밀려들며 일주일 동안 쌓였던 피로를 말끔히 씻어준다. 그제서야 깨끗한 공기가 얼마나 중요한지 느끼게 된다. 공기와 마찬가지로 평소에는 자유의 소중함(preciousness)을 잘 느끼지 못하지만 그것이 박탈당했을(be deprived) 때에야 비로소 그 참 의미를 깨닫게 된다.

우리나라도 한때는 국민의 자유와 공민권(civil liberties)이 상당히 제한되고 제대로 숨도 쉬지 못하고 살던 군사독재(military dictatorship) 시절이 있었다. 빼앗긴 자유를 되찾기 위해 수많은 민주투사들이 독재정권에 항거하여 싸우다 투옥되고(be placed behind bars) 학생들도 상아탑에서 거리로 나와(take to the streets) 불의(injustice)에 맞서 싸웠다. 그들의 소중한 희생(sacrifice)이 있었기에 지금 우리는 자유로운 세상에 살고 있는 것이다.

position

입장

the publicly stated opinion of a government or someone in an official position = attitude, bearings, posture, stance, stand, where one stands

명사마다 궁합이 잘 맞는 전치사가 있는데 position과 기타 '입장'을 뜻하는 명사 뒤에는 보통 on이 붙는다.

announce one's **position** on ~에 대한 입장을 발표하다

a party **stance** on abortion 낙태에 대한 당의 입장

a government **line** on welfare 복지에 관한 정부의 노선

유의어 **arrangement** 배열, 배치 **ball game** 상황, 사정 **carriage** 태도 **circumstances** 상황, 사정 **condition** 사정 **deportment** 태도 **disposition** 마음가짐, 기질 **mien** 태도, 몸가짐, 처신 **pass** 사태, 사정 **plight** 궁지 **port** 태도, 몸가짐 **pose** 태도, 마음가짐 **status** 사정, 사태 **strait** 난국, 궁지

용례 **in an awkward[a false] position** 어색한[괴로운] 처지에 놓여 **in my position** 내 입장(견해)으로서는

| **clarify one's position on** ~에 대한 입장을 명확히 하다 **jockey for position** 유리한 입장에 서려고 획책하다 **the position of women in society** 사회 속에서 여성의 위치 **state one's official position on** ~에 대한 공식 입장을 밝히다

| **put oneself in[into] another's place[shoes]** 남의 입장이 되어보다 = place oneself in another's stead, throw oneself into another's skin

| **take[adopt] an unpopular stance on** ~에 대해 대중적이지 못한 입장을 취하다

| **adopt an uncompromising [a defensive] posture on** ~에 타협하지 않는[방어적인] 자세를 취하다

| **make one's stand clear** 입장을 분명히 하다 **take a similar stand** 비슷한 입장을 취하다

---

policy 입장, 정책

the official opinion of a government or political party = action, approach, course, guideline, line, plan, scheme, stratagem, strategy, tactics

용례 **a party[government, official] policy** 당[정부, 공식] 입장 **an ostrich belief policy** 눈 가리고 아웅하기 **a scorched earth policy** 초토화 작전

| **establish[adopt, formulate, set] a policy** 방침을 채택하다[확립하다, 정하다] **follow[adhere to, pursue] a policy** 방침을 지키다[따르다]

| **hew to a party line** 당 노선을 따르다

| **tread a middle ground** 중도적인 입장을 취하다

| **red tape** 관료주의, 형식주의 **get involved[caught up] in red tape** 형식주의에 사로잡히다 **cut [eliminate] (the) red tape** 형식주의를 일소하다 **have a red tape mind** 규칙만 내세우고 융통성이 없다

bureaucracy 관료제도, 관료정치, (집합적, 단수취급) 관료, 공무원 관료주의

| **eliminate unnecessary bureaucracy** 불필요한 관료주의를 없애다 **reduce paperwork and bureaucracy** 서류 작업과 관료주의를 줄이다 **a bloated[overgrown, swollen] bureaucracy** 지나치게 비대해진 관료정치 **a government bureaucracy** 정부 관료 **the juggernaut of bureaucracy** 관료주의의 불가항력(거대 관료주의) **bureaucratic grandstanding** 전시행정 **political grandstanding** 정치적 쇼

| **bureaucrat** 관료, 공무원 관료주의자 **officialdom** 관계, (집합적) 공무원 관료주의 **petty officialdom** 소관료주의

---

course 방침, 노선

a mode of action or behavior = direction, line of action, method, mode of conduct, way

용례 **a course of action** 행동방침 **steer a radical course** 급진 노선을 취하다

| **bias** 편향, 성향, 방침 **stick to an old policy bias** 옛 정책 성향을 고수하다

| **change one's tack** 방침을 바꾸다

필수예문

track 037

1 It is important for South Korea to **clarify its position on** the North Korean nuclear issue before starting a new round of six-party talks aimed at defusing the crisis. (남한은 위기를 해소하기 위한 새로운 6자회담을 시작하기 전에 북핵 문제에 대한 입장을 명확히 하는 것이 중요하다.)

2 I **am not in a position to** comment on the matter. (나는 그 문제에 관해 논평할 수 있는 입장에 있지 않다.)

Will you **put yourself in my position[place, shoes]**? (제 입장이 되어보시겠어요?)

3 The party leader is under mounting pressure to **make his position on** taxation **clear**. (그 당수는 조세에 관한 자신의 입장을 분명히 하라는 점증하는 압력을 받고 있다.)

Conservation groups are calling on the president to **clarify his stance on** drilling off the coast of Florida. (환경보호단체들은 대통령에게 플로리다 연안 석유 시추에 관한 그의 입장을 명확히 할 것을 요구하고 있다.)

4 Civic groups have taken a swipe at the president for **taking a new position on** pro-choice legislators. (시민단체들은 낙태를 찬성하는 의원들에 대해 새로운 입장을 취하고 있다고 대통령을 맹비난했다.)

The politician is under criticism for **changing his stand on** the controversial issue of death penalty. (그 정치인은 논란이 되고 있는 사형 문제에 대한 자신의 입장을 바꾸었다고 비난을 받고 있다.)

5 The recent vote to hold impeachment hearings over the defense minister **hewed closely to party lines**, with only 10 lawmakers breaking ranks. (국방장관 탄핵 청문회를 열기 위한 최근의 투표는 철저하게 당론에 따라 이루어졌고 겨우 10명의 국회의원만 당론을 이탈했다.)

6 What's your **policy on** the US attack on Iraq? (미국의 이라크 공격에 대해 당신은 어떤 입장입니까?)

The **company policy** is only to give refunds if goods are faulty. (회사 방침은 제품에 하자가 있을 때만 환불을 하는 것입니다.)

7 Most conservative voters are against the ruling party's **stance on** labor issues. (대부분의 보수적인 유권자들은 집권당의 노동 문제에 관한 입장에 반대하고 있다.)

The labor union is going to arrange a meeting with the management to see **where it stands on** this year's wage talks. (노조는 경영진과 회동을 마련하여 올해 임금협상에 대한 경영진의 입장이 무엇인지 알아보려고 한다.)

8 The South Korean won rebounded from a five-month low as market consensus grew that the central bank would **maintain its bias towards** a gradually strengthening currency. (중앙은행이 점진적인 절상에 대한 방침(편향성)을 유지할 것이라는 시장의 의견이 커짐에 따라 원화는 5개월 만의 최저치에서 반등했다.)

She **followed the best course** and invested her money in stocks. (그녀는 최선의 방침을 따라 돈을 주식에 투자했다.)

conservative

보수적인; 보수파
preferring things to stay as they are and disliking any kind of change = conventional, fuddy-duddy, hard hat, hidebound, illiberal, old-line, orthodox, red-neck, unchanging, unprogressive, white bread

유의어 **bourgeois** 중산계급의, 속물적인 **controlled** 통제된 **die-hard** 완강히 저항하는, 골수의 **fogyish** 구습에 젖은, 다소 시대에 뒤진 **obstinate** 완고한 **old-fashioned** 구식의

용례 **a conservative position** 보수적인 입장 **have a conservative approach to** ~에 보수적으로 접근하다

| **ultraconservative** 극단적으로 보수적인; 극단적 보수주의자 **ultraconservatism** 극단적 보수주의

---

progressive 진보적인; 진보주의자

keen to change and improve what you do by trying new methods and ideas = advanced, broad, broad-minded, enterprising, forward-looking, go-ahead, liberal, open-minded, reformist, revolutionary

용례 **progressive ideas** 진보적 사상 **a progressive political party** 진보적 정당

| **liberalist** 자유주의자 **revisionist** 수정주의자 **libertarian** 자유론자 **libertine** 난봉꾼, (종교상의) 자유사상가

---

radical 급진적인; 급진주의자, 과격파

one who holds extreme views or advocates extreme measures = excessive, extreme, extremist, fanatic, fanatical, freethinking, revolutionary, revolutionist, ultra, ultraist, zealot

용례 **a radical political party** 급진당

| **anarchist, nihilist** 무정부주의자 **radical-rightist[-leftist]** 급진우파의[급진좌파의]

---

moderate 온건한; 온건파

taking a position in the political center = balanced, middle-of-the-road, mild, neutral, nonextreme, nonpartisan, nonradical, nonreactionary

용례 **a man of moderate opinions** 온건한 생각을 가진 사람 **be moderate in one's views[temper]** 의견[기질]이 온건하다

| **moderationist** 온건주의자 **moderate-leftist[-rightist]** 온건좌파의[온건우파의]

---

central 중도파의

having political opinion between the opinions of the more extreme political parties = centrist, middle, middle-of-the-road

용례 **take a central position on a problem** 어떤 문제에 중도적 입장을 취하다

| **centrist** 중도파 = middle-of-the-roader, the middle ground

| **the center** 중도 **center-right** 중도우파의; 중도우파 **center-left** 중도좌파의; 중도좌파

right 우파의, 우익의

supporting political or social or economic conservatism = conservative, reactionary, rightist, Tory, tradionalistic

용례 **rightist** 우파, 보수주의자 = right-winger

| **the hard right** 극우 **ultraright** 극우의 **ultrarightist** 극우주의자 **the ultraright** 극우파, 극우 진영 **old guard** 극단적인 보수파

left 좌익의; 좌파

belonging to the political or intellectual left = communistic, leftish, left-wing, leftist, liberal, oink, progressive, radical, red, socialist

용례 **leftist** 좌파 = lefty, Bolshevik, bolshie, pinko, Marxist, red, left-winger

| **ultraleft** 극좌의 **ultraleftist** 극좌파

| **a left-leaning newspaper** 좌경 신문 **socialism** 사회주의 **socialist** 사회주의자 **communism** 공산주의 **communist** 공산주의자 **anarchist** 무정부주의자

필수예문

track 038

1 The boss is rather **conservative** and believes the old methods are best. (사장은 다소 보수적이고 구식이 최선이라 믿는다.)

The government **has a deeply conservative approach** to economic policy. (정부는 경제정책에 극히 보수적으로 접근한다.)

2 The politician has a reputation as a social and industrial reformer with **progressive views**. (그 정치인은 진보적 견해를 가진 사회와 산업 개혁가로 명성이 나 있다.)

The professor has published several books on a variety of **progressive** economic policy issues, especially in the areas of central banking and international finance. (그 교수는 다양한 진보적인 경제정책 문제, 특히 중앙은행의 역할과 국제금융 분야에 관한 여러 권의 책을 냈다.)

3 Dutch police have arrested eight Islamic **radicals** as part of the investigation into the brutal slaying of an outspoken filmmaker. (네덜란드 경찰은 8명의 이슬람 급진분자들을 체포했는데 이는 거침없이 말을 하는 한 영화제작자의 잔혹한 살인사건 조사의 일환이다.)

4 **Moderate socialists** believe in democratic reform rather than revolution. (온건 사회주의자들은 혁명보다는 민주적 개혁을 신봉한다.)

A **centrist government** would continue the largely unsuccessful mixture of reform and conservatism. (중도파 정부는 대부분 실패로 끝난 개혁과 보수주의의 혼합된 정책을 계속해 나갈 것이다.)

5 Political analysts consider the National Party as a **middle-of-the-road** political party. (정치 평론가들은 국민당을 중도 정당으로 여기고 있다.)

The president is trying to **occupy the middle ground** between two passionately opposed groups. (대통령은 격렬히 대립하는 두 집단 사이에서 중도를 취하려 하고 있다.)

6 The difference between the **radical-rightist** Likud Party and the **moderate-rightist** Labor Party will be reduced still further. (급진우익인 리쿠드당과 온건우파인 노동당의 차이는 훨씬 더 좁혀질 것이다.)

The **ultra-rightist politician** came in second in the election with 23 percent of the vote, just three points behind the incumbent prime minister. (그 극우 정치인은 선거에서 23퍼센트를 득표하여 2위를 했는데 현 수상보다 3퍼센트 포인트 뒤졌다.)

free

자유로운, 독립된

be allowed to do whatever you want without being controlled or restricted = be at liberty, cut loose, footloose, independent, liberal, unconfined, unconstrained, unfettered, unrestricted, untrammeled

반의어 **restrained, restricted**

유의어 **at large** 범인이 잡히지 않은 **break loose** 도망치다, 탈주하다 **fancy-free** (생각 등이) 자유로운 **freewheeling** 자유분방한

용례 **a free economy** 자유 경제체제 **be free to go** 가든지 가지 않든지 자유이다 **feel free (to do)** (명령형) 마음 편히 하세요. 마음대로 ~하다 **freely** 자유롭게, 마음대로

| **freedom** 자유; 자주, 독립 **freedom of speech** 언론의 자유 **have (the) freedom to do** ~할 자유가 있다, 마음대로 ~할 수 있다 **in[with] freedom** 자유로이, 마음대로 **open-ended** (기간) 제한이 없는

| **religious liberty** 종교적 자유 **defend one's liberty** 자유를 지키다 **be at liberty to do** 마음대로 ~해도 되는 **take a liberty [liberties] with** ~에 허물없이 대하다, ~를 제멋대로 사용하다 **take the liberty of ~ing[to do]** 실례를 무릅쓰고 ~하다, 마음대로 ~하다 **What a liberty!** 참 제멋대로군!

---

liberate 해방시키다

to make a country free = deliver, discharge, emancipate, free, free up, let loose, let out, loose, loosen, manumit, redeem, release, set free, unbind, unchain, unfetter, unhook, unshackle, unyoke

반의어 **confine, enslave**

용례 **liberate a slave** 노예를 해방하다 **liberate the country from a dictator** 나라를 독재자에게서 해방시키다 **be liberated from poverty** 가난에서 해방되다

| **emancipate women** 여성을 해방하다

| **release ~ from slavery** ~를 노예 신분에서 해방시키다

| **unbind a prisoner** 죄수를 석방하다

| **unfetter one's mind from prejudice** 마음으로부터 편견을 없애다

| **liberation** 해방 = freeing, release, deliverance, emancipation, manumission
a liberation from ignorance and self-deception 무지와 자기기만으로부터의 해방 **gay liberation** 동성애자 해방 운동 **woman's liberation** 여성 해방 운동

| **feminism** 여성 해방(여권 신장) 운동 **rabid on feminism** 여권 운동에 광적인 **espouse feminism** 여권 신장 운동을 지지하다

| **an ardent[dedicated, devoted] feminist** 열렬한 여권 신장론자 **a moderate feminist** 온건한 여권 신장론자 **the feminist movement** 여성 해방 운동

필수예문

track 039

1 The opposition leader called for a **free market** and **free elections** as part of efforts to democratize the country and help it win recognition from the United States and the international community. (야당 총재는 나라의 민주화와 미국과 국제사회의 인정을 받는 데 도움이 되기 위한 노력의 일환으로 자유 시장체제와 자유 선거를 촉구했다.)

2 You are **free to do** whatever you want. (너는 뭐든지 하고 싶은 대로 해도 된다.)

A country should provide an environment where all people are **free to take** whatever job they want. (국가는 모든 국민이 원하는 직업을 자유롭게 선택할 수 있는 환경을 제공해야 한다.)

3 You **are** quite **at liberty to** reject his offer if you wish. (당신은 원한다면 마음대로 그의 제안을 거절해도 된다.)

In a free country, everyone can write **freely** without fear of arrest. (자유 국가에서 모든 사람은 구속에 대한 두려움 없이 자유롭게 글을 쓸 수 있다.)

4 The six-country meeting on North Korea's nuclear ambitions will be **open-ended** in order to strike a final agreement. (북한의 핵무기 계획에 대한 6자회담은 최종 합의를 이루어 내려고 기간의 제한이 없을 것이다.)

5 Every individual has the right to **freedom of expression.** (모든 개인에게는 표현의 자유권이 있다.)

The young man joined the resistance movement, determined to **free** his country **from** Japan. (그 젊은이는 조국을 일본으로부터 해방시킬 결심을 하고 저항운동에 가담했다.)

6 South Korea **was liberated from** Japan in 1945 when Tokyo surrendered unconditionally, ending World War II. (한국은 1945년에 일본으로부터 해방되었는데 이때 일본정부는 무조건 항복하여 제2차 세계대전을 끝냈다.)

In many countries, women are still struggling to **be fully emancipated.** (많은 국가들에서 여자들은 아직도 완전히 해방되기 위해 투쟁하고 있다.)

oppress

탄압하다, 학대하다, 억압하다

to completely control someone so that they have no freedom = abuse, crush, harass, harry, hound, keep down, maltreat, persecute, ride, ride roughshod over, subdue, suppress, trample, trample underfoot, tyrannize

유의어 **afflict** 괴롭히다 **aggrieve** 괴롭히다 **burden** 부담을 주다 **distress** 압박하다 **overwhelm** 압도하다 **pick on** 집적거리다, 괴롭히다 **prey on** 약탈하다, (정신적으로) 괴롭히다 **put down** 진압하다 **subjugate** 정복하다 **tax** ~에 무거운 짐을 지우다 **torment** ~에 (육체적, 정신적으로) 심한 고통을 주다 **torture** 고문하다, 몹시 괴롭히다 **vex**

고통을 주다, 괴롭히다

용례 **a people oppressed by totalitarianism** 전체주의의 압제에 학대 받고 있는 국민 **oppress the ethnic group** 소수 민족을 탄압하다

| **persecute pagans** 이교도를 박해하다 **be persecuted for one's religious belief** 종교적 신앙 때문에 박해 받다 **persecute a religion** 종교를 박해하다

| **trample law and order** 법과 질서를 무시하다 **trample on someone's rights** ~의 권리를 짓밟다

oppression 압제, 탄압, 억압

the act of subjugating by cruelty = abuse, autocracy, despotism, dictatorship, fascism, iron hand, maltreatment, persecution, suppression, tyranny

반의어 **ease, freedom**

용례 **struggle against oppression** 압제와 싸우다 **live under oppression** 압제 하에 살다 **victims of oppression** 압제의 희생자들 **a tyrant's oppression of his people** 폭군의 국민 탄압

| **suffer persecution** 박해를 받다 **the delusion of grandeur persecution** 피해망상

| **oppressed** 탄압 받는, 억압 받는 = tyrannized, subjugated, crushed, subdued, repressed, persecuted, abused, maltreated, misused, downtrodden, browbeaten

| **oppressive** 압제적인 = tyrannous, tyrannical

dictator 독재자

a ruler who is unconstrained by law = absolute ruler, autocrat, caesar, caliph, chief, czar, despot, fascist, kaiser, oligarch, oppressor, overlord, rajah, shah, sheik, strongman, sultan, tyrant, usurper

용례 **an absolute dictator** 절대적 독재자 **a benevolent dictator** 너그러운 독재자 **a brutal[ruthless] dictator** 잔인한 독재자 **burn the dictator in effigy** 독재자의 화형식을 하다 **a military[corrupt] dictator** 군부[부패한] 독재자

| **dictatorial** 독재의 **a dictatorial[totalitarian] government** 독재[전체] 정치 **a dictatorial regime** 독재정권

| **dictatorship** 독재 정권(정부, 국가) **military[one-party] dictatorship** 군사[일당] 독재 **establish[set up] a dictatorship** 독재 정권(정부, 국가)을 수립하다 **overthrow a dictatorship** 독재 정권을 전복시키다 **revolt against a military dictatorship** 군부 독재 정권에 대항하여 반란을 일으키다

| **authoritarian** 권위주의의, 독재의 **totalitarian** 전체주의의 **authoritarianism** 권위주의, 독재 **totalitarianism** 전체주의

| **an authoritarian[dictatorial, totalitarian] regime** 전체주의 체제 **an absolute[authoritarian, despotic, dictatorial, tyrannical] ruler** 절대 권력자, 전제군주, 독재자

필수예문

track 040

1 The present military government has continued to use capital punishment to **oppress** the opposition and political activists, which international rights groups say is tantamount to assaulting the very foundations of democracy. (현 군사정권은 사형 제도를 계속 사용해 야당과 정치 운동가들을 탄압해왔는데 국제 인권단체들은 이는 바로 민주주의의 토대를 공격하는 것과

마찬가지라고 말한다.)

2 The country has been **oppressed by** the white minority since colonial times. (그 나라는 식민지 시대 이래로 백인 소수의 압제 하에 있었다.)

A country that enshrines press freedom into its constitution should not be allowed to **suppress** the press in other countries. (언론의 자유를 헌법에 명기하는 국가는 타국의 언론을 억압하도록 허용되어서는 안 된다.)

3 The rights activist has been elected the country's president after spending a lifetime **fighting oppression** and injustice. (그 인권운동가는 압제와 불의에 싸우면서 평생을 보낸 뒤 그 나라의 대통령에 당선되었다.)

Unhappy are those who seek for justice in this world and **suffer persecution** for its sake. (이 세상에서 정의를 추구하고 그것을 위해 박해를 받는 사람들은 불행하다.)

4 The Nazis enacted a number of **oppressive** laws directed at the Jewish population. (나치는 유대인을 겨냥한 많은 억압적인 법을 시행했다.)

The author believes men have a right to live free from **tyrannical** government. (그 작가는 인간은 압제적인 통치로부터 자유롭게 살 권리가 있다고 믿고 있다.)

5 The military junta is a cruel regime that **represses** all opposition. (그 군사평의회는 모든 반대를 억압하는 잔혹한 정권이다.)

Iraqi people are against the **repressive** tactics of the occupying forces. (이라크인들은 점령군의 억압 전술을 반대한다.)

6 Why do you let the boss just **walk all over** you, have you no pride? (왜 사장이 너를 그냥 깔아뭉개도록 내버려 둬, 너 자존심도 없어?)

The South American country remains **under the jackboot of** a dictatorial regime. (그 남미 국가는 아직도 독재정권의 압제 하에 있다.)

심화학습

올림픽이나 육상선수권대회의 중계를 보면 중장거리 육상선수들이 트랙을 달리면서 서로 안쪽 레인을 차지하려고 다투는 것을 종종 보게 된다. 맨 안쪽 레인이 조금이나마 거리가 짧을 것이며 그래서 유리할 것인데 육상이나 car race에서 맨 안쪽 레인을 pole이라고 한다. 여기서 유래한 것이 have[take, draw] the pole로서, '(육상, 자동차 경주에서) 가장 안쪽 레인을 달리다' 란 뜻에서 비유적으로 '유리한 위치를 차지하다' 라는 의미로 쓰인다. 같은 뜻으로 take pole position, have[be on, get] the inside track이 있다.

❑ **take a hard-line stance on** ~에 강경한 입장을 취하다

ex. The government said it will **take a hard-line stance on** bank workers who are staging a wildcat strike. (정부는 비합법적인 파업을 벌이고 있는 은행원들에 대해 강경한 입장을 취하겠다고 밝혔다.)

| **take a soft stance on** ~에 온건한 입장을 취하다 **hard-liner** 강경론자

❑ **take[have, draw] the pole** 유리한 위치를 차지하다

ex. South Korean companies are expected to **take the pole** in the rapidly expanding global chip market. (한국 기업들은 급속하게 커지는 세계 반도체 시장에서 유리한 지위를 자치할 것으로 예상된다.)

| **take pole position** 유리한 입장(위치)을 점하다 **be in a disadvantageous position** 불리한 입장에 있다

❑ **shift to a neutral bias** 중립적 편향으로 바뀌다

ex. Many economists expect central bank policymakers to **shift to a neutral bias** in light of a recovering economy. (많은 경제학자들은 중앙은행 정책 결정자들이 경제회복을 감안하여 중립적인 통화정책을 펼 것으로 예상하고 있다.)

| **shift to a soft[tight] bias** 금리 인하[인상]쪽으로 바뀌다, 통화 완화[긴축] 입장으로 바뀌다

❑ **reverse course** 입장을 바꾸다

ex. The weaker yen will **reverse course** because interest rate hikes in the United States will likely come to a halt early next year. (미국의 금리인상이 내년 초에 중단될 것 같기 때문에 엔화 약세가 뒤바뀔 것이다.)

| **take a course** 어떤 입장을 취하다

❑ **diehard** 완고한 보수 정치가; 완강한 저항자

ex. A few **diehards** are trying to stop the reforms being pushed by the newly elected president. (몇몇 완고한 보수파들이 새로 당선된 대통령에 의해 추진되고 있는 개혁을 막으려고 하고 있다.)

| **a diehard[dyed-in-the-wool] conservative** 철저한 보수주의자

❑ **form a center-left government** 중도좌파 정부를 세우다

ex. Several parties managed a grand coalition to **form a center-left government** despite strong opposition from disappointed voters. (실망한 유권자들의 강한 반대에도 불구하고 여러 정당들이 중도좌파 정부 수립을 위한 대연정을 이루어냈다.)

| **create a ultrarightist regime** 극우 정권을 창출하다

❑ **freedom of assembly and association** 집회 및 결사의 자유

ex. Restrictions on **freedom of assembly and association** have an impact that extends far beyond those whose rights are restricted. (집회 및 결사의 자유에 대한 제한은 그들의 권리를 제한당하는 사람들을 훨씬 넘어서는 영향을 가진다.)

| **freedom of religion** 종교의 자유 **freedom of the press** 출판의 자유 **freedom of occupation** 직업 선택의 자유 **freedom of movement** 거주 이전의 자유

❑ **restrict civil liberties[rights]** 공민권을 제한하다

ex. European Union ministers have agreed on a series of measures to step up internal security and enable the state to act more easily against alleged terrorists, which critics say represent a drastic **restriction[curtailment] of civil liberties.** (유럽 연합 장관들은 국내 보안을 강화하고 국가가 테러혐의자들에게 보다 쉽게 조치를 취할 수 있는 일련의 조치에 합의했는데 비판자들은 이것들이 공민권을 크게 박탈하는 조치라고 말한다.)

| **restore a person's civil rights** ~를 복권시키다

11 인정 | 부인 | 확인 | 자백

주제어	관련어
admit	**acknowledge, concede, accept, profess, admission, admissible**
deny	**disavow, contradict, refute, negate, denial, disclaimer, denial**
confirm	**confirmation, affirm, corroborate, substantiate, validate**
confess	**confession, own up, come clean, confess[admit] to, fess up**

●●● A guilty conscience needs no accuser. 도둑이 제 발 저리다.

누구나 살다보면 잘못을 할 때도 있는데, 그것을 감추려 한다고 해서 감추어지는 것은 아니다. 두 손으로 하늘을 가리는 것은 불가능하며 아예 깨끗이 실토하는(come clean) 것이 마음 편한 일이다. 더군다나 양심에 거리끼는 일을 했을 경우 이를 가슴에 묻어두고 살아가면 늘 정신적인 압박에 시달리게 된다. 그래서 종교에서 고해성사(confession)가 있어 신 앞에 자신의 잘못을 뉘우치고 털어놓을 수 있는 기회를 주는지도 모른다.

잘못을 인정하는(admit one's mistake) 것은 쉬운 일이 아니다. 자신의 허물이 드러나는 것을 막으려 때로는 강력히 부인해 (deny categorically) 보지만 빼도 박도 못할 증거가 드러나면 하는 수 없이 인정하게 된다. '자수하여 광명 찾자' 라는 표어(catch phrase)가 몇십 년 전에 유행한 적이 있었는데 남한에서 암약하던 북한 공작원(spy)들에게 음지에 숨어서 북한을 위한 간첩활동(espionage)을 하지 말고 자수하여 떳떳하게 대한민국 시민으로 살아가라고 권고하는 문구였다.

중대한 범죄(crime)를 저지른 범인(criminal)들은 범죄 사실을 끝까지 감추려고 하기 때문에 경찰이나 검찰이 자백(confession)을 받아내기 위해 가혹행위(maltreatment)를 했다는 일이 종종 보도되기도 한다. 또 끝까지 오리발을 내밀다가도 확실한 물증 앞에서 슬그머니 꼬리를 내리고 모든 일을 털어놓는 경우도 보도를 통해 종종 보게 된다.

admit

인정하다; (잘못을) 인정하다, 고백하다

to accept unwillingly that something is true or someone else is right = accept, acknowledge, avow, concede, confess, open up, own, own up, profess, yield

'인정하다' 는 뜻의 admit는 목적어를 바로 취하거나 that-절이 오는 것이 보통이다. 때로 전치사 to를 동반하기도 하며 동명사가 목적어로 오기도 하는데 '~ 했다는 사실을 인정하다' 는 의미가 된다. 또한 목적어 뒤에 부정사구를 목적보어로 취하는 형태로도 쓰인다.

admit (to) one's guilt 죄를 인정하다

admit that ~라는 것을 인정하다

admit the charge to be groundless 고소를 사실무근이라고 인정하다

admit having done it 그것을 했다고 인정하다

유의어 **acquiesce** 묵인(묵종)하다 **bare** 폭로하다, 털어놓다 **confide** (신뢰하여 비밀 등을) 터놓다, 털어놓다 **confirm** ~를 뒷받침하다 **disclose, divulge** 폭로하다 **enumerate** 열거하다 **unveil** (비밀을) 털어놓다, 밝히다

반의어 **confute, deny, dispute, gainsay, hide, keep secret, refuse, withhold**

용례 **Come on, admit it.** 어서, 인정해. **admit (to) one's guilt** 죄를 인정하다 **admit ~ing** ~했다고 인정하다 **admit freely[openly, readily]** 바로(쾌히) 시인하다 **admit grudgingly** 마지못해 자백(인정)하다

| **admission** 인정; 자백 **by[on] one's own admission** 본인이 인정하는 바에 의하여, 자백에 의하여 **make (full) admission of** ~를 (전부) 자백하다

| **a confession of one's fault** 죄의 고백 **an auricular [a particular, a sacramental] confession** (성직자에게 하는) 비밀 고해 **a public confession** 공중 앞에서의 고백 **go to confession** (사제에게) 고해하러 가다 **hear confession** (신부가) 고해를 듣다 **make (a) confession to** ~에게 자백(참회, 고백)하다

| **admittance** 입장, 입학(입회), 가입 = entry, right of entry, entrance, access **Admittance to staff members only.** 직원외 입장(출입) 금지 **gain[get] admittance to** ~에 입장이 허락되다, 입장하다 **grant[refuse] a person admittance to** 남에게 ~에의 입장을 허락하다[거절하다] **No admittance (except on business).** 잡상인 출입 금지

---

admissible 받아들일 수 있는; (증거로서) 채택될 수 있는

something that can be accepted = acceptable, allowable, applicable, concedable, justifiable, passable, permissible, relevant, tolerable

반의어 **inadmissible, intolerable, unallowable**

용례 **admissible evidence** 증거 능력이 있는 증거 **allowable expenses** 허용 가능한 경비 **permissible levels of nitrates in water** 물 속 질산염의 허용치

| **admittable** 입장(입회, 입학)을 허가할 만한; 인정할 만한

| **admittedly** 명백히, 의심할 여지 없이 = confessedly

| **evidence** 증거 **documentary evidence** 증거서류 **physical[real] evidence** 물증 **proof of guilt** 유죄의 증거 **gather[collect] evidence** 증거를 수집하다

필수예문

track 041

1 The president **admitted that** mistakes had been made in dealing with the train accident. (대통령은 열차 사고를 처리하는 데 있어 실수가 있었다는 것을 인정했다.)

Many workers **admit to** taking time off when they are not ill. (많은 노동자들이 아프지 않을 때도 휴가를 내는 것을 인정한다.)

2 You may not like the general manager, but you have to **admit that** he is good at his job. (당신은 총지배인을 좋아하지 않을지 모르지만 그가 일을 잘한다는 것은 인정해야 한다.)

Tom **admits having broken** the window himself. (톰은 자신이 창문을 깼다고 인정한다.)

3 I **must admit that** I am not good at drinking. (저는 술을 잘 못하는 것을 고백합니다.)

I don't really like girls, **I must confess.** (고백을 하자면 나는 여자들을 정말 싫어합니다.)

4 The suspect **admits to** having used cocaine. (용의자는 코카인을 복용했다고 인정한다.)

The hospital refused to **admit liability for** his death. (병원은 그의 사망에 대한 책임을 인정하기를 거부했다.)

5 She **confesses to** having a secret affection for her teacher. (그녀는 선생님을 몰래 좋아하고 있다고 고백한다.)

Tom **confessed** his secret to his friends. (톰은 그의 친구들에게 그의 비밀을 털어놨다.)

6 The presidential candidate **conceded defeat** after initially holding out hope that uncounted ballots could give him an edge in Ohio. (그 대통령 후보는 처음에 오하이오 주에서 개표가 안 된 표로 인해 자신이 우위를 점할 수 있다는 희망을 버리지 않다가 패배를 인정했다.)

7 The president **acknowledges that** the company is suffering a serious cash shortage. (사장은 회사가 심각한 현금 부족을 겪고 있다고 인정한다.)

8 The official's **admission** that he had lied to police shocked many South Koreans. (경찰에 거짓말을 했다는 그 관리의 고백은 많은 한국인을 충격에 빠뜨렸다.)

Admittedly, he has been a lousy president, but he does have some good points. (분명히 그는 형편없는 대통령이었지만 그에게도 몇 가지 장점은 있다.)

deny

부인(부정)하다; 거절하다

to state that something which other people are saying about you is not in fact true = abnegate, contradict, contravene, decline, disacknowledge, disallow, disavow, disclaim, disown, gainsay, negate, rebuff, recant, refuse, reject, repudiate, repulse, spurn, turn down, veto

유의어 **abjure** (맹세, 신의, 주장 따위를) 공개적으로 버리다(철회하다) **ban** 금지하다 **begrudge** ~하기를 싫어하다; 마지못해 인정하다 **contravene** ~와 모순되다 **disown one's son** 아들과 의절하다 **disprove** ~의 오류를 증명하다

hold[keep] back ~를 말하지 않다, 숨기다 **rebut, refute** 반박하다 **withhold** ~를 보류하다

반의어 **accede, acknowledge, admit, affirm, agree, concede**

용례 **deny a statement[claim, accusation, charge]** 진술[주장, 비난, 혐의]을 부인하다 **deny a rumor** 소문을 부인하다 **deny knowledge of** ~를 모른다고 말하다 **deny ~ing** ~한 것을 부인하다

| **deny the fact** 사실을 부인하다 **deny angrily** 화내며 부인하다 **deny categorically[emphatically, fervently, flatly, strongly, vehemently]** 강력히 부인하다

| **contradict the rumor[news]** 소문[뉴스]을 부인하다

| **repudiate a charge** 혐의를 부인하다

denial 부인, 거절

a refusal to accept or believe something, such as a doctrine or belief = abnegation, contradiction, declination, disallowance, disavowal, disclaimer, gainsaying, nay, negation, nix, no, nonacceptance, rebuff, rebuttal, refutation, rejection, renouncement, renunciation, repudiation, repulse, turndown, veto

반의어 **acceptance, admission, affirmation, approval**

용례 **general[special] denial** 전면적[부분적] 부정 **smile in denial** 웃으며 부정하다 **give a denial to, make a denial of** ~를 부정하다 **an official denial** 공식 부인

| **give a flat denial** 단호히 부인하다, 거절하다 **take no denial** 싫다는 말을 못하게 하다 **the denial of basic human rights** 기본 인권의 거부

| **meet with a rebuff** 거절당하다, 퇴짜 맞다 **a polite rebuff** 정중한 거절

| **make[offer] a rebuttal** 반박하다

| **complete[outright, flat, total] rejection** 단호한 거절 **a rejection letter** 채용되지 않았음을 알리는 편지

필수예문

track 042

1 Despite being taken to task by a human rights group, the businessman did not hesitate to **deny responsibility for** the compensation of victims of a notorious mining disaster several years ago. (인권단체의 비난에도 불구하고 그 사업가는 몇 년 전에 일어난 악명 높은 광산 참사 희생자들에 대한 배상 책임을 부인하는 데 주저하지 않았다.)

2 It's no use **denying** the fact. (사실을 부인해도 소용없다.)

He had the nerve to **deny** the fact. (그는 뻔뻔스럽게도 그 사실을 부인했다.)

I don't **deny but that** it is difficult. (나는 그것이 어렵다는 것을 부인하지 않는다.)

3 No one can **deny** the cloning expert's contribution to the development of bioengineering. (누구도 그 복제 전문가의 생명공학 발전에 대한 공헌을 부인할 수 없다.)

Britain's soccer association is **denying responsibility for** the ticketing fiasco which has blighted the tournament. (영국 축구협회는 대회를 망쳐놓은 표 발매 대실패에 대한 책임을 부인하고 있다.)

4 Palestinian terrorist groups have **denied** carrying out a deadly attack on American soldiers. (팔레스타인 테러단체들은 미군들에 대한 많은 사상자를 낸 공격을 감행한 것을 부인하고 있다.)

Believe it or not, the Department of Defense has **denied that** extraterrestrials participate in classified US military programs. (믿거나 말거나 국방성은 외계인들이 미국 비밀 군사 계획에 참여하고 있다는 것을 부인했다.)

5 The company has **contradicted the rumor** that its president was having an affair with his secretary. (그 회사는 사장이 여비서와 바람을 피웠다는 소문을 부인해왔다.)

The candidate needs to say openly that he refuses to **repudiate the charge of** corruption. (그 후보는 수뢰 혐의를 부인하기를 거부한다는 것을 공개적으로 밝힐 필요가 있다.)

6 Despite years of **official denial**, Israel has finally decided to openly honor these people. (몇 년 간의 공식 부인에도 불구하고 이스라엘은 마침내 이 사람들에게 공개적으로 서훈하기로 결정했다.)

The accusation has **been** wholly **refuted** by an in-depth analysis of the evidence. (그 혐의는 증거의 심층 분석에 의해 완전히 부인되었다.)

confirm

확인하다, 확증하다

to provide additional information to prove that something is correct or true = affirm, certify, verify, corroborate, sustain, support, validate, authenticate, substantiate, give credence to, evidence, ascertain, make sure

용례 **confirm a person's suspicions** ~의 의혹을 뒷받침하다 **confirm a person's reservation** 예약을 확인하다

| **affirm one's loyalty** 충성을 맹세하다

| **certify a person's marriage** 결혼을 증명하다 **a document certifying a person's birth** 출생 증명 서류

| **confirmation** 확인, 승인

| **lack confirmation** 확인이 되지 않다, 확실치 않다 **in confirmation of** ~를 확인하여, ~의 확증으로서 **official[unofficial] confirmation** 공식[비공식] 확인

confirmatory 확증적인, 확실하게 하는

serving to support or corroborate = acknowledging, affirmative, approving, complying, confirmative, confirming, consenting, corroborative, endorsing, favorable, positive, ratifying, substantiating, supporting

반의어 **dissenting, negative**

용례 **confirmatory evidence** 확증적인 증거 **a corroborative clue** 확증적 단서 **positive philosophy** 실증 철학 **a substantiating remark** 실증하는 발언

필수예문

track 043

1 Without **confirming a report that** he gave the green light to eavesdrop on US citizens in 2002, the president defended his actions since the terrorist attacks of

September 11, 2001, saying he has done everything "within the law" to protect the American people. (2002년 자신이 미국인들에 대한 도청을 승인했다는 보도를 확인해주지 않은 채, 대통령은 2001년 9.11테러 이후 자신이 취한 조치들을 정당화했으며 자신은 미국민을 보호하기 위해 "법테두리 내에서" 할 수 있는 모든 일을 다했다고 말했다.)

2 When she called to **confirm** her flight, she was told that there was a strike at the airport. (그녀가 비행기 편을 확인하려고 전화했을 때 공항에서 파업을 하고 있다는 얘기를 들었다.)

Let me just **confirm that** the money has arrived in your account. (돈이 당신 계좌에 들어왔다는 것을 확인할게요.)

3 The doctor's diagnosis **was confirmed by** a blood test. (의사의 진단은 혈액검사로 확인되었다.)

His qualifications and experience **confirm** his eligibility for the job. (그의 자격과 경험이 그 일에 그가 적임임을 확증해준다.)

4 Police claim that a third car was involved in the accident and witnesses have **corroborated** this. (경찰은 제3의 차량이 사고에 연루되었고 목격자들이 이를 확인했다고 주장한다.)

Recent study in this field seems to **corroborate** the theory. (이 분야의 최근 연구는 그 이론을 확증하는 것처럼 보인다.)

5 Allegations made by prisoners are usually only considered when **substantiated by** the evidence of a prison officer. (죄수들이 한 주장은 보통 교도관의 증언에 의해 확인될 때만 참작이 된다.)

The police say they have evidence to **substantiate** allegations that corruption took place. (경찰은 부정이 있었다는 주장을 입증할 수 있는 증거를 갖고 있다고 말한다.)

6 A month before he died, Jack once again went to the doctor to get one final **confirmation** of his terminal diagnosis. (죽기 한 달 전 잭은 자신이 불치병에 걸렸다는 진단을 마지막으로 한번 확인하려 또 다시 의사를 찾아갔다.)

Despite the absence of **substantiation** for the theory, abiogenesis has become accepted by nearly all practicing scientists. (그 이론을 실증하지 못함에도 불구하고 자연발생설은 현재 활동 중인 거의 모든 과학자들에 의해 받아들여져왔다.)

confess

실토하다, (죄를) 자백하다; 인정하다

to admit formally that you have committed a crime = acknowledge, admit, affirm, allow, come clean, come out, confide, fess, grant, leak, own, own up, profess, sing, spit out

유의어 **blow** ~를 누설하다, ~를 고자질하다 **blurt out** 무심코 말하다, 누설하다 **chirp** 경찰에 내통하다, 정보를 알리다 **clue in** ~에게 해결의 실마리(정보)를 주다 **disclose, divulge** 폭로하다 **dump on** ~에게 고민거리를 토로하다 **finger, fink** ~를 경찰에 밀고하다 **leak** 누설하다 **let on** (비밀 따위를) 누설하다, 고자질하다 **level with** ~에게 정직(솔직)하게 말하다 **pop off** 화가 나서 지껄여대다 **rat on** 배신하다, 밀고하다 **snitch on** 고자질하다, 밀고하다 **squeal** 밀고하다, 일러바치다 **tip one's hand** 계획을 누설하다 **unload** (고민 등을) 털어놓다 **unbosom** 속마음을 밝히다

weasel 밀고하다
반의어 **conceal, cover up, deny, hide, keep secret**
용례 **confess to a crime** 죄를 자백하다 **confess oneself guilty** 죄를 범했다고 자인하다 **confess frankly[honestly]** 솔직하게 고백하다 **confess publicly** 공개적으로 인정하다, 자백하다
| **spill one's guts** (범인이) 불다, 아는 것을 모조리 털어놓다
| **Own up!** 자백해! = Come clean! Spit it out! Out with it!

---

confession 자백, 고백; 자인

a formal statement, saying that you have committed a crime= acknowledgment, admission, confession, owning up, profession, song, statement, unbosoming
반의어 **denial, disavowal, refutation**
용례 **make a confession** 자백하다 **extort[extract, force] a confession from** ~에게 자백을 강요하다 **surprise him into confession** 허를 찔러 그에게 자백을 받다
| **sign a confession under duress** 강압에 못 이겨 자백서에 서명하다 **make false confessions** 허위 자백을 하다 **be coerced into making a confession** 자백을 강요당하다 = be forced to make a confession

필수예문

track 044

1 There are allegations that the suspect has been beaten in detention to **force** him **to confess to** a gruesome murder that has been attracting international attention for several years. (여러 해 동안 국제적인 관심을 끈 그 무시무시한 살인 사건에 대한 자백을 강요하기 위해 구금 중에 그 용의자가 구타를 당했다는 주장이 있다.)

2 After days of questioning, the female secretary finally **confessed to** being a spy for the United States. (며칠간의 심문 끝에 그 여비서는 마침내 미국 스파이 역할을 했다고 자백했다.)

Alan finally **admitted** he had stolen the money. (앨런은 마침내 자기가 그 돈을 훔쳤다고 고백했다.)

3 The whole class will be punished unless the guilty person **owns up.** (범인이 자백하지 않으면 반 전체가 벌을 받게 될 것이다.)

If he had not **owned up** to the crime, he may have got away with it as he was not visible on CCTV. (만약 그가 범행을 자백하지 않았더라면 그는 CCTV에 보이지 않았기 때문에 무사히 빠져나갈 수 있었을 것이다.)

4 It's time the intelligence service **came clean about** its attempts to wiretap key political figures. (정보기관이 주요 정치인들을 도청하려고 시도했다는 것을 실토할 때다.)

The renowned human rights lawyer says it's time for the military to **fess up to** the murder of a student activist years ago. (그 유명한 인권변호사는 군이 이제는 몇 년 전 운동권 학생 살해를 고백할 때라고 말한다.)

5 Police are sometimes under fire for bullying suspects into **making false confessions.** (경찰은 때로 용의자들을 협박하여 허위 자백을 하도록 한다고 비난을 받는다.)

The murder suspect claimed he had **made a confession under duress.** (그 살인 용의

자는 자신이 강압에 못 이겨 자백을 했다고 주장했다.)

6 The government should videotape the interrogation process so suspects will not **be forced to make confessions** and their rights will be fully guaranteed. (정부는 용의자들이 자백을 강요당하지 않고 그들의 권리가 충분히 보장되도록 심문과정을 촬영해야 한다.)

심화학습

한 임금님이 귀가 당나귀 귀처럼 자라자 모자로 귀를 감추려 했다. 그 사실을 알고 있는 모자쟁이는 누구에겐가 털어놓고 싶어 안달이 나 대나무(bamboo) 숲에 들어가 임금님 귀는 당나귀 귀라고 소리치는 바람에 결국 온 나라 백성들이 다 알게 되었다. 이처럼 가슴 속에 비밀이나 잘못을 꾹 담아두고 있기란 힘든 법이다. 가슴 속에 있는 것을 후련하게 모조리 털어놓는 것을 make a clean breast of ~ 라고 표현한다.

❑ **admissible evidence** 증거능력이 있는 증거

ex. **Admissible evidence** is evidence that is accepted as legitimate in a court and a trial judge or jury may consider because the rules of evidence deem it reliable. (증거능력이 있는 증거란 법정에서 합법적으로 인정되고 증거의 규칙에 의해 신뢰할 만하다고 여기기 때문에 재판 판사나 배심원이 참작하는 증거이다.)

| **inadmissible evidence** 증거능력이 없는 증거

❑ **admission of negligence** 과실 인정

ex. To compensate the actual victims would be an **admission of negligence** (or even responsibility) on the government's part. (실제 피해자들을 보상하는 것은 정부 입장에서 과실 (혹은 심지어 책임)을 인정하는 것이 될 것이다.)

| **gross[slight] negligence** 중[경]과실 **ordinary[criminal] negligence** 일반[형사상의] 과실

❑ **deny categorically** 강력히 부인하다

ex. The ruling party has **categorically denied** that it was been involved in vote buying, saying these false allegations are tarnishing its credibility. (집권당은 매표 행위에 관여되었다는 것을 강력히 부인하며 이러한 허위 주장들이 당의 신뢰도를 떨어뜨리고 있다고 말했다.)

| **deny emphatically[fervently, flatly, strongly, vehemently]** 강력히 부인하다

❑ **deny ties with** ~와의 관련을 부인하다

ex. The Moro Islamic Liberation Front continued to vehemently **deny** any **ties with** terrorist organizations. (모로 이슬람 해방전선은 테러 단체와 어떤 관련도 없다고 계속 강력하게 부인했다.)

| **deny links with[to]** ~와의 관련을 부인하다

❑ **confirmation hearing** 인준청문회

ex. The parliamentary committee will be holding a **confirmation hearing** Tuesday morning at 10 a.m. to review the nomination of him as top prosecutor. (국회 위원회는 화요일 오전 10시 그의 검찰총장 임명 심의를 위한 인준청문회를 열 것이다.)

| **hold a hearing on the confirmation of** ~의 인준청문회를 열다 **attend a confirmation hearing** 인준청문회에 참석하다 **a day-long confirmation hearing** 하루 종일 열리는 인준청문회 **the question and answer period for his confirmation hearing** 그의 인준청문회의 질의응답 시간

❑ **neither confirm nor deny** 시인도 부인도 않다 (흔히 NCND라는 약어로 쓴다)

ex. The US policy of "**neither confirm nor deny**" (NCND) has been a major obstacle for increasing transparency regarding nuclear weapons and nuclear materials. (시인도 부인도 않는 미국의 정책은 핵무기와 핵물질 관련 투명성 제고에 큰 장애물이 되어왔다.)
| **adopt[uphold] the NCND policy** NCND 정책을 채택[고수]하다 **pursue an NCND policy concerning** ~와 관련하여 NCND 정책을 추구하다 **a departure from one's long-standing NCND position** 오랜 NCND 입장으로부터의 이탈

❑ **coerce a confession (out of, from)** 자백을 강요하다
ex. The special law bans the use of torture and threats against criminal suspects in order to **coerce a confession.** (그 특별법은 자백을 강요하기 위해 범죄 용의자들에게 고문을 가하거나 협박하는 것을 금하고 있다.)
| **be forced to confess** 자백을 강요당하다 **pressure ~ to make a confession** 자백을 하도록 압력을 넣다 **threaten ~ into confession** 위협하여 자백시키다

❑ **make a clean breast of** (잘못 따위를) 모조리 자백하다, 가슴 속을 남김없이 털어놓다, 흉금을 터놓다
ex. The judge will give the convict a lighter sentence if he **makes a clean breast of** his involvement with the crime. (재판관은 유죄가 입증된 피고에게 범죄와의 관련을 모조리 자백하면 가벼운 형을 내릴 것이다.)
| **make a clean breast of it to one's parents** 부모에게 털어놓다 **make a clean breast of past misdeeds** 과거의 잘못을 모조리 털어놓다

12 서명 | 비준 | 거부 | 발효

주제어	관련어
sign	signature, autograph, ink, initial, endorse, undersign, signatory
ratify	confirm, sanction, approve, authorize, validate, ratification
veto	reject, turn down, prohibit, forbid, interdict, blackball, eighty-six
enforce	give effect to, take into effect, come into force, implement

●●● There's many a slip between the cup and the lip.
방심은 금물이다.

서로 말로써 무엇을 합의하는 구두계약(verbal agreement)은 일방(one party)이 약속을 지키지 않으면 아무 소용이 없으므로 문서로 만들어 서로 서명을 하여 구속력(binding force)을 가지게 해야 비로소 안심할 수 있다. 일방이 계약을 어길 경우 계약서를 근거로 계약파기로 인한 손해에 대해 보상을 청구하거나 상대방이 억지를 부릴 경우 법정에서 시비를 가릴 수 있다.

국가간에 맺는 계약은 조약 또는 협정(agreement, pact, treaty)이라고 하며 우리나라 헌법에 따르면 행정부가 맺은 조약은 반드시 국회의 동의를 받도록 하고 있다. 국회가 조약에 동의하는 것을 '비준한다(ratify)'고 하며 국회의 비준을 받은 조약은 대통령이 서명함으로써 그 효력을 발하게 된다. 2005년 말 정부가 수입쌀 시장 개방을 확대하는 협정을 맺고 국회의 동의를 받는 과정에서 농민들의 엄청난 반대에 부닥쳤지만 경제 전체에 도움이 된다는 논리로 밀어붙여 결국 국회의 비준을 받았다.

유명 연예인이나 스포츠 스타가 거리나 행사장에 나타나면 수많은 팬들이 몰려들어 사인을 해달라고 외쳐댄다. "사인해주세요. Can I have your autograph?" 바로 이와 같은 사인을 autograph라 하며 '누구로부터 사인을 받다'는 get an autograph from이라고 한다. 홍보나 모금을 위해 사인회를 여는 것은 hold an autograph session이라고 한다.

sign

~에 서명하다, ~에 서명하고 승인하다
to write one's name on something such as a document and a check = autograph, ink, put one's John Hancock on, put one's cross to, set one's hand to, subscribe, witness, write one's name on, write one's signature

유의어 **endorse** 배서(이서)하다 **initial** 머리글자로 서명하다, 가서명하다 **countersign** 연서(부서)하다 **inscribe** (이름 따위를 적어) 책을 헌정(증정)하다 **rubber-stamp** ~에 덮어놓고 도장을 찍다, ~를 형식적으로 승인하다 **undersign** ~의 아래에 서명하다, (증서, 편지 등의) 끝에 서명하다

용례 **Sign here, please.** 여기에 서명하세요. **sign a letter** 편지에 서명히디 **sign one's name to a check** 수표에 서명하다

| **signing** 서명(행위) **hold a signing ceremony** 조인식을 갖다

| **signature** 서명 = autograph, handwrite **carry the signature of** ~의 서명이 있다 **ask for a person's autograph** ~의 사인을 부탁하다 **get an autograph from** ~의 사인을 받다 **hold an autograph session** 사인회를 열다

| **be good[bad] at handwriting** 달필[악필]인

---

signatory 서명인; 조약국, 가맹국

a person who signs an official document, or the country = participant, signer, the undersigned

용례 **a signatory to a peace treaty** 평화조약의 조인국

| **consigner, consignatory** 연대서명인(보증인), 연서국

| **notary public** 공증인 = attestant, attestator, attestor, witness

필수예문

track 045

1 The United States and Vietnam **signed[inked] a peace treaty** in Paris in 1975.
(미국과 베트남은 1975년 파리에서 평화협정을 맺었다.)

The **official signing** of the repatriation treaty will not take place until December.
(범인인도조약의 공식 서명은 12월이 되어야 있을 것이다.)

2 Will you **sign** the back of the check? (수표 뒤에 서명해주시겠습니까?)

Sign here on the dotted line. (여기 점선에 서명하세요.)

Can you **sign for** this petition? (이 청원서에 서명해주시겠어요?)

3 Can you **write your name** at the top of the paper? (서류 위쪽에 서명해주시겠어요?)

If you alter something you have written on a document, you must **initial** the change. (서류에 작성한 것을 변경하면 반드시 변경된 부분에 서명해야 한다.)

4 The author will be in a downtown bookstore on Monday to **autograph copies** of his latest book. (그 작가는 월요일 시내 서점에서 최근에 펴낸 책 사인회를 열 것이다.)

The presidential decrees pertaining to diplomatic policy should be

countersigned by the prime minister and the responsible minister. (외교정책과 관련된 대통령령은 총리와 관계 장관이 부서해야 한다.)

5 She **signed in** and a porter took her bags to the room. (그가 서명하고 들어가자 짐꾼이 그녀의 가방을 방으로 가져갔다.)

Don't forget to **sign out** when you leave the hotel. (호텔을 나갈 때 서명하는 것 잊지 마세요.)

You can tell by the **signature** if a painting is genuine. (서명을 보면 그림이 진짜인지 아닌지 알 수 있다.)

The movie star was quickly surrounded by scores of fans, all wanting his **autograph**. (그 영화배우는 모두 사인 받기를 원하는 수십 명의 팬들에게 순식간에 둘러싸였다.)

6 All **signatories** of[to] this treaty are committed to the goal of making the world nuclear-free. (이 조약의 모든 서명국들은 핵무기 없는 세상을 만드는 목표에 충실해야 한다.)

I, **the undersigned**, agree that all my fortunes should be given to my children in the event of my death. (본 서명자는 사망시 나의 전 재산을 자식에게 증여하는 것에 동의한다.)

ratify

비준하다, 승인하다

to approve and give formal sanction to = approve, authenticate, authorize, bind, carry, confirm, endorse, establish, go for, sanction, uphold, validate

유의어 **accredit** 인가하다 **affirm** (하급심 판결 따위를) 확인하다 **bear out** 입증하다, 증명하다 **certify** 증명하다 **commission** 위임하다 **license** ~에 면허(인가, 허가, 특허)를 주다

반의어 **reject, revoke**

용례 **ratify a treaty** 조약을 비준하다 **ratify a constitution** 헌법을 비준하다 **ratify an amendment** 수정안을 비준(재가)하다

| **rubber-stamp** ~를 형식적으로 승인하다, 거수기 노릇을 하다 (명사, 형용사로도 쓰임) **a rubber-stamp parliament** 거수기 노릇을 하는 국회

---

ratification 비준, 승인

the process of making something valid by formally ratifying or confirming it = approval, confirmation, endorsement, sanction, support, the nod, validation

반의어 **denial, disapproval, refusal, rejection**

용례 **be subject to ratification** 비준을 요하다 **await ratification** 비준을 기다리다

| **ratifier** 비준자, 재가자

| **ratified** 비준이 끝난 **unratified** 아직 비준이 안 된

필수예문

track 046

1 The National Assembly refused to **ratify** the military agreement with the United States because of a possible diplomatic row with China. (국회는 중국과의 외교마찰 가능성 때문에 미국과의 군사협약 비준을 거부했다.)

2 Without **ratification**, the treaty cannot be implemented, scuppering international efforts to bring peace back to the region. (비준을 받지 못하면 그 조약은 발효될 수 없고 그 지역을 다시 평화롭게 만들려는 국제적인 노력이 허사가 될 것이다.)

The proposal for tax increases **was endorsed by** the committee. (그 세금 인상안은 위원회의 승인을 받았다.)

3 The conference **gave** its official **sanction to** the change of policy. (그 회의는 정책의 변경을 공식적으로 비준했다.)

A parent-teacher association has **passed** a motion to introduce a uniform, courting strong opposition from students. (학부모-교사 협의회가 교복을 도입하려는 동의안을 통과시켜 학생들의 강한 반발을 사고 있다.)

4 It is unclear whether the president will **approve** the parliament's plans for cutting the defense budget. (대통령이 국회의 국방 예산안 삭감을 승인할지 불투명하다.)

The motion to ban the sale of cigarettes **was carried by 50 votes.** (담배 판매를 금하자는 동의안은 찬성표가 50표가 많아 통과되었다.)

I hereby **declare** the impeachment bill **carried.** (이로써 탄핵안이 통과되었음을 선포합니다.)

5 Rejecting a petition against film censorship, the Supreme Court **upheld** a lower court ruling. (영화검열에 반대하는 소원을 기각하면서 대법원은 하급법원의 결정을 지지했다.)

The lawmaker is accusing the special committee of **rubber-stamping** decisions made by the party leadership. (그 국회의원은 특별위원회가 당 지도부가 내린 결정을 승인하는 거수기 노릇을 하고 있다고 비판하고 있다.)

veto

거부하다

to use official powers to formally refuse a request or suggestion = blackball, chuck, defeat, disallow, disapprove, discountenance, eighty-six, give the thumbs-down to, kill, nix, pass, pass by, refuse, reject, rule out, say no to, throw away, throw out, turn down

유의어 **ban** 금지하다 **deny** 거절하다, 각하하다 **ding** (사람을) 배제(제명)하다 **forbid** 금지하다 **give ~ the heave-ho** ~를 괄시하다, 해고하다 **interdict** 금지하다 **negate** 부인하다, 무효화하다 **outlaw** ~의 법적 효력을 잃게 하다, 금지하다 **proscribe** 금지하다 **put the kibosh on** ~에 결정타를 먹이다, 끝장을 내다; ~를 저지하다

반의어 **approve, permit, ratify, sanction**

용례 **veto a bill** 법안을 거부하다 **veto a tax cut plan** 감세안을 거부하다

| kill[nix] a bill 법안을 부결시키다
| blackball a candidate 어떤 후보자에게 반대표를 던지다
| chuck a controversial bill 논란이 되는 법안을 부결시키다
| eighty-six an unwelcome customer 달갑지 않은 손님을 받지 않다

veto 거부, 거부권

use of official powers to refuse something = ban, blackball, declination, denial, ding, embargo, interdict, interdiction, nonconsent, prohibition, proscription, rejection

반의어 **approval, permission, ratification, sanction**

용례 **exercise the power[right] of veto** 거부권을 행사하다 = exercise[impose, use] a[one's] veto on

| put a[one's] veto on ~를 거부하다, 부인하다 **use the presidential veto** 대통령 거부권을 행사하다

필수예문

track 047

1 The president threatened to **veto** a bill expanding public funding for embryonic stem cell research that could make it to his desk by early next week, citing ethical issues in the study. (대통령은 연구에 대한 윤리 문제를 이유로 내주 초 자신에게 전달될 수 있는 줄기세포 연구 공공자금지원 확대 법안을 거부하겠다고 으름장을 놓았다.)

2 As a result of the mayor's **veto**, the urban development plan will not now go ahead. (시장이 거부권을 행사하여 도시개발안은 이제 시행되지 않을 것이다.)

The president's **veto** was the kiss of death for the new abortion law. (대통령의 거부권 행사는 그 새로운 낙태법에 결정적인 타격을 주었다.)

3 The Senate is expected to **reject** the education bill by about 70 to 30. (미국 상원은 교육 법안을 약 70대 30으로 부결시킬 것으로 예상되고 있다.)

New Yorkers **nixed** a state legislature-generated proposal to change state budget-making procedures. (뉴욕 시민들은 주 의회가 발의한 주 예산편성 절차를 바꾸려는 제안을 거부했다.)

4 Councilmen have **thrown out** proposals for the building of a retractable-roof baseball stadium. (시의회 의원들은 개폐식 천장의 야구장을 건설하자는 제안을 부결시켰다.)

Rebels in the Asian country have **rejected** a new appeal by the prime minister for talks to end their insurgency. (그 아시아 국가의 반군들은 반란을 종식시키기 위한 회담을 열자는 수상의 새 제안을 거부했다.)

5 The power to **say no to** bids for higher spending gives the Ministry of Planning and Budget enormous influence. (지출 증가 요구를 거부할 수 있는 권한으로 인해 기획예산처는 큰 영향력을 갖고 있다.)

Environmentalists have **said nix on** a proposal to build a new nuclear power plant near the capital. (환경보호주의자들은 수도 근처에 새 원자력발전소를 짓자는 제안에 반대했다.)

enforce

(법률을) 시행하다, 실시하다
to start a new law, rule, or system officially = administer, carry out, effect, effectuate, execute, exert, implement, invoke, make good, realize

유의어 **apply** 적용하다 **coerce** (법률, 권위 따위로) ~를 억압하다, 구속하다 지배하다 **commandeer** 징용하다, 징발하다 **crack down on** 단속하다 **dictate** (권위를 갖고) 명령하다 **discharge** (의무, 약속, 직무 따위를) 이행하다 **dragoon** 강요하다 **exact** 강제하다, 강제로 거두어들이다 **impose** (세금, 형벌, 의무 따위를) 지우다 **lean on** 강요하다 **strong-arm** 폭력을 쓰다, 강탈하다

반의어 **abandon, disregard, forget, give up, neglect, relax**

용례 **enforce a law** 법을 실시하다 **enforce rigidly[strictly, stringently]** 엄격히 시행하다

| **invoke a law** 법을 발동하다 **invoke[plead, take] the Fifth** 묵비권을 행사하다

| **give effect to** 실시하다 = put ~ into effect[force, operation]

| **come[go] into effect** 실시되다 = come into force[operation], take effect

| **enforcement** 시행, 실행 **rigid[strict, stringent] enforcement** 엄격한 시행 **law enforcement** 법의 집행

| **law enforcement authorities** 사법 당국 **law enforcement agency** 법 집행 기관

---

effective 실시되고 있는, 유효한

exerting force or influence = active, actual, current, direct, dynamic, in effect, in execution, in force, in operation, in place, in use, operative, real

반의어 **inoperative, useless**

용례 **become effective** 시행되다, 효력을 발생하다, 발효하다 **effective March 15** 3월 15일자로, 3월 15일부로

| **effectuation** 실시, 발효 = implementation, invocation

with the effectuation of the peace treaty 평화조약이 발표됨에 따라

필수예문

track 048

1 The government is preparing to **enforce** a new seat-belt law that allows police officers to issue a ticket for a driver or occupant not wearing a seat-belt, but prohibits them from setting up checkpoints. (정부는 경찰로 하여금 안전벨트를 매지 않은 운전자나 승객에게 딱지를 뗄 수 있게 허용하지만 검문소를 설치하는 것은 금하는 새로운 안전벨트 법을 시행할 준비를 하고 있다.)

2 The clause is designed to **effectuate** a state law which prohibits the illegal sale of cigarettes to minors. (그 조항의 목적은 미성년자에 담배 불법 판매를 금하는 주법을 시행하려는 것이다.)

The municipal government does not have the authority to **implement** a congestion fee system and should win congressional approval. (시당국은 혼잡통행료 제도를 실시할 권한이 현재 없고 의회의 승인을 받아야 한다.)

3 First, it provides that no state shall be required to **give effect to** a law of any other state with respect to same-sex marriage. (첫째, 그것은 동성애와 관련하여 어떤 주도 다른 주의 법을 시행할 의무가 없다고 규정하고 있다.)

The government ban on the sale of alcohol to minors will **come into effect** next month. (미성년자에 대한 정부의 주류 판매금지는 다음 달에 실시된다.)

4 The new law **becomes effective** on April 1. (새 법은 4월 1일 발효된다.)

It goes without saying that the existing 9-meter smoking ban around hospital doorways would **remain in place.** (기존의 병원 출입구 9미터 이내에서의 금연은 계속 유효할 것이라는 것은 말할 나위도 없다.)

5 Upon the **effectuation of** the Peace Treaty, Japan recognized the independence of Korea and renounced all rights. (샌프란시스코 강화조약 발효와 동시에 일본은 한국의 독립을 인정했고 모든 권리를 포기했다.)

Several civic and religious groups are urging the government to suspend **implementation of** a new law which they say will have a substantially negative racial impact on voters. (여러 시민 및 종교단체들은 정부에 유권자들에게 상당히 부정적인 인종상의 영향을 미칠 수 있는 신법의 시행을 중지할 것을 촉구하고 있다.)

심화학습

18세기말(at the end of the 18th century) 미국의 독립을 위해 싸웠던 인물 중에 John Hancock이라는 사람이 있었다. 그는 1776년 7월 4일 미국의 독립선언서(the Declaration of Independence)에 서명하게 되었는데 당시 영국의 국왕이던 조지 3세(King George the Third)가 안경을 안 쓰고도 자신의 서명을 볼 수 있도록(read it without his glasses) 자신의 이름을 제일 큼지막하게 사인하였다(sign his name the largest)고 한다. 여기에서 유래하여 John Hancock이라는 이름은 서명의 대명사로 간주되며 put one's John Hancock이라고 하면 '서명하다'는 뜻이다.

❑ **put one's John Hancock on** ~에 서명하다

ex. The civic group plans to ask lawmakers to **put their John Hancock on** an important bill to block the construction of a nuclear power plant. (그 시민단체는 핵발전소 건립을 막으려는 중요한 법안에 국회의원들이 서명하기를 부탁할 계획이다.)

| **Please put your John Hancock here[on the dotted line, at the bottom of the paper].** 여기에[점선에, 서류 하단에] 서명해주세요.

❑ **launch a signature collection campaign[drive] for** ~를 위한 서명운동을 벌이다

ex. The political leader stressed the need to **launch a** new **signature collection campaign for** demanding the government act now to help create jobs for young people. (그 정치지도자는 정부가 젊은이들을 위한 일자리 창출을 위해 지금 나서야 한다고 요구하기 위한 새 서명운동의 필요성을 강조했다.)

| **launch a signature collection drive against smoking** 금연 서명운동을 벌이다

❑ **signing ceremony** 서명식

ex. The leaders of all signatories to the climate treaty are expected to attend the **signing ceremony** slated for Washington on March 10. (기후협약의 모든 조인국 정상들이 3월 10일 워싱턴에서 열리는 조인식에 참석할 것으로 예상된다.)

| **hold a signing ceremony on** ~에 서명식을 갖다

❑ **submit a bill to ratify a treaty** 조약 비준안을 제출하다
ex. Defying fierce protests from farmers, the government **submitted** to parliament **a bill to ratify an agreement** that would gradually open South Korea's rice market. (농민들의 격렬한 항의를 무시하고 정부는 한국의 쌀시장을 점차 개방할 쌀협상 비준안을 국회에 제출했다.)
| a ratification bill 비준안 = a bill on the ratification of ~의 비준안 **a draft ratification bill** 비준안 초안

❑ **railroad[ramrod, steamroller] a bill** 법안을 강제 통과시키다
ex. The government should not be trying to **railroad this bill** through parliament in the last few days before the end of its regular session. (정부는 이번 국회회기 마지막 며칠 동안에 이 법안을 강제 통과시키려고 해서는 안 된다.)

❑ **override the president's veto** 대통령의 거부를 무효화하다
ex. In April, the Senate will vote on whether to **override the president's veto** of the special law aimed at a cut in the amount of carbon dioxide emission. (4월에 미국 상원은 이산화탄소 배출량 감소를 목적으로 하는 특별법의 대통령 거부 무효화에 대한 투표를 할 것이다.)
| accuse the override of the president's veto 대통령 거부의 무효화를 비난하다

❑ **call for a delay in the effectuation of** ~의 실시 연기를 요구하다
ex. Opposition parties are **calling for a delay in the effectuation of** the bill designed to increase subsidies to conglomerates. (야당들은 거대기업들에 대한 보조금을 늘리려는 법안 시행의 연기를 요구하고 있다.)
| prevent the effectuation of ~의 실시를 막다 **move up the effectuation** ~의 실시를 앞당기다

❑ **retroactive** 소급하는, 소급 적용되는
ex. Legal experts argue that the retroactive application of the controversial statute will violate constitutional provisions. (법 전문가들은 논란이 되는 법령의 소급 적용은 헌법조항에 위배될 것이라고 주장한다.)
| retroactive to May 1 5월 1일로 소급해서

13 가입 | 탈퇴 | 연합 | 동맹

주제어	관련어
join	enlist, come aboard, admission, entry, entrant, fraternity, sorority
secede	bolt, leave, break away from, secession, withdrawal, defector
combine	unite, hook up, muster, combination, coalition, united, solidarity
ally	confederate, join forces, alliance, coalition, allied, accomplice

●●● United we stand, divided we fall. 뭉치면 살고 흩어지면 죽는다.

우리나라가 해방되고(be liberated from Japanese colonial rule) 난 뒤 무려 10년 이상을 대통령으로 지낸 이승만 박사의 유명한 말이다. 비단 나라뿐 아니라 치열해지는 생존경쟁에서 살아남기 위해 기업들도 서로 전략적 제휴(strategic alliance)를 맺으며 활로를 모색한다.

소위 친미인사들(pro-American figures)은 강대국들의 세력 다툼 속에서 우리나라가 살아남으려면 미국과 군사동맹을 공고히 하는(cement a military alliance with the United States) 것이 유일한 길이라고 주장한다. 이와는 반대로 대한민국이 제대로 된 주권국가(sovereign state)로 행세하려면 한국은 한시바삐 미국과의 군사동맹 관계를 단절해야 한다(South Korea should lose no time in severing its military alliance with Washington)고 강변하는 이들도 있다.

아무튼 과거 참여정부(the participatory government)가 정권을 잡은 뒤에 한미관계에 큰 변화가 있었던 것은 사실이며 어떤 이들은 큰 틀의 관계는 유지하면서도 우리나라가 보다 능동적인 역할을 할 수 있는 구도를 만들어가는 것이 중요하다고 지적한다. 하지만 현실은 그렇게 녹록한 것이 아니어서 힘의 논리(the logic of force)에 따라 움직이는 국제정세를 잘 살피면서 우리나라에 가장 득이 되는 길이 무엇인가를 염두에 두고 현명한 대처를 하는 것이 중요하다고 전문가들은 말한다.

join

가입하다, 입대하다

to be a member of a club or organization = accede to, affiliate, associate oneself with, be in, become a member of, come[get] aboard, enlist, enroll, enter, go in with, mingle with, plug into, send in one's name to, sign on, sign up

유의어 **align** ~와 제휴하다 **consort** ~와 어울리다 **cooperate** 협력하다 **follow** ~를 따르다 **fraternize** ~와 친하게 사귀다 **pair** ~와 짝을 짓다 **side with** ~ 편을 들다 **subscribe to[for]** 예약 구독하다, 신청하다

용례 **join a club** 클럽에 가입하다 **join the Navy** 해군에 입대하다

| **enlist** 가입시키다 = incorporate, initiate, affiliate, seat **be admitted[initiated] to** 가입되다 = gain membership in **want in** 가입하고 싶어하다 **gain[win] a seat on** ~에 가입하다, 회원이 되다

| **admission** 입장, 가입, 입학 = acceptance, access, admittance, door, entrance, entree, ingress, initiation, introduction, matriculation, permission, reception

grant a person admission ~에게 입장(입회)을 허가하다 **admission to a school** 입학

| **an entrance[admission, initiation] fee** 입학금, 가입금

---

entrant 신입자(생), 신입 회원; (경기 따위의) 참가자

someone who joins a club or organization = beginner, cub, fresher, freshman, greenhorn, incomer, initiate, neophyte, new arrival, new member, newcomer, novice, rookie, tyro; aspirant, candidate, contestant, entry, participant, player, rival

용례 **university entrants** 대학 신입생 **an entrant to the diplomatic service** 신임 외교관 **a presidential candidate** 대통령 선거 후보 **a contestant for** ~를 위한 경쟁자

| **probationer** 수습생, 견습생 **trainee** 훈련생, 견습공

| **a new member nation of the World Trade Organization** 세계무역기구 신생 가입국

---

club 동호회, 클럽

a group of people organized for a common purpose, especially a group that meets regularly = alliance, association, brotherhood, circle, company, coterie, fellowship, fraternity, guild, league, lodge, meeting, order, outfit, organization, society, sodality, union

용례 **a tennis club** 테니스 동호회 **an Alpine club** 산악회 **a medical[legal] brotherhood** 의사회[법조인회] **political[official] circles** 정계[관계] **found[establish, set up] a society** 협회를 설립하다

| **fraternity** [남자대학생] 동아리 **sorority** [여자대학생] 동아리

| **clique** 도당, 파벌, 일파 = in-crowd, in-group, gang, clan, faction, pack, bad, ring, mob

필수예문

track 049

1 Foreign companies now have more chances to be admitted into the Chinese market after China has formerly **joined** the World Trade Organization. (중국이 정식으로 세계무역기구에 가입한 후 외국 기업들은 이제 중국 시장에 들어갈 수 있는 기회가 더 많다.)

2 He has been thinking of **joining** the Labor Party since last year. (그는 작년부터 노동당에 가입할까 생각해왔다.)

The Defense Ministry is launching an advertising campaign to persuade people join the armed forces. (국방부는 군 입대를 설득하기 위해 홍보운동을 벌이고 있다.)

3 South Korea **became a member of** the Organization for Economic Cooperation and Development about 10 years ago. (한국은 약 10년 전 경제개발협력기구(OECD)에 가입했다.)

It costs about $1,000 a year to **become a member of** the golf club. (그 골프 동호회 회원이 되려면 연회비 약 천 달러를 내야 한다.)

4 South Koreans over eighteen years of age are permitted to **enter** a political party. (18세 이상의 한국인들에게는 정당 가입이 허용된다.)

I **enrolled at** the university in 1981 to study history. (나는 역사를 공부하기 위해 1981년 그 대학에 등록했다.)

More than 100 women **enrolled in** the society this year. (올해 100명이 넘는 여성들이 그 협회에 등록했다.)

5 He lied about his age in order to **join up with** the army. (그는 군대에 들어가려고 나이를 속였다.)

Tom **enlisted in** the air force to become a pilot. (톰은 공군에 입대해 조종사가 되었다.)

The communists effectively **infiltrated** the government and the political parties. (공산주의자들은 효과적으로 정부와 정당에 잠입했다.)

6 The politician may **go[come] over to** the opposition party after the corruption scandal in his party. (그 정치인은 자신이 속한 정당에서 터진 부패 사건 이후 야당으로 당을 옮길지도 모른다.)

All students are allowed **entry into** a fraternity or sorority. Becoming a member of a fraternity or sorority is challenging, rewarding, and fun. (모든 학생은 동아리 가입이 허용된다. 동아리에 가입하는 것은 해볼 만하고 보람이 있으며 재미있다.)

secede

탈퇴하다

to withdraw formally from membership in an organization, association, or alliance = apostatize, bolt, bolt from, break away from, break with, disaffiliate, leave, quit, split from, tergiversate, withdraw from

유의어 **drop out of** 손을 떼다, 그만두다 **pull out of** 손을 떼다, 철수하다 **turn one's back on** 저버리다, ~로부터 도망치다

반의어 **join**

용례 **secede from [leave, quit, bolt] a party** 탈당하다

| **secession** 탈퇴, 분리 = breakaway, withdrawal, separation **seek secession from** ~로부터 탈퇴[분리]를 추구하다 **secessionist** 탈퇴[분리]주의의; 탈퇴[분리]론자 **breakaway** 탈퇴한, 이탈한, 분리한

| **want out** 탈퇴하고 싶어하다

| **repudiate** 의절하다

defector 탈퇴자, 변절자; 망명자

a person who abandons their duty (as on a military post) = apostate, back-stabber, backslider,

Benedict Arnold, betrayer, deserter, double-crosser, fifth columnist, fink, Judas, quisling, rat, rat fink, renegade, tergiversator, traducer, traitor, treasonist, turncoat, two-timer

반의어 **loyalist**

용례 **a high-ranking defector seeking political asylum** 정치적 망명처를 구하고 있는 고위직 망명자

a North Korean defector 탈북자

| **launch a manhunt for a deserter** 탈영병 수색을 시작하다

| **a fifth column, a quisling** 제5열(국내에서 이적 행위를 하는 사람들), 매국노

| **fink[cop] out on** 약속을 어기다, 배신하다

| **rat on** (약속을) 취소하다, 이행하지 않다; (빚을) 떼어먹다, 배신하다

필수예문

track 050

1 In spite of the ideological and political glosses, factional leaders have given in to pressure to **secede from** the Democratic Party and establish a new political party.
(사상적, 정치적 핑계에도 불구하고 계파 지도자들은 민주당을 탈당하고 새로운 정당을 창당하라는 압력에 굴복했다.)

2 One of South Korea's largest labor unions threatened to **break away from** the Labor Party as early as July unless the party focused more on low-paid workers.
(한국 최대의 노조 가운데 하나인 단체는 만일 노동당이 저임금 노동자 문제에 더 초점을 맞추지 않으면 이르면 7월에 당을 탈당하겠다고 위협했다.)

The justice minister has announced his decision to **bolt from** the governing party.
(법무장관은 여당에서 탈퇴하겠다는 결심을 발표했다.)

3 Hardliners in the Labor Party have decided to **leave the party** and establish a new party. (노동당의 강경파들은 탈당해 신당을 만들기로 결정했다.)

The treaty gives Germany the right to **opt out of** the single European currency system if it wants to. (그 조약은 독일에 만약 원한다면 단일 유럽 통화체제를 이탈할 수 있는 권한을 부여하고 있다.)

4 Moscow has slammed a Georgian threat to open fire on ships which illegally enter the waters of its **breakaway** province of Abkhazia. (러시아는 분리한 아브카지아 주 영해에 불법으로 들어오는 선박에 발포하겠다는 그루지야의 위협을 맹비난했다.)

Any person who wishes to secede from a political party shall submit **a report on secession from** a party to the agency within a week. (정당으로부터 탈당을 원하는 모든 사람들은 일주일 이내에 탈당계를 그 기관에 제출해야 한다.)

5 Some 100 **North Korean defectors** are reportedly living in refugee camps and Korean churches in Thailand. (보도에 의하면 약 100명의 탈북자들이 태국에 있는 난민촌과 한국인 교회에서 생활하고 있다고 한다.)

An 18-month-old party led by **deserters from** the deposed premier's side is tipped to head the future government after the upcoming general elections. (퇴위한 수상 측으로부터 이탈한 인사들이 주도하는 창당 18개월 된 정당이 다가오는 총선 뒤에 정부를 이끌 것으로 예상되고 있다.)

combine

연합하다, 결합시키다

to join together with other people, organization, or countries to achieve a shared aim = ally, amalgamate, annex, associate, band together, combine, come aboard, confederate, connect, form connection, go partners, hook up, incorporate, join, league, line up, plug into, relate, team up, tie up, unite

반의어 **break up, disassociate, disband, disjoin, leave, quit, separate**

용례 **combine two companies** 두 회사를 합병하다 **combine factions into a party** 파벌을 합쳐 한 정당이 되게 하다 **the combined[allied, coalition] force** 연합군

| **combination** 연합, 결합 = cooperation, association, union, alliance, partnership, coalition, league, consortium, syndication, federation

| **form a coalition between the two parties** 양당이 제휴하다

---

unite 뭉치다, 일치단결하다

to join and act together in a common purpose or endeavor = affiliate, ally, amalgamate, associate, band, band together, become one, blend, close ranks, coadjute, coalesce, commingle, confederate, conjoin, connect, consolidate, club together, fuse, gather together, hang together, incorporate, join forces, keep together, league, link, pool, pull together, solidify, stick together, strengthen, unify

반의어 **divide, separate**

용례 **unite two countries** 두 나라를 결속시키다

| **an attempt to unify the nation** 나라를 통일하기 위한 시도

| **united** 연합한, 제휴한, 일치한 = combined, amalgamated, allied, cooperative, concerted, collective, pooled **form a united front** 연합전선을 형성하다 **a united family** 원만한 가정

| **unity** 일치, 단결 =agreement, harmony, accord, concord, concurrence, consensus, concert, togetherness **find unity in variety[diversity]** 다양한 가운데에서 조화를 찾아내다

| **solidarity** 연대감, 결속 = unity, like-mindedness, team spirit, camaraderie, harmony, esprit de corps

---

rally 다시 모으다, 규합하다; (공통의 목적을 위하여) ~를 불러모으다

to persuade people to unite in order to fight for or against something = assemble, bond together, bring together, come together, convene, gather, get together, marshal, mobilize, muster, reassemble, regroup, reorganize, round up, summon, unite

반의어 **demobilize, disband**

용례 **rally scattered troops** 흩어진 군대를 재편성하다 **rally one's friends** 친구를 불러모으다 **rally one's men** 부하들을 불러모으다

| **rally around a leader** 지도자 주위에 모이다 **rally around the president** 대통령을 지원하러 모이다

| **rally** 집회 **hold[organize, stage] a rally** 집회를 열다

필수예문

track 051

1 Opposition parties, labor unions, civic organizations and student groups **combined** to drive the graft-tainted president out of office and call for a new presidential election. (야당, 노조, 시민단체 그리고 학생 단체들은 뇌물에 연루된 대통령을 축출하고 새로운 대통령 선거를 촉구하기 위해 연합했다.)

2 The rights activist has called on the international community to **unite** to save the people of North Korea from starvation. (그 인권운동가는 국제사회가 단결하여 북한 주민들을 기아로부터 구하자고 요청했다.)

The United States prefers to give economic aid to those countries that are **politically aligned with** the West. (미국은 서방과 정치적으로 연합한 국가들에 경제 원조를 제공하는 것을 좋아한다.)

3 The two opposition leaders decided to resolve their differences and **close ranks** in an effort to create a democratic Iraq. (두 야당 지도자는 이라크를 민주적인 나라로 만들기 위한 노력의 일환으로 갈등을 해소하고 결속을 강화하기로 결정했다.)

Parents and teachers should all **stand together** to cope with the growing use of the drug ecstasy among students. (학부모와 교사 모두 단결해 학생들 사이에서 증가하는 마약 엑스터시의 사용에 대처해야 한다.)

4 In the aftermath of the terrorist attacks against the United States, the conservative organization called on all Americans to **remain united**. (미국에 대한 테러 공격 직후 그 보수단체는 모든 미국인의 단결 유지를 호소했다.)

Members of the progressive umbrella labor group have gone on strike to show their **solidarity** with miners. (그 진보적인 상급 노동단체 소속 노동자들은 광부들과 연대파업에 돌입했다.)

5 President Bush will start a new round of speeches to **rally support** for the war in Iraq as protesters camped outside Bush's Texas home and polls showed weaker support for the two-year conflict. (부시 대통령은 시위자들이 자신의 텍사스 집 외곽에 진을 치고 여론조사 결과 2년 된 이라크 전쟁에 대한 지지가 떨어지자 전쟁에 대한 지지를 모으려고 일련의 새로운 연설을 시작할 것이다.)

ally

동맹을 맺다, 동맹(연합, 제휴)하다

to place in a friendly association, as by treaty, to enter into an alliance = affiliate, amalgamate, annex, associate, band together, combine, come aboard, confederate, connect, form connection, go partners, hook up, incorporate, join, line up, plug into, relate, team up, tie up, unite

반의어 **break up, disassociate, disband, disjoin, leave, quit, separate**

용례 **ally to[with]** ~와 동맹하다 **ally against** ~에 대항하여 우방들과 동맹을 맺다

| **be annexed to Japan** 일본에 합병되다 **unite against aggression** 침략에 대비하여 협력하다

| **ally** 동맹자, 동맹국, 연합국 = confederate, friend, partner, associate, colleague, helper

a close[faithful, staunch] ally 충실한[신뢰할 수 있는] 동맹국, 혈맹
| **accomplice** 공범 **accessory** 종범

alliance 동맹, 연합

an arrangement involving two or more different groups or countries to work together to fight an enemy
= affiliation, association, coalition, confederacy, confederation, federation, league, partnership, union

반의어 **antagonism, discord, hostility, nonalignment**

용례 **a treaty of alliance** 동맹조약 **a strategic alliance** 전략적 동맹 **a triple alliance** 삼국동맹

| **allied** 동맹을 맺은, 제휴한 = affiliated, agnate, akin, amalgamated, associated, bound, cognate, combined, confederate, connate, connected, friendly, in league, incident, joined, joint, kindred, linked, unified **the Allied Forces** (2차대전 당시의) 연합군 **allied forces** 동맹군(연합군) **allied nations** 동맹국

필수예문

track 052

1 The United States should **ally itself with** the Palestinians and the Muslim world to secure prompt, unconditional and complete Israeli withdrawal from the occupied territories. (미국은 이스라엘의 신속하고, 무조건적이며 완전한 점령지로부터의 철수를 확보하기 위해 팔레스타인 및 이슬람 세계와 동맹을 맺어야 한다.)

2 Italy **allied itself with** Germany during World War II. (제2차 세계대전 중에 이탈리아는 독일과 동맹했다.)

Several tribes in the West African country **allied** to fend off the invaders. (그 서아프리카 국가의 여러 부족들이 침입자들을 막아내려고 동맹을 맺었다.)

3 In the aftermath of the murder case, only 48 percent of South Koreans regard the United States as a **close ally**, a drop of 10 points since 2003. (그 살인사건의 여파로 겨우 48퍼센트의 한국인들이 미국을 혈맹으로 여기는데, 이 수치는 2003년보다 10포인트나 떨어진 것이다.)

South Korea and its **allies** have sought for months to gain assurances from Pyongyang that it will open its nuclear facilities to inspection by the International Atomic Energy Agency. (한국과 동맹국들은 북한이 그들의 핵시설을 국제원자력기구의 사찰에 개방할 것이라는 보장을 북한으로부터 받아내기 위해 수개월 동안 노력해왔다.)

4 When you **form a strategic alliance with** other businesses, you both will share the advertising and marketing costs. (다른 기업과 전략적 제휴를 맺으면 양사는 광고 및 마케팅 비용을 공동으로 부담하게 된다.)

President Bush said that **coalition forces** serve a great and just cause as they fight on several fronts in Iraq. (부시 대통령은 연합군은 크고 정당한 대의명분을 위해 이라크의 여러 전선에서 싸우고 있다고 말했다.)

5 Russian President Vladimir Putin was slated to **sign an alliance treaty with** Uzbekistan in a show of support for the authoritarian Uzbek leader, who has been increasingly isolated in the West for his government's brutal suppression of an uprising in May. (블라디미르 푸틴 러시아 대통령은 우즈베키스탄과 동맹조약을 체결할 예정이었는데 이는 우즈베키스탄 정부가 5월의 봉기를 잔인하게 진압한 이후 서방세계에서 점차 고립되어왔던 권위적인 우즈베키스탄 대통령에 대한 지지를 보여주는 것이었다.)

심화학습

seat는 사람들이 앉는 물리적인 '좌석'이란 뜻 외에도 누구에게 주어지는 '지위', 국회의원들의 '의석' 그리고 어떤 기구의 '회원의 지위' 라는 추상적인 의미를 갖고 있다. 어느 곳에 '한자리를 차지하고 있다'는 hold a seat in이고 국회의원이 비리 때문에 혹은 선거에 출마해 낙선하는 것은 lose one's seat라고 한다. 반면 gain[win] a seat on이라고 하면 '~에 가입하다, 진출하다'는 의미가 된다.

❑ **gain[win] a seat on** ~에 가입하다(진출하다)

ex. Japan could face a domestic outcry for a cut in its contributions to the UN annual budget if it fails to **win a** permanent **seat on** an enlarged Security Council. (확대된 안전보장이사회의 영구 상임이사국으로 가입하지 못하면 일본은 유엔 연간 예산에 대한 기여금을 삭감하라는 내부의 항의에 부닥칠지 모른다.)

| **gain a permanent seat on** ~에 영구 회원국으로 가입하다 **lose a seat on** ~회원(국) 자격을 잃다 **seek admission[entry] to[into]** ~에 가입을 추구하다

❑ **gain[win, obtain] membership to[in]** ~에 가입하다, ~의 회원(국)이 되다

ex. South Korea is keen to **gain membership to** the global body in an effort to promote exports of its pop culture. (한국은 대중문화 수출을 촉진하기 위한 노력의 일환으로 그 세계기구 가입을 열망하고 있다.)

| **lose membership to[in]** ~의 회원 자격을 잃다

❑ **rejoin the United Nations** 유엔에 재가입하다

ex. The campaign to rejoin the United Nations is also constrained by decisions taken long ago by previous governments. (유엔에 재가입하려는 운동은 이전 정부가 오래 전에 취한 결정들에 의해 또한 제한받고 있다.)

| **authorize US reentry into the body** 그 기구에 미국의 재가입을 승인하다

❑ **hazing** (동아리 등의) 신고식

ex. Fraternity **hazing** can kill students or lead to other physical or mental handicaps, while many people think of it as being harmless. (동아리 신고식은 사람을 죽이거나 다른 신체적, 정신적 장애를 가져올 수 있지만 많은 사람들은 그것을 무해하다고 생각한다.)

| **be killed in a hazing accident** 신고식 사고로 사망하다 **a fraternity hazing victim** 동아리 신고식 피해자 **be considered as a fraternity hazing ritual** 동아리 신고 의식으로 간주되다

❑ **win[obtain] observer status in** ~의 옵서버 자격을 얻다

ex. Taiwan aims to **win observer status within** the World Health Organization as a "health entity" rather than as a nation in a bid to circumvent a long-standing sovereignty dispute with China. (대만은 중국과 해묵은 주권논쟁을 피하기 위해 국가가 아닌 '보건 독립체'로서 세계보건기구 옵서버 자격을 얻기를 원한다.)

| **grant observer status to** ~에 옵서버 자격을 부여하다

❑ **withdraw from the NPT** NPT에서 탈퇴하다

ex. The nuclear Nonproliferation Treaty (NPT) provides that a state intending to **withdraw**

from the treaty must give the UN Security Council three months' notice of its intention. (핵확산금지조약은 조약에서 탈퇴를 원하는 국가는 3개월 전에 유엔안전보장이사회에 의사를 전달하도록 규정하고 있다.)

❑ **rally opposition to** ~에 대한 반대를 모으다

ex. The leader of Germany's opposition Christian Democrats wrote to the heads of conservative governments across Europe to **rally opposition to** Turkish EU membership. (독일 기민당수는 터키의 EU가입에 대한 반대를 모으기 위해 유럽 전역의 보수 정부 수반들에게 편지를 썼다.)

❑ **enter into an alliance with** ~와 군사동맹을 맺다

ex. The United States is reportedly seeking to block any military **alliance** Germany may want to **enter into with** other nations against the US. (보도에 의하면 미국은 독일이 미국에 대항하려고 다른 나라들과 맺기를 원할지도 모르는 어떠한 군사동맹도 막으려고 하고 있다고 한다.)

| **maintain a military alliance with** ~와 군사동맹을 유지하다 **boost Sino-Russian ties into a close military alliance** 중소 관계를 가까운 군사동맹으로 발전시키다 **break off a military alliance with** ~와 군사동맹을 파기하다

14 협력 | 경쟁 | 조화 | 공존

주제어	관련어
cooperate	**work together, join forces, cooperation, cooperative, conspire**
compete	**vie, contest, competition, competitive, competitor, rival, rivalry**
harmony	**harmonize, harmonious**
coexist	**live and let live, coexistence**

●●● Many hands make light work. 백짓장도 맞들면 낫다.

손에 손잡고(hand in hand) 서로 오순도순 사이좋게 살아가면 얼마나 좋으련만 인간사라는 게 그렇게 간단하지 않아 경쟁(competition)에서 살아남지 못하면 도태되고 만다. 상부상조의 미덕은 빛바랜 말이 되었고 현대인들은 하루하루 살아남기 위해 피 말리는 경쟁을 해야 한다.

기업(company, firm, corporation, business)이나 기타 조직은 전체의 목표를 위해서 조직원들이 서로 협력하지만(cooperate) 개개인은 인정을 받고 승진하기 위해 치열한 생존경쟁(rat race)을 펼친다. 그 와중에서 살아남는 사람들은 승자가 되고 그렇지 못한 사람들은 낙오자가 된다. 조직원이 다 잘 되면 좋지만 그렇지 않은 것이 현실이다 보니 어떤 이들은 혼자 잘 먹고 잘 살려고 튀는 행동을 하거나 전체의 화합(harmony)을 깨는 행동을 하게 되는 경우도 있다.

작은 회사에서도 이럴진대 하물며 국가간에 평화롭게 공존(peaceful coexistence)하는 것은 더욱 어려운 일이다. 그 대표적인 예가 냉전(the Cold War)의 마지막 전선으로 남아있는 한반도(the Korean Peninsula)이며 지난 몇 년간 화해 무드(rapprochement)가 무르익어 남북교류(inter-Korean exchange)가 활발하지만 6.25 전쟁이 평화조약 체결 없이 휴전으로 끝났기 때문에 남한과 북한은 아직도 전쟁 상태에 있다고 할 수 있다. 최근에는 북한의 핵무기 개발 야욕과 미국 본토를 직접 공격할 수 있는 미사일 보유설 등으로 그 어느 때보다 긴장이 높아지고 있다.

cooperate

협력하다, 협동하다
to work together in order to achieve something = act jointly, collaborate, combine, concur, join forces, make united [concerted] efforts, play ball, pool resources, pull together, team up with, unite, work[act, pull] together

동사 cooperate는 협력하는 상대나 대상을 나타낼 때는 전치사 with를, 협력의 목표가 되는 것을 표시할 때는 for를, 협력의 분야를 나타낼 때는 on이나 in을 쓴다.
cooperate with someone ~와 협력하다
cooperate for ~를 위해 협력하다
cooperate in[on] ~에서 협력하다
유의어 **aid** 돕다 **back up** 후원(지원)하다 **band** 단결하다 **concert** 공동으로 하다 **fraternize** 친하게 사귀다 **league with** 동맹을 맺다 **participate** 참여(가담)하다 **partner with** 제휴하다 **share in** 참가하다 **side with** ~편을 들다 **stick together** 일심동체가 되다, 이해를 같이하다
반의어 **hinder, impede, oppose, prevent, undermine**
용례 **cooperate fully** 전적으로 협력하다 **cooperate with someone in[for, on]** ~와 ~에 협력하다
| **concert with** ~와 협조하다, 공동보조를 취하다 **side with** ~편들다 **need to cooperate with** ~와 협력할 필요가 있다
| **cooperation** 협력, 협동 = coaction, collaboration, combination, combined effort, give-and-take, logrolling, partnership, playing ball, symbiosis, synergism, synergy, teaming, teamwork, union, unity **obtain cooperation from** ~의 협력을 얻다 = win[secure] the cooperation of ~, get ~ into line
| **in cooperation with** ~와 협력하여
| **cooperative** 협력의, 협동의; 협동조합 **a cooperative effort** 협동의 노력 **a cooperative patient** 협조적인 환자 **a farmers' cooperative** 농업 협동조합 **uncooperative** 비협조적인 = unhelpful
| **recalcitrant** 완강하게 저항(반항)하는; 저항(반항)자, 고집쟁이 = contrary, contumacious, defiant, disobedient, fractious, indomitable, insubmissive, insubordinate, intractable, obstinate, opposing, radical, rebellious, refractory, resistant, resisting, stubborn, uncontrollable, undisciplinable, undisciplined, ungovernable, unmanageable, unruly, untoward, unwilling, wayward, wild, willful, withstanding
| **recalcitrance, recalcitrancy** 저항, 반항

---

conspire 공모하다, 모의하다

to plan together secretly to commit an illegal or wrongful act or accomplish a legal purpose through illegal action = be in cahoots with, cabal, collogue, collude, connive, contrive, hatch, intrigue, machinate, maneuver, operate, plot, scheme
용례 **conspire against a person's life** 남을 죽이려는 음모를 꾸미다 **conspire with** ~와 공모하다 **conspire a crime** 범죄를 공모하다
| **go in cahoots with** ~와 한패가 되다
| **hatch a plot** 음모를 꾸미다 **hatched, matched, and dispatched** (완전히) 끝낸, 완료한 **hatches, catches, matches and dispatches** (신문의) 출생, 약혼, 결혼, 사망란
| **collude with ~ to do** ~와 공모하여 ~하다

conspiracy 모의, 공모, 음모 = cabal, complot, confederacy, connivance, countermine, counterplot, covin, disloyalty, fix, frame, game, hookup, intrigue, league, machination, perfidy, plot, practice, put-up job, scheme, sedition, treacherousness, treachery, treason, trick, trickery **organize[hatch] a conspiracy** 음모를 꾸미다 **crush a conspiracy** 음모를 분쇄하다 **unmask a conspiracy** 음모를 폭로하다 **a conspiracy against the government** 정부 타도의 음모 **a conspiracy to hijack an airplane** 비행기 납치 음모 **in conspiracy** 공모(작당)하여 **take part in conspiracy** 한 패에 가담하다

필수예문

track 053

1 The United Nations and international aid agencies are **cooperating to** get food supplies to the victims of a powerful strike that hit several Southeast Asian countries. (유엔과 국제 구호 기구들은 동남아시아 여러 국가들을 강타한 강력한 지진 피해자들에게 식량 보급품을 전달하기 위해 협력하고 있다.)

2 The defense minister said the military will **cooperate closely with** the nation's police to fight against terrorism. (국방장관은 군이 경찰과 긴밀히 협력하여 테러와 싸우겠다고 말했다.)

For practical reasons, the landlords had no choice but to **cooperate with** the colonial government. (현실적인 이유로 지주들은 식민 정부와 협력하는 수밖에 없었다.)

3 There are reports that the two dictators are **cooperating in** nuclear research as part of efforts to increase their influence. (두 독재자가 자신들의 영향력을 높이려는 노력의 일환으로 핵 연구에 협력하고 있다는 보도들이 있다.)

The mobile phone company plans to **cooperate with** Samsung Electronics Co. **in** developing next-generation handsets. (그 휴대전화 회사는 삼성전자와 차세대 휴대전화 개발에 협력할 계획이다.)

4 We can only succeed if we all **work together**. (우리 모두 협력해야만 성공할 수 있다.)

President Bush has stressed the importance of a need to **work together with** allies to counter terrorism. (부시 대통령은 테러에 대응하기 위해 동맹국들과의 공조 필요의 중요성을 강조했다.)

5 She was one of the scientists who **collaborated with** Oppenheimer to produce the first atomic bomb. (그녀는 최초의 원자탄을 만들기 위해 오펜하이머와 협력했던 과학자들 중 한 명이었다.)

The two companies **collaborated to** produce a new waterproof textile. (그 두 회사는 새로운 방수 섬유 개발을 위해 협력했다.)

6 South Korea's economic future depends on **increased cooperation with** its neighboring countries, especially China whose economy has been growing fast. (한국 경제의 미래는 인근 국가, 특히 급속한 경제성장을 하고 있는 중국과의 협력 강화에 달려 있다.)

There has been **close cooperation between** South and North Korea since 2000. (2000년 이래 남북 간에 긴밀한 협력이 있어왔다.)

7 The government thinks that it cannot get the project done without their **collaboration**. (정부는 그들의 협력 없이는 그 사업을 완성할 수 없다고 생각한다.)

I couldn't have done it **without his collaboration**. (그의 협력 없이는 나는 그것을 할 수 없었을 것이다.)

8 The United States praised Japan's **cooperative** attitude and expressed its appreciation on many occasions during bilateral talks. (미국은 일본의 협조적인 자세를 칭찬하고 양자회담에서 여러 번 감사를 표했다.)

A group of military officers **conspired to** overthrow the government, but a spy agency discovered their plot. (일단의 군 장교들이 정부를 전복할 음모를 꾸몄지만 정보기관이 그들의 음모를 알아냈다.)

compete

경쟁하다; 참가(출전)하다
to try to be more successful than another person or organization
= contend, contest, emulate, fence for, go after, go for, lock horns, participate in, rival, run for, scramble for, take part, vie

유의어 **attempt** 시도하다 **bandy** 치고받다, 교환하다 **challenge** 도전하다 **clash** 맞붙다, 격돌하다 **collide** 충돌하다 **essay** 시도(시험)하다 **spar** 실전 연습을 하다 **strive** 노력하다, 싸우다 **tussle** 맞붙어 싸우다

반의어 **cooperate, share**

용례 **compete with someone for[in]** ~와 ~에서 경쟁하다 **compete in the race** 경주에 출전하다 **compete in a free market** 자유 시장에서 경쟁하다

| **pit oneself against** ~와 경쟁하다 **throw[toss] one's hat in[into] the ring** (시합 따위에) 출전하다, 출전한다고 말하다, (후보자로서) 출마를 선언하다

| **in[out of] the running** 경주에 출장하여[출장하지 않아], 이길 승산이 있어[없어]

| **competitive** 경쟁의; 경쟁적인 = competition-oriented, ambitious, vying, combative, aggressive; dog-eat-dog, cutthroat **a competitive market** 경쟁 시장 **at competitive prices** 남보다 싼 가격으로

---

competition 경쟁; 대회, 시합

a situation in which people compete with each other = athletic event, bout, championship, concours, contention, contest, emulation, event, game, jungle, match, matchup, meeting, race, rivalry, rodeo, run, sport, tournament

반의어 **cooperation**

용례 **a price competition** 가격 경쟁 **a free competition** 자유 경쟁 **a rifle competition** 사격 대회 **enter into competition with** ~와 경쟁을 벌이다 **in competition with** ~와 경쟁하여

| **competitor** 경쟁자; 참가자 = adversary, antagonist, challenger, contestant, corrival, dark horse, entrant, emulator, opponent, opposition, rival **a competitor in business** 경쟁 업자 **a formidable[keen, strong] competitor** 강력한 경쟁 상대, 강적 **an unscrupulous competitor** 물불 안 가리는 경쟁 상대

| **emerge as a dark horse** 복병으로 떠오르다

| **favorite** 우승 후보, 인기 선수 **meat** 쉬운 경쟁 상대 **underdog** 이길 가망이 없는 사람, 패배자

필수예문

track 054

1 South Korea's leading car company is confident that its latest model will help it be able to **compete with** larger foreign automakers, including Toyota Motor Corp. of Japan. (한국의 최대 자동차회사는 자사의 최신 모델 덕택에 일본의 도요타 자동차회사를 포함한 외국의 더 큰 자동차회사들과 경쟁할 수 있을 것이라고 확신한다.)

2 If the computer manufacturer wants to **compete for** skilled workers, it will have to improve its working conditions. (그 컴퓨터 제조업체가 전문 인력을 얻으려고 경쟁하고자 한다면 회사의 근로조건을 개선해야 할 것이다.)

The small independent discount store simply **can't compete with** the big national chains. (그 작은 독립 할인점은 대형 전국 체인들과 도저히 경쟁할 수 없다.)

3 The two shipbuilding companies **vied with** each other to claim the top position in the global market. (두 조선업체는 세계 시장의 선두를 차지하기 위해 서로 경쟁했다.)

The brothers were **in competition with** each other for the same girl. (그 형제는 한 여자를 놓고 서로 경쟁하고 있었다.)

4 In a desperate bid to dominate the market, small players had to **pit themselves against** the giants of the computer industry. (시장을 지배하기 위해 필사적인 소형업체들은 컴퓨터 산업의 거대 회사들과 경쟁해야 했다.)

The incumbent president plans to **throw his hat in the ring for** a second term. (현직 대통령은 재선에 출마를 선언할 계획이다.)

5 The two girls are good friends, but there is also an element of **rivalry** in their relationship. (두 여자는 좋은 친구지만 그들 관계에는 또한 경쟁의 요소가 있다.)

The stress of the **rat race** is said to be a major cause of health problems, including cancer. (극심한 생존경쟁에서 비롯되는 스트레스는 암을 포함한 건강 문제의 주요 원인이라고 한다.)

6 He bought the same computer for less money from one of their **competitors**. (그는 똑같은 컴퓨터를 그들의 경쟁업체 중 하나로부터 더 싸게 샀다.)

At that time, the politician was his main **rival** for the Democratic nomination. (그 당시 그 정치인은 민주당 후보 지명에 있어 그의 주요 경쟁자였다.)

harmony

조화, 일치

compatibility in opinion and action = accord, agreement, balance, chime, concord, concordance, conformance, conformity, congruity, consonance, oneness, proportion, symmetry, tune, unity

유의어 **consistency** 일관성 **fitness** 적합(성) **integrity** 고결; 완전성, 보전 **order** 질서, 이치 **parallelism** [방향, 경향, 성격의] 유사 **regularity** 규칙 바름, 일정불변 **suitability** 적합, 적응성 **togetherness** 단란함, 연대감, 통일

반의어 **incongruity**

용례 **in[out of] harmony with** ~와 조화되어[조화되지 않아] **achieve harmony** 조화를 이루다 **live in harmony with** ~와 사이좋게 살다 **produce a harmony of A and B** A와 B의 조화를 이루어내다 **sing in harmony** 화음을 이루어 노래하다 **marital harmony** 부부간의 조화

| **harmonize** 조화시키다, 조화되다 = blend, chime with, cohere, coordinate, correspond, match, proportion, reconcile, relate, set, suit, symphonize, tune, unify, unite
harmonize views with existing facts 현실과 자기 의견을 조화시키다

| **go together with** ~와 어울리다 = fit together with, be compatible with, mix well with, agree[match, accord] with, be consonant with, go well with, fit in well with

| **harmonious** 조화로운, 화목한 = agreeable, congenial, compatible, congruous, concordant, matching **harmonious[cordial, friendly] relations** 우호적 관계 **a harmonious group of buildings** 조화로운 건물군 **harmonious color combinations** 조화로운 색채 배합

coexist

공존하다

to exist together, at the same time, or in the same place = appear with, co-occur, coincide with, come with, exist together, go together, happen with, join with, live and let live, occur with

용례 **coexist with** ~와 공존하다 **coexist peacefully** 평화롭게 공존하다

| **coexistence** 공존 **peaceful coexistence** 평화 공존 **coexistence with** ~와의 공존 **live in peaceful coexistence** 평화 공존하다

필수예문

track 055

1 The president is trying to restore **harmony** to an assembly that has been torn apart by party rivalries. (대통령은 정당 사이의 경쟁으로 갈가리 찢어진 의회의 화합을 회복하기 위해 노력하고 있다.)

Harmony, balance and order are cardinal virtues to the French. (프랑스 사람들에게는 조화와 균형과 질서가 주요한 덕목이다.)

2 The political leader's plea for **racial harmony** and social justice seemed to reflect deep and true peaceful feelings. (그 정치지도자의 인종적 조화 및 사회 정의 구현 호소는 깊고 참된 평화로운 감정을 반영하는 듯했다.)

We live in order to learn about the basic rights of existence of all beings and in this way we achieve the **desired harmony** and inner peace. (우리는 모든 인간 존재의 기본권을 배우기 위해 살며 이렇게 함으로써 바람직한 조화와 내적인 평화를 이루게 된다.)

3 International free trade promotes **harmonious** relations between nations. (국제 자유무역은 국가간의 우호적인 관계를 증진시킨다.)

Every part of the building is **harmonious with** the whole. (이 건물의 모든 부분은 전체와 조화를 이루고 있다.)

4 The colors don't **harmonize**. Why don't you try another suit? (색깔이 조화를 이루지 않아. 다른 옷을 입어보지 그래?)

The government is under pressure to take measures to **harmonize** the interests of farmers and consumers. (정부는 농민과 소비자의 이익을 조화시킬 수 있는 조치를 취하라는 압력을 받고 있다.)

The company should try to create an environment in which employees work together **harmoniously** to achieve common goals. (회사는 종업원이 공동의 목표 달성을 위해 조화롭게 함께 일할 수 있는 분위기를 만들어야 한다.)

5 Pacifists emphasize that South Korea should ramp up efforts to **coexist with** North Korea in order to prevent a war on the Korean Peninsula. (평화주의자들은 남한이 한반도에서 전쟁을 예방하기 위해 북한과 공존하려는 노력을 배가해야 한다고 강조한다.)

It is a city in which areas of poverty uneasily **coexist with** areas of great wealth. (그 도시는 빈곤 지역이 부유층 지역과 불안하게 공존하는 도시이다.)

6 The United States and China should seek **coexistence** in an cooperative attitude. (미국과 중국은 협력적인 태도로 공존을 추구해야 한다.)

It makes me recognize the magnitude of our responsibility to **achieve coexistence** with the global environment. (그것 때문에 나는 지구 환경과 공존을 이루어야 할 우리 책임의 중요성을 인식하게 된다.)

심화학습

'눈 감으면 코 베어 가는 세상' 이라는 말은 세상 인심이 험악해 사람을 믿지 못한다는 뜻으로 먹고 살기가 그만큼 힘들어지고 생존경쟁이 치열해졌다는 것을 의미하기도 한다. 영어에도 이와 유사한 표현이 있을까? 우리는 코를 베어 간다고 표현하지만 영어 표현은 더욱 살벌해서 아예 목을 딴다고 하는데 바로 cutthroat이다. 목을 베어 벌릴 정도로 '무자비한' 또는 경쟁 등이 '격심한, 치열한' 이라는 의미다.

❑ **boost[increase, expand] mutual cooperation** 상호 협력을 증진하다

ex. Pakistan and Sri Lanka agreed to **boost mutual cooperation** in economy and education in their first meeting of foreign ministers. (파키스탄과 스리랑카는 첫 외무장관 회담에서 경제와 교육 분야에서 상호 협력을 증진키로 합의했다.)

| **expand economic cooperation** 경제 협력을 증대하다 **explore channels for mutual cooperation** 상호 협력의 채널을 모색하다 **boost regional cooperation** 지역 협력을 증진하다

❑ **establish a cooperative body** 협력체를 설립하다

ex. South Korea's minister of information and communication stressed the need to **establish a cooperative body** for Asian countries. (한국의 정보통신부 장관은 아시아 국가간의 협력기구 설립의 필요성을 역설했다.)

| **set up a private-public cooperative body** 민관 협력기구를 만들다

❑ **cutthroat[fierce, stiff, tough] competition** 치열한 경쟁

ex. Companies have realized that they are in a global economy where **cutthroat**

competition means that you need to focus on the quality of your products and your productivity levels. (기업들은 자신들이 치열한 경쟁으로 제품의 품질과 생산성 수준에 집중할 필요가 있는 세계 경제체제 속에 있다는 사실을 자각했다.)

| **face cutthroat competition** 치열한 경쟁에 직면하다 **be exposed to stiff competition** 치열한 경쟁에 노출되다 **lead to cutthroat competition** 치열한 경쟁으로 이어지다

❑ **gain[have, get] a competitive edge on[over]** 경쟁에서 ~보다 우위에 서다, ~보다 경쟁력이 우위에 있다

ex. Many South Korean high-tech companies **have a** significant **competitive advantage over** their foreign rivals. (많은 한국의 첨단 기업들은 외국 경쟁업체들에 비해 경쟁력이 우위에 있다.)

| **improve[hone] one's competitive edge** 경쟁력을 향상시키다 **lose one's competitive edge** 경쟁력을 상실하다

❑ **the survival of the fittest** 적자생존

ex. It's really sorry to hear that his company has gone out of business, but I am afraid it's a case of **the survival of the fittest.** (그의 회사가 망했다고 하니 정말 안됐지만 적자생존의 예지 뭐.)

| **natural selection** 자연도태

❑ **prosperity and peaceful coexistence** 번영과 평화 공존

ex. South Korea recognizes North Korea as a political entity in an effort to seek **prosperity and peaceful coexistence** with it. (한국은 번영과 평화 공존을 추구하기 위해 북한을 정치체제로 인정한다.)

| **pursue mutual prosperity and coexistence** 상호 번영과 평화 공존을 추구하다

15 선전 | 침묵 | 설득 | 강조

주제어	관련어
publicize	**publicity, advertise, advertisement, propaganda, hype, plug**
silent	**mum, mute, tight-lipped, silence, gag, muffle, hush, reticence**
persuade	**persuasion, persuasive, coax, dissuade, instigate, coerce**
emphasize	**stress, emphasis, emphatic, overemphasize, de-emphasize**

●●● Speech is silver, silence is gold. 웅변은 은이요, 침묵은 금이다.

현대는 흔히들 자기 PR(public relations)시대라고 한다. 인터넷 최강국(most wired)을 자랑하는 한국인들에게 이 새로운 매체는 최대의 자기 PR 수단이 된 지 오래다. 싸이나 기타 포털에서 웬만하면 무료 홈피 정도는 운영하고 이런 것이 없으면 시대의 낙오자로 취급받기 일쑤다. '웅변은 은이요, 침묵은 금'이라는 격언은 이제 케케묵은 옛말이 되어버렸다.

기업들에게 광고(advertisement)는 마케팅을 하는 데 필수불가결한(indispensable) 요소 중 하나다. 치열한 경쟁(cutthroat competition)을 뚫고 제품(product)을 소비자(consumer)들에게 팔기 위해서는 그 제품을 널리 알리는 것은 필수적이며 그 중요성을 잘 알기에 큰 기업들은 일년에 수백억씩 광고에 쏟아붓는다.

하나라도 더 팔기 위해 광고 문구에 동급 최강이니 세계 최고니 하고 강조하다(emphasize), 과장광고(exaggerated advertisement)로 걸리기라도 하면 비난이 없어질 때까지 침묵을 지키기도(keep mum) 한다. 기업들이 벌금의 위험을 무릅쓰고 이렇게 하는 것은 치열한 경쟁 속에서 소비자들을 설득하여 자사의 제품을 사게 만드는 것이 그만큼 어렵다는 것을 반증하는 것이기도 하다.

publicize

공표하다, 선전하다

to make information or opinions known to people in general = advertise, announce, beat[bang, thump] the drum for, bill, billboard, build up, cry, give publicity to, make known, make public, pitch, play up, plug, press-agent, promote, promulgate, propagandize, push, spot

유의어 **advance** ~를 미리 선전하다 **ballyhoo** 떠들썩하게 선전하다 **disseminate** 전파하다 **hard-sell** 강제로 팔다, 끈덕지게 선전하다 **headline** 대대적으로 선전하다 **hype** 과대 선전하다 **immortalize** 불후의 명성을 주다 **puff** 과대 선전하다 **skywrite** (광고 따위를) 공중 문자로 쓰다 **soft-sell** 점잖게 선전하다 **splash** 요란하게 선전하다 **spotlight** 돋보이게 하다 **spread** 전파시키다 **thump** 강력하게 선전하다 **tout** 극구 선전하다 **trumpet** 요란하게 선전하다 **write up** ~를 칭찬하여 쓰다

반의어 **conceal, suppress**

용례 **publicize a description of the wanted man** 현상수배범의 인상착의를 공표하다 **an advertising campaign to publicize the new film** 새 영화를 알리려는 광고 운동

| **publicize a new movie** 새 영화를 홍보하다 **be well publicized** 널리 선전되어 있다

| **sell an idea to** 아이디어를 ~에게 선전하다, 납득시키려고 하다

| **hype** 과대선전하다 = puff, puff up, give a puff to

| **publicity** 공표, 선전 = advertising, announcement, billing, blurb, build-up, commercial, handout, hard sell, hoopla, hype, pitch, plug, PR, press, press-agentry, promo, promotion, promulgation, propaganda, public relations, puff, puffery, push, skywriting, write-up

a publicity campaign 선전 공세

| **a propaganda weapon** 선전의 무기 **a sensational propaganda** (떠들썩한) 허위 선전

a propaganda offensive 선전 공세 = a propaganda onslaught, a propaganda attack

| **ballyhoo** 과장 광고 **a ballyhoo artist** 자기 선전가

---

advertise 광고하다

to make known a piece of information about something = advance, announce, ballyhoo, bill, blazon, boost, build up, circularize, drum, give a plug, hard sell, hype, make known, pitch, plug, press-agent, promote, promulgate, publicize, puff, push, show, soft sell, splash, sponsor, spot, tout

반의어 **hide, keep secret**

용례 **advertise a product** 제품을 광고하다 **advertise a house[car] for sale** 매가[매차] 광고를 내다 **advertise a job in a newspaper** 신문에 구인 광고를 내다 **advertise a child as lost** 미아 광고를 내다

| **advertisement** 광고, 광고물 = advertising, promotion, touting, plugging, pushing; promotion, display, commercial, puff, blurb, advert, ad, push, plug

| **a television advertisement** 텔레비전 광고 **an advertisement for soap** 비누 광고

| **hoopla** 과대선전 **billboard** 광고판

필수예문

track 056

1 The professor-turned-politician plans to establish a foundation to **publicize** the threat of global warming that experts say is responsible for weather anomalies around the globe. (그 교수 출신의 정치인은 전문가들이 전세계적인 이상 기후의 원인이라고 말하는 지구 온난화의 위협을 홍보하려고 재단 설립을 계획하고 있다.)

2 The president made a dramatic appearance on nationwide television to **announce** a plan to crack down on property speculation. (대통령은 전국 TV에 극적으로 출연해 부동산 투기를 엄단하겠다는 계획을 공표했다.)

The scandal-tainted politician will soon **make public** his decision to leave politics. (추문에 연루된 그 정치인은 곧 정계 은퇴 결심을 공표할 것이다.)

3 The lawyer, committed to a worldwide human rights movement, used the interview to **promote** his drive for improving human rights conditions in North Korea. (전세계에 걸친 인권운동에 헌신하고 있는 그 변호사는 인터뷰를 이용해 북한의 인권 개선을 위한 자신의 운동을 홍보했다.)

4 He has won a lot of money in a lottery but he's not going to **advertise** the fact. (그는 복권에 당첨돼 많은 돈을 탔지만 그것을 선전하지 않을 작정이다.)

Corruption scandals involving prominent politicians always **receive widespread publicity**. (유명 정치인들이 관련된 뇌물 사건들은 언제나 널리 알려진다.)

5 Film directors have been encouraged to create **propaganda** so that people will not be too discouraged by the disaster. (사람들이 그 재앙으로 너무 의기소침하지 않도록 영화감독들은 선전물을 제작하도록 장려되었다.)

Samsung Electronics Co., one of the world's top tech companies, pays a famous singer to **advertise** its latest mobile phone. (세계 최고의 첨단기술 기업 중 하나인 삼성전자는 유명 가수를 모델로 기용해 자사의 최신 휴대폰을 선전한다.)

6 Like most Hollywood movies, the director's latest work was so **hyped up** that I felt rather disappointed when I saw it. (대부분의 할리우드 영화와 마찬가지로 그 감독의 최신작은 지나치게 과대선전되어 나는 그것을 보고 다소 실망감을 느꼈다.)

The movie lives up to the **hype** and deserves the **hoopla**. (그 영화는 요란한 선전에 부응하고 과대선전을 할 만하다.)

7 The singer used the opportunity of appearing on TV to **give** her latest album **a plug**. (그 가수는 텔레비전에 출연하는 기회를 이용해 그녀의 최신 앨범을 선전했다.)

The comedian has been **plugging** his new show on the radio. (그 코미디언은 그의 새 쇼를 라디오에 광고해오고 있다.)

8 For all the **hoopla** over hybrids, sales of the high-efficiency gas-electric vehicles are still just a small slice of the new-car market because of motorists' unwillingness to buy them. (하이브리드차에 대한 온갖 요란한 선전에도 고효율 휘발유-전기 겸용 차량의 판매는 운전자들이 구매를 꺼려 아직 신차 시장에서 얼마 안 되는 몫을 차지하고 있다.)

silent

무언의, 침묵의; 조용한

failing to speak or communicate when expected = buttoned up, clammed up, closed up, closemouthed, dummied up, hush, hushed, iced, mum, mute, muted, reticent, struck dumb, taciturn, tongue-tied, wordless, zipped

유의어 **bashful** 숫기 없는 **dumb** 벙어리의, 말문이 막힌 **faint** 소심한 **do a Garbo** 사람을 피하다 **inarticulate** 말주변이 없는 **incoherent** 횡설수설하는 **inhibited** 내성적인 **laconic** 말수가 적은 **mousy** 쥐죽은 듯이 고요한 **reserved** 내성적인 **shy** 소심한

반의어 **noisy, chatty, talkative**

용례 **keep silent[mum] on** ~에 대해 침묵을 지키다 = remain silent[mute, dumb]

| **offer a silent prayer** 묵념하다 **silent as the grave [a cemetery, death, a tomb, a stone]** 조용하여, 정적에 싸여 **Be silent!** 조용히 해!

| **silence** 침묵, 과묵 = hush, hush-hush, lull, muteness, quiescence, quietness, reticence, saturninity, speechlessness, taciturnity **a man of silence** 과묵한 사람 **fall into silence, hold one's tongue** 침묵하다 **keep[maintain, observe, preserve] silence** 침묵을 지키다

| **break silence** 침묵을 깨다 **buy a person's silence** 남에게 돈을 주어 입을 막다 **give the silence** 무시하다 **in silence** 조용히, 침묵하여 **pass into silence** (기억에서) 잊히다 **pass with silence** 묵살하다 **put[reduce] a person to silence** 남을 찍소리 못하게 하다 **argue ~ into silence** 말로써(논리로써) 침묵시키다 **Silence gives consent.** 침묵은 승낙의 표시.

---

silence ~를 침묵시키다; ~를 입다물게 하다; 소리를 없애다

to cause to be quiet or not talk = can it, choke off, clam, clam up, close up, deaden, dry up, dull, dumb, dummy up, gag, hush, hush-hush, ice, muffle, mute, muzzle, pipe down, quiet down, quieten, say nothing, shush, shut up, squash, squelch, stifle, still, strike dumb, subdue, suppress, tongue-tie

반의어 **amplify, make noise**

용례 **silence one's objector** 반대자의 입을 다물게 하다 **silence a person's complaints** ~의 불만을 막다 **silence the enemy's gun** 적의 포화를 침묵시키다

| **silence the noise of the engine** 엔진의 소음을 없애다 **silence the noisy children** 시끄러운 아이들을 조용히 시키다 **Silence, please.** 조용히 하십시오.

| **gag the press** 언론의 자유를 탄압하다 **place a gag upon reporters covering the case** 사건을 취재하는 기자들에 대해 보도를 금지하다

| **hush a clamorous crowd** 시끄러운 군중을 조용하게 하다 **hush up a corruption scandal** 부패 사건을 쉬쉬하며 수습하다

필수예문

track 057

1 The president instructed his aides to **keep silent about** his decision to fire the defense minister who was suspected of taking millions of dollars from a defense contractor. (대통령은 보좌관들에게 군납업자로부터 수백만 달러를 받은 혐의가 있는 국방장관 해임 결정에 대해 함구하라고 지시했다.)

2 Jack never joined in their conversations. He was the strong **silent type**. (잭은 그들의 대화에 절대로 끼지 않았다. 그는 강인하고 과묵한 사람이었다.)

Tom is an unhappy, **silent** youth of about twenty. (톰은 약 20세의 불행하고 말이 없는 청년이다.)

The two sisters are very different. Jane is extroverted while Susan is really **quiet**. (그 두 자매는 아주 다르다. 제인은 외향적인데 반해 수잔은 아주 조용하다.)

He is a **quiet** boy not used to expressing his ideas. (그는 자신의 생각을 표현하는 데 익숙하지 않은 조용한 소년이다.)

3 The division commander is a **taciturn** man who speaks only to give orders. (사단장은 명령을 할 때만 말을 하는 과묵한 사람이다.)

It was unlike him to be so **taciturn**. (그렇게 말이 없다니 그답지 않았다.)

The teacher is **a man of few words**, but when he speaks everyone listens. (선생님은 말이 적은 사람이지만 그가 얘기를 하면 모두가 경청한다.)

4 The singer remains **reticent about** her past. (그 가수는 자신의 과거에 대해 침묵으로 일관하고 있다.)

Jane just watched and listened to others, being more **reticent** than her brother. (제인은 동생보다 더 말없이 그냥 지켜보며 다른 사람들의 말을 들었다.)

5 After the argument, the husband finished his dinner **in silence**. (싸우고 난 뒤 남편은 조용히 저녁 식사를 끝냈다.)

The former spy chief will appear in a parliamentary inquiry on the wiretapping controversy but is expected to **keep mum about** the supposed tapes of his conversation with the President. (전직 정보기관장은 도청 논란에 대한 의회 조사에 출석할 것이지만 대통령과의 대화를 담은 것으로 추정되는 테이프들에 대해서는 함구할 것으로 예상되고 있다.)

6 I turned to my wife but **was hushed** before I could open my mouth. (나는 마누라 쪽으로 돌아섰지만 입을 열기도 전에 입을 다물어야 했다.)

The holdup man dragged her into the car, putting his hand over her mouth to **muffle** her screams. (노상강도는 그녀를 차 안으로 끌고 들어가 비명소리가 나지 않도록 손으로 그녀의 입을 막았다.)

persuade

설득하다

to induce to undertake a course of action or embrace a point of view by means of argument, reasoning, or entreaty = argue into, exhort, get, induce, jawbone, prevail upon, sell, sell on, talk into, win over, work on

유의어 **advise** 충고하다 **allure** 유혹하다 **brainwash** 세뇌시키다 **convert** 개종시키다 **counsel** 충고하다 **entice** 꼬드기다 **incite** 선동하다 **lead** 이끌다 **prompt** 자극하다, 재촉하다 **sway** 마음을 움직이다 **urge** 촉구하다 **woo** 간청하다

반의어 **discourage, dissuade**

용례 **persuade a person to work hard** 남을 설득하여 열심히 일하게 하다 **be persuaded of[that]** ~를 확신하다 **persuade a person out of** 남을 설득하여 ~를 단념하게 하다

| **persuasion** 설득 = persuading, prevailing, inducement

| **a pushover** 남에게 너무 설득을 잘 당하는 사람, 봉 = a soft touch

| **easily-led** 설득을 잘 당하는 = impressionable

| **persuasive** 설득력 있는 **a persuasive argument** 설득력 있는 주장 **have a persuasive way of talking** 설득력 있는 화술이 있다

| **incentive** 동기, 유인 = persuasive, sweetener, carrot, inducement, motivation, stimulus, stimulant, goad, spur, lure, bait

---

coax ~를 (달콤한 말로) 달래어 ~시키다, 구슬리다

to gently persuade someone to do something = allure, beguile, blandish, blarney, butter up, cajole, come on, con, decoy, entice, flatter, hook, inveigle, palaver, rope in, soft-soap, soothe, sweet-talk, talk into, tempt, wheedle, worm

반의어 **allow, bully, compel, dissuade, force**

용례 **coax a person away[out]** 남을 꾀어내다, 속여 데리고 가다 **coax someone into going** ~를 달래어 가게 하다

| **instigate** 선동하다, 부추기다 = incite, encourage, egg on, urge, prompt, goad, prod, induce, impel, constrain, sway, entice

| **an inflammatory [a seditious] harangue[speech]** 선동 연설 **an agitator[demagogue]** 선동 연설가 **instigator, agitator, provocateur, abetter[abettor], setter-on, firebrand** 선동자 **a rabble-rouser** 대중 선동가 **a demagogic politician** 선동 정치가 **sedition** 선동죄

| **incendiary** 선동적인 = inflammatory, seditious, agitative, demagogic(al)

| **press** ~에게 ~하도록 종용하다, 강요하다 = beg, beset, besiege, buttonhole, compel, constrain, demand, enjoin, entreat, exhort, force, implore, importune, petition, plead, pressure, pressurize, push, railroad, squeeze, sue, supplicate, urge, weigh down

press him to make a decision 그에게 결정하라고 종용하다 **press a person to come** 남에게 오라고 졸라대다, 억지로 오게 하다 **press a person for money** 남에게 돈을 달라고 졸라대다

---

dissuade (설득하여) ~를 그만두게 하다, 단념시키다

to deter (a person) from a course of action or a purpose by persuasion or exhortation = advise against, caution against, deter, disadvise, discourage, disincline, hinder, prevent, prick, put off, remonstrate, throw off, thwart, turn off, warn

반의어 **encourage, persuade, talk into**

용례 **dissuade a person from** 남을 설득해서 ~ 못하게 하다 **dissuade someone** ~를 단념시키다

| **dissuasion** 설득하여 그만두게 하기, 단념시키기 **yield to a person's dissuasion** ~의 말리는 말을 듣다

| **deterrent** 억제물, 전쟁 억제력 = disincentive

필수예문

track 058

1 As part of efforts to resolve the North Korean nuclear issue, the United States has asked South Korea to **persuade** the communist country to return to the negotiating table. (북핵 문제를 해결하기 위한 노력의 일환으로 미국은 남한에 협상에 복귀하도록 북한을 설득할 것을 요청했다.)

2 Don't let yourself **be persuaded into** buying things that you don't really want. (설득을 당해 정말로 필요하지 않은 물건을 사지 않도록 해라.)

I **can't persuade myself** of his having failed in the examination. (그가 그 시험에 실패했다고는 도저히 믿어지지 않는다.)

I think he will need a lot of **persuasion** before he will agree to sell the car. (그가 차를 팔겠다고 동의하기 전에 많은 설득이 필요할 것이라고 나는 생각한다.)

3 It is not so easy to **talk** people **into** investing in the road development project. (사람들을 설득해 도로 개발 사업에 투자하도록 하는 것이 그렇게 쉬운 것이 아니다.)

You'd better **coax** the children **into** staying home instead of going out because it is raining. (비가 오기 때문에 애들을 구슬러 밖에 나가지 말고 집에 있도록 해야 한다.)

I wanted to go home but they all **pressed** me **to** stay and drink more. (나는 집에 가고 싶었지만 그들 모두가 남아서 술을 더 하라고 강요했다.)

4 Her explanations were so **persuasive** that the boss never thought of blaming her. (그녀의 설명은 너무도 설득력이 있어 사장은 그녀를 나무랄 엄두도 못 냈다.)

There is now **convincing** evidence that drinking causes liver cancer and heart disease. (음주가 간암과 심장병을 일으킨다는 설득력 있는 증거들이 이제 있다.)

Nobody expects any problem getting Tom to cooperate. He is a real **pushover**. (아무도 톰을 협조하게 하는 데 문제가 있을 것으로 예상하지 않는다. 그는 정말 설득에 잘 넘어간다.)

Everybody considers him a **soft touch**. (모두가 그를 만만한 상대로 본다.)

5 The new power plant is an unpopular development project but the government has promised $10 million in grants to the local community as a **sweetener**. (새 발전소는 인기 없는 개발 사업이지만 정부는 회유책으로 지역 사회에 지원금 천만 달러를 약속했다.)

The boss intended to do everything in his power to try and **dissuade** him **from** leaving the company. (사장은 자신이 할 수 있는 모든 노력을 다하여 그가 회사를 떠나지 않도록 설득할 작정이었다.)

6 Raising taxes on real estate would be a major **disincentive** to saving and investment. (부동산세를 올리는 것은 저축과 투자의 주요한 억제책이 될 것이다.)

Top intelligence officials have revealed US plans to **instigate** an uprising in Iraq against the regime of President Saddam Hussein. (고위 정보 관리들이 사담 후세인 대통령 정권에 대항하는 이라크 내 봉기를 선동하려는 미국의 계획을 폭로했다.)

emphasize

강조하다, 역설하다

to stress, single out as important = accent, accentuate, bear down on, dwell on, highlight, italicize, make emphatic, play up, point up, press, punctuate, stress, underline, underscore

유의어 **affirm** 단언(확언)하다 **articulate** 분명히 말하다 **assert** 강력히 주장하다 **dramatize** 극적으로 표현하다, 과장하다 **enlarge** 증대시키다 **enunciate** 분명히 밝히다 **headline** 대서특필하다 **limelight** 주목(각광)을 받게 하다 **mark** 눈에 띄게 하다, 특징 짓다 **pinpoint** 정확히 지적하다 **prioritize** 우선순위를 매기다, 우선시키다 **reiterate, repeat** 되풀이하다, 반복하다 **rub in** 자꾸 되뇌다 **spotlight** 돋보이게 하다 **weight** 가중치를 주다, 중요성을 더하다

반의어 **de-emphasize, downplay, ignore, play down, shrug off, soften, understate**

용례 **emphasize the point** 중점을 역설하다 **emphasize the importance of** ~의 중요성을 강조하다 **emphasize the value of education** 교육의 가치를 강조하다

| **keep[put] the accent on** ~에 중점을 두다, 중시하다

| **highlight the importance of education** 교육의 중요성을 강조하다

---

emphasis 강조, 역설

the special force or attention given to an idea = accent, force, import, importance, moment, power, priority, significance, stress, underscoring, weight

반의어 **negitiveness, unimportance**

용례 **deserve[merit] special emphasis** 특별히 강조할 가치가 있다 **lay[place, put] emphasis on** ~에 중점(역점)을 두다, ~를 중요시하다 **an affair of great moment** 중대 사건

| **emphatic** 강조한, 단호한 = marked, pronounced, definite, decided, certain, determined, categorical, unequivocal **an emphatic opinion[denial]** 단호한 의견[거부]

| **emphatically** 강조하여, 단호하게 **deny emphatically[categorically, fervently, flatly, strongly, vehemently]** 단호하게 부인하다

---

overemphasize 지나치게 강조하다

to emphasize something too strongly = aggrandize, amplify, enlarge, expand, fudge, hyperbolize, magnify, overdo, overelaborate, overembellish, overestimate, overstate, pad, play up, puff, romanticize, stretch, yeast

반의어 **minimize, play down, understate**

용례 **overemphasize the importance of** ~의 중요성을 지나치게 강조하다

| **de-emphasize** ~를 강조(중시)하지 않다, ~의 중요성을 깎아내리다 **be[get] de-emphasized** 별로 강조되지 않다 **de-emphasis** 강조[중시]하지 않음, 비중 경감

| **play down, downplay** 의미를 축소하다, 축소 해석하다

필수예문

track 059

1 During a campaign visit to New York, the presidential candidate made a short speech **emphasizing** the need for solidarity among party members and increased cooperation with voters. (선거유세차 뉴욕을 방문한 자리에서 그 대선후보는 당원들의 일치단결과 유권자들과

의 협력 증대의 필요성을 강조하는 짤막한 연설을 했다.)

2 In an inaugural speech, the president **stressed** the need for economic and bureaucratic reforms. (취임연설에서 대통령은 경제 및 정부조직 개혁의 필요성을 강조했다.)

The boss **emphasized[stressed]** that more efforts be made to cut costs. (사장은 비용절감을 위해 더 많은 노력을 기울여야 한다고 역설했다.)

3 The news report **highlights** some of the problems faced by homeless people in winter. (그 언론 보도는 겨울에 노숙자들이 직면하는 몇 가지 문제를 강조하고 있다.)

More rioting in Iraq has **underlined** the government's lack of control. (이라크에서 폭동의 증가는 정부의 통제 부족을 잘 나타내 주고 있다.)

4 The chaos after a power outage **underscores** how dependent we have become on computers. (정전 뒤의 혼란은 우리가 컴퓨터에 얼마나 의존하게 되었는가를 강조하고 있다.)

The fire has **pointed up** yet again the need for tougher safety rules. (그 화재는 더 엄격한 안전 규정의 필요성을 다시 한번 부각시켰다.)

5 In South Korean society there is a lot of **emphasis on** academic success. (한국 사회에서는 학업의 성공을 크게 강조한다.)

The new president has **placed great stress on** the need for childcare facilities in the workplace. (새 사장은 직장 내 육아 시설의 필요성을 크게 강조했다.)

Taking the accusations of corruption seriously, the politician **emphatically** denied any link with an organized crime ring. (부패 혐의를 심각하게 받아들이면서, 그 정치인은 범죄 조직과의 어떤 관련도 단호하게 부인했다.)

6 The importance of adequate preparation **cannot be overemphasized.** (적절한 준비의 중요성은 아무리 강조해도 지나치지 않다.)

His latest book **overemphasizes** the importance of religion in the history of South Korea. (그의 최근 서적은 한국 역사에서 종교의 중요성을 지나치게 강조한다.)

I understand what you are saying, so you don't have to **belabor the point.** (네가 하는 말 알았으니까 너는 애써 강조할 필요가 없다.)

심화학습

1963년 미국 애리조나주 경찰은 21세의 멕시코계 미국인 미란다를 납치·강간 혐의로(on charges of abduction and rape) 체포했는데 미란다는 변호사의 도움 없이 조사받는 과정에서 범행을 시인했고 중형을 선고받았다. 미란다는 법정에서 '강압에 의한 자백'이라며 범행을 부인했지만 패소하자 최후수단으로 대법원(the US Supreme Court)에 청원했고, 이에 대법원은 5대4로 미란다의 무죄를 선고했다. 헌법에 보장된 불리한 증언을 하지 않을 권리, 변호사의 조력을 받을 권리가 있다는 사실을 경찰로부터 미리 고지 받지 못했기 때문에 미란다의 진술은 법적 효력이 없다는 이유였다. 이후 경찰은 용의자를 연행하기 전 이 같은 권리들을 알려줘야 한다는 원칙이 확립되었는데 이를 Miranda rule[warning]이라 부른다.

❑ **launch a publicity campaign** 홍보 운동을 펴다

ex. The state government will **launch a publicity campaign** to draw tourists from different states to the city during the festival. (주 정부는 축제 기간 동안 다른 주로부터 그 도시로 관광객을 유치하기 위해 홍보전을 펼칠 것이다.)

| **launch a publicity blitz for** ~를 위한 홍보 공세를 펴다, ~를 대대적으로 홍보하다 **a well-orchestrated publicity campaign** 잘 연출된 홍보 공세

❑ **right to remain silent, right to silence** 묵비권

ex. You have the **right to remain silent**. Anything you say can and will be used against you in a court of law. You have the right to speak to an attorney, and to have an attorney present during any questioning. If you cannot afford a lawyer, one will be provided for you at government expense. – the Miranda rule[warning]. (당신은 묵비권을 행사할 수 있습니다. 당신의 모든 진술은 법정에서 당신에게 불리하게 이용될 수 있고 또한 이용될 것입니다. 당신은 변호사를 선임하거나 심문시 변호사가 동석하게 할 권리가 있습니다. 변호사를 선임할 능력이 안 되면 국선변호인이 임명될 것입니다.–미란다 원칙)

❑ **observe[hold] a minute's silence** 1분간 묵념을 하다

ex. All citizens will observe a **minute's silence** in memory of the victims of the terrorist acts in the United States. (모든 시민들이 미국 테러 희생자들을 기리어 1분간 묵념을 할 것이다.)

❑ **take a carrot-and-stick approach to** ~에 대해 강온 양면으로 접근하다

ex. President Bush has repeatedly emphasized the need to **take a carrot-and-stick approach to** dealing with North Korea. (부시 대통령은 북한을 상대하는 데 강온 양면의 접근에 대한 필요성을 여러 번 강조해왔다.)

| **use a carrot-and-stick method** 강온 양면의 방법을 쓰다 **a carrot-and-stick approach of foreign aid and tough diplomacy** 외국 원조와 강경한 외교라는 강온 양면 전술

❑ **give top priority to** ~를 최우선시하다

ex. A renowned energy expert has urged the Chinese government to **give top priority to** energy conservation and adopt the concept of "scientific energy development." (한 저명한 에너지 전문가는 중국 정부에 에너지 보존에 최우선을 두고 '과학적 에너지 개발'이라는 개념을 채택할 것을 촉구했다.)

| **put[place] top priority on** ~를 최우선시하다 **make ~ a top priority** ~를 최우선 과제로 삼다 **put ~ on the front burner** ~를 최우선 사항으로 하다, 중요시하다 **a front-burner[high-priority] issue** 최우선 사항, 중요 사항 **take center stage** 가장 큰 주목을 받다, 중요 관심사가 되다

| **put[place, leave] ~ on the back burner** ~를 뒷전으로 미루다, 일시 보류하다 **move to the back burner** 뒷전으로 밀려나다 **end up on the back burner** 뒷전으로 밀려나고 말다 **stay[remain] on the back burner** 여전히 뒷전에 밀려나 있다 **keep ~ on the back burner** 계속 뒷전으로 미루어 놓다 **be relegated[pushed] to the back burner** 뒷전으로 밀려나다 **a back-burner issue** 관심 밖으로 밀려난 문제

❑ **deterrent** 억제력, 전쟁 억지력

ex. More than 30,000 U.S. troops are stationed in South Korea as a **deterrent** against any provocation by North Korea. (3만 명이 넘는 미군이 북한의 도발에 대한 억제력으로 남한에 주둔하고 있다.)

❑ **be charged with sedition** 선동죄로 기소되다

ex. Two men in Singapore have **been charged with sedition** and face jail for allegedly making anti-Muslim comments on the Internet. (싱가포르에서 두 남자가 인터넷에 이슬람에 반대하는 글을 올렸다는 이유로 선동 혐의로 기소되어 감옥에 갈 처지에 놓여 있다.)

| **treason** 반역(죄) **high treason** 반역죄, 대역죄 **an offense against the safety of a state** 내란죄 **conspiracy of a rebellion** 내란 음모 **subversion** 전복 **instigation** 교사

16 소문 | 진실 | 거짓 | 왜곡

주제어	관련어
rumor	gossip, grapevine, hearsay, be rumored to, speculation, rampant
true	truthful, valid, veracious, genuine, truth, bend the truth, undeniable
false	erroneous, spurious, specious, falsehood, fake, lie, fib, whopper
distort	twist, warp, contort, bend, mangle, slant, distortion, perversion

●●● Bad news travels quickly. Ill news flies apace.

나쁜 소문은 빨리 퍼진다.

발 없는 말이 천 리를 간다고 소문은 정말 빠르게 퍼진다. 특히나 회사 내에서 소문이 번지게 되면 눈덩이처럼 불어나(snowball) 걷잡을 수 없게 되고 애꿎은 사람들이 종종 피해를 보게 된다. 입소문의 위력은 상상을 초월하며 이런 이유로 기업들은 입소문을 마케팅의 수단으로 활용하기도 한다.

사회생활을 하다 보면 소문으로 듣는(through the grapevine) 일들이 많다. 근거 없는(groundless) 뜬소문으로 판명되는 경우가 많지만 개중에는 사실로 밝혀지는 것들도 있다. 소문은 그 특성상 입에서 입으로 퍼지면서 많이 왜곡되어(distorted) 당사자들은 치명적인 피해를 입게 되는데, 설령 뒤에 소문이 잘못되었다는 사실이 밝혀져도 이미 돌이킬 수 없는 때가 많다.

언론의 경우도 허위보도(false reports)가 있으며 뒤에 정정 보도를 하게 되더라도 당사자의 명예는 회복할 길이 없어 그로 인해 손해배상 청구가 끊이지 않는다. 특히 우리 언론의 경우 이러한 예가 많다. 확실한 source에게서 확인에 확인을 거쳐 보도하는 것이 아니라 정가나 증권가에 흘러다니는 소문을 그대로 옮기는 소위 '~카더라' 식 보도관행 때문이다.

rumor

소문; 소문을 퍼뜨리다
a piece of unverified information of uncertain origin usually spread by word of mouth = gossip, hearsay, talk, the grapevine, common talk, buzz, scuttlebutt; circulate, give[put] out, spread, pass around, disseminate, gossip, noise abroad[about, around]

유의어 **dirt** 험담, 나쁜 소문

용례 **spread[start, circulate, give currency to] a rumor, set a rumor afloat** 소문을 내다 **a groundless[baseless, unfounded] rumor** 근거 없는 소문 = an unfounded report, a canard

| **Rumor has it that~.** ~라는 소문이다. = It is said [they say] that ~; Word has spread[gotten out, gotten around] that ~; It is noised abroad that ~; There is a stroy going around that ~; There is a rumor that ~; The rumor is that ~.

| **be rumored to do** ~라는 소문이다

gossiper 소문을 퍼뜨리는 사람, 떠버리

= a talebearer, a tattletale, a gossipmonger, a scandalmonger, a newsmonger, a gossiper, a quidnunc; a Mrs. Grundy (여자)

| **fond of gossip** 소문을 퍼뜨리기 좋아하는 = gossipy, gossiping, scandal-loving, scandalous

---

speculation 추측, 억측

a message expressing an opinion based on incomplete evidence = conjecture, guess, guesstimate, guesswork, hunch, shot, sneaking suspicion, stab, supposition, surmise

용례 **indulge in speculation** 억측을 하다 **There is speculation that** ~라는 추측이 있다 **Speculation abounds that** ~라는 추측이 무성하다

| **speculate** 추측하다 = conjecture about, theorize about, hypothesize about, guess about, surmise about, take a guess about

| **speculative** 추측의 = conjectural, theoretical, hypothetical, suppositional, tentative

---

rampant (소문 따위가) 유행하는, 만연하는

extending unrestrained and violent = epidemic, flagrant, out of hand[control], pandemic, raging, rampaging, rank, rife, spreading like wildfire, turbulent, unbridled, unchecked, uncontrollable, ungovernable, unrestrained, unruly, wanton, widespread, wild

반의어 **controlled, under control**

용례 **a rampant rumor** 자자한(퍼질 대로 퍼진) 소문 **run rampant** 만연하다, 마구 퍼지다 **rampant corruption** 만연한 부패 **rampant inflation** 걷잡을 수 없는 인플레이션 **the rampant materialism of modern society** 현대 사회에 팽배한 물질주의

| **an epidemic evil** 나쁜 유행 **a raging fire** 맹렬하게 타오르는 불길 **unbridled anger** 걷잡을 수 없는 분노

필수예문

track 060

1 **Rumor has it that** the largest carmaker in Japan will cut more than 3,000 jobs as its business has been sluggish amid plummeting sales, but we don't yet have any confirmation. (소문에 의하면 그 일본 최대의 자동차회사는 매출 폭락 속에 사업이 부진해서 3000명 이상을 감원할 것이라고 하지만 우리는 아직 어떤 확인도 한 바 없다.)

2 **A rumor is abroad[current, in circulation]** about his imminent divorce. (그가 곧 이혼할 것이라는 소문이 돌고 있다.)

Word is out that he will marry Jane soon. (그가 곧 제인과 결혼할 것이라는 소문이다.)

The former minister is **rumored** to be seeking to run for the presidential election slated for March. (전직 장관은 3월로 예정된 대통령 선거에 출마할 것이라는 소문이다.)

He is **not so black as he is painted.** (그는 소문만큼 나쁘지 않다.)

3 Who told you I was getting married? **I just heard it on[through] the grapevine. = A little bird told me; I heard a little bird so sing; Rumor has it so; I have it by[from, on] hearsay; I heard it in talk.** (내가 결혼한다고 누가 그랬어? — 그냥 소문으로 들었어.)

4 The actress has always denied **rumors about** an affair with a son of a rich and famous business tycoon. (그 여배우는 돈 많고 유명한 기업인의 아들과 바람을 피우고 있다는 소문을 늘 부인해왔다.)

There is no way of finding out what's happening in the city, so we have to rely on **hearsay**. (그 도시에서 무슨 일이 벌어지고 있는지 알아낼 길이 없어 우리는 소문에 의존해야 한다.)

5 Journalists should put their top priority on learning to distinguish between fact and **hearsay**. (기자는 사실과 소문을 구별하는 법을 배우는 것을 최우선시해야 한다.)

That story is nothing more than **malicious gossip**. (그 얘기는 악의적인 소문에 지나지 않는다.)

You'd better not believe all the **gossip** you hear. (당신은 듣는 소문을 전부 믿지는 않는 것이 좋다.)

6 There is a great deal of **speculation about** a possible alliance between the two political parties. (두 정당의 연합 가능성에 대한 추측이 무성하다.)

People say she is having a fling with her boss, but she insists **that's just talk**. (그녀가 사장과 바람을 피우고 있다는 소문이 있지만 그녀는 그것은 소문에 불과하다고 강하게 주장한다.)

7 The **unconfirmed report** claims that the explosion occurred while coalition forces surrounded the house in which al-Zarqawi was hiding. (그 미확인 보도에 따르면 연합군 군대가 알자르카위가 은신하고 있는 집을 포위하자 폭발이 일어났다고 한다.)

8 **Rumors are running rampant that** the company wants to set up a subsidiary in China in an effort to tap the potentially lucrative market. (그 회사는 수익성이 클 수도 있는 시장을 개척할 노력의 일환으로 중국에 지사 설립을 원하고 있다는 소문이 파다하다.)

true

진실인, 맞는, 진짜의

to be consistent with fact or reality = authentic, bona fide, genuine, kosher, proper, sincere, straight, sure-enough, trustworthy, truthful, unfaked, valid, veracious, veridical, veritable

유의어 **accurate** 정확한 **actual** 현실의 **correct** 정확한, 맞는 **honest** 솔직한 **precise** 정확한 **pure** 순수한 **reliable** 확실한 **right** 정확한 **unerring** 확실한 **unfeigned** 거짓 없는

반의어 **counterfeit, false, fraudulent**

용례 **a true story** 실화 **a true history** 정사 **true as gospel** 절대적으로 진리인, 사실인 **the true meaning** 진의 **hold true** 효력이 있다

| **a bona fide friend** 진실한 친구

| **a genuine diamond** 진짜 다이아몬드 **a genuine person** 성실한 사람

| **a veritable goldmine for** ~에게 진정한 보고

---

truth 진실, 사실

the true information or facts about something = authenticity, genuineness, gospel, gospel truth, honest truth, naked truth, trueness, truthfulness, validity, veracity, verity

반의어 **falsehood, invention, untruth**

용례 **a truth commission** 진실위원회 **tell[speak] the truth** 진실을 말하다 **bend the truth** 진실을 왜곡하다 **to tell[speak] the truth** 사실대로 말하면, 사실은

| **a broad [a palpable, an obvious] fact** 명백한 사실 **a hard fact** 엄연한 사실 **an established[accomplished] fact, a solid fact** 움직일 수 없는 사실 **spill the dope** 정보를 누설하다 **get down to the nitty-gritty** 핵심을 찌르다, 사실을 직시하다

| **verisimilitude** 사실 같음, 사실처럼 보이는 일

| **truly** 진실로, 참으로 = in truth, really, in reality, actually, in fact, genuinely, certainly, surely, definitely, decidedly, positively, absolutely, unquestionably, undoubtedly

| **Yours (very) truly** = (Very) Truly yours 경구(敬具), 숙배(肅拜) (편지의 맺는 말)

---

undeniable 부인할 수 없는, 명백한

difficult or impossible to deny = beyond doubt, beyond question, certain, clear, evident, for sure, inarguable, incontestable, incontrovertible, indisputable, indubitable, irrefutable, manifest, obvious, on ice, patent, positive, proven, sure, sure thing, unassailable, undoubted, unquestionable

반의어 **contestable, disputable, doubted**

용례 **an undeniable fact** 부인할 수 없는(명백한) 사실 **undeniable evidence[proof]** 부인할 수 없는 증거

| **It is evident that** ~한 것이 분명하다

| **an irrefutable argument** 반박할 수 없는 주장

| **obvious to everybody** 누가 보아도 명백한

| **a patent lie** 새빨간 거짓말 **patent nonsense** 터무니없는 짓[말, 것]

필수예문

track 061

1 **It is true that** the South Korean national soccer squad will not beat Germany, but I still believe that all players will do their utmost so as not to disappoint soccer fans. (대한민국 축구 대표팀이 독일에 이기지 못할 것은 사실이지만 나는 그래도 모든 선수들이 축구팬들을 실망시키지 않기 위해 최선을 다하리라 믿는다.)

2 What you say is **true**. (네가 하는 말은 사실이다.)

It is true that he is dead. (그가 죽었다는 것은 사실이다.)

The blockbuster movie is based on a **true story**. (그 대히트한 영화는 실화를 바탕으로 하고 있다.)

3 Politicians, charged with corruption, rarely give **truthful answers** to questions by prosecutors. (부패 혐의를 받고 있는 정치인들은 검사들의 질문에 거의 사실대로 답을 하지 않는다.)

The president's assessment of the current economic situation is considered pretty **accurate**. (대통령의 현 경제상황 평가는 아주 정확한 것으로 여겨진다.)

4 Doctors usually refuse to tell their patients **the whole truth about** their conditions in case it upsets them. (의사들은 보통 환자들이 속상해할까봐 그들의 상태에 대해 사실을 전부 말하기를 거부한다.)

To tell the truth, I am not really in the mood for going out. I would rather stay home and watch TV. (사실대로 말하자면 나는 그다지 외출할 기분이 아니다. 그냥 집에서 텔레비전을 보겠다.)

5 All witnesses are required to **stick to the facts** and leave aside all emotion and sentiment. (모든 증인들은 사실에 충실하고 모든 감정과 기분을 배제해야 할 의무가 있다.)

There is **an element[grain] of truth in** the argument that increased addiction to Internet games results in a rise in crimes. (인터넷 게임 중독의 증가가 범죄의 증가로 이어진다는 주장은 일리가 있다.)

6 I'm **truly** sorry. I didn't mean to offend you. (정말 미안해. 네 비위를 건드릴 작정은 아니었어.)

It is undeniable that there is an organized feminist movement in South Korea. (한국에서 조직적인 여권 신장 운동이 일어나고 있다는 사실은 부인할 수 없다.)

Students tend to think that everything their teachers tell them is **the gospel truth**. (학생들은 선생님이 말씀하시는 모든 것은 불변의 진리라고 믿는 경향이 있다.)

false

옳지 못한, 틀린; 거짓의, 가짜의

not in accordance with the fact or reality or actuality; not genuine or real = apocryphal, bogus, concocted, cooked-up, deceitful, fake, fallacious, fictitious, mendacious, phony, sham, specious, spurious, trumped up, unreal, untrue, untruthful

유의어 **erroneous** 잘못된, 틀린 **ersatz** 대용의, 합성의, 인공의 **faulty** 결함이 있는, 잘못된 **fishy** 의심스러운

fraudulent 사기의, 속이는 **invalid** 무효인 **mistaken** 틀린, 오해한 **sophistical** 궤변의 **unfounded** 사실 무근의 **unsound** 믿을 수 없는

반의어 **accurate, correct, factual, precise, right, true, valid**

용례 **a false statement** 허위 진술 **a false friend** 믿지 못할 친구 **a false bank note** 위조지폐 **under a false name** 가명으로 **ring false** (이야기 따위가) 참말 같지 않다, 거짓으로 들리다 **a mendacious account** 거짓 이야기 **a mendacious person** 거짓말쟁이

| **falsehood** 거짓, 거짓말 = lie, fib, untruth, false statement, falsification, fabrication, fairy story[tale]

| **falsify** 왜곡하다, 위조하다 = alter, counterfeit, forge, fake, doctor, temper with, distort, adulterate, pervert

| **fake** 위조품, 가짜, 짝퉁 = copy, counterfeit, dummy, fabrication, forgery, hoax, imitation, knock-off, make-believe, phony, reproduction, scam, sham ↔ genuine article, real McCoy, real thing **a clever[cheap] fake** 교묘한[싸구려] 모조품

| **be all dummies** 모두 모조품이다 **a flood of Chinese knock-offs** 중국 모조품의 범람

---

lie 거짓말; 거짓말하다

an untrue statement that is intended to deceive someone = corker, fable, fabrication, falsehood, falseness, falsity, fib, fiction, fish story, forgery, hyperbole, invention, mendacity, myth, perjury, smoke, tale, tall story, white lie, whopper; fake, falsify, fib, fudge, invent, jive, palter, perjure, prevaricate, snow

용례 **a black lie** 악의적인 거짓말 **a white lie** 악의 없는 거짓말 **tell a lie** 거짓말하다 **live a lie** 거짓 생활을 하다 **A lie begets a lie.** 거짓말은 거짓말을 낳는다.

| **a fib** 사소한 거짓말 **tell a fib** 사소한 거짓말을 하다

| **a whopper** 터무니없는 거짓말 **tell a whopper** 터무니없는 거짓말을 하다

| **perjury** 위증 **commit perjury** 위증죄를 범하다 **be found guilty of perjury** 위증으로 유죄 선고를 받다

| **a liar** 거짓말하는 사람, 거짓말쟁이 = fibber, fibster, falsifier, prevaricator, storyteller

필수예문

track 062

1 The criminal law makes it a felony to knowingly and willfully **falsify** a fact or to **make a false statement** to a federal official. (형법에 따르면 고의로 그리고 의도적으로 사실을 위조하거나 연방 공무원에게 허위 진술을 하면 중죄에 해당된다.)

2 The suspect is charged with using a **false** identity to cover up his criminal activities. (용의자는 자신의 범죄행위를 은폐하기 위해 가짜 신분증을 사용한 혐의를 받고 있다.)

The man is accused of attempting to sell ethnic Koreans in China a **fake** passport for $600. (그 남자는 조선족 동포들에게 위조 여권을 600달러에 팔려고 한 혐의를 받고 있다.)

3 The immigrant **falsified** his birth certificate to get the job. (그 이민자는 일자리를 얻으려고 출생증명서를 위조했다.)

It's not a real diamond necklace, it's just **a fake**! (그건 진짜 다이아몬드 목걸이가 아니야. 그건 그냥 모조품이야!)

4 Some applicants **lie about** their age in a desperate bid to get jobs. (필사적으로 일자리를

얻으려고 일부 지원자들은 나이를 속였다.)

It is hard to believe he is **lying through his teeth**. (그가 새빨간 거짓말을 하고 있다는 것을 믿기 어렵다.)

There is not a word of truth in his report. It's **all lies**. (그의 보고서에는 일말의 진실도 없다. 온통 거짓말이다.)

5 I can usually tell when people are **telling a white lie**, and I feel a little hurt when someone **dishes** me one. (사람들이 선의의 거짓말을 할 때 나는 대개 그것을 알고, 누군가 나에게 악의 없는 거짓말을 하면 약간 마음의 상처를 받는다.)

When you **tell a fib**, you say something that isn't true. (거짓말을 하는 것은 사실이 아닌 것을 말하는 것이다.)

6 The newspaper reports are a mixture of gossip, **lies** and half-truths. (신문의 보도는 소문에, 거짓말에, 일부만이 진실인 말의 혼합이다.)

You are lying. (거짓말 마.)

Are you calling me a **liar**? (나를 거짓말쟁이라고 부르는 거야?)

How can you trust him? He is just **a compulsive liar**. (그를 어떻게 믿을 수 있어? 그는 상습적인 거짓말쟁이일 뿐이야.)

distort

왜곡하다, 곡해하다
to give a false or misleading account of = bend, bias, color, contort, garble, gnarl, pervert, slant, torture, twist, warp, whitewash, wrench

유의어 **alter** 고치다, 개조하다 **cook** 날조(위조)하다 **doctor** 날조하다 **fake** 위조하다 **fudge** 조작하다, 속이다 **mangle** 엉망으로 만들다 **misconstrue** 잘못 해석하다, 오해하다 **phony up** 날조하다 **trump up** 꾸며내다, 날조하다

반의어 **correct, interpret, right, straighten out, untwist**

용례 **distort history** 역사를 왜곡하다 **distort[warp] a fact** 사실을 왜곡하다 **distort a person's intention** ~의 뜻을 곡해하다 **distort the wishes of the electorate** 유권자의 희망을 왜곡하다

| **pervert[strain] the truth** 진실을 왜곡하다 **pervert[strain, wrest] the law** 법률을 왜곡하다

| **garble[adulterate] the news** 보도(기사)를 왜곡하다

| **whitewash** 결점(과실 따위)을 호도하다, ~의 표면을 눈속임하다, 겉치장하다 = cover up, gloss over, conceal, camouflage, suppress, downplay, make light of, soft-pedal, minimize

distortion 왜곡, 곡해

the act of distorting something so it seems to mean something it was not intended to mean = bias, coloring, contortion, garbling, perversion, slant, torture, twist, warp

반의어 **accuracy, truth, verity**

용례 **a crude[gross, grotesque] distortion** 심한 왜곡 **a deliberate distortion** 고의적인 왜곡 **a distortion of the facts** 사실 왜곡 **a grotesque distortion of the truth** 진실을 기이하게 왜곡함

| distorted 왜곡된; 비틀린 **a distorted perspective[view]** 왜곡된 시각 **a distorted smile** 쓴웃음 **distorted vision** 난시(亂視)
| distortive 왜곡(곡해)하는
| distortionist 풍자화가, 만화가 = caricaturist; 곡예사 = acrobat

필수예문

track 063

1 Despite its economic prowess, Japan is under fire from South Korea, China and other Asian nations for **distorting history** by whitewashing its wartime atrocities. (엄청난 경제력에도 불구하고 일본은 한국, 중국 그리고 다른 아시아국들로부터 2차대전 당시 잔혹행위를 호도해 역사를 왜곡하고 있다는 비난을 받고 있다.)

2 The dictator is under fire for covering up his crimes and **distort** the truth about his iron-fisted rule. (그 독재자는 자신의 범죄를 은폐하고 자신의 철권통치에 대한 진실을 왜곡한다는 비난을 받고 있다.)

Prosecutors **twisted** everything he said to make it appear that he was guilty. (검사들은 그가 유죄인 것처럼 보이게 하기 위해 그가 말한 모든 것을 왜곡했다.)

3 The president argues the newspaper report has completely **misrepresented** his opinions about the tax-cut plan. (대통령은 그 신문보도가 감세안에 대한 자신의 의견을 완전히 왜곡했다고 주장한다.)

The great danger in this is that we tend to **warp the past** so that it will fit our preconceived notions. (이 점에 있어 큰 위험은 우리는 선입관에 맞도록 과거를 왜곡하는 경향이 있다는 사실이다.)

4 Police are often criticized for **straining the truth** to protect loved ones and crime victims. (경찰은 가족들과 범죄 피해자를 보호하기 위해 사실을 왜곡한다고 종종 비난을 받는다.)

Unless politicians hold to a moral code, they will **pervert the law** in any way they feel it will benefit them. (정치인들이 도덕률을 지키지 않으면 그들은 자신들에게 유리하다고 생각하는 모든 방식으로 법을 왜곡하게 된다.)

5 It is a **distortion of the truth** to say that the candidate probably cheated during the presidential TV debate. (그 후보가 대통령 텔레비전 토론 중에 부정행위를 했을지도 모른다고 말하는 것은 사실을 왜곡하는 것이다.)

The whole theme of his book on capital punishment is considered as a **clear contortion of the truth**. (사형에 관한 그의 책의 전체 주제는 진실의 명백한 왜곡이라고 여겨진다.)

심화학습

마케팅을 하는 사람들은 물건을 써보고 난 소비자(consumer)들이 주변 사람들에게 전하는 평에 대해 상당한 신경을 쓰게 된다. 엄청난 돈을 들여 텔레비전에 광고를 때려도(advertising blitz) 소비자들에게 한번 물건이 좋지 않다고 소문이 나버리면 헛수고가 되기 십상이기 때문이다. 이처럼 사람들의 입에서 입으로 퍼지는 소문은 무서운데 이를 word of mouth라고 한다.

❏ **wild[idle] speculation** 근거 없는(터무니없는) 추측

ex. Reports that he is getting divorced soon have been dismissed as **wild speculation.** (그가 곧 이혼할 것이라는 보도는 터무니없는 추측으로 일축되었다.)

| **idle fears** 이유 없는 두려움 **idle rumors** 근거 없는 소문 **an idle theorizing** 억지, 강변

❏ **rumor mill[factory]** 소문의 근원지(출처), 입방아

ex. The move threw into high gear the Detroit **rumor mill**: Speculation abounded that the former Chrysler Group chairman had the inside track to the job. (그 조치로 디트로이트의 입방아가 난무하게 되었는데, 전직 그리이슬리 그룹 회장이 그 직을 맡을 것이 유리하다는 추측이 무성했다.)

| **feed the rumor mill** 소문이 커지게 하다 **stir up the rumor mill** 소문을 돌게 하다

❏ **word of mouth** 입소문, 구전

ex. **Word of mouth** is one of the most effective and low cost ways to find new customers. (입소문은 새 고객을 찾기 위한 가장 효과적이고 저비용의 방법 중 하나다.)

| **word-of-mouth marketing strategy** 입소문 마케팅 전략

❏ **fait accompli** 기정사실

ex. When you say that something is a **fait accompli**, what it implies is that a decision regarding a matter has already been made and cannot be changed. (어떤 것을 기정사실이라고 말할 때 그것은 어떤 문제에 대한 결정이 이미 내려져 변경시킬 수 없다는 것을 말한다.)

❏ **It is the case** ~가 사실이다

ex. **It** used to **be the case** that the automaking industry was plagued by strikes, but this is no longer so. (자동차 산업이 파업에 시달렸던 것은 사실이었지만 지금은 더 이상 그렇지 않다.)

❏ **take a lie detector[polygraph] test** 거짓말 탐지기 검사를 받다

ex. A potential or actual criminal defendant or witness cannot be forced or ordered to **take a lie detector test.** (잠재적 혹은 실제 형사 피고인이나 증인은 거짓말 탐지기 검사를 받도록 강제되거나 명령할 수 없다.)

| **pass a lie detector test** 거짓말 탐지기 검사를 통과하다

❏ **commit perjury** 위증을 하다

ex. Most Americans think that the president **committed perjury** and abused his office, but they still do not want him impeached. (대부분의 미국인들은 대통령이 위증을 하고 직권을 남용했다고 생각하지만 그래도 그가 탄핵을 받는 것을 원치 않는다.)

| **be guilty of perjury** 위증죄이다 **be charged with perjury** 위증의 혐의를 받다

❏ **bend the rules** 규칙을 마음대로(자신에게 맞게) 고치다, 악용하다

ex. The president wants the Constitutional Court to **bend the rules** to secure a conviction for the opposition leader. (대통령은 헌법재판소가 규정을 고쳐 야당 당수에게 유죄를 주기를 원한다.)

17 폭로 | 은폐 | 양심 | 사상

주제어	관련어
disclose	reveal, divulge, expose, air, unveil, leak, let slip, informant
hide	conceal, suppress, keep dark, cloak, cover-up, whitewash
conscience	scruples, sting of conscience, conscientious, contrite
think	consider, thought, thoughtful, thoughtless, idea, ideal

●●● Curiosity killed the cat. 호기심이 신세를 망친다.

연예인이나 스포츠 스타들의 사생활에 대해 알고 싶어하며 호기심(curiosity)을 갖는 것은 인지상정인데, 이를 충족시키는(satisfy) 매체로 스포츠 신문들이 있다. 하루가 멀다 하고 누가 누구와 사귀고 결혼하며 이혼한다는 등의 폭로성 기사들이 실린다.

정치판도 폭로(expose)의 도가니라 해도 과언이 아니다. 지금은 조금 덜해졌지만 불과 몇 년 전만 해도 신문을 펼치면 여권(the ruling circle)의 핵심인사가 모 기업인으로부터 얼마를 받았느니 따위의 폭로성 기사를 늘 볼 수 있었다. 국회의원들은 특히 원내에서 행한 발언에 대해서는 형사상의 면책특권(immunity from prosecution)이 있어 '아니면 말고' 식의 폭로를 의전 단상에서 해대 국민의 눈총을 받곤 했었다.

이러한 폭로성 추문은 대개 국회의원 선거나 대통령 선거를 전후해 절정에 이르고 피해자들은 몇 년간씩 법정 공방을 벌이기도 했다. 과거 군부독재 시절에는 사상이 반체제 인사들을 탄압하는 주요한 무기였는데 정권 유지에 위협이 되는 인물들을 빨갱이나 용공분자로 몰아 감옥에 보내기도 했었다.

disclose

폭로하다, 공개하다

to make something known publicly, or to show something that was previously secret or not known to many people = bare, betray, blab, bring to light, debunk, divulge, expose, fess, fess up, give away, lay bare, leak, let slip, mouth on, open, reveal, spill, unclose, uncover, unveil

유의어 **confess** 자백하다 **exhibit** 전시하다, 제출하다 **impart** 알리다 **own** 자백하다 **snitch** 밀고하다 **squeal** 밀고하다 **stool** 밀고하다 **utter** 공표하다

반의어 **conceal, cover up, hide, withhold**

용례 **disclose a secret** 비밀을 폭로하다 **disclose the truth** 진실을 폭로하다 **disclose the secret to** ~에게 비밀을 폭로하다 **disclose one's identity** 신원을 밝히다

| **be disclosed** 폭로되다 = be revealed[exposed], be laid bare, come[be brought] to light, come out, transpire

| **debunk a myth** 미신의 정체를 폭로하다

| **disclosure** 폭로, 공개 = revelation, divulgence, expose, exposure

| **rattle off a list of** ~를 줄줄이 열거하다

| **dig up dirt on a political rival** 정적의 부정부패를 캐내다

---

leak ~를 누설하다, 유출하다, 흘리다; 유출, 누설

to deliberately give a newspaper or television secret government information = blab, break, come out, disclose, divulge, give away, let in on, let on, let slip, make public, pass on, reveal, spill, spill the beans, tell, transpire.

용례 **leak documents** 문서를 유출하다 **a leaked report** 유출된 보고서 **prevent illegal leak of documents** 문서 불법 유출을 막다

| **let slip** (무심코) ~를 입밖에 내다, 누설하다 = let the cat out of the bag, give the game away, give the whole thing away, blow the gaff, spill the dope

---

informer 제보자, 밀고자

a person who supplies information = betrayer, blab, blabbermouth, canary, crier, deep throat, double-crosser, fat mouth, finger, fink, fork tongue, informant, Judas, nark, preacher, rat, rat fink, sneak, snitcher, snout, songbird, squealer, stool pigeon, stoolie, tattler, tattletale, tipster, weasel

용례 **turn informer** 밀고자가 되다 **a police informer** 경찰에의 정보 제공자

| **a deep throat** 내부 고발자 = a whistle-blower

| **not tell anyone** 비밀을 지키다, 함구하다 = not breathe a word, not tell a soul, keep ~ secret, keep quiet, keep ~ to oneself, keep something from someone, keep back, withhold, hold out on, not give anything away, not let on, keep mum on

| **Spit it out!** 숨김없이 말해! 실토해! = Out with it!

필수예문

track 064

1 The former employee threatened to **disclose** the scandal if the boss didn't pay him money. (전직 회사원이 만약 사장이 돈을 주지 않으면 추문을 폭로하겠다고 협박했다.)

All parties and candidates are required to **disclose** who bankrolled their election campaigns. (모든 정당과 후보들은 선거운동에 자금을 댄 사람들의 명단을 공개해야 한다.)

2 The whole truth about the scandal will **be revealed** in the near future. (추문에 대한 모든 진실이 조만간 폭로될 것이다.)

After months of rumors, the actor **revealed** that he had used drugs. (몇 달간의 소문 뒤에 그 배우는 자신이 마약을 했었다고 밝혔다.)

3 He promised that he would rather die than **divulge** the secret. (그는 비밀을 폭로하느니 차라리 죽겠다고 약속했다.)

I am afraid I cannot **divulge** what she said to me. (죄송하지만 그녀가 나에게 한 말을 공개할 수 없습니다.)

The racketeer threatened to **expose** him to the media unless he changed his mind. (그 공갈협박자는 그가 마음을 바꾸지 않으면 언론에 그를 폭로하겠다고 협박했다.)

4 Two officials have been charged with **leaking** a top-secret government document to a lawmaker, but no one, not even their lawyers, is being allowed to see what is in the document. (두 관리가 국회의원에게 일급 정부 기밀문서를 유출한 혐의로 기소되었지만 누구도, 심지어 그들의 변호인들조차 그 문서의 내용을 보는 것이 허용되지 않고 있다.)

5 Can I **tell** you a secret? You'd better not **tell**, or you'll be in big trouble. (너한테 비밀 하나 말할까? —얘기하지 않는 게 좋아, 안그러면 너 크게 곤란해질 거야.)

I will **let** you **in on** my plan if you promise to keep it a secret. (네가 비밀을 지킨다고 약속하면 내 계획을 털어놓지.)

He **let on to the police** that he had seen her there. (그는 거기에서 그녀를 보았다고 경찰에 알렸다.)

6 Does she know about our plan? Yes, someone must have **spilled the beans**. (그녀가 우리 계획에 대해 아나? — 그래, 누군가 비밀을 누설한 것이 틀림없어.)

You'd better not **blab about** the surprise party. (너 그 깜짝 파티 비밀을 누설하지 않는 것이 좋아.)

The suspect **let slip** that he had spoken to his boss on the phone and knew where he was. (용의자는 자신이 사장과 전화로 얘기했었고 그가 어디에 있는지 안다고 무심코 말해버렸다.)

7 The president inadvertently **let slip** the name of the new car. (사장은 무심코 새 차의 이름을 입밖에 냈다.)

I am afraid she **let the cat out of the bag**. (그녀가 비밀을 누설한 것 같아.)

Don't mention Mom's birthday, or you will **give the game away**. (엄마 생일 얘기하지 마, 그렇지 않으면 비밀을 누설하게 될 거야.)

Tom has **blown the gaff on** all our plans. (톰은 우리의 모든 계획에 대해 비밀을 누설해버렸다.)

8 It is impossible for the affair to **be kept secret.** (그 일이 비밀로 유지되는 것은 불가능하다.)

Don't tell Jane. She is incapable of **keeping anything to herself.** (제인에게 말하지 마. 그 녀는 어떤 것도 비밀로 하지 못해.)

hide

숨기다, 은폐하다

to deliberately hide facts or information = bury, cache, camouflage, cloak, conceal, cover, curtain, disguise, dissemble, eclipse, hush up, keep secret, lock up, mask, not tell, plant, screen, secrete, shield, suppress, tuck away, veil

유의어 **blot out** 지우다 **ditch** 버리다 **duck** 피하다 **harbor** (범인 등을) 숨기다 **hole up** (경찰의 감시 따위로부터) 숨다, 몸을 숨기다 **salt away** ~를 남몰래 저축하다, (돈 따위를) 유리하게 투자하다 **shadow** 어둡게 하다 **shelter** 비호하다 **shroud** 덮다, 싸다 **smuggle** 밀수하다 **stash** 숨겨두다 **stow away** 치워두다 **take cover** 숨다

반의어 **expose, reveal**

용례 **hide a fact** 사실을 숨기다 **hide one's intentions** 의도를 드러내지 않다 **hide the fact from a person** ~에게 사실을 숨기다

| **conceal a scandal** 추문을 숨기다 **conceal something from someone** ~에게 사실을 숨기다 **conceal one's scorn for** ~에 대한 멸시를 숨기다 **conceal the truth** 진실을 은폐하다

| **cover up [hush up] a fact** 사실을 은폐하다

| **veneer** 겉치장, 허식; (결점 따위를) 그럴듯하게 감추다

| **be accused of suppressing evidence** 증거은폐 혐의를 받다

| **keep ~ under wraps** ~를 비밀로 하다, 숨기다 = sweep ~ under the mat ~를 숨기다(감추다)

---

cover-up 은폐

a deliberate attempt to hide information from the public = camouflage, concealment, disguising, dissimulation, front, hush-up, masking, placing under wraps, seal of secrecy, smoke screen, suppression, veil of secrecy, wraps, whitewash

반의어 **disclosure, exposure, uncovering**

용례 **an attempted cover-up** 은폐 미수 **cover-up of a crime** 범죄의 은폐 **cover-up of a scandal** 추문의 은폐

| **suppressor of the facts** 사실을 은폐하는 사람

필수예문

track 065

1 The government is under fire for **hiding** the fact that police tortured a foreign criminal suspect to coerce a confession from him. (경찰이 자백을 강요하기 위해 외국인 범죄 용의자를 고문했다는 사실을 은폐한다고 정부가 비난을 받고 있다.)

Don't try to **hide** anything from me. I always find out the truth in the end. (나한테 어떤 것도 숨기려고 하지 마. 난 늘 결국에는 진실을 알아내니까.)

2 An organized attempt was made to **conceal** the facts of the corruption scandal, as a result of which the dictator lost his presidency. (그 부패 스캔들의 내용을 은폐하려는 조직적인 시도가 있었고 그 결과 독재자는 대통령직을 잃었다.)

In his autobiography, the author **draws a veil over** his sympathy with Japanese colonizers. (자신의 자서전에서 그 작가는 일본 식민세력에 부역한 사실을 숨기고 있다.)

3 Civic groups claim it is too late for the police to **cover up** the detailed record of their brutal assault on protesters. (시민단체들은 경찰이 시위자들에 가한 무자비한 폭행에 대한 자세한 기록을 은폐하기는 너무 늦었다고 주장한다.)

Prosecutors tried to prove the politician's involvement in the scandal, but he had **covered up his tracks** pretty well. (검사들은 그 정치인의 추문에 대한 개입을 입증하려고 했지만 그는 자신의 증거를 아주 잘 감추었다.)

4 Police are under criticism for **suppressing** evidence that the suspect is innocent. (경찰은 그 용의자가 무죄라는 증거를 은폐했다는 비난을 받고 있다.)

Western civilization was built on cynical greed, with **a thin veneer of culture** to give it a respectable appearance. (서양문명은 냉소적인 탐욕을 바탕으로 세워졌으며 허울뿐인 교양이라는 겉치레가 그것을 고상하게 보이게 한다.)

5 The newspaper claims that there has been a **cover-up** of widespread drug use among professional baseball players. (신문은 프로 야구선수들 사이에서 광범위한 약물사용에 대한 은폐가 있었다고 주장한다.)

The government report on the selection of a nuclear waste repository is criticized as a **whitewash**. (핵폐기물 처리장 선정에 대한 정부의 보고서는 실책을 숨기기 위한 겉발림이라는 비난을 받는다.)

6 **Dissimulation** and compromise are inevitable in politics. (정치에서는 은폐와 타협이 불가피하다.)

The government is slammed for **keeping under wraps** a key report on the legality of sending troops to Iraq. (정부는 이라크 파병의 적법성에 대한 핵심 보고서를 비밀로 한다고 맹비난을 받고 있다.)

conscience

양심

the awareness of a moral or ethical aspect to one's conduct together with the urge to prefer right over wrong = compunction, inner voice, qualm, scruple, scruples, small voice, superego

유의어 **censor** 잠재의식 억제력 **duty** 의무 **principle** 신조, 원칙 **shame** 수치심

반의어 **cold-bloodedness, indifference**

용례 **the pangs[qualms, pricks] of conscience** 양심의 가책 = a sting of conscience, an uneasy conscience, a compunction

| **feel[have] compunction** 양심의 가책을 느끼다 **show compunction** 가책을 보이다 **according to one's conscience** 양심에 따라 **for conscience(') sake, for the sake of one's conscience** 양심상

be conscience-stricken 양심의 가책을 받다 = feel[be tormented by] the stings of conscience, be stung by conscience, suffer from a guilty conscience, have[suffer] the qualms of conscience

conscientious 양심적인; 성심을 다하는, 꼼꼼한

= conscionable, high-principled, principled, scrupulous, straightforward; careful, fastidious, fussy, heedful, meticulous, painstaking, particular, punctilious, punctual, reliable, tough

a conscientious decision 양심적인 결정 **a conscientious worker** 꼼꼼한 직원

a high-principled deed 고결한 행동 **with scrupulous honesty** 양심적이고 성실한 태도로

a fastidious craftsman 꼼꼼한 장인

---

contrite 죄를 깊이 뉘우치고 있는, 회한의

feeling regret and sorrow for one's sins or offenses = apologetic, attritional, chastened, compunctious, conscience-stricken, guilty, guilty-ridden, in sackcloth and ashes, penitent, penitential, regretful, remorseful, repentant, sorrowful, sorry

반의어 **hurtful, indifferent, mean, proud, unrepentant**

용례 **contrite tears** 회한의 눈물

contrition 회한 **show contrition** 회한을 보이다 **express contrition** 회한을 표명하다

a guilty look[feeling] 뒤가 켕기는 표정[기분]

a penitent sinner 참회하는 죄인

be deeply regretful for ~를 깊이 후회하는

feel remorseful for ~를 후회하다

필수예문

track 066

1 The constitution guarantees every American's right to act according to the dictates of his or her own **conscience**. (헌법은 모든 미국인에게 자신의 양심의 명령에 따라 행동할 수 있는 권리를 보장한다.)

Historically, the **right of conscience** has applied not only to individuals, but to private organizations. (역사적으로 양심의 권리는 개인은 물론 민간 기관에도 적용되어 왔다.)

2 My **conscience** smites me. (양심에 가책이 되어 괴롭다.)

Her **conscience** stung her. (그녀는 양심이 찔렸다.)

My **conscience** pricks me. (양심의 가책을 느낀다.)

That **goes against [runs counter to] the dictates of my own conscience.** (그 일은 나의 양심에 어긋난다.)

Do you **have anything on your conscience**? (양심에 걸리는 일 없어?)

That **lies heavy on my conscience.** (그것은 나의 양심에 크게 걸린다.)

I have a clear[good] conscience. (나는 양심의 가책을 느끼지 않는다(떳떳하다).)

I have a guilty[bad] conscience. (나는 양심의 가책을 느낀다(떳떳지 못하다).)

3 The president **appealed to their conscience.** (대통령은 그들의 양심에 호소했다.)

You'd better **consult[scrutinize]** your **conscience.** (너는 네 양심에 비추어보아야 한다.)

What is not possible is to reveal either the name of the **conscience-stricken** media executive nor the company. (양심의 가책을 느끼는 언론사 사장이나 회사의 이름을 폭로하는 것은 불가능하다.)

4 The gangsters **are not affected by moral scruples.** They just want to make a profit. (그 조직 폭력배들은 양심의 가책을 느끼지 않는다. 그들은 단지 이익을 내기만 원한다.)

The boy felt so **guilt-ridden** after stealing the money that he put it back in the cash register. (그 소년은 돈을 훔친 뒤 너무도 죄책감을 느껴 현금 등록기에 도로 갖다 놓았다.)

5 The boss is capable of making the most ruthless decisions with no apparent **pangs of conscience.** (사장은 겉보기에 아무런 양심의 가책도 없이 가장 잔인한 결정을 할 수 있다.)

He **has no qualms about** being late for work. (그는 직장에 지각하는 것에 일말의 양심의 가책도 느끼지 않는다.)

She **has no compunction whatsoever** and cannot be trusted. (그녀는 양심의 가책을 조금도 느끼지 않아 신뢰할 수 없다.)

6 I felt so guilty and tried to **salve my conscience** by inviting him out for a meal. (나는 너무도 죄책감을 느껴 그를 식사에 초대해 양심의 가책을 덜려고 했다.)

You'd better confess everything and **clear your conscience.** (너는 모든 것을 털어놓고 양심의 가책을 없애도록 해.)

Her **contrite tears** did not influence the judge when he imposed sentence. (그녀의 회한의 눈물은 판사의 판결에 영향을 미치지 못했다.)

think

생각하다; 간주하다; ~할까 생각하다; 회상하다

to exercise the power of reason, as by conceiving ideas, drawing inferences, and using judgment = believe, suppose, imagine; consider, deem, hold, reckon, regard as; ponder, meditate, deliberate, contemplate, muse, cogitate, ruminate, cerebrate, rack one's brains, contemplate, deliberate about, mull over, muse on, reflect on, weigh up; think back to, call to mind, recall, remember, recollect

용례 **think him (to be) honest** 그가 정직하다고 생각하다 = think that he is honest. **I think so.** 그렇게 생각한다. **I think not.** 그렇지 않다고 생각한다.

| **think better of** ~를 재고해서 그만두다, 다시 생각하다 **think highly[much] of** ~를 중요시하다; 존경하다 **think lightly[meanly, poorly] of** ~를 얕보다, 경멸하다 **think little[nothing] of** ~를 경시하다 **think well of** ~를 좋게 생각하다

| **thinker** 사상가(사색가), 학자 = philosopher, scholar, sage, theorist, intellect, brain

thought 생각, 사고, 안

= brainwork, cerebration, cogitation, cognition, contemplation, deduction, deliberation, introspection, meditation, musing, rationalization, reasoning, reflection, rumination, scrutiny, peculation, theorization, thinking

| **a highly organized thought** 매우 체계적인 사상 **a profound thought** 심오한 사상 **bestow a thought on** ~를 생각하다, 염두에 두다 = give a thought to **an original thought** 독창적인 착상 **a good thought** 명안

thoughtful 생각에 잠긴; 사려 깊은; 인정 있는, 친절한

exhibiting or characterized by careful thought = cerebral, cogitative, contemplative, deliberative, discerning, intellectual, introspective, level-headed, logical, meditative, museful, pensive, philosophic, pondering, rational, reasonable, reasoning, reflecting, reflective, retrospective, ruminative, sober, studious, wistful

반의어 **idiotic, negligent**

용례 **a thoughtful expression** 생각에 잠긴 표정 **a thoughtful essay** 깊은 생각이 담긴 수필 **be thoughtful of others** 남에게 인정이 있다

| **thoughtless** 인정 없는; 생각 없는, 부주의한 = tactless, undiplomatic, indiscreet, insensitive, inconsiderate, careless, selfish, impolite, rude; unthinking, heedless, careless, unmindful, absent-minded, injudicious, imprudent, unwise, silly, foolish, stupid, reckless, rash, precipitate, remiss

idea 사상, 생각

something, such as a thought or conception, that potentially or actually exists in the mind as a product of mental activity = belief, brainstorm, clue, concept, conception, import, intention, judgment, meaning, notion, opinion, perception, theory, thought, understanding, view, viewpoint

용례 **a radical idea** 과격한 사상

| **modern[Greek, Western, scientific, political] thought** 근대[그리스, 서양, 과학, 정치] 사상 **flunkyism** 사대주의 = toadyism **a new[dangerous, Communist] idea** 신[위험한, 공산주의] 사상 **a progressive idea** 진보 사상 **a revolutionary idea** 혁명 사상

| **ideology** 이데올로기, 관념 **ideologist** 이데올로기 연구가, 관념론자 = ideologue

ideal 이상적인, 최상의, 완벽한

= perfect, consummate, supreme, absolute, complete, flawless, exemplary, classic, archetypal, model, quintessential

| **ideal beauty** 이상적인 아름다움 **an ideal couple** 잘 어울리는 한 쌍 **an ideal world** 이상향

필수예문

track 067

1 Many scientists and doctors **think** his trailblazing stem cell study may pave the way for finding cures for such incurable diseases as Alzheimer's and diabetes, though it has yet to be proven through clinical tests. (많은 과학자들과 의사들은 그의 선구적인 줄기세포 연구가 아직 임상실험을 통해 입증되어야 하지만 알츠하이머병이나 당뇨병과 같은 불치병을 치료할 수 있는 발판이 될 수 있다고 생각한다.)

2 You have been very quiet all morning. **What are you thinking about?** (너 오전 내내

아무 말이 없었어. 무슨 생각하고 있어?)

I don't know **what's on her mind.** (그녀가 무슨 생각을 하는지 모르겠다.)

You'd better **think carefully** before you decide. (결정하기 전에 잘 생각해.)

Give me time to **think.** (생각할 시간을 줘.)

Will you **give it some thought**? (그것 좀 생각해볼래?)

Let me **sleep on it.** (천천히 생각해볼게.)

3 Don't make a decision now. **Think it over** for a few days and let me know. (지금 결정하지 마. 며칠 잘 생각해보고 알려줘.)

The government is under fire for not **thinking through** the consequences of further tax cuts. (정부는 추가로 세금을 인하하는 조치의 결과를 충분히 생각하지 않는다고 비난을 받고 있다.)

I **think** this tie will look nice with my black suit. (이 넥타이는 내 검정 양복과 잘 어울릴 것이라고 생각한다.)

In my opinion, these problems are all his fault. (내 생각에는 이 모든 문제는 그의 잘못이다.)

That's what's wrong with him, **if you ask me.** (내 생각으로는 그게 그의 문제다.)

In my view, the article fails to give us a true picture of life in modern Korea. (내 의견으로는 그 기사는 현대 한국의 생활에 대해 우리에게 정확하게 보여주지 못하고 있다.)

4 I've never **contemplated** leaving my job. (직장을 그만두는 것을 생각해 본 적이 없다.)

I **considered** applying for the post. (나는 그 일자리에 지원할까 생각했다.)

I **toyed with the idea of** marrying the old woman. (나는 그 나이 많은 여자와 결혼할까 장난삼아 생각해보았다.)

Jane is the most beautiful girl I have ever seen. I just can't **get her out of my head.** (제인은 내가 본 여자 중에 가장 아름답다. 그녀를 머리에서 떨쳐버릴 수 없다.)

5 It is **thoughtful** of you to show me around. (친절히 안내해 주셔서 감사합니다.)

Jack had been laughing and joking, but suddenly he became **thoughtful.** (잭은 웃고 농담을 하다 갑자기 생각에 잠겼다.)

Susan was gazing out of the window, **lost in thought.** (수잔은 생각에 잠긴 채 창밖을 응시하고 있었다.)

The girl glanced from time to time at his sad and **pensive** face. (그녀는 이따금 그의 슬프고 생각에 잠긴 얼굴을 힐끗 보았다.)

6 **It suddenly occurred to me that** perhaps no one would believe my story. (어쩌면 누구도 내 이야기를 믿지 않을 것이라는 생각이 갑자기 들었다.)

It never **crossed[entered] my mind** that he might be jealous. (그가 질투할지도 모른다고는 결코 생각하지 않았다.)

As I saw the album again, a number of thoughts **came[sprang] to mind.** (나는 그 앨

범을 다시 보자 수많은 생각이 갑자기 떠올랐다.)

I was just going to go out when I was stopped by a sudden **thought**. (나는 외출할까 생각하다 갑작스런 생각에 그만두었다.)

All kinds of strange **ideas** run through your mind when you are drunk. (술에 취하면 온갖 이상한 생각들이 마음속에 떠오른다.)

심화학습

방이 엉망인데 여자 친구(girlfriend)가 갑자기 집 앞이라며 오겠다고 전화를 한다. 허물없는(intimate) 사이라면 몰라도 그렇지 않으면 어지러이 널려 있는 양말이며 속옷들을 허겁지겁 장롱 속에 쑤셔 넣고 애써 태연하게 맞이하지만 바늘방석에 앉은 기분이 된다(have butterflies in the stomach). 행여나 장롱 문을 열어보면 어떻게 하나 조마조마한 마음으로 어색한 웃음을 지으며 시간을 때우다 그녀가 가고 나서야 안도의 한숨을 쉰다(give a sigh of relief). 이런 상황을 나타내는 표현 중에 a skeleton in the closet이 있다. 집 안의 찬장에 시체를 두고 있으니 남들이 알면 얼마나 큰일인가? 그런 의미에서 이는 '남에게 드러내기 부끄러운 비밀, 치부'라는 뜻이다.

❑ **use an expose tactic** 폭로 전술을 사용하다

ex. The opposition leader is slammed for **using an expose tactic** again in a desperate bid to win the hearts of voters. (그 야당 지도자는 유권자의 표심을 잡으려고 혈안이 돼 폭로 전술을 다시 이용하고 있다고 맹비난을 받고 있다.)

❑ **whistle-blower** 내부 고발자

ex. The agency criticized the FBI for failing to thoroughly investigate the allegations of a **whistle-blower** who complained of sloppy work and security lapses. (그 기관은 근무 태만과 보안 실수를 불평한 내부 고발자의 주장을 철저히 조사하지 못했다고 FBI를 비난했다.)

| **protect whistle-blowers** 내부 고발자를 보호하다 **a whistle-blower protection law** 내부 고발자 보호법

❑ **sweep[brush] ~ under the carpet** ~를 감추다

ex. Before the scandal was made public, there had been several attempts to **sweep** the senator's doubtful business deals **under the carpet.** (스캔들이 공개되기 전에 상원의원의 의심스런 사업 계약을 감추려는 시도가 여러 번 있었다.)

| **sweep[brush, push] ~ under the rug** ~를 감추다 = sweep ~ under the mat **get to the bottom of** ~의 진상을 밝히다

❑ **skeleton in the cupboard[closet, house], family skeleton** 남의 이목을 꺼리는 집안의 비밀(수치), 감춰진 비밀, 치부

ex. Before nominating the new judge, the committee asked him if he had any **skeletons in the closet.** (새 판사를 임명하기 전에 위원회는 그에게 공개되면 창피한 치부가 있는지 물었다.)

| **The skeleton is out of my closet.** 나의 치부가 드러나다.

❑ **prisoner of conscience** 양심수

ex. Amnesty International considers him as a **prisoner of conscience**, believing that he has been imprisoned solely for peacefully expressing his views. (국제사면위원회는 그가 자신의 견해를 조용히

발표했을 뿐인데도 투옥되었다고 믿어 그를 양심수로 간주한다.)

| free[release] prisoners of conscience 양심수를 석방하다 **call him a prisoner of conscience** 그를 양심수라 부르다

❏ **freedom of conscience** 양심의 자유 = freedom of thought

ex. The suppression of **freedom of conscience** is a prominent characteristic of totalitarian and authoritarian regimes, while **freedom of thought** is one of the fundamental principles of most democracies. (양심의 자유를 억압하는 것은 전체주의적, 권위적 정권의 두드러진 특징이며 사상의 자유는 대부분 민주체제의 기본 원칙 중 하나다.)

| protect freedom of conscience 양심의 자유를 보호하다 **give ~ freedom of conscience** ~에 양심의 자유를 주다 **guarantee freedom of conscience** 양심의 자유를 보장하다

❏ **conscientious objector** 양심적 병역 거부자

ex. A **conscientious objector** is one who is opposed to serving in the armed forces on the grounds of moral or religious principles. (양심적 병역 거부자란 도덕적 혹은 종교적인 신념을 이유로 군에 복무하기를 반대하는 사람이다.)

| apply for conscientious objector status 양심적 병역 거부자 인정 신청을 하다 **be granted conscientious objector status** 양심적 병역 거부자로 인정되다 **be granted conscientious objector exemptions from military service** 양심적 병역 거부자로 군 면제를 받다

18 시작 | 종료 | 중단 | 연기

주제어	관련어
start	**kick off, launch, commencement, embark on, erupt, outbreak**
end	**finish, conclude, wrap up, conclusion, expire, finished, incomplete**
stop	**halt, call off, discontinue, cut short, suspend, suspension, lull, recess**
postpone	**put off, delay, defer, postponement, procrastinate, dilatory**

●●● A good beginning makes a good ending. 시작이 좋으면 끝도 좋다.

무슨 일을 할 때나 철저히 해야만 그 결과가 좋다. 그러기 위해서는 처음부터 주도면밀한 계획을 세우고 이에 따라 차근차근 목표를 향해 나아가야 한다. 흔히 '빨리빨리병'에 걸려 있고 단기적인 성과에 유난히 집착하는 우리나라 사람들은 중국인들의 '만만디' 정신을 배울 필요가 있다고 말하는 사람도 있는데, 일리 있는 말이다.

무슨 일이든지 시작이 있으면 그 끝이 있게 마련이다. '태산명동에 서일필' 이라고, 어떤 일을 요란하고 시끌벅적하게 시작해 놓고 실제 결과는 용두사미로 끝나(flash in the pan) 보잘것없는 경우가 있는가 하면, 시작은 미약했으나 끊임없는 노력 덕택에 그 끝은 창대한 경우도 많다.

어떤 계획이나 일이 예정대로(as planned) 진행되지 않고 예상치 않은 복병을 만나(hit a snag) 중단되거나 연기되기도 한다. 그런가 하면 일부러 시간을 끌며 지연전술(delaying tactic)을 쓰는 경우도 왕왕 있는데, 정부나 정당 등에서도 애용하는 작전이다. 특히 국민들의 의견이 갈라져 어떤 결정을 내리더라도 욕을 먹게 되는 경우 정부는 끝까지 시간을 끌다 마감시한(deadline)에 임박해서야 마지못해 정책을 내놓아 국민과 시민단체들로부터 빈축을 사는 예가 있다.

start

시작되다, 시작하다

to take the first step or steps in carrying out an action = begin, commence, embark, enter upon, found, get ~ going, get ~ underway, inaugurate, initiate, institute, kick off, launch, lay foundation, open, originate, set out

유의어 **activate** 작동시키다 **introduce** 도입하다 **pioneer** 개척하다 **sally forth** 출격하다 **see light** 태어나다, 전망이 보이다 **spring** 일어나다, 생기다 **turn on** (전등, 수도 등을) 켜다, 엔진을 작동시키다

반의어 **end, finish**

용례 **start afresh** 새로 시작하다 **start by** ~로 시작하다 = begin by, start[begin] with, lead off, kick off with

| **set off** (여행 등을) 시작하다 = set out, start for, get going, hit the road

| **originate** 시작되다, 시작시키다 **originate in[from]** ~에서[~로부터] 시작되다 = arise[stem, result, derive] from, have one's origin in

| **start** 시작 = beginning, commencement, opening, inception, inauguration, dawn, birth, kick-off, onset **make a fresh[new] start** 새로 시작하다

| **in the beginning** 처음에 = at first, to start[begin] with, at the outset

| **from the beginning** 처음부터 = from the start, from the word go, since[from] day one, from the outset

| **a starting point for** ~의 출발점 **the arrival of democracy** 민주주의의 도래, 시작 = the coming [birth, dawn, advent] of democracy

| **introduction** (책 등의) 도입부, 서문 = intro, preamble, prologue

| **nascent** 태어나려고 하는, 발생기의, 초기의 = beginning, blossoming, budding, burgeoning, embryonic, fledgling, germinal, germinating, incipient, pullulating

a nascent republic 신생 공화국 **a nascent state** 발생기, 태동기

---

launch 시작하다, 개시하다

to make something start happening = begin, bow, commence, embark upon, get off the ground, get started, get things moving, inaugurate, initiate, instigate, institute, introduce, jump, kick off, open, originate, set going, set in motion, start, start[set] the ball rolling, usher in

용례 **launch a campaign[drive]** 캠페인을 시작하다 **launch an inquiry** 조사를 시작하다 **commence the study of law** 법률 공부를 시작하다

| **embark on** (사업, 일 등에) 착수하다 = start on, start, set about, set to work, get cracking, get started on, get going **embark on a business** 실업계에 진출하다 **embark upon a major modernization program** 중요한 현대화 프로그램에 착수하다

| **get down to** (중단 뒤에) ~에 착수하다 = settle down to

---

introduce 도입하다, 시행(시작)하다

to officially start a new law, rule or way of doing something = bring forward, bring in, commence, establish, found, inaugurate, induct, initiate, institute, invent, kick off, launch, organize, phase in, pioneer, preface, start, unveil, usher in

용례 **introduce a new concept in architectural design** 건축 설계에 새로운 개념을 도입하다 **introduce a new fashion in hats** 모자의 새로운 유행형을 발표하다

| **start up** (조직, 기업 등을) 시작하다, 설립하다 = start, open, set up, establish, found
| **revive** 부활시키다 = restore, bring back, reintroduce, resurrect **revive an old system** 구체제를 부활시키다 **revive the economy** 경제를 되살리다 **revive the miniskirt** 미니스커트를 재 유행시키다

---

erupt (안 좋은 일이) 발발하다, 생기다

to (something unpleasant) start abruptly = appear suddenly, break out, burst forth, emerge, flare up, pop up, set in

용례 **The crowd finally erupted.** 군중들이 마침내 폭발했다. **erupt into violence** 폭동으로 발전하다
| **outbreak** 발발, 발생 = eruption, flare-up, upsurge, outburst, sudden appearance, rash
| **crop up, flare up** 돌발하다, 갑자기 생기다

필수예문

track 068

1 After a six-month lull, the peace talks will finally **begin** next week, raising hopes that the warring factions may reach a landmark agreement to end decades of hostilities. (6개월간의 중단 뒤에 그 평화회담은 마침내 다음 주에 시작되는데 서로 다투는 파벌들이 수십 년간의 적대 행위를 종식할 획기적인 합의를 도출할지도 모른다는 희망을 높이고 있다.)

2 School **begins** at eight [on March 1st]. (학교는 8시부터[3월 1일에] 시작한다.)

When did you **begin** learning[to learn] English? (자네는 언제 영어를 배우기 시작했지?)

Which shall I **begin with**? (어느 것부터 시작하죠?)

What page shall we **begin at**? (몇 페이지부터 시작할까?)

Here goes! (자, 시작한다!)

Come on, there you go! (자, 시작해!)

There you go again! (너 또 시작이군!)

There! He is at his old tricks again! (그 사람 (평소의 수작이) 또 시작이군!)

3 It's so long since I spoke French that I'd have to go right **back to the beginning** if I took a class in it now. (불어를 말한 지 너무 오래되어서 만약 지금 강의를 듣는다면 나는 바로 처음부터 배워야할 것이다.)

The **advent** of computers has led to major changes in our social and family life. (컴퓨터의 출현은 우리의 사회생활이나 가정생활에 주요한 변화를 가져왔다.)

4 A good lecture should provide students with a **starting point** for doing further research. (좋은 강의란 학생들에게 연구를 더 할 수 있는 출발점이 되어야 한다.)

There is a big difference between the report's lengthy **preamble** and the actual content. (그 보고서의 긴 서문과 실제 내용 간에는 큰 차이가 있다.)

5 It's the South Korean tradition to pay off all your debts at the end of the year so that you can **make a fresh start.** (새로운 출발을 할 수 있도록 연말에 모든 빚을 청산하는 것은 한국의 전통이다.)

The charity group has **launched** a drive to raise $10 million as part of efforts to help the underprivileged. (그 자선단체는 사회적 약자를 돕기 위한 노력의 일환으로 천만 달러 모으기 운동을 시작했다.)

6 Despite opposition from the international community, the country has **embarked on** an ambitious plan to develop nuclear weapons on its own. (국제 사회의 반대에도 불구하고 그 나라는 스스로 핵무기를 개발하기 위한 야심 찬 계획에 착수했다.)

7 The company **introduced** compulsory medical tests for all employees. (회사는 모든 사원들에게 의무적인 의료 검진을 도입했다.)

A serious labor shortage led companies to **revive** the practice of employing women. (심각한 노동력 부족으로 회사는 여성을 고용하는 관행을 부활했다.)

Violent demonstrations **erupted** across the nation to protest a government proposal to open the rice market wider. (쌀 시장 개방을 확대하자는 정부의 제안에 항의하여 전국에 걸쳐 격렬한 시위가 발발했다.)

8 World Health Organization officials have warned an **outbreak** of bird flu that has been spreading across chicken farms in Asia could become a bigger problem than severe acute respiratory syndrome. (세계보건기구 관리들은 아시아 양계장에 번지고 있는 조류독감의 발발은 사스(중증급성호흡기증후군)보다 더 큰 문제가 될 수 있다고 경고했다.)

end

끝나다

to come to a finish = cease, be over, come to an end, be at an end, break up, draw to a close, draw to an end, finish

용례 **end[result, terminate, culminate] in** (결국) ~로 끝나다 **end[finish] with** ~로 끝내다

| **be up** 시간이 끝나다 = run out, be out of time

| **be (all) over** (안 좋은 일이) 끝나다 = be over and done with, be behind someone, it's all in the past, be closed

| **end** 종말, 종결 = conclusion, close; 책의 마지막 부분 = ending, finale

---

expire 만료되다, 기한이 끝나 무효가 되다

to come to an end and lose validity = be no longer valid, cease, close, conclude, conk, croak, decease, depart, die, elapse, end, finish, go, kick off, lapse, meet maker, pass, pass away, pass on, perish, quit, run out, stop, strike out, terminate

반의어 **begin, commence, live, start, thrive**

용례 **expire in March** 3월에 만료되다 **expire at the end of June** 6월말에 만료되다 **When does the patent expire?** 그 특허는 언제 기한이 만료되는가?

| **expiry** 만료, 만기 = expiration **the expiry of a driving license** 운전 면허증의 만기 **What is the expiry date?** 만기일은 언제입니까?

| **a ticket valid for ten days** 10일간 유효한 표 **a valid procedure** 유효한 조치 **a valid claim [contract]** 유효한 청구[계약]

finish 끝내다

to bring to an end = bag it, break up, carry through, cease, chuck, clinch, close, complete, conclude, cool it, crown, culminate, end, finalize, fold, get done, get finished, mop up, perfect, polish off, round off, round up, scratch, scrub, settle, sew up, shut down, shutter, stop, terminate, top off, ultimate, wind up, wrap, wrap up

용례 **finish one's work** 일을 끝내다 **finish school** 학업을 마치다, 졸업하다 **finish with** ~로 끝내다 = be through[done] with

| **complete a project** 사업을 완성하다 **complete the construction of a monument** 기념비의 건설을 완성하다

| **conclude an argument** 논쟁을 끝내다

| **finalize a plan** 계획을 마무리하다

| **finish off** (마지막을 마무리하여) 끝내다 = tie up the loose ends

| **be nearly finished** 거의 끝난 = be nearly done, be on the last lap, be in the home stretch

conclude (행사 등을) 끝내다, 종결하다, 완료하다

to finish an event, performance, meeting or speech = achieve, cease, clinch, close, close out, complete, consummate, crown, desist, end, halt, knock off, stop, terminate, top off, ultimate, wind up, wrap up

반의어 **begin, commence, introduce, open, start**

용례 **conclude a deal** 계약을 체결하다 **conclude an argument** 논쟁을 끝내다 **conclude one's speech by ~ing** ~로 연설을 마치다

| **settle** (사업 계약, 계획 등을) 만족스럽게 끝내다 = conclude, wrap up, sew up, finalize, close a deal

| **see ~ through** (안 좋거나 힘든 일을) 끝까지 하다 = stick it out, get it over with, have[be] done with it

| **finished** 완료된, 마무리된 = completed, be complete, be done, accomplished, executed, over and done, wrapped up, sewn up **unfinished** 완료되지 않은, 미완성의 = incomplete

| **a closing speech** 마무리 연설 **reach a final stage** 마지막 단계에 이르다

필수예문

track 069

1 The Korean war **ended** in 1953 without a peace treaty. (한국전쟁은 평화조약 체결 없이 1953년에 끝났다.)

The celebrations will **end up with** a spectacular firework display. (축하는 멋진 불꽃놀이 쇼로 끝날 것이다.)

Parliamentary sessions always **end in** an argument. (국회 회의는 늘 싸움으로 끝난다.)

2 The concert will **be over** by ten, at the latest. (음악회는 늦어도 10시까지는 끝날 것이다.)

The team's unbeaten run seems to have **come to an end**. (팀의 무패 행진은 끝난 것 같다.)

She left Seoul **at the end of** October. (그녀는 10월 말에 서울을 떠났다.)

The talks are aimed at **bring** the nuclear dispute **to a conclusion**. (회담은 핵무기 논란 종결을 목표로 하고 있다.)

3 When does your school **break up**? (학교는 언제 끝나니?)

He will be married **before the year[month, day] is out.** (그는 올해가[이번 달이, 오늘이] 끝나기 전에 결혼할 것이다.)

The long cold winter is finally **drawing to an end.** (길고 추운 겨울이 마침내 끝나가고 있다.)

Time's up. Stop writing, everyone! (시간이 다 되었습니다. 여러분 모두, 그만 쓰세요!)

You should try and forget about the divorce. **It's over and done with now.** (이혼은 잊도록 해. 이제는 끝난 일이야.)

I am afraid we can't accept this credit card — it **expired** last month. (이 신용카드는 못 받습니다. 지난달에 유효기간이 지났어요.)

The current free trade agreement between the two countries **runs out** at the end of this year. (양국간의 현행 자유무역협정은 올해 말에 만기가 된다.)

4 You can't go out until you **finish** your homework. (숙제 끝낼 때까지 밖에 못 나가.)

You have to wait until Jane **finishes** speaking. (너는 제인이 말을 끝낼 때까지 기다려야 한다.)

We have to **tie up the loose ends** before a break for a dinner. (저녁 시간 전에 우리는 마무리 지어야 한다.)

Are you finished? I am nearly done. (너 끝났어? — 나 거의 다 됐어.)

5 South Korean and US officials **wound up** a three-day meeting on when to resume beef imports. (한미 관리들은 소고기 수입 재개 시기에 대한 3일간의 회의를 마무리했다.)

A concert was organized to **round off** the peace conference. (평화회담을 마무리하기 위해 음악회가 마련되었다.)

6 Asian countries are trying to **conclude** a treaty on environmental protection. (아시아 여러 나라는 환경보호 협약을 맺으려고 노력 중이다.)

After months of negotiations, the two companies **wrapped up** a merger deal. (몇 달 간의 협상 끝에 양사는 합병안을 매듭지었다.)

A young couple moved into the apartment a month after it was **finished.** (젊은 부부가 아파트가 완공된 지 한 달 뒤 입주했다.)

The building remained **incomplete** until 2004, when it was **finished** by a foreign construction company. (그 건물은 2004년까지 완공이 안 된 상태였다가, 한 외국인 건설회사에 의해 완공되었다.)

stop

중단시키다, 막다; 멈추다, 중단되다

to halt the motion or progress of = break off, cease, chuck, close, cold turkey, conclude, cool it, cut out, cut short, discontinue, drop, end, finish, halt, hold, kill, kiss off, knock off, leave off, pack in, pause, scrub, shut down, stall

유의어 **arrest** 저지하다, 막다 **desist** 그만두다, 단념하다 **freeze** 동결하다 **ring down** 막을 내리다 **run down** (시계, 기계가) 서다, 정지하다 **sign off** 방송을 끝내다, 말을 중지하다 **stall** 오도 가도 못하게 하다, (엔진이) 멎다

용례 **stop a fight** 싸움을 중지시키다 **stop payment** 지급을 정지하다 **stop supply of water [electricity]** 급수를[전기 공급을] 중단하다

| **discontinue smoking** 담배를 끊다 **discontinue a magazine** 잡지 구독을 중단하다

| **bring ~ to a halt, bring ~ to an end** 중단시키다

| **grind to a halt** (차가) 끼익 소리내며 서다; (활동, 행렬 따위가 천천히) 멈추다

---

suspend 중단시키다

to officially order that something should be stopped = adjourn, break up, can, cease, check, count out, cut short, discontinue, halt, hang, hang fire, hang up, hold off, hold up, inactivate, intermit, interrupt, pigeonhole, prorogue, protract, pull the plug on, put off, shelve, stave off, stay

반의어 **continue, finish, sustain**

용례 **suspend payment** (파산 등으로 인해) 지급을 정지하다 **suspend a law** 법을 정지하다 **suspend operation** 운항을 중단하다 **suspend a nuclear program** 핵 계획을 중지하다

| **come to a standstill** 정지하다, 멈추다 **bring ~ to a standstill** 정지시키다, 멈추게 하다 **paralyze** 마비시키다

| **suspension** 중단 **the suspension of the law** 법의 일시 정지

| **unstoppable** 막을 수 없는, 제지할 수 없는 = remorseless, inexorable, irreversible
an unstoppable rise in prices 막을 수 없는 물가 상승

| **be put on ice** 보류(동결)되다 **put ~ on hold** 연기(보류, 중단)하다

---

lull (대화 따위의) 일시적 중단

a time interval during which there is a temporary cessation of something = abeyance, break, break-off, breather, breathing spell, downtime, hiatus, hush, letup, pause, quiescence, quiet, respite, stop, time-out

반의어 **activity**

용례 **a lull in the conversation[traffic]** 대화[교통]의 중단

| **recess** 휴회, 휴식 = respite, break, rest, interval, intermission, closure, breather, time out
be in recess 휴회(휴식) 중이다 **go into [take] a recess** 쉬다, 휴회하다

| **resume after a one-year hiatus** 1년간 중단된 뒤에 재개되다 **a brief hiatus** 잠깐 동안의 중단
a summer hiatus 여름 휴가

| **letup** 정지, 중지 **a letup in free trade talks** 자유무역 협상의 중지 **without a letup** 그칠 사이 없이, 계속하여

필수예문

track 070

1 Riot police intervened to **stop** the street fight between fans of the two soccer clubs. (시위진압 경찰이 개입해 양 축구팀 팬들 사이의 노상 난투를 중지시켰다.)

Let's **stop** and have a smoke. (잠시 멈추고 담배 한 대 피우자.)

The aim of this policy is to **halt** utility rate increases. (이 정책의 목적은 전기요금의 인상을 중단시키는 것이다.)

The company's short-term goal is to **arrest** a decline in sales and improve its market share. (회사의 단기 목표는 매출의 감소를 막고 시장점유율을 향상시키는 것이다.)

2 The labor union decided to **call off** the strike when they were offered a 5 percent pay rise. (노조는 5퍼센트 임금인상 제의를 받자 파업을 중단했다.)

The German president **cut short** his state visit to the United States for health reasons. (독일 대통령은 건강상의 이유로 미국 국빈방문을 갑자기 중단했다.)

3 The president's aircraft was about to land at the airport when the control tower ordered the pilot to **abort** his landing. (대통령 전용기가 공항에 착륙하려고 할 때 관제탑은 조종사에게 착륙을 중단할 것을 지시했다.)

A strike by subway workers has **paralyzed** the capital's public transport system. (지하철 근로자들의 파업은 수도의 대중교통을 마비시켰다.)

4 The probe into the corruption scandal has been **brought virtually to a standstill** for want of evidence. (부패 사건에 대한 조사는 증거 부족으로 사실상 중단되었다.)

Civic groups called on the government to retract its earlier decision to **suspend** the peace talks. (시민단체들은 정부에 평화회담을 중단하겠다는 이전의 결정을 철회할 것을 요구했다.)

5 The central bank, worried about an **unstoppable** rise in consumer prices, decided to raise its benchmark interest rate. (소비자 물가의 막을 수 없는 상승을 우려하여 중앙은행은 지표금리를 인상하기로 했다.)

The United States and North Korea urged each other to make concessions as envoys to disarmament talks called a three-week **recess**. (미국과 북한은 북핵협상 대표들이 3주간의 휴회를 선언함에 따라 서로 양보할 것을 촉구했다.)

6 South Korea fears that a **prolonged lull** in negotiations between the United States and North Korea over the latter's nuclear weapons program could raise tension on the Korean Peninsula. (한국은 미국과 북한 간의 북핵문제 협상의 장기간의 중단은 한반도의 긴장을 고조시킬 것이라고 우려한다.)

postpone

연기하다

to arrange to do something at a later time = defer, delay, hold off, hold over, hold up, lay over, prorogue, put back, put off, put on the back burner, shelve, suspend, table

유의어 **adjourn** 정회하다 **hang fire** 결단을 못 내리다, 꾸물대다 **pigeonhole** 보류(묵살)하다 **prorogue** 정회하다 **recess** 휴회하다

반의어 **bring forward, do now**

용례 **be postponed indefinitely** 무기 연기되다 **postpone a meeting** 회의를 연기하다 **postpone the wedding** 결혼을 연기하다 **Postponed in case of rain.** 우천시 순연(연기).

| **shelve a plan** 계획을 보류하다, 무기 연기하다 = table, pigeonhole

| **adjourn without day** 무기한 연기되다

| **postponement** 연기 = deferment, deferral, delay, adjournment, moratorium, stay
| **procrastinate** 질질 끌다, 꾸물거리다, 지체하다 = postpone action, delay action, stall, temporize, dally, dilly-dally, loiter, tarry, hover, potter, trifle, dither
| **procrastination** 지연, 연기 **condemn the government's procrastination** 정부의 꾸물거림을 비난하다

dilatory 꾸물대는, 늑장부리는, (시간을 끌려고) 지연하는

inclined to waste time and lag behind = dallying, delaying, Fabian, laggard, lingering, loitering, putting off, remiss, slack, slow, sluggish, snail-like, tardy, tarrying, time-wasting, unhurried

반의어 **diligent, hard-working, on time, prompt, ready, timely**

용례 **dilatory action** 늑장 대응 **be dilatory in** ~하는 데 늑장부리는

| **be behindhand with the rent** 집세가 밀려있다 **get behindhand in one's work** 일이 밀려있다
| **use delaying tactics** 지연 전술을 쓰다

필수예문

track 071

1 South Korea **postponed** a decision on a new US proposal to resume imports of its beef until after a summit meeting slated for October, citing public worries about its safety. (한국은 미국의 자국 소고기 수입을 재개하라는 새 제안에 대한 결정을 10월로 예정된 정상회담까지 연기했는데 미국산 소고기의 안전에 대한 국민의 우려를 이유로 들었다.)

2 The meeting has been **put off** until next Tuesday because not all participants can make it tonight. (회의는 모든 참석자들이 오늘밤 올 수는 없기 때문에 다음주 화요일로 연기되었다.)

Most political parties and civic organizations are calling for a three-month **postponement** of the election. (대부분의 정당과 시민단체들은 선거의 3개월 연기를 요구하고 있다.)

3 The government has decided to **delay** making any announcement until after next week. (정부는 발표를 내주 뒤로 미루기로 결정했다.)

The president has asked his chief press secretary to **reschedule** the press conference slated for Friday. (대통령은 공보수석에게 금요일로 예정된 기자회견을 연기할 것을 지시했다.)

4 The presidential election was originally planned for November this year but it was **put back** a year. (대통령 선거는 원래 올 11월로 계획되어 있었으나 1년 늦춰졌다.)

The court hearing was **adjourned** for a week. (법정 심문은 일주일 연기되었다.)

Any salary raise is **shelved** for the present. (봉급인상은 당분간 보류다.)

5 Stop **procrastinating** and do it now. (그만 꾸물거리고 당장 그 일을 하시오.)

He missed a chance to become a hero through his hesitation and **procrastination**. (그는 망설임과 꾸물거림 때문에 영웅이 될 기회를 놓쳤다.)

6 His behavior is generally **dilatory**, so it's not surprising he's late. (그는 행동이 대체로 느리므로, 그가 늦어도 별로 놀랄 일이 아니다.)

Don't stand dallying. (빨리빨리 해라.)

The National Assembly is under fire for **dilly-dallying** over the passage of a budget bill. (국회는 예산안 통과에 시간 낭비하고 있다고 비난 받는다.)

심화학습

시골(countryside)에서 자란 사람들은 아련한 추억으로 남아 있을 월례행사(monthly event)가 있으니 바로 아버지를 따라 이발소(barbershop)에 가 머리를 깎는 일(have a haircut)이었다. 시골 이발관이 그렇듯이 머리 깎는 기계는 얼마나 오래 되었던지 깎다 보면 가끔씩 머리카락이 끼어 눈물을 쏙 빼는 일이 한두 번이 아니어서 이발소 가는 일이 싫었던 것은 당연지사. 소년은 아버지의 재촉에 신발을 질질 끌며 마치 도살장에 끌려가는 소처럼 마지못해 갔던 기억이 있다. drag one's feet[heels]란 표현이 바로 '~에 대해 일부러 꾸물거리다, 열심히 하지 않다'는 뜻이다.

❑ **get off to a good start, make a good start** 출발이 좋다

ex. The candidate **got off to a good start** in the presidential campaign with a big lead in the opinion polls. (그 후보는 여론조사에서 크게 앞서 대통령 선거전에서 출발이 좋았다.)

| **get off to a flying start** 아주 성공적으로 출발하다 **get off to a bad start, get off on the wrong foot** 출발이 좋지 않다 **get off to a shaky start** 불안한 출발을 하다

❑ **opener** 개막전, 개막공연 = curtain raiser

ex. The team never did give up the lead and walked off with a 61-54 win in the season **opener.** (팀은 리드를 절대로 내주지 않으며 시즌 개막전에서 61대54로 낙승했다.)

| **raise[lift] the curtain on** ~의 막을 올리다 **The curtain rises[falls] on a drama.** 막이 오르고[내리고] 연극이 시작된다[끝난다].

❑ **put the finishing touch(es) to[on]** ~를 마무리하다

ex. The team are busy **putting the finishing touches** to the new design of the car. (그 팀은 자동차의 새로운 디자인을 마무리하느라 바쁘다.)

| **top off** 끝내다, ~의 마무리(끝손질)를 하다, 유종의 미를 거두다

❑ **pull the plug on** 중단하다

ex. The city council has **pulled the plug on** the building project, saying it may spark huge traffic congestion in downtown areas. (시의회는 시내 중심가에 엄청난 교통 혼잡을 야기할지도 모른다는 이유로 건물 신축 계획을 중단시켰다.)

| **put in a plug for** ~를 칭찬해두다, 좋게 이야기해두다 **take a plug at** ~를 때리다, 쏘다

❑ **drag one's feet[heels] on[in, about]** ~에 대해 일부러 꾸물거리다, 열심히 하지 않다

ex. The United States is under fire for **dragging its feet on** signing the international treaty. (미국은 그 국제조약 가입을 지연시키고 있다고 비난을 받고 있다.)

| **play for time** 시간을 벌다 **play the waiting game** 지연 전술을 쓰다

❑ **declare a moratorium on** ~의 중단을 선언하다

ex. International rights groups are turning up the heat on the US government to **declare a moratorium on** capital punishment. (국제 인권단체들은 미국 정부에 사형을 중단하도록 압력을 높이고 있다.)

| **put ~ on ice** ~를 중단시키다, 보류하다

19 진전 | 교착 | 후퇴 | 변화

주제어	관련어
progress	make headway, move forward, advance, forge ahead, advanced
impasse	stalemate, deadlock, standstill, stagnated, stall, stationary
retreat	give ground, back down[away, off, up], run counter, degenerate
change	alter, alteration, fluctuate, changeable, changeless, flexible

●●● Haste makes waste. 급히 먹는 밥이 체한다.

일을 할 때 얼른 끝내고(get it done) 싶어 너무 서두르다(rush) 보면 뭔가 잘못되어 오히려 진전이 느리고 일이 정체 상태(stalemate)에 빠지는 경우가 있다. 무슨 일이든지 순서와 체계가 있어 하나하나 단계적으로 추진해야 하는데 결과에 집착한 나머지 서두르면 제대로 되는 것이 없고 설사 완성되었다 하더라도 부실한 결과물이 나오게 마련이다.

토끼와 거북이의 우화(fable)는 부단한 노력을 해야 목표를 이룰 수 있다는 것을 잘 보여주는 예라고 할 수 있다. 주변에 보면 토끼형 인간들을 종종 볼 수 있는데, 처음에는 온갖 야단법석을 다 떨면서 일을 추진하다 채 일주일이 못 되어 언제 그랬냐는 듯이 이전 상태로 돌아가버린다. 이와는 반대로 소리 소문 없이 조용히 일을 하다 모든 이들이 깜짝 놀랄 성과를 보여주는 거북이형 사람들도 많다.

세상만사가 그렇듯이 처음에 세운 계획대로 착착 진행되어 순탄하게(without a hitch) 나아가는 일은 드물며 중간에 뜻하지 않은 복병을 만나 지지부진하게 되고 때로는 아예 유보되거나 2보 전진을 위한 1보 후퇴를 하기도(take a one step backward for two steps forward) 하며, 계획에 변경(change)이나 수정을 가해 다시 추진하기도 한다.

progress

진전(진척)이 있다, 전진하다
to gradually move towards achieving something = move forward, advance, come on, come along, cover ground, forge ahead, gain ground, get along, get on, go forward, go ahead, keep going, lunge, make headway, move on, proceed, speed, travel, be getting there

유의어 **chug along** 힘차게 나아가다 **continue** 계속하다 **dash** 기세 좋게 나아가다 **edge** 서서히 나아가다 **lunge** 돌진하다 **shoot** 세차게 나아가다

반의어 **regress, lapse, lose ground, recede, relapse, retreat, retrogress, revert, roll back**

용례 **progress favorably** 잘 되어가다 **progress without a hitch** 술술 진행되다 **progress in knowledge** 지식이 늘다

| **advance favorably** 잘 되어가다 = go smoothly

| **make great strides** 장족의 발전을 하다, 크게 진전이 있다 = forge ahead, come on in leaps and bounds

| **progress** 진전, 진보 = advance, advancement, headway, progression, improvement, betterment, upgrading **progress toward European unity** 유럽 통합에로의 진전 **the progress of civilization** 문명의 진보 **make progress[headway]** 진전이 있다

---

advance 진보, 발달

an important discovery, achievement or event that brings progress = advancement, headway, impetus, motion, progress, progression, betterment, boost, break, breakthrough, buildup, development, enrichment, furtherance, gain

반의어 **recession, regression, relapse, retrogradation, retrogression**

용례 **make a great advance** 장족의 발전을 하다 **an advance in health[task]** 건강의 증진[일의 진척] **an advance in office** 승진

| **make[gain] headway** 전진(진보)하다, 진척되다

| **milestone** 이정표, 획기적 사건[발견] **reach a milestone** (비유) 중대 시점에 이르다 **a milestone in human history** 인류 역사에 있어서 중대한 사건(이정표)

| **a stepping stone** 발판, 디딤돌 **serve as a stepping stone for future success** 장차 출세하는 데 디딤돌이 되다 **a first stepping-stone on the path to success** 성공으로 나아가는 길의 첫 디딤돌

| **landmark** 획기적인; 획기적인 사건 **landmarks in history** 역사상의 대사건 **a landmark case** 기준이 되는 논거 **a landmark decision** (주로 법률) 획기적인 판결 **a political[cultural] landmark** 정치적으로[문화적으로] 획기적인 사건

---

advanced 첨단의, 선진의

comparatively ahead in a course of development = sophisticated, high-tech[hi-tech], state-of-the-at, choice, cutting-edge, exceeding, exceptional, higher quality, prominent, sharpened, souped-up, superior, surpassing

반의어 **underdeveloped, backwater, inferior, lower, poorer, worse**

용례 **an advanced nation** 선진국

| **cutting-edge technology** 첨단 기술 **be on the cutting edge of** ~의 최첨단(선두)에 있다

an hi-tech industry 첨단 산업
be ahead of one's time 첨단을 달리다
at the leading[cutting] edge of ~의 첨단에 있는

필수예문

track 072

1 All parties to the six-way talks on North Korea's nuclear weapons program are striving to bring the communist country back to the negotiating table in an effort to help the long-stalled negotiations **progress quickly**. (북핵 6자회담의 모든 당사국들은 오랫동안 신선이 없는 회담을 빨리 진전시키기 위한 노력의 일환으로 북한을 협상 테이블에 복귀시키기 위해 애쓰고 있다.)

2 His career **progressed** rapidly after he took over as head of the department. (그는 국장이 된 뒤 고속 승진했다.)

Scientists have **made great progress in** developing drugs to control heart disease in the past decade. (지난 10년 동안 과학자들은 심장병 약을 개발하는 데 큰 진전을 이루었다.)

3 If you want to **make any progress in** these negotiations, you must be prepared to compromise. (이 협상에서 어떤 진전을 이루고자 한다면 타협할 준비를 해야 한다.)

Car technology is **advancing** very rapidly. (자동차 기술은 아주 빠르게 발전하고 있다.)

The work on the new stadium is **coming along** very well. (새 구장 공사가 아주 잘 진행되고 있다.)

4 Despite all the problems, I think we are **getting there**. (모든 문제에도 불구하고 나는 우리가 잘 되어가고 있다고 생각한다.)

Great strides have been made in battling global warming thanks to an enhanced public perception of the issue. (대중의 인식 제고 덕분에 지구 온난화에 대처하는 데 커다란 발전이 있었다.)

5 Scientists are trying to find a cure for the incurable disease, but **no progress has been made so far**. (과학자들은 그 불치병에 대한 치료제를 발견하려고 노력하고 있지만 지금까지 진전이 없다.)

The world's first electric car is hailed as a **milestone in** the history of car design. (세계 최초의 전기 자동차는 자동차 디자인의 역사에 획기적인 사건으로 받아들여지고 있다.)

6 The agreement is assessed as an important diplomatic **stepping stone toward** peaceful resolution of the nuclear issue. (그 협정은 핵문제의 평화적 해결을 위한 중요한 외교적 디딤돌로 평가되고 있다.)

There has been a major **breakthrough** in the search for safe AIDS drugs. (안전한 에이즈 치료제 탐구에 눈부신 발전이 있었다.)

7 The company is trying to regain its status **at the leading edge of** car research. (그 회사는 자동차 연구 분야에서 선두의 위치를 되찾으려고 노력하고 있다.)

The **hi-tech industry** has remained in the dumps since the collapse of a venture boom two years ago. (첨단 산업은 2년 전 벤처 붐 붕괴 이래 침체에 빠져있다.)

8 High levels of joblessness are a feature of many **advanced** capitalist countries. (높은 실업은 많은 선진 자본주의 국가들의 특징 중 하나다.)

Workers' pay is relatively high in **developed countries.** (선진국의 노동자 급여는 비교적 높다.)

impasse

궁지, 난국, 교착상태

a situation that is so difficult that no progress can be made = blind alley, box, catch 22, checkmate, corner, cul-de-sac, dead end, deadlock, dilemma, fix, gridlock, hole, jam, Mexican standoff, mire, morass, pause, pickle, plight, predicament, quandary, scrape, stalemate, standoff, standstill

유의어 **cessation** 정지, 중단 **pocket** 고립 지대 **rest** 정체, 정지 **full[dead] stop** 완전한 정지

반의어 **solution, resolution, conclusion, settlement**

용례 **reach[come to] an impasse** 벽에 부닥치다, 교착상태에 빠지다 **break an impasse** 교착상태를 타개하다

| **be at a stalemate** 교착상태에 있다 = be deadlocked, be at a deadlock[standstill]

| **be up a blind alley** 막다른 골목에 부딪혀

| **a catch 22 situation** 진퇴유곡, 옴짝달싹 못하는 상태

| **arrive at [come to, reach] a dead end** 막다른 골목에 이르다, 진퇴양난에 빠지다 **be at a dead end** 막다른 골목에, 궁지에서

| **break the deadlock** 교착상태를 타개하다

---

stagnate 정체하다, 진전이 없다

to stand still or move slowly = lie dormant, be inert, make no progress[headway], mark time, come to a standstill; crawl, creep, dally, dawdle, delay, draggle, droop, encounter difficulty, hang, inch, lag, lag behind, limp along, linger, loiter, mark time, poke, procrastinate, put off, sag, shamble, shuffle, slow down, straggle, tarry, trail behind, traipse

반의어 **rush, speed, race, haste, zoom**

용례 **a stagnating industry** 침체된 산업 **show signs of stagnating** 침체 징후를 보이다 **a sagging economy** 침체된 경제 **stagnating profits** 부진한 수익

| **stall** 진척이 없다 = get nowhere, go badly, not go well, go around in circles

| **stagnant** 정체한 = sluggish, slow-moving, quiet, inactive, dull, static

| **deadlocked over** ~로 교착상태에 빠진 = stall over

---

stationary 움직이지 않는; 일정불변의, 정체된

standing still or not moving = anchored, immobile, inert, moored, motionless, nailed, nailed down, parked, pat, permanent, stable, stagnant, standing, static, stock-still, unmoving; changeless, unchanging, constant, unvarying, invariable, undeviating

반의어 **moving, shifting, changeful, mobile**

용례 **Remain stationary!** 움직이지 마라! **a stationary temperature** 일정불변의 온도 **a stationary** front 정체전선 **a stationary target** 정지 표적 **a stationary population** 변동 없는 인구

필수예문

track 073

1 Despite the **impasse in** the pay negotiations, great progress has been made in other issues as both sides succeeded in straightening out differences in the eleventh hour. (임금 협상의 교착상태에도 불구하고 양측이 막판에 입장 차이를 원만히 해결함에 따라 다른 문제들에서는 큰 진전이 있었다.)

2 The **stalemate** between the ruling and opposition parties means a new general election has to be called ahead of schedule. (여야의 정국 경색은 새 총선을 조기에 실시해야 됨을 의미한다.)

In an attempt to **break the deadlock**, the president promised he would drop his proposal for tax reforms. (난국을 타개하기 위한 노력으로 대통령은 세제 개혁안을 철회하겠다고 약속했다.)

3 International talks on North Korea's nuclear program have **come to a dead end** because of Pyongyang's uncooperative attitude. (북한의 핵무기 계획에 대한 국제 협상은 평양 당국의 비협조적인 태도로 교착상태에 빠졌다.)

All the parties are trying to reach an agreement but the negotiations have been **deadlocked** over the contents of concessions to date. (모든 당사자들이 합의를 이루려고 노력하고 있지만 현재까지 협상은 양보의 내용을 두고 난관에 봉착해 있다.)

4 The bullet train project is chewing up time and money but seems to be **getting nowhere.** (고속철도 사업은 시간과 돈만 많이 들고 전혀 진전이 없는 것 같다.)

A good proposal will **get nowhere** unless it is supported by executives with more influence. (좋은 제안은 보다 영향력이 있는 경영진의 지지를 받지 못하면 진전이 없을 것이다.)

5 Negotiations for a new collective agreement are **going badly** and there seem to be no hope for reconciliation. (새 단체 교섭안에 대한 협상은 파행을 보이고 있어 타협의 희망이 없는 것 같다.)

The two sides have discussed the matter for two days without deciding anything. They are just **going round in circles**. (양측은 이틀 동안 그 문제를 논의했으나 아무런 결론을 내리지 못했다. 그들은 다람쥐 쳇바퀴 돌듯하고 있을 뿐이다.)

6 The Japanese economy has been **stagnating** because of weak private consumption and corporate capital spending. (일본 경제는 소비와 기업투자의 약화로 정체하고 있다.)

House prices in the United States have been **stationary** for several months, following a set of anti-speculation measures. (일련의 반투기 대책이 취해진 후 미국의 집값이 몇 달 동안 변동이 없다.)

retreat

후퇴하다, 퇴각하다

to walk backwards or away from the direction you were walking before = back, back away, back down, back off, back out, backtrack, disengage, evacuate, fold, give ground, keep aloof, keep apart, lay down, leave, move back, pull out, recede, recoil, regress, retrocede, retrograde, reverse, turn tail, vacate, withdraw

유의어 **beat it** 급히 떠나다, 도망치다 **cave in** 항복(굴복)하다 **decamp** 도망치다 **hide** 숨다 **quail** 움츠리다, 주눅 들다 **reel** 비틀거리다, 동요하다

반의어 **advance, get ahead, go ahead, go forward, move onward**

용례 **retreat from** ~에서 후퇴하다 **retreat to** ~로 퇴각하다 **retreat behind one's lines** 방어선 뒤로 후퇴하다

| **retreat** 후퇴, 퇴각 = withdrawal, retirement, retrogression, reverse[backward] movement, countermarch **beat[carry out, make] a retreat** 퇴각(후퇴)하다 **be in full retreat** 총퇴각하다 **an orderly retreat from the camp** 야영지에서 질서 정연하게 철수함

| **retrogressive** 역행하는, 후퇴하는 **a retrogressive opinion** 시대에 역행하는 의견

| **run counter to** ~에 역행하다 **go against the times** 시대(시류)에 역행하다 = strive[swim] against the stream, put back the clock

| **out of time with the current of the times** 시대 풍조에 역행하여

| **go[swim, flow, fight] against[with] the tide[current, stream]** 대세[습관, 남의 사고방식]에 거역하다[따르다, 순응하다]

---

degenerate 퇴화하다, 퇴보하다

to fall below a normal or desirable state, especially functionally or morally = deteriorate, decline, worsen, decay, rot, fail, regress, retrogress, lapse, go to pot, go to the dogs, hit the skids, go downhill

반의어 **develop, flourish, improve, revive, upgrade, uplift**

용례 **degenerate into commonplace** 평범하게 되다, 진부하게 되다

| **degeneration** 퇴보, 퇴화 **the slow degeneration of his mental faculties** 그의 정신 기능의 점진적인 퇴화

| **degenerative** 퇴행성의 **a degenerative disease** 퇴행성 질환

| **a step backward(s)** 퇴화, 역행 = a retrograde step

필수예문

track 074

1 The Japanese government has **retreated from** its hard-line position on its claim to a set of islets on the East Sea, known as Dokdo in South Korea. (일본 정부는 한국에서는 독도로 알려진 동해상에 있는 일군의 작은 섬에 대한 영유권 주장에 대한 강경 노선 입장에서 물러났다.)

US troops **retreated from** the border to safer positions. (미국 군대는 국경 지대에서 보다 안전한 장소로 퇴각했다.)

2 Tom quietly **backed out of** the office in embarrassment. (톰은 창피하여 사무실에서 조용히 물

러나왔다.)

The company has finally decided to **back out of** the joint-venture deal. (회사는 마침내 합작계약에서 손을 떼기로 하였다.)

I began to **back away from** the bar, aware that the situation was getting out of hand. (상황이 건잡을 수 없게 되는 것을 알고 나는 술집에서 빠져나오기 시작했다.)

3 The minister **backed away from** his support for the anti-terrorism bill. (장관은 반테러 법안의 찬성을 철회했다.)

Back off! This has nothing to do with you. (그만해! 이건 너하고 아무 상관없는 일이야.)

Seeing a policeman approaching, Jim **retreated** a few steps. (경찰관이 다가오는 것을 보고 짐은 몇 발짝 뒤로 물러섰다.)

4 He has been a policeman for 20 years but he still can't look at a murder victim without **recoiling**. (그는 경찰관 생활을 한 지 20년이 되었지만 아직도 살인사건의 희생자를 보면 움찔한다.)

The new outbreak of violence in the Gaza Strip is **a step backward** for peace in the area. (가자 지구에서 새로운 폭력사태 발생은 그 지역 평화를 한걸음 후퇴시키는 것이다.)

5 The new tax code is criticized as **a retrograde step** because it makes everyone pay the same no matter how rich or poor they are. (새 세법은 역행하는 조치로 비난을 받는데 이는 빈부에 상관없이 모든 납세자가 똑같은 세금을 내도록 하기 때문이다.)

It's not easy to **go against the tide** in defense of your principles. (자신의 원칙을 지키려고 시대의 흐름에 거스르는 것은 쉽지 않다.)

He always seems to be **swimming against the tide of public opinion**. (그는 늘 여론의 흐름에 반하는 것 같다.)

6 His health is **degenerating** rapidly. (그의 건강이 급격히 나빠지고 있다.)

She suffers from **degenerative** arthritis. (그녀는 퇴행성관절염을 앓고 있다.)

Educational standards are **degenerating** year by year because of a lack of funds. (교육의 수준이 재원 부족으로 해마다 퇴보하고 있다.)

change

변화시키다, 바꾸다; 변하다; 변화, 수정

to cause to be different; to become different or undergo alteration

= alter, modify, transform, convert, vary, remodel, recast, restyle, reconstruct, reorder, metamorphose, transmute, permute; alter, evolve, metamorphose; modification, alteration, transformation

반의어 **continue, hold, remain, stay**

용례 **change one's address[name]** 주소[이름]를 바꾸다 **change one's character** 성격을 고치다 **change one's habits** 습관을 바꾸다 | **change one's mind** 마음(생각)을 바꾸다

▍**change one's tune** 의견(태도)을 바꾸다 **change one's clothes** 옷을 갈아입다 **change a baby** 아기의 기저귀를 갈다 **change water into vapor** 물을 증기로 변화시키다 **change into a suit** 양복으로 갈아입다 **change for New York** 뉴욕 행으로 갈아타다

▍**change in attitude** 태도 변화 **a policy[rule] change** 정책[규정] 변화 **a change of heart** 변심 **a change of pace** 기분전환

alteration 변경, 변화, 개정

a change in something, especially one which has happened gradually or naturally = change, adjustment, adaptation, modification, conversion, variation, revision, amendment, transformation, transfiguration, metamorphosis, modulation, mutation, permutation

반의어 **uniformity, constancy, certainty, stability, steadfastness**

용례 **an alteration in one's plan** 계획의 변경 **effect[make] alterations on[in, to]** ~를 고치다, 변경하다

▍**a turnaround** [의견 · 정책 따위의] 180도의 전환 = an about-face **do[make] a complete turnaround[about-face, turnabout]** 180도 전환하다

▍**upheaval** 격변, 대변동 **an upheaval of society** 사회의 격변 **a political upheaval** 정치 파동 **cause a tremendous upheaval** 대격변을 일으키다

▍**revolution** 대변혁, 개혁; 혁명 **a bloodless[peaceful] revolution** 무혈[평화] 혁명 **foment[stir up] a revolution** 혁명을 선동[유발]하다

▍**rebellion** (조직적인 무장) 반란 **revolt** (소규모의 무장) 반란 **insurrection** (치안 교란 따위로 정권 탈취를 노리는 국지적인) 반란 **insurgence** 폭동, 저항 **insurgent** 폭도, 저항자 **uprising** 반란, 봉기 **mutiny** (군대 내부나 함선 안에서의 상관에 대한 조직적) 반란

▍**coup d'etat, coup, putsch** 쿠데타, 혁명 **carry out [stage] a military coup** 군사 쿠데타를 일으키다 **a successful military coup** 성공적인 군사 쿠데타 **an attempted coup** 쿠데타 시도 **a coup plot** 쿠데타 음모 **quash a military coup** 군사 쿠데타를 진압하다 **back the coup forces** 쿠데타 군을 지지하다 **anti-coup forces** 반쿠데타군 **join the anti-coup forces** 반쿠데타군에 가담하다

▍**a technological[cultural] revolution** 기술상의[문화적] 대변혁 **a revolution in the industrial world** 산업계의 대개혁

▍**revolutionary** 혁명의 **a revolutionary army** 혁명군 **revolutionary discoveries** 대변혁을 가져올 만한 발견 **a revolutionary junta** 혁명 위원회 **a revolutionary, a revolutionist** 혁명가

▍**innovation** 혁신 **a daring innovation** 과감한 혁신 **a major innovation** 대혁신 **a period of innovation** 변혁기 **innovative** 혁신적인 **an innovative approach** 혁신적인 접근법

fluctuate 계속 변화하다, 동요하다

to vary irregularly or rise and fall in or as if in waves = keep changing, rise and fall, go up and down, see-saw, yo-yo, vary, shift, swing, oscillate, undulate, ebb and flow, be in flux, be in a state of flux

반의어 **steady, continue, remain**

용례 **fluctuate between hopes and fears** 일희일비하다 **fluctuating temperatures** 변화가 심한 기온

▍**fluctuation** 끊임없는 변화, 변동폭, 등락 = rise and fall, see-sawing, instability, unsteadiness, swing, oscillation, undulation

changeable 변하기 쉬운; 바꿀 수 있는; (날씨가) 불순한

capable of or tending to change in form or quality or nature = changing, variable, varying, changeful, chameleon-like, chameleonic, protean, shifting, vacillating, volatile, mercurial, capricious, fluctuating, kaleidoscopic, fitful, erratic, fickle, checkered, unpredictable, unsettled

반의어 **certain, changeless, constant, invariable, lasting, predictable, regular, stable, steady, unchangeable**

용례 **changeable weather** 불순한 날씨 **changeable moods** 변덕스러운 기분 **(as) changeable as weather** (사람, 성질이) 변덕스러운, 줏대 없는

| **changed** 바뀐 = altered **a changed man[woman]** 크게 변한 사람, 딴사람

| **reformed** 개심한 **be a reformed character** 개과천선하다

flexible 바꿀 수 있는, 융통성 있는; 유연한; 유순한

willing or able to change when change is necessary = adaptable, adjustable, open-ended, open, open to change, changeable, variable; pliant, pliable, elastic, springy, plastic; supple, agile, limber, lithe, lissom, double-jointed; tractable, malleable, compliant, manageable, amenable, biddable, docile

반의어 **inflexible, rigid, inelastic, fixed, intransigent, hard-line**

용례 **a flexible mind** 유연한 정신(의 소유자) **be flexible in thinking** 사고가 유연한 **a flexible plan** 융통성 있는 계획

| **take a flexible attitude toward** ~에 대해 유연한 태도를 취하다

| **flexibility** 유연성, 융통성 **labor flexibility** 노동시장의 유연성 **demonstrate[show] flexibility** 유연성(융통성)을 보이다 **have no flexibility** 유연성이 없다 **no flexibility in one's position** 입장의 유연성이 없음

| **a rigid system[attitude]** 경직된 제도[태도]

| **rigidity** 경직성 **the cost of labor rigidity** 노동시장의 경직성의 비용 **stand against political rigidity** 정치적 경직성에 저항(반대)하다

필수예문

track 075

1 Computers have completely **changed** the way people live their lives, companies do their business and even consumers buy products. (컴퓨터는 사람들의 생활방식과 기업들의 사업방식, 심지어 소비자들의 제품 구매방식을 완전히 바꾸어 놓았다.)

He has **changed** a lot since he went to college. (그는 대학에 간 후 많이 변했다.)

2 The social and economic position of women has **altered** because of rapid industrialization. (여성들의 사회·경제적 지위가 급속한 산업화로 변했다.)

The president **altered** his plans to pay a visit to the king. (대통령은 국왕을 방문하려는 계획을 변경했다.)

Oil prices **fluctuate** according to the season. (유가는 계절에 따라 크게 변동한다.)

Her standard of work tends to **fluctuate**. (그녀의 작업 수준은 변화가 심한 경향이 있다.)

3 I will check the schedule for you since it **keeps changing**. (일정이 늘 바뀌므로 내가 알아봐줄게.)

The temperature of the air at different levels can **vary** from day to day as the winds **change** direction. (다른 고도에서 공기의 온도는 바람의 방향이 바뀌므로 매일 변한다.)

4 The car industry is **in constant flux**, responding all the time to changes in technology. (항상 기술의 변화에 따라 자동차 산업은 늘 변화하고 있다.)

A change in the human personality and **an alteration of** man himself must inevitably take place. (사람 성격의 변화와 사람 자체의 변화는 항상 일어나게 마련이다.)

5 North Korea's abrupt **turnaround** is expected to scupper efforts to resolve the dispute over its nuclear weapons program. (북한의 갑작스런 입장 변화는 북한의 핵무기 개발계획 논란을 해결하려는 노력을 무산시킬 것으로 예상되고 있다.)

You'd better not trust him because he is a **changeable** sort of person. (그는 변덕이 심한 사람이므로 그를 믿지 않는 것이 좋다.)

Demand for computer chips is **variable**. (컴퓨터용 반도체의 수요는 가변적이다.)

6 He returned from a trip to the United States **a changed man**. (그는 딴사람이 되어 미국 여행에서 돌아왔다.)

He's given up drink and is now **a reformed character**. (그는 술을 끊었고 이제는 개심한 사람이 되었다.)

The International Monetary Fund should take a more **flexible** approach to formulating its loan conditions to financially troubled countries. (국제통화기금은 금융위기에 빠진 국가에 대출 조건을 정하는 데 보다 유연한 접근 방식을 취해야 한다.)

심화학습

교통신호(traffic signal) 중에 U-turn이라는 것이 있다. 길을 가다 차를 돌려 반대 차로(lane)로 가고자 할 때 이 표시가 있는 곳에서 도로의 맨 안쪽 차선에서 기다리다 마치 알파벳의 U자 모양으로 180도 돌아서 간다고 해서 부쳐진 이름이다. 일단 U-turn을 하게 되면 지금까지 달리던(traveling) 방향과는 정반대 방향으로 가게 된다. '유턴을 하다'는 동사 do를 써서 do a U-turn이라고 한다. 이것이 응용되어 쓰이면 '(지금까지의 입장, 태도, 의견, 주의 등을) 180도 바꾸다'는 뜻이 된다.

❑ **go smoothly** 순조롭게 진행되다, 나아가다

ex. Experts say the government's reform of the financial industry will not **go smoothly** because of huge bad loans at commercial banks. (상업은행들이 안고 있는 엄청난 부실채권 때문에 정부의 금융 산업 개혁이 순조롭지 않을 것이라고 전문가들이 말한다.)

| **go without a hitch** 거침없이(잘, 술술) 나아가다, 진행되다

❑ **hit[strike] a snag, come[run] against a snag** (뜻밖의) 장애에 부딪히다

ex. The peace talks have **hit a** new **snag** after rebels refused to discuss the withdrawal of their forces. (반군들이 군대 철수 논의를 거부한 뒤 평화회담은 새 난관에 봉착했다.)

| **go on the rocks** 파멸(파산)하다, 파탄에 빠지다 **run[strike] against the rock(s)** 위험에 부딪히다

❑ **breakthrough** 대약진, 대발견, 획기적 발견

ex. Whether you are in favor of this type of scientific research or against it, this is a noteworthy **breakthrough.** (네가 이런 종류의 과학 연구에 찬성하든 반대하든 이것은 주목할 만한 새 발견이다.)

❙ **have a brainstorm[brain wave]** 불현듯 묘안(영감)이 떠오르다 **landmark** 획기적인 **trailblazing research** 선구적인 연구 **trailblazing** = pioneering, ground-breaking, innovative

❑ **step forward toward** ~를 위한 진일보

ex. The agreement is considered as a **step forward toward** solving the territorial dispute between South Korea and Japan. (그 합의는 한국과 일본의 영토분쟁을 해결하는 데 진일보한 것으로 여기고 있다.)

❙ **take[make] a step backward[back]** 일보 후퇴하다

❑ **strategic retreat** 전략적 후퇴

ex. The US is withdrawing its forces at a critical time for the Korean Peninsula, which observers see is a **strategic retreat.** (미국은 한반도에서 중요한 시기에 군대를 철수하려고 하는데, 관측통들은 이를 전략적 후퇴라고 보고 있다.)

❙ **a tactical retreat** 전술상 후퇴 **full retreat** 총퇴각 **in full retreat** 총퇴각하여

❑ **do an about-face, do a U-turn** (정책 따위를) 180도 바꾸다, 방향 전환하다

ex. Faced with strong opposition from conservationists, the governing party is set to **do an about-face** on the revision of the environmental impact assessment law. (자연보호론자들의 강한 반대에 직면하자 집권당은 환경영향평가법의 개정으로 방향을 전환하려 한다.)

❙ **make a 180 degree turn** 180도 바꾸다 **do a turnabout[turnaround]** 급선회하다 **a complete volte-face in policy** 정책의 완전한 방향 전환

20 명령 | 복종 | 간섭 | 자율

주제어	관련어
order	**ask, tell, request, entreat, bossy, overbearing, boss ~ around**
obey	**acquiesce, comply, obedient, amenable, obedience, submission**
interfere	**intervene, meddle, kibitz, interference, meddlesome, busybody**
independent	**sovereign, go it alone, independence, self-reliance**

●●● Love me, love my dog. 아내가 귀여우면 처갓집 말뚝 보고도 절한다.

상사(superior)가 하는 말이라면 무엇이든 믿고 따르는 사람들도 있지만 태생적으로(innately) 반골이어서 일단 한번 뒤집고 틍기는 사람들도 있다. 전자에 속하는 사람들을 흔히 yes-man이라 하는데 상사의 지시에 맹종하는 사람이란 뜻으로 대부분의 직장인이라면 어쩔 수 없이 이 부류에 속하게 된다.

명령을 내리는(issue orders) 위치의 높은 사람들도 각양각색이다. 기분 나쁘지 않게 합리적으로 지시하는 상사가 있는가 하면 고압적인(overbearing) 자세의 막무가내형도 있다. 또 시시콜콜 부하들의 일에 간섭하는(interfere) 시어머니형도 있고 스스로 알아서 하도록 하는 자유방임형(laissez-faire)도 있는데, 아마도 마지막 유형이 가장 선호되는 타입이 아닐까 싶다.

남의 일에 감 놓아라 배 놓아라 시시콜콜 간섭하는 사람이 있듯이 다른 나라의 일에 이래라 저래라 참견하여 국가간의 갈등이 빚어지는 경우도 있다. 간섭을 당하는 국가에서는 발끈하고 이를 내정간섭(intervention in internal affairs)이라고 비난하며 사과와 재발 방지를 촉구하게 된다.

order

명령하다, 지시하다
to officially tell someone what they must do = bid, command, decree, dictate, direct, enjoin, instruct, ordain, prescribe, pull strings, request, require, tell

용례 **order ~ to go home** 집에 가라고 명령하다 **be ordered home[closed]** 귀국[폐쇄] 명령을 받다 **order ~ abroad** 해외출장을 명하다
| **be enjoined not to betray someone** ~를 배반하지 않을 것을 요구 받다 **be requested not to smoke** 금연을 요청 받다
| **order** 명령, 지시 = behest, bidding, command, decree, dictate, direction, directive, injunction, instruction, mandate, ordinance, precept, rule, say-so, word
carry out [execute] an order 명령을 수행하다 **protest an order** 항명하다 **disobey an order** 명령에 불복하다 **ignore[withdraw] an order** 명령을 무시하다[철회하다] **on his orders[instructions]** 그의 명령으로 = at his behest
| **orderly** 정돈된; 법을 지키는 = in order, neat, tidy, trim, in apple-pie order; well-behaved, law-abiding, non-violent, disciplined, controlled, restrained
| **imperative** 명령적인 = peremptory, injunctive

---

ask 부탁하다, 청하다

to tell someone that they must do something = appeal, beg, beseech, call for, demand, entreat, implore, petition, plead, request, requisition, seek, solicit, supplicate, tell

유의어 **angle** (술책을 써서) 얻으려고 하다, 추구하다 **bum** 남에게 기식하다, 공짜로 얻어내다 **crave for** 간청하다 **file for** 신청하다 **hustle for** 구걸하다 **mooch** 달라고 조르다 **urge** 촉구하다
반의어 **command, insist**
용례 **ask to be excused** 용서를 청하다 **ask her to marry me** 그녀에게 청혼하다
| **as requested** 요청한 대로
| **beseech ~ to show mercy** ~에게 자비를 베풀어 달라고 하다
| **angle for praise** 칭찬을 받으려고 하다
| **be urged to take action** 조치를 취하라고 촉구 받다

---

bossy 위세 부리는, 전제적인

always telling people what to do = assuming, authoritarian, autocratic, despotic, dictatorial, domineering, dominating, high-handed, imperious, insolent, overbearing, supercilious, tyrannical, tyrannous

반의어 **democratic, objective, scientific, humble, modest, self-effacing, unconceited**
용례 **a bossy boy** 두목 행세하는(으스대는) 소년
| **boss ~ around[about]** 남을 좌지우지하다, 남에게 명령하다 = order ~ around[about], push ~ around
| **lay down the law** 고압적으로 단정하다, 명령하다
| **throw one's weight about[around]** 자기의 지위(직권)를 남용하다, 거만하게 굴다 **breathe down one's neck** (감독, 관리를 위해) 감시하다, 남을 귀찮게 따라다니다
| **be at a person's beck (and call)** 남이 시키는 대로 하다 **have a person at one's beck (and call)** 남을 마음대로 부리다

필수예문

track 076

1 The United States has **asked** Japan to resume imports of its beef, warning it may impose a variety of sanctions on Japanese exports unless Tokyo lifts an import ban that has been in place for almost two years. (미국은 일본에 미국산 소고기 수입 재개를 요구하며 만약 일본이 거의 2년간의 수입 금지를 해제하지 않으면 일본의 수출품에 대해 여러 가지 제재를 가할 수 있다고 경고했다.)

I **was asked** to refrain from smoking in the office. (나는 사무실에서 흡연을 삼가라는 요청을 받았다.)

2 I **told** him to go to bed by 10 o'clock. (나는 그에게 10시까지는 잠자리에 들라고 일렀다.)

I am in charge here, and I am not going to have anyone **telling me what to do**. (내가 여기 책임자이므로 나는 누구라도 나에게 지시하게 하지 않을 작정이다.)

Unionized workers **demand that** the company should give them a pay rise and improve their working conditions. (노조원들은 회사가 봉급인상을 시켜주고 근로조건을 개선할 것을 요구했다.)

The dictator has **been ordered** to stand trial in the US on charges of secretly operating a drug ring. (독재자는 비밀리에 마약조직을 운영한 혐의로 미국에서 재판을 받을 것을 명령 받았다.)

3 The president **instructed** the top prosecutor to conduct a thorough investigation into the scandal. (대통령은 검찰총장에게 추문에 대한 철저한 조사를 하도록 지시했다.)

The suspect was jailed for refusing to answer questions when **directed to** do so in court. (용의자는 법정에서 질문에 답하도록 명령을 받았을 때 답변을 거절해 투옥되었다.)

4 You should report to me at nine o'clock in the morning — and **that's an order**. (아침 9시에 나한테 보고하도록 하시오. 이건 명령이오.)

The general **gave the command to** open fire. (장군은 발포 명령을 내렸다.)

5 The soldiers are **acting on the orders of** the new commander. (병사들은 새 사령관의 명령에 따라 행동하고 있다.)

The riot policemen were **acting under instructions from** the top prosecutor. (진압 경찰들은 검찰총장의 지시에 따라 움직이고 있었다.)

6 The emperor **issued a decree** ordering all foreigners to leave the country immediately. (황제는 모든 외국인들에게 이 나라를 즉시 떠나도록 명하는 포고령을 발포했다.)

Most shops are ignoring the government's **edict** against Sunday trading. (대부분의 상점은 일요일 장사를 못하게 하는 정부의 명령을 무시하고 있다.)

7 My sister is always **bossing me around** and making me clean the room. (누나는 늘 나를 마음대로 부려먹어 방을 청소하게 한다.)

You'd better stop **ordering me about** because I am not your servant. (나는 너의 종이 아니니까 나에게 이래라 저래라 명령하지 마.)

8 The president can be very **overbearing** at times, and it's difficult to argue with him. (사장은 때로 아주 고압적으로 나오는데, 그러면 그와 논쟁하기 어렵다.)

His **high-handed** attitude toward our allies has already earned the United States unnecessary ill will. (우리의 동맹국에 대한 그의 고압적인 태도는 이미 미국에 불필요한 반감을 가져다주었다.)

obey

복종하다; 준수하다

to carry out or fulfill the command, order, or instruction of = abide by, accede, acquiesce, act upon, adhere to, agree, bow to, carry out, comply, concur, execute, follow, fulfill, give in, give way, knuckle under, live by, observe, perform, respond, submit, surrender, take orders

반의어 **disobey, disregard, rebuff, resist**

용례 **obey orders** 명령에 복종하다 **obey one's mother** 어머님 말씀을 따르다

| **accede to a proposal** 제의에 응하다

| **acquiesce in[to] a plan** 계획을 묵인하다

| **bow to authority** 권위에 복종하다 **bow to the inevitable** 피할 수 없는 운명에 복종하다

obedient 순종하는, 복종하는

= amenable, biddable, complaisant, compliant, docile, duteous, dutiful, law-abiding, malleable, obeisant, obliging, observant, pliant, submissive, subservient, tame, tractable, yielding

| **an obedient boy** 순종하는 아이 **be obedient to parents** 부모에게 순종하는

| **a person amenable to reason** 이치에 따르는 사람 **a biddable child** 순종적인 아이 **a docile pupil** 유순한 학생 **a pliant nature** 유순한 성격 **a tractable man** 온순한 남자

---

submission 복종, 순종

the act of submitting, usually surrendering power to another = acquiescence, back-down, bowing, capitulation, docility, humbleness, humility, meekness, obedience, pliability, recreancy, resignation, servility, submissiveness, surrender, tractability, unassertiveness, yielding

반의어 **defiance, disobedience, challenge, defy, disregard, insubordination, insurgency, recalcitrance, revolt, sass, temerity, the gauntlet**

용례 **with all due submission** 매우 공손하게 **in submission to** ~에 복종하여, ~에 따라

| **complete[total] acquiescence** 전면적인 묵인

| **demonstrate[display, show] humility** 겸손함을 보이다 **in[with] humility** 겸손하게

필수예문

track 077

1 Japanese war criminals tried to justify their actions by saying they were simply **obeying orders**, but their allegations simply angered South Korea and other neighboring countries who still resent Japan's wartime atrocities. (일본 전범들은 자신들은 단지 명령에 복종했다며 자신들의 행동을 정당화하려 했지만 그들의 주장은 2차대전 당시 일본의 잔혹행위에 대해 아직도 분개하고 있는 한국과 다른 이웃 국가들을 더욱 분노하게 만들었다.)

2 All defendants are required to **submit themselves to** the decision of the court.

(모든 피고는 법원의 결정에 복종해야 한다.)

If you **keep to the rules**, nothing can go wrong. (규칙을 따르면 잘못될 게 아무것도 없다.)

3 Progressive teachers are calling for educational reform, saying that students are taught to **bow to** authority. (진보적 교사들은 학생들이 권위에 복종하도록 교육 받고 있다며 교육개혁을 요구하고 있다.)

His parents will never **acquiesce in** such an unsuitable marriage. (그의 부모들은 그런 부적합한 결혼을 결코 받아들이지 않을 것이다.)

4 I could see that she would be totally **obedient to** me, cook and wash for me. (나는 그녀가 나에게 완전히 순종하며 나를 위해 요리와 빨래를 할 것이라는 것을 알 수 있었다.)

The government is under fire for being **subservient to** the interests of the pro-Europe campaigners. (정부는 서유럽 통일주의 운동가들의 이해관계에 복종하고 있다는 혐의로 비난받고 있다.)

5 He is a demanding man who expects his wife to be completely **submissive**. (그는 부인이 자신에게 완전히 순종하기를 기대하는 요구가 지나친 사람이다.)

She accused the government of a cowardly **surrender** to big-business interests. (그녀는 정부가 비겁하게 대기업의 이익에 굴복했다고 비난했다.)

6 Workers who are less **compliant** may be forced to leave the company against their will. (덜 고분고분한 노동자들은 본의 아니게 회사를 강제로 떠나게 될 수도 있다.)

Submission will pay you better. (복종하는 것이 너에게 이로울 것이다.)

Surrender does not always involve **submission**. (항복이 반드시 복종을 뜻하지는 않는다.)

interfere

간섭하다, 개입하다; 중재하다
to get involved in a situation that does not concern you = barge in, butt in, chisel in, get involved, horn in, interlope, intermeddle, interpose, intervene, intrude, jam, kibitz, muscle in, obtrude, step in, tamper

유의어 **discommode** 괴롭히다 **foil** 좌절시키다, 방해하다 **fool with** (위험물 따위를) 가지고 놀다 **hamper** 방해하다 **hang up** 괴롭히다 **incommode** 난처하게 하다 **intercede** 중재하다, 탄원하다 **intermediate** 중재(중개)하다 **mix in** 전투(싸움)에 가담하다 **monkey with** 가지고 놀다 **trammel** 구속(속박)하다

반의어 **stay[keep] out of, abdicate, back out, chicken out, cop out, leave, withdraw**

용례 **interfere in the affairs of another country** 남의 나라 일에 간섭하다 **interfere in a dispute** 분쟁을 중재하다

| **meddle with other people** 남에게 쓸데없는 참견을 하다

| **pry into a person's affairs** ~의 사정을 캐다

| **poke and pry** 꼬치꼬치 캐묻다

| **snoop into people's private affairs** 사람들의 사생활을 캐고 다니다

intervention 간섭, 개입; 중재

= back-seat driving, intercession, intrusion, kibitzing, meddlesomeness, prying, tampering, trespassing

| **collective[joint] intervention** 공동 간섭 **armed intervention** 무력 간섭

| **brook[stand for, tolerate] no interference** 간섭을 용납하지 않다 **unwarranted interference** 부당한 간섭

meddlesome 간섭(참견)하기 좋아하는, 오지랖 넓은

inclined to meddle or interfere = busy, curious, impertinent, interfering, intermeddling, interposing, interrupting, intruding, intrusive, kibitzing, meddling, nosy, officious, prying, pushy, snooping, snoopy

반의어 **avoiding, dodging**

용례 **a meddlesome neighbor** 오지랖 넓은 이웃 **a meddling woman** 참견하기 좋아하는 여자

| **busy in other people's business** 남의 일에 참견하다

| **intruding on a person's private affairs** ~의 사생활에 끼어드는

| **a nosy neighbor** 참견하기 좋아하는 이웃

| **busybody** 참견하기 좋아하는 사람, 주제넘게 나서는 사람 = back-seat driver, buttinsky, intruder, kibitzer, meddler, nosy-parker, pry, rubberneck, snoop, snooper, yenta

| **a Monday morning quarterback** 나중에 이러쿵저러쿵 비난하는 사람 **an interfering busybody** 방해만 하는 참견꾼

| **Mind your own business!** 참견 마!; 네 걱정이나 해라!; 너나 잘해!

필수예문

track 078

1 Journalists have been warned not to **interfere in** the free trade negotiations, which critics say could derail the two-year talks aimed at liberalizing trade in the Asia-Pacific region. (언론인들은 자유무역회담에 간섭하지 말라는 경고를 받았는데 비평가들은 그들의 개입이 아시아-태평양 지역에서의 무역 자유화를 목표로 하는 2년간에 걸친 회담을 수포로 돌아가게 만들 수도 있다고 한다.)

I wish you'd stop **interfering**. (네가 간섭하지 않았으면 좋겠다.)

2 She is always **meddling in** other people's affairs. (그녀는 늘 남의 일에 참견한다.)

Who gave you the right to **poke your nose in**? (누가 너한테 참견할 권리를 주었어? (네가 무슨 권리로 참견해?)

I hope you don't think I am **butting in**, but don't you think you should go home now? (내가 참견한다고 생각하지 않기를 바라지만, 너 지금 집에 가야 되지 않니?)

3 The government said it will not let outside people **muscle in on** this matter. (정부는 외부 인사가 이 문제에 간섭하게 하지 않을 것이라고 밝혔다.)

I want your advice and support, but not your **interference**. (나는 너의 조언과 지지를 원하지 간섭을 원하지 않는다.)

It's very important not to **intrude on** his private affairs. (그의 사생활에 끼어들지 않는 것이 아주 중요하다.)

4 He is just an **interfering** old man! (그는 참견하기 좋아하는 늙은이에 불과해!)

Jane is just a **meddling** old woman! (제인은 그저 참견하기 좋아하는 노파일 뿐이야!)

Don't be so **nosy** — it's none of your business. (그렇게 참견하려 들지 마. 그건 당신하고 상관없는 일이야.)

5 I felt uncomfortable at his being such a **busybody** about my personal affairs. (나는 그가 내 사생활에 너무도 참견해서 기분 나빴다.)

She quickly made a pretence of checking his mailbox and felt guilty about being such a **nosy-parker.** (그녀는 재빨리 그의 우체통을 점검하는 척하고 너무 참견했다는 사실에 죄의식을 느꼈다.)

6 Will you **stay[keep] out of it**? It has nothing to do with you. (너 좀 빠져줄래? 너하고 아무 상관없는 일이야.)

Leave me alone, please. (제발 나 좀 내버려 둬.)

I hope he will **mind his own business** and get on with his own work. (그가 남의 일에 신경 쓰지 않고 자기의 일이나 계속하면 좋겠다.)

independent

독립한, 자율적인

not governed by a foreign power = autarchic, autonomous, liberated, self-determining, self-governing, self-reliant, self-ruling, self-sufficient, sovereign, unallied

반의어 **dependent, constrained, tied**

용례 **an independent country** 독립국 **an independent mind** 자주 정신(의 소유자) **an independent leader** 독자적 사상을 가진 지도자 **be economically independent** 경제적으로 자립하다 **be independent of** ~에서 독립하다 **be independent of one's parents** 부모의 신세를 지지 않다 **independent(ly) of** ~에 관계없이, ~와는 별도로

| **become independent** 독립하다 **fiercely[very] independent** 대단히 독립적인 **an independent republic** 독립 공화국 **a very independent-minded young man** 매우 독립심이 강한 젊은이

| **an independent** 무소속 정치인 = a maverick

| **go it alone** 스스로 힘으로 하다, 자력으로 행하다

| **stand on one's own feet** 자립하다 **look after oneself** 자활하다 = fend for oneself

| **self-sufficient** 자급자족하는 **a country self-sufficient in grain** 식량을 자급자족하는 나라

| **self-reliant** 자립의

independence 독립, 자주

the state or quality of being independent = autonomy, freedom, home rule, liberty, license, self-determination, self-government, self-rule, sovereignty

반의어 **dependence, servility, subjection, subordination, subservience, yoke**

용례 **assert[declare] one's independence from** ~로부터 독립을 선언하다 **declaration of independence** 독립 선언

| **fight for independence** 독립을 위해 싸우다 **maintain one's independence** 독립을 유지하다
independence fighter 독립 투사 **Independence Day, the Fourth of July** (미국의) 독립 기념일(7월 4일)
Independence Hall (미국의) 독립 기념관
| **self-sufficiency** 자급자족 **self-reliance** 자립

필수예문

track 079

1 Rebels seeking an **independent state** in the country have begun a campaign of violence in a desperate bid to win international attention and rally public support for their fight against the ruling military junta. (그 나라에서 독립 국가를 추구하는 반군들이 국제적인 관심을 끌고 집권 군사평의회와의 투쟁에 대한 대중적 지지를 모으기 위한 필사적인 노력의 일환으로 폭력 운동을 시작했다.)

2 It was not until 1945 that South Korea was accepted by the world as a **sovereign state**. (1945년이 되어서야 대한민국은 세계에서 주권국가로 인정을 받았다.)

North Korea is concerned that the pact may harm its **sovereignty** and cultural identity. (북한은 그 조약이 자신의 주권과 문화적 정체성을 해칠지도 모른다고 우려하고 있다.)

3 The small country is **autonomous**, with its external affairs managed by both France and Italy. (그 소국은 자치체이며 외교관계는 프랑스와 이탈리아가 맡고 있다.)

The candidate, who was declared the winner of last Sunday's election, is meeting with leaders of eastern and southern regions who are warning they may pursue **autonomy**. (지난 일요일 선거에서 승리한 것으로 선언된 후보는 자치를 추구할 수 있다고 경고하는 동남부 지역의 지도자들과 만날 것이다.)

4 Many provincial governments feel that they will be better off if they are **self-governing**. (많은 지방 정부들이 자치를 한다면 더 잘살게 될 것이라고 생각한다.)

China's state enterprises are being encouraged to become more **self-reliant** in order to prepare for wider market opening. (중국의 국영기업들은 시장개방 확대에 대비하기 위해 보다 자립적이 되도록 권장되고 있다.)

5 Many areas of the world still have **self-sufficient** economies. (세계의 많은 지역이 아직도 자급자족 경제를 유지하고 있다.)

The country is **self-sufficient** in oil and natural gas. (그 나라는 석유와 천연가스를 자급자족한다.)

6 Many unmarried women are **going it alone** and bringing up their children without the father's help. (많은 미혼모들이 혼자 힘으로 살아가며 아이 아버지의 도움 없이 자녀를 양육하고 있다.)

Tom will never learn to **stand on his own feet** if you keep giving him whatever he wants. (당신이 계속 톰에게 그가 원하는 것은 무엇이든지 다 주면 그는 결코 자립하는 것을 배우지 못할 것이다.)

심화학습

지금은 웬만한 시골에 가도 길이 시원하게 아스팔트로 포장되어 있어 흙먼지 가득한 비포장 도로(unpaved road)를 찾아보기 어렵다. 아이들은 등하교 길에 버스가 지나가면 먼지를 마시지 않으려고 냅다 산으로 내빼곤 했었다. 여름 장마철(rainy season)이면 거센 빗물에 휩쓸려 도로가 마치 포탄이라도 맞은 듯이 움푹움푹 패여 조그만 동굴(cave) 같이 구멍이 뚫리곤 했던 정겨운 시골길이다. 이렇게 길 따위가 꺼지는 것을 cave in이라고 하며 비유적으로 '남에게 굴복하다, 항복하다'는 의미도 있다.

❏ **restore law and order** 법질서를 회복하다

ex. The capital's courthouse is still shut down, raising concerns about just how to **restore law and order.** (그 수도의 법원은 아직 폐쇄 중인데 이로 인해 어떻게 법질서를 회복할 것인가 하는 우려가 일고 있다.)

| **public order** 공공질서 **law enforcement** 법의 집행 **law enforcement official** 법집행 관리 **law enforcement authorities** 법집행 당국

❏ **issue an executive order** 대통령령을 공표하다

ex. Political leaders and grass-roots petitioners have asked the president to **issue an executive order** that would allow chaplains to pray in public according to their religious beliefs. (정치 지도자들과 일반 청원자들은 목사들이 자신들의 종교적 신념에 따라 공개적으로 기도할 수 있게 허용하는 대통령령을 공표하라고 요청했다.)

| **a Cabinet order** 내각령

❏ **boss the show** 좌지우지하다, 지배(감독)하다, 실권을 가지다

ex. Some of the president's comrades expect him to be clear on the matter of who's **bossing the show.** (대통령의 동료 당원들 중 일부는 누가 실권을 쥐고 있는가 하는 문제에 그가 분명히 하기를 기대한다.)

| **be one's own boss** 누구의 지배도 안 받다, 독립해 있다 **You are the boss.** 당신이 정해주세요, 당신을 따르겠습니다. **steal[walk off with] the show** (조연이 주연의) 인기를 가로채다; 가장 뛰어나다, 최대의 볼 만한 장면이다

❏ **cave in to** ~에 굴복하다

ex. Farmer groups urge the government to stand strong at the WTO meeting in Hong Kong and not **cave in to** foreign pressure on genetically modified organisms(GMOs). (농민 단체들은 정부에게 홍콩에서 열리는 세계무역기구 회의에서 강경한 입장을 취하여 유전자변형체에 대한 외국의 압력에 굴복하지 말라고 촉구한다.)

| **bow to US pressure** 미국의 압력에 굴복하다 **kowtow to the United States** 미국에 저자세를 취하다 **stand up against pressure from foreign nations** 외국의 압력에 저항하다

❏ **interfere[intervene] in someone's internal affairs** ~의 내정을 간섭하다

ex. Russia has made it clear that it will not **interfere in Kyrgyzstan's internal affairs** but will offer aid to the Central Asian country. (러시아는 키르기스스탄의 내정에 간섭하지 않고 그 중앙아시아 국가에 원조를 제공할 것을 분명히 했다.)

| **interference[intervention] in someone's internal affairs** 내정 간섭

❏ **gain[get, win] independence** 독립을 쟁취하다

ex. Following decades of occupation by Japan, South Korea gained its independence on August 15, 1945. (수십 년 동안의 일본의 점령 뒤에 대한민국은 1945년 8월 15일 독립을 쟁취했다.)

| **regain independence** 다시 독립하다 **lose one's independence** 독립을 잃다 **seek independence from** ~로부터 독립을 추구하다

21 실수 | 사과 | 용서 | 인내

주제어	관련어
mistake	blooper, gaff, blunder, botch, misprint, misjudge, mistaken
apology	excuse, apologetic, penitent, repentant, apologize, sorry
forgive	condone, pardon, forgiveness, pardonable, excusable, unforgivable
patient	enduring, forbearing, patience, perseverance, endurance, endure

●●● The best workman sometimes blunders.

원숭이도 나무에서 떨어질 때가 있다.

매사에 너무 자신(self-confidence)이 없어도 문제지만 자신감이 지나쳐도 그것으로 인해 실수하게 되는 경우가 많은데 지나침은 모자람만 못하다는 격언(proverb)이 괜히 있는 것은 아닌가 보다. 자신감이 지나치다 보면 일을 하는 데 있어 여러 가지 위험 요소들을 간과하기 쉬우며 이는 곧바로 일의 성패를 결정지을 수 있기 때문이다.

신이 아닌 이상 누구나 실수를 하게 마련이다(We all make mistakes). 또 실수를 통해서 하나씩 배워 나간다고(learn by mistake) 할 수 있다. 실수는 다시는 반복하지 않도록 조심해야(use caution) 한다. 그리고 다른 사람에게 실수를 하게 되면 사과하고(make an apology) 용서를 구해야(ask for one's forgiveness) 한다. 그래야 서로간에 마음속의 앙금이 생기지 않으며 원만한(amicable) 관계를 유지할 수 있다.

자신을 용서(forgiveness)하기는 쉬워도 남을 용서한다는 것은 대단히 어려운 일이라고들 말한다. 아전인수라는 옛말이 있듯이 우리의 천성을 생각한다면 이는 당연한 일인지도 모른다. 그렇다고 하더라도 우리는 자신에게는 좀더 엄격해지고 남에게는 더욱 관대해질 필요가 있다. 용서하는 것이 힘든 만큼 용서를 구하는 일도 때로는 인내를 요하는 긴 과정이 될 수도 있다.

mistake

실수; 착각, 오판
something that is wrong or incorrect, which you do by accident = bloomer, blooper, blunder, boner, booboo, bungle, error, false move, false step, faux pas, flub, fluff, goof, howler, lapse, misstep, oversight, trip

유의어 **aberration** 일시적 이상 **fault** 과실, 오류 **gaffe** (사교, 외교상의) 실수, 결례 **slip-up** 착오, 누락 **solecism** 문법(어법) 위반, 파격

용례 **make a mistake** 실수하다, 오해하다 **make a terrible[silly] mistake** 엄청난[어이없는] 실수를 하다 **by mistake** 실수로 **beyond mistake** 틀림없이, 꼭 **learn by mistake** 시행착오하다

| **commit[make, pull] a blooper[blunder]** 큰 실수를 저지르다

| **make a fluff** 실수하다, 대사를 까먹다

| **make[commit] a gaffe** 실수하다, 결례하다(사교, 외교상의 실수)

| **misprint** 오식(誤植), 인쇄 잘못 = clerical error, erratum, misprint, mistake in typing, printer's error

| **a list[table] of errata** 정오표 **be full of ludicrous misprints** 터무니없는 오식으로 가득하다 **a misprint for problem** problem의 오식 **a spelling[grammatical] error** 철자[문법] 상의 오류

| **typo** 오타 = typing mistake, typist's error, typographical error

blunder 실수하다

to make a mistake = blow, bobble, bollix, botch, bumble, bungle, err, flounder, flub, foul up, fumble, goof, goof up, gum up, louse up, mess up, muff up, screw up, slip up, stumble, trip

반의어 **accomplish, achieve, correct, do well, succeed**

용례 **blunder badly** 큰 실수를 하다

| **goof up by ~ing** ~해서 실수하다

| **trip on a mathematic problem** 수학 문제에서 실수를 하다

| **catch[find] ~ tripping, trip off the end of one's tongue** 남의 말꼬리를 잡다, 남의 실수를 꼬집다 **trip him up** 그를 실수하게 만들다

| **catch someone out** ~의 잘못(거짓말 따위)을 간파하다

misjudge 오판하다, 오해하다

to make a mistake about something = be wrong, err, misapprehend, miscalculate, miscomprehend, misconceive, misconstrue, misdeem, misreckon, mistake, misthink, misunderstand

용례 **misjudge badly[completely]** 완전히 오판하다 **misjudge a person's motive** ~의 동기를 오해하다

| **To err is human, to forgive divine.** 잘못을 저지르는 것은 사람의 일이고, 용서하는 것은 하느님의 일이다.

| **miscalculate the crowd's response** 군중의 반응을 오산하다 **misunderstand someone** ~를 오해하다

| **misjudgment** 오판, 오해 = mistake, miscalculation, error of judgment, a bad move, blunder, bad tactics

| **mistaken** 잘못된, 오판한, 오해한 = all wet, at fault, confounded, confused, erroneous, fallacious, false, faulty, inaccurate, incorrect, misjudging, misled, misunderstanding, off base, way off, wrong number **a mistaken opinion** 잘못된 의견

| **She is all wet.** 그녀는 전혀 잘못 생각하고 있다.

| **a false accusation** 그릇된 비난 **false pride** 당치 않은(어리석은) 자존심
| **erroneous belief** 그릇된 신념
| **be misled about the matter** 그 일을 오해하는

필수예문

track 080

1 The president's decision to push our nation to the brink of war, in the face of intense international opposition, is **a grave mistake** that will make our country less safe and alienate our allies. (국제사회의 심한 반대에도 불구하고 우리나라를 전쟁 직전으로 몰고 가려는 대통령의 결정은 나라를 덜 안전하게 하고 우방국을 떨어져 나가게 할 중대한 실수다.)

2 We all **make mistakes and learn from them.** (우리 모두는 실수를 하고 실수를 통해 배운다.)

There must be some mistake — my name is Jane, not Susan. (뭔가 실수가 있군요. 제 이름은 제인이지 수잔이 아닙니다.)

3 The plane crash was caused not by a mechanical fault but by **human error.** (비행기 추락은 기계적 결함이 아닌 사람의 실수로 일어났다.)

I have taught myself how to drive **through trial and error.** (나는 시행착오를 거치면서 스스로 운전을 배웠다.)

4 If you are going to win the contract, you can't afford any more **slip-ups.** (그 계약을 따내려면 더 이상의 실수를 해서는 안 된다.)

Forget **this fault.** (이번 잘못은 잊어버려.)

It's just **a temporary aberration.** (일시적인 이상일 뿐이야.)

5 The government **made a big mistake in** predicting that the economy will soon stage a recovery. (정부는 곧 경제가 회복될 것이라고 예상하는 큰 실수를 범했다.)

If you think your plan is going to work, **you're making a mistake.** (네 계획이 잘 될 거라고 생각한다면 너 실수하고 있는 거야.)

6 The president **blundered badly** when he appointed his brother as the company's chief executive officer. (사장은 자신의 동생을 회사의 최고경영자로 임명했을 때 엄청난 실수를 했다.)

I try to help out Jane, but I always **goof up** by saying just the wrong thing. (나는 제인을 도우려고 하지만 늘 엉뚱한 말을 하는 실수를 해 잡쳐버리고 만다.)

7 The use of computers in printing is expected to help cut down the number of **misprints.** (인쇄에 컴퓨터를 사용하는 것이 오식을 줄이는 데 도움이 될 것으로 예상된다.)

A common **mistake** is to say "come" when you mean "go." (흔히 범하는 말실수 중 하나는 '간다'는 의미로 '온다'고 말하는 것이다.)

8 I am really sorry. I must have **misjudged** you. (정말 미안합니다. 제가 당신을 오판했었나 봅니다.)

You must have **misestimated** his determination. (너는 그의 결심을 오판했음에 틀림없다.)

Please correct me if I am **mistaken.** (제가 잘못되었으면 정정하여 주십시오.)

You must correct **misspelled words or grammatical errors** immediately. (너는 잘 못 쓴 철자나 문법 오류는 즉시 고쳐야 한다.)

apology

사과, 사죄; 변명
a spoken or written statement in which you apologize to someone = excuse, mea culpa, regret

유의어 **defense** 변호 **explanation** 해명, 변명 **extenuation** 정상참작 **justification** 옹호, 명분 **mitigation** 완화, 진정 **plea** 변명, 탄원 **redress** 배상 **vindication** 옹호, 변명

반의어 **blame, condemnation, reprehension**

용례 **make[offer, present] an[one's] apology to someone for something** ~에게 ~에 대하여 사과하다 **make a humble apology** 진심으로 사과하다 **accept an apology** 사죄를 받아들이다

| **demand an apology** 사과를 요구하다 **an abject[groveling] apology** 백배사죄 **a belated[immediate, formal, full] apology** 때늦은[즉각적인, 정식, 충분한] 사과

| **apologetic** 사과하는, 사죄하는 **deeply apologetic** 깊이 사과하는 **feel apologetic about** ~에 대해 미안해하다 **an apologetic letter[smile, speech]** 사과를 표하는 편지[미소, 말]

| **apologize** 사과하다, 사죄하다 **apologize humbly** 겸손하게 사과하다 **apologize profusely** 누누이 사과하다 **apologize for oneself** 자신의 행위에 대해 해명하다 **apologize for one's mistake** 실수를 사과하다

| **swallow one's pride** 자존심을 버리다

---

sorry 미안한, 유감인

feeling or expressing sympathy, pity, or regret = apologetic, compunctious, conscience-stricken, contrite, guilt-ridden, penitent, penitential, regretful, remorseful, repentant

반의어 **impenitent, remorseless, shameless, uncontrite, unrepentant**

용례 **be very[really, dreadfully, terrible] sorry** 정말 미안한, 매우 유감스러운 **be sorry about[for]** ~에 대해 미안하게 생각하는 **be sorry to do** ~해서 미안하다 **I am sorry about it.** 그것은 유감이다. **Sorry about that.** 미안해요, 미안하게 됐소.

| **be deeply apologetic for** ~를 깊이 사과하는 **feel apologetic for** ~를 미안해하다 **an apologetic speech** 사과의 말

| **be deeply regretful for** ~를 깊이 후회하는

| **a penitent boy** 회개하는 소년 **be penitent for** ~를 회개하는

| **look remorseful** 후회하는 것 같다 **feel remorseful for** ~를 후회하다

| **look repentant** 뉘우치는 것 같다 **be not in the least repentant** 조금도 뉘우치지 않다

필수예문

track 081

1 The president went on national radio and television to **offer an apology for** using his office to make a bank to lend money to his brother. (대통령은 국영 텔레비전과 라디오에 출연해 직위를 이용해 은행으로 하여금 자신의 동생에게 대출을 하도록 한 사실에 대해 사과했다.)

2 **I owe you an apology.** (너에게 사과해야겠다.)

I ask you a thousand pardons[apologies]. (몇 번이고 사과드립니다.)

I have an apology to make to you — I'm afraid I opened your letter by mistake. (너한테 사과할 것이 있는데 실수로 네 편지를 뜯어봤어.)

You don't have to **make an apology to** him. (너는 그 사람한테 사과할 필요 없다.)

Will you **accept my apology for** the trouble? (폐를 끼쳐드린 데 대한 제 사과를 받아 주시겠습니까?)

3 If I have offended you, **I apologize.** (기분이 상했다면 사과하겠다.)

You might at least **apologize.** (너는 적어도 사과 정도는 할 만하지.)

I must **apologize to** you **for** my mistake. (나의 실수에 대해 너에게 사과해야겠다.)

We would like to **offer our heartfelt apology for** a great delay in replying to your letter of May 1. (5월 1일자 귀하의 서신에 대한 답장이 많이 지연되었음을 진심으로 사과드립니다.)

4 I am **apologetic** about not being able to come to the party. (파티에 못 가게 되어 사죄드립니다.)

If you want her back, you will have to **swallow your pride and say sorry.** (그녀를 다시 원한다면 자존심을 죽이고 미안하다고 해.)

5 Aren't you **sorry for[about]** what you've done? (네가 한 일이 미안하지도 않니?)

I am **sorry to upset** you. (네 맘을 상하게 했다면 미안해.)

I am **awfully sorry to have** kept you waiting. (기다리게 해서 정말 죄송합니다.)

Go and **say sorry to** your mother. (가서 엄마한테 미안하다고 해.)

6 **Sorry**, is this your bag? I picked it up by mistake. (미안하지만 이거 당신 가방인가요? 실수로 제가 그것을 집었어요.)

Oh, **excuse me**, did I step on your foot? (아, 죄송해요, 제가 발을 밟았나요?)

I beg your pardon, I thought you were Jane. (미안하지만 당신이 제인이라고 생각했어요.)

forgive

용서하다

to excuse for a fault or an offense = absolve, condone, excuse, forget, pardon

유의어 **acquit** ~에게 무죄를 선고하다, ~을 석방(사면)하다 **allow for** 참작하다 **amnesty** 사면하다 **exculpate** 무죄로 하다 **exempt** 면죄하다 **exonerate** 혐의를 풀어주다, 무죄를 입증하다 **extenuate** 정상을 참작하다 **let ~ pass** 불문에 부치다 **palliate** (과실 따위를) 참작하다 **wink at** 눈감아주다

반의어 **accuse, blame, charge, condemn, convict, hold, impeach, incriminate, obligate, punish, sentence**

용례 **forgive a sin** 죄를 용서하다 **Am I forgiven?** 저를 용서해주시는 겁니까? **be forgiven for stealing** 도둑질한 것을 용서받다

| **forgive and forget** (과거사, 원한 따위를) 깨끗이 잊어버리다, 용서하고 잊다

| **wink at petty offenses** 사소한 무례를 눈감아주다

| **pardon** 용서, 사면 = absolution, acquittal, amnesty, clemo, condonation, forgiveness, grace, indemnity, lifeboat, lifesaver, mercy, release, remission, reprieve, vindication

ask[beg] one's pardon ~의 용서를 구하다 **petition for pardon** 용서를 구하다 **grant a pardon** 용서하다, 사면하다 **crave one's pardon** ~의 용서를 빌다

| **show mercy to[on, upon]** ~를 용서하다 **implore one's forgiveness** ~의 용서를 구하다

| **pardonable** 용서할 수 있는 **a pardonable error** 용서할 수 있는 실수 = condonable, excusable, forgiving, pardonable, permissible

| **clemency** 관용, 선처 **show clemency** 관용을 보이다 **beg for [seek] clemency** 관대한 처분을 바라다

| **show leniency** 관용을 베풀다 **lenient** 관대한 **a lenient punishment[fine]** 가벼운 벌[벌금] **be lenient with** ~에 관대하다

---

unforgivable 용서할 수 없는

relating to an act or situation that one cannot or will not forgive = blamable, blameworthy, censurable, impermissible, indefensible, inexpiable, intolerable, reprehensible, unallowable, unforgivable, unpardonable, wrong

반의어 **excusable, forgivable**

용례 **an unforgivable[unpardonable] sin** 용서할 수 없는 죄 **unforgivable behavior** 용서할 수 없는 행위 **an unforgivable act of brazen savagery** 용서할 수 없는 뻔뻔스러운 야만 행위

| **not forgive someone** 용서할 수 없다

| **have[bear, carry, harbor, nurse, hold] a grudge against a person** 남에게 원한을 품다

필수예문

track 082

1 The president, who is plagued by a string of corruption scandals, said that he hopes the public will **forgive** his mistake and remember his record of public service. (계속되는 부정 사건에 시달리고 있는 대통령은 자신은 국민들이 그의 실수를 용서하고 그의 공직의 경력을 기억해주기를 바란다고 말했다.)

2 I am sorry I called you a traitor — **do you forgive me?** (너를 배신자라 불러서 미안해. 나 용서하는 거지?)

I don't think he will **forgive** me **for** criticizing his study. (내가 자신의 연구를 비난한 것을 그가 용서하지 않을 것이라고 생각한다.)

It's hard to **forgive him his unkindness** to Jane. (그가 제인에게 불친절하게 구는 것을 용서할 수 없다.)

3 Please **excuse** my bad handwriting. (저의 악필을 용서해주세요.)

I hope he will **excuse** her if she misbehaves. (그녀가 버릇없이 굴더라도 그가 용서해주기를 바란다.)

Will you **pardon** my son **for** his blunder? (제 아들의 실수를 용서해주시겠습니까?)

Don't you think it's time to **forgive and forget**? (이제 잊고 용서할 때라고 생각하지 않아?)

4 Do you think there is any chance that the government will **grant a general amnesty**? (정부가 일반 사면을 실시할 가능성이 있다고 생각해?)

The governor can't **grant a pardon** without a recommendation from the board of pardons and paroles. (지사는 사면과 가석방 위원회의 추천 없이는 사면을 행할 수 없다.)

5 The **unforgivable** crime is the destruction of our children's morals for profit. (이익을 위해 우리 아이들을 파괴하는 것은 용서할 수 없는 죄다.)

It is inexcusable that he is a wife batterer. (그가 부인을 구타한다니 용서할 수 없다.)

I think she still **bears a grudge** against you. (그녀는 아직도 너에게 원한을 품고 있다고 생각해.)

6 **It's all right.** I'm sure I have another copy. (괜찮아요. 다른 사본이 확실히 있으니까요.)

I am sorry to have kept you waiting. **Don't worry about it.** (기다리시게 해서 죄송합니다.—걱정 마세요.)

Forget it. I know you didn't mean it. (신경 쓰지 마세요. 진심이 아니었다는 것을 아니까요.)

Oh, please **don't give it another thought**. It's my fault. (아, 괘념치 마세요. 제 잘못입니다.)

No hard feelings, I was just trying to get things straight. (나쁘게 생각하지 마세요, 전 그냥 분명히 하고자 할 따름이었어요.)

patient

참을성 있는, 끈기 있는

able to wait quietly and calmly without becoming annoyed or bored

= easy-going, enduring, forbearing, imperturbable, long-suffering, persevering, persistent, stoical, tolerant, uncomplaining, unruffled, untiring

반의어 **agog, antsy, chafing, choleric, dying to, eager, edgy, feverish, fretful, hasty, headlong, hot-tempered, impatient, impetuous, intolerant, irascible, irritable, itchy, keen, restless, testy, unforbearing**

용례 **be patient with others** 남에게 짜증을 내지 않다 **be patient of sufferings[hunger]** 괴로움[허기]을 잘 참다 **Patient men win the day.** 참는 게 이기는 것. **as patient as Job** 인내심이 대단한 **as patient as a saint** (성인처럼) 참을성이 강한

| **patience** 인내, 끈기 = bearing, calmness, composure, cool, endurance, equanimity, forbearance, fortitude, grit, guts, gutsiness, longanimity, moxie, perseverance, persistence, poise, serenity, starch, staying power, stoicism, tolerance, toleration

show[display] patience 인내심을 발휘하다 **the patience of Job** (욥과 같은) 대단한 참을성 **Have patience!** 참아라! 성급히 굴지 마라! **be enough to try the patience of a saint** 성인군자라도 화나게 할 정도이다 **lose one's (all) patience with** ~를 참을 수 없게 되다

---

endure 견디다, 참다, 인내하다

to put up with something or somebody unpleasant = bear, brave, brook, countenance, eat, face, go through, hang in, keep up, live with, live through, meet with, ride out, sit through, stand, stick, stomach, sustain, swallow, take, take it, take patiently, tolerate, undergo, weather, withstand

반의어 **break, cave in, collapse, give out, quit, resign, succumb**

용례 **endure pain** 고통을 참다. **I can't endure to hear[hearing] about it.** 그런 것은 듣기도 싫다. **endure toothache[headache]** 치통[두통]을 참다

| **bear hardship** 고난을 견디다

| **grin and bear it** (고통, 창피 따위를) 웃으며 참다 **I cannot bear him[the sight of him].** 나는 그가 질색이다 (보기도 싫다).

| **Stick it out!** 끝까지 참고 견뎌!

필수예문

track 083

1 Parents have to try to be **patient with** kids who are acting up. Parents should know that it's normal for children to get restless and sometimes difficult to handle, particularly when running errands. (부모들은 버릇없이 구는 아이들에게 참을성을 보이려고 노력해야 한다. 어린이들이 특히 심부름을 할 때 침착하지 못하고 때로는 다루기 어려운 것은 정상이라는 사실을 알아야 한다.)

2 I'm sure you will get a reply soon, so just **try to be patient.** (틀림없이 곧 답이 있을테니 그저 인내심을 가지려고 해.)

After years of **patient waiting**, the actress at last received the recognition she deserved. (몇 년 동안 인내하며 기다린 뒤 그 여배우는 마침내 마땅히 받아야 할 인정을 받았다.)

3 A good fisherman needs to have a lot of **patience.** (훌륭한 낚시꾼이 되려면 많은 인내심을 가질 필요가 있다.)

I am starting to **lose my patience**, so you'd better keep your mouth shut. (내가 인내심을 잃기 시작하니 너 입다물고 있는 것이 좋아.)

4 Don't be so **impatient**. Give him time to think. (너무 그렇게 초조해하지 마. 그에게 생각할 시간을 줘.)

I could see that she was **growing[getting, becoming] impatient.** (그녀가 초조해지고 있는 것을 알 수 있었다.)

There is growing **impatience over** a long delay in the highway development plan. (고속도로 개발 계획의 오랜 지연에 대한 불안감이 커지고 있다.)

I can't wait to meet her. (그녀를 보고 싶어 못 참겠다.)

5 If you don't **endure** hardships now, how can you have a bright future? (지금 어려움을 참지 못하면 어떻게 밝은 미래를 가질 수 있겠어?)

I have reached the **end of my endurance.** (나는 인내의 한도에 달했다.)

It requires a considerable amount of **perseverance** to deal with him. (그와의 교섭에는 많은 인내가 필요하다.)

6 Government officials are able to **jump the queue** though ordinary citizens have to wait months to get hospital treatment. (일반 시민들은 병원 치료를 받으려면 몇 달을 기다려야 하지만 정부 관리들은 순서를 기다리지 않고 빨리 받을 수 있다.)

I was standing in the bus queue when a pretty girl **cut into the line.** (나는 버스를 기다리는 줄에 서 있는데 예쁜 아가씨가 새치기를 했다.)

심화학습

사람의 인내력(endurance)의 한계는 어디까지일까? 오래 전부터 내려오는 정통(orthodox) 스포츠 외에 요새는 참가자들에게 엄청난 인내를 요하는 극한운동(extreme sports)이 대유행하고 있다(all the rage). 이처럼 사람의 인내를 테스트하는 대회를 endurance competition이라고 하는데 '참기(버티기)' 대회라고 할 수 있다. 우리나라에서 큰 인기를 끌고 있는 찜질방의 경우 제일 뜨거운 방이 보통 섭씨 80도 정도인데, 2005년 독일에서 열린 제1회 세계 사우나 오래 참기 대회에서 무려 5분 정도를 버텼다고 하니 놀라울 따름이다.

❑ **slip[trip] of the tongue** 말실수, 실언

ex. Observers predicted there was going to be political fallout from the president's **slip of the tongue** and then invited viewers to stay tuned. (관측통들은 대통령의 실언으로 인한 정치적인 여파가 있을 것이라고 예상하고 시청자들에게 계속 시청할 것을 권했다.)

| **commit a slip of the tongue** 실언하다 **be merely[simply] a slip of the tongue** 단지 실언일 뿐이다 **an occasional slip of the tongue** 가끔씩 하는 실언

❑ **mix-up** (신생아) 뒤바뀜, 혼란

ex. Baby or infant **mix-ups** occur to this day in hospitals, and one out of every 1,000 infant transfers in hospitals is a mistake. (유아 뒤바꿈은 오늘날까지 병원에서 발생하는데, 병원에서 부모들에게 전달되는 유아 천 명당 1 명꼴로 실수가 일어나고 있다.)

| **switch babies** 아이를 바꿔치기 하다 **discover a mix-up** 아이가 뒤바뀐 사실을 알다 **cause a mix-up** 혼동을 초래하다 **a mix-up about[in, over]** ~에 대한 혼동

❑ **express deep[profound] regret over** ~에 대해 깊은 유감을 표명하다

ex. European leaders have **expressed deep regret over** the Dutch rejection of the European Union constitution, but vowed the 25-nation bloc will continue the ratification process as planned. (유럽의 지도자들은 네덜란드의 유럽연합헌법 거부에 깊은 유감을 표명했지만 25개국 동맹은 계획대로 비준과정을 계속할 것을 천명했다.)

| **feel regret over** ~를 유감으로 생각하다 **express strong regret over** ~에 강한 유감을 표명하다 **It is a matter of deep regret that ~.** ~한 것은 아주 유감스런 일이다.

❑ **demand an official[public] apology** 공식 사과를 요구하다

ex. Scores of South Korean "comfort women" — forced into sexual slavery by the Japanese Imperial Army during World War II — marched to Tokyo's embassy in Seoul to **demand an official apology** and compensation. (제2차 세계대전 중 일본 제국군들에 의해 성 노예를 강요당했던 한국인 종군위안부 수십 명이 서울에 있는 일본대사관으로 행진해 공식 사과와 배상을 요구했다.)

| **demand an official apology from Japan** 일본으로부터의 공식 사과를 요구하다 **demand for an official apology** 공식 사과 요구

❑ **grant (a) special amnesty[pardon]** 특별사면을 행하다

ex. The president's proposal to **grant amnesty** to 3 million illegal Mexican workers is a great leap forward in immigration policy because immigration is good for America. (3백만 명에 달하는 멕시코 노동자들을 사면하려는 대통령의 제안은 이민 정책의 대약진인데 이는 이민이 미국에 도움이 되기 때문이다.)

| **a general amnesty** 일반 사면 **be granted amnesty** 사면을 받다 **an exemplary prisoner** 모범수

❑ **endurance competition** 참기(버티기) 대회

ex. A German man endured scorching temperatures of 110 Celsius for almost five minutes to win the nation's first sauna **endurance competition.** (한 독일 남자가 섭씨 110도의 불같이 뜨거운 온도에서 5분 동안 버텨 제1회 세계 사우나 오래 버티기 대회에서 우승했다.)

| **hold a sauna endurance championship** 사우나 오래 버티기 대회를 열다

22 상황 | 유·불리 | 공평 | 결과

주제어	관련어
situation	circumstance, ball game, climate, environment, stand-pat
advantage	asset, leeway, leverage, upper hand, disadvantage
fair	aboveboard, equitable, square, fairness, objective, neutral
result	consequence, offshoot, upshot, byproduct, fallout, chain reaction

●●● All's fair in love and war. 사랑과 전쟁에는 수단을 가리지 않는다.

패배의식과 세상에 대한 불만(complaint)으로 모든 일을 있는 그대로 보지 않고 늘 색안경을 끼고 보는(look at everything with a jaundiced eye) 사람들이 있다. 이들은 모든 상황을 비관적으로 보면서 세상이 공평하지 못하다고 신세타령을 하여 주위 사람들까지 우울하게 만든다. 반면에 매사에 긍정적이고 같이 있으면 즐거워지는 사람들이 있는데, 이들은 분명 사회의 활력소라고 할 수 있다.

세상사가 마음대로 되면 얼마나 좋으련만 자기 뜻대로 안 되는 것이 보통이다. 상황(situation)에 따라 일이 틀어지기도 하고 어떤 때는 자신에게 유리한(advantageous) 상황이 전개되기도 하다가 어느 한순간 다시 불리한 입장에 빠지기도 하는 것이 인생사이다. '진인사대천명'이라고, 순간순간 최선을 다하고 결과(result)는 하늘에 맡기는 것이 어찌 보면 속 편하고 현명한 일이라고 할 수 있다.

situation

상황, 입장, 실정
the general situation that exists in a particular place, country or society
= ball game, case, circumstance, condition, picture, place, position, set-up, state, state of play, status quo, things

유의어 **footing** 입장, 편제(체제) **mode** 양식, 형태 **the score** 사정, 진상 **standpoint** 관점
용례 **worsen[improve] the situation** 상황을 악화[호전]시키다 **a political situation** 정국 **a grave situation** 중대 사태 **save the situation** 시국을 수습하다, 절박한 난국을 타개하다 **a situation room** 상황실
| **the end of the ball game** 일의 끝, 최후, 죽음 **a whole different[new] ball game** 전혀 다른[새로운] 사태
| **maintain[preserve] the status quo** 현상을 유지하다 **restore the status quo** 현상을 회복하다
| **be in emergency mode** 비상 상황(체제)에 돌입한
| **on a peace[war] footing** 평시[전시] 체제로 **put ~ on a war footing** 전시 체제에 돌입시키다 **go on an emergency footing** 비상 체제에 돌입하다 **go on an emergency war footing** 전시 비상 체제로 돌입하다
| **situational** 상황에 따른 **circumstantial** 정황에 따른
| **stand-pat** 현상유지를 고집하는, 지독히 보수적인 = conservative, die-hard, fossil, fusty, hard hat, old fogy, old guard, red-neck, silk-stocking, stick-in-the-mud, Tory **stand-patter** 현상유지론자 **stand-pattism** 현상유지론
| **need a reality check** 현실을 직시할 필요가 있다

---

climate 분위기, 정세, 풍토

the combination of conditions that exists at one point in time = ambience, atmosphere, disposition, environment, feeling, the lie[lay] of the land, medium, milieu, mood, scenario, surroundings, temper, tendency, trend, which way the wind blows

용례 **a climate of opinion** 여론의 분위기 **a friendly[hospitable] climate** 우호적인 분위기 **a hostile[inhospitable] climate** 적대적인 분위기 **the political climate** 정치 정세 **the cultural climate of Japan** 일본의 문화적 풍토
| **the worst-case[nightmare] scenario** 최악의 시나리오(상황) **prepare for the worst-case scenario** 최악의 사태에 대비하다 **be prepared for the nightmare scenario** 최악의 상황에 대비가 되어 있다
| **the best-case scenario for the future of Iraq** 이라크의 미래를 위한 최선의 시나리오 **even in a best-case scenario** 심지어 아주 잘 된다 하더라도 **be in a best-case scenario** 최선의 상황에 있다 **be midway between the best-case scenario and the worst-case scenario** 최선과 최악의 상황의 중간쯤이다

필수예문

track 084

1 The international community is paying close attention to the **political situation** in North Korea, which could have a serious impact on multi-party efforts to solve its food crisis. (국제사회는 북한의 정치 상황을 주시하고 있는데 이는 북한의 식량위기를 해결하려는 다자간 노력에 중대한 영향을 미칠 수 있기 때문이다.)

2 **In the present situation**, I don't think it would be a good idea to sell your car. (현 상황에서 네 차를 파는 것은 좋은 생각이 아니라고 생각한다.)

You don't have to worry because **things** can't get any worse. (상황이 더 이상 나빠질 수 없으므로 넌 걱정할 필요 없다.)

How could they live **in such dreadful conditions**? (어떻게 그들이 그렇게 열악한 여건에서 살 수 있지?)

3 I just want to know how **such a state of affairs** could have come about. (나는 어떻게 그런 상황이 일어났는지 알고 싶을 뿐이다.)

It's a sad[sorry] state of affairs. (상황이 안 좋다.)

4 Could you **give** me **the picture**? I seem to have missed a lot of news while I have been away. (나한테 상황을 알려줄 수 있겠어? 내가 없는 동안 많은 소식을 못 들은 것 같아.)

Most people think they are in good terms, but I **know the score**. (대부분의 사람들이 그들의 사이가 좋은 걸로 알지만 난 사정을 알지.)

Sit down and I will explain **what's going on**. (앉아, 그러면 내가 상황을 설명해주지.)

I hate **standpat** politicians. (난 현상유지를 고집하는 정치인을 싫어한다.)

5 **The position now is that** neither side in the dispute is prepared to compromise. (현재의 상황은 분쟁의 어느 쪽도 타협할 준비가 되어 있지 않다는 것이다.)

The current state of play in US-French relations is best characterized as "cautious cooperation." (미국-프랑스 관계의 현 상황은 '조심스런 협조'라고 가장 잘 특징지울 수 있다.)

6 **In the current political climate**, the return of communism seems impossible. (현 정치 풍토에서 공산주의의 복귀는 불가능한 것처럼 보인다.)

He is very cautious about entering the party because he **knows what the lie of the land is.** (그는 사정을 알기 때문에 그 정당에 가입하는 것에 매우 조심스럽다.)

7 We all have to prepare against **the worst-case scenario.** (우리 모두는 최악의 상황에 대비해야 한다.)

Don't worry — I can see **which way the wind is blowing** and will look after myself. (걱정 마. 난 상황을 파악할 수 있고 내 자신을 돌볼 테니까.)

8 **Under the circumstances**, I think the only thing you can do is to offer an apology. (현 상황에서 네가 할 수 있는 유일한 일은 사과하는 것이라고 생각한다.)

Given this situation, it's impossible to reach a compromise. (이 상황을 감안하면, 타협을 하는 것은 불가능하다.)

As things stand, there are no chances of both sides signing a contract. (현 상황으로 볼 때 양측이 계약을 체결할 가능성은 없다.)

Force of circumstances compelled the politician to leave politics. (상황 때문에 어쩔 수 없이 그 정치인은 정계를 떠났다.)

advantage

유리, 이점
a beneficial factor or combination of factors = asset, boon, edge, favor, gain, good, leeway, leg-up, leverage, profit, precedence, preference, privilege, superiority, supremacy, upper hand

용례 **have[get] an advantage over** ~보다 유리하다 **There is no advantage in doing so.** 그렇게 해도 이로울 것이 없다. **the advantage of education** 교육의 이점 **advantages and disadvantages** 이해득실, 장단점 = pros and cons, pluses and minuses **be a leg up on** ~(하기)에 유리한 상태(입장)에 있다
| **home-court[-ground] advantage** 홈코트[홈그라운드]의 이점
| **get a head start over** ~보다 유리한 출발을 하다 **give ~ a head start in** ~에게 유리한 출발을 하게 하다
| **in the box seat** 가장 유리한 입장(조건, 지위)에 **sit in the catbird seat[position]** 유리한(우세한) 입장에 있다 **have[be on] the inside track** 유리한 입장을 차지하다
| **wield leverage over** ~에 영향력을 행사하다 **have clout** 권력(영향력)을 지니다 **wield clout** 권력(영향력)을 휘두르다
| **advantageous** 유리한 = favorable **an advantage position** 유리한 입장(지위) **It is advantageous to you.** 그것은 네게 유리하다.

---

disadvantage 불리, 불리한 상황, 손해

an unfavorable condition or circumstance = adverse circumstance, defect, drawback, handicap, liability, limitation, minus, obstacle, privation, snag, weak point, weakness

용례 **have a disadvantage** 불리하다 **offset[outweigh] a disadvantage** 불리한 점을 보충하다 **work to one's disadvantage** ~에게 불리하게 작용하다
| **disadvantageous** 불리한 = adverse, unfavorable **be disadvantageous to** ~에게 불리하다 **be in a disadvantageous position** 불리한 입장에 있다
| **disadvantaged** 불리(불우)한 조건에 놓인, 혜택 받지 못한 **culturally[economically] disadvantaged** 문화[경제]적으로 불리한 **the disadvantaged** 혜택 받지 못한 사람들, 소수 민족
| **be handicapped by** ~때문에 불리하다 **handicapped children** 장애 아동 **the handicapped** 장애인 **visually handicapped** 시작 장애의 **a handicapped player** 핸디캡이 주어진 선수

필수예문

track 085

1 The United States and other countries claim that support from the South Korean government gives its financial companies **an unfair advantage over** their foreign competitors. (미국과 다른 나라들은 한국 정부의 지원으로 자국 금융회사들이 외국 경쟁사들에 비해 불공정한 우위를 점하게 된다고 주장한다.)

What are **the advantages of** living in the country rather than in the city? (도시보다 시골에 사는 이점은 뭔가?)

2 All companies should consider **the advantages and disadvantages of** an interest rate hike. (모든 회사들은 금리인상의 이해득실을 고려해야 한다.)

The labor union is advised to **weigh up the pros and cons** before launching a strike. (노조는 파업을 시작하기 전해 이해득실을 잘 따져보라고 조언을 받고 있다.)

You'd better consider carefully **the pluses and minuses of** starting your own business. (너는 자기 사업을 하는 것의 장단점을 주의 깊게 고려해야 한다.)

3 The company **has an advantage over** its main rival because of ample cash. (그 회사는 현금이 풍부해 주 경쟁사에 비해 유리하다.)

She **is at a distinct advantage over** young graduates. (그녀는 다른 젊은 졸업자들에 비해 분명히 유리한 입장에 있다.)

He is a strong player but his opponent **has youth on his side.** (그는 강력한 선수지만 그의 상대는 젊어서 유리하다.)

I **have a head start over[on]** other students because I spent a year in New York before starting the English course. (영어 강좌를 시작하기 전에 뉴욕에서 1년을 보냈기 때문에 나는 다른 학생들보다 유리하다.)

4 Tom **has everything going for him**, but he is still jobless. (톰은 모든 면에서 유리하지만 아직 실직 상태다.)

It is clear that the labor union **hold all the cards.** (노조가 모든 면에서 유리한 입장이라는 것은 명백하다.)

South Korea **has the upper hand against** Japan in the negotiations. (한국이 협상에서 일본보다 유리하다.)

North Korea believes it can negotiate **from a position of strength** thanks to its nuclear weapons. (북한은 자신들의 핵무기 때문에 유리한 입장에서 협상할 수 있다고 믿는다.)

5 His experience will **give** him **an edge over** other interviewers. (그는 경험이 있으므로 다른 면접관들보다 유리할 것이다.)

The company's location and its low distribution costs **gave** it **an advantage over** its competitors. (그 회사의 입지와 낮은 유통비가 다른 회사들에 우위를 점하게 했다.)

The offer could **be to your advantage.** (그 제안은 너에게 유리할 것이다.)

The semifinal will be a closely fought match but South Korea's physical strength is likely to **tip the balance in its favor.** (준결승전은 접전이 예상되지만 한국이 체력이 앞서 유리할 것이다.)

6 She has suffered less **disadvantages** than other orphans thanks to the care of her teachers. (그녀는 선생님들의 배려 덕택에 다른 고아들보다 불이익을 덜 겪었다.)

His lack of weight has been **a big handicap to** the boxer. (체중이 덜 나가는 것이 그 권투선수에게 늘 큰 불리한 점이었다.)

This medicine **has one drawback** since it makes you sleepy. (이 약은 한 가지 단점이 있는데 먹으면 졸음이 온다는 것이다.)

The company **is handicapped by** its lack of skilled workers. (그 회사는 숙련 노동자가 부족해 불리하다.)

The government is under fire for revamping the taxation system **to the disadvantage of** the underprivileged. (정부는 경제적 약자에 불리하게 세제를 개편한다고 비난을 받고 있다.)

fair

공평한, 공정한, 정정당당한

consistent with rules, logic, or ethics = equal, equitable, even-handed, impartial, just, nonpartisan, objective, open, square, unbiased, unprejudiced, upright, virtuous

유의어 **aboveboard** 공명정대한, 솔직한 **on the up-and-up** 공평하다 **reasonable** 합리적인, 온당한

반의어 **biased, foul, inequitable, iniquitous, injurious, partial, undue, unjust, unjustifiable**

용례 **a fair decision[share]** 공정한 판단[공평한 몫] **by fair means** 공정한 수단으로 **a man fair in his dealings** 처사가 공평한 사람 **a fair fight** 정정당당한 싸움 **a fair field and no favor** 공명정대, 공평무사

| **be fair with[to, toward]** ~에게 공평하다 **fair and square** 공정한, 아주 정직한 **Fair's fair.** 공평(공정)하게 하자(해야 한다). **It is only fair to do** ~하는 것은 지극히 당연하다 **to be fair** 공정하게 말하면

| **fairly** 공평하게, 상당히 **criticize fairly and squarely** 정정당당하게 비판하다 **treat someone fairly** 남을 공평하게 대하다 **It may fairly be said that** ~이라고 말해도 괜찮을 것이다 **fairly good** 상당히 좋은

| **fairness** 공명정대, 공평함 **in[out of] fairness** 공정(공평)하게 보아(말해서) **expect fairness in a person's judgment** ~의 심판(판단)의 공정성을 기대하다

objective 객관적인, 개인적 감정(편견)이 없는

able to be fair because you are not personally involved in a situation = equitable, even-handed, impartial, impersonal, judicial, just, neutral, nondiscriminatory, open-minded, strictly business, unbiased, uninvolved, unprejudiced

반의어 **biased, partial, subjective**

용례 **an objective report** 객관적 보도(보고서) **an objective account[assessment]** 객관적 설명[평가] **objective criteria** 객관적 기준

| **objectivity** 객관성 **scientific objectivity** 과학적 객관성 **in all objectivity** 매우 객관적으로

| **objectively** 객관적으로

필수예문

track 086

1 Rights activists always stress that all suspected criminals should have the right to a **fair** trial in order to prevent them from being imprisoned for crimes they didn't commit. (인권운동가들은 짓지도 않은 죄 때문에 수감되는 것을 막기 위해서는 모든 형사 피의자들이 공평한 재판을 받을 권리가 있어야 한다고 늘 강조한다.)

2 Jane got the job only because his father run the company. **It's not fair.** (제인은 단지 아버지가 그 회사 사장이므로 취직을 했다. 그건 불공평하다.)

You can't go in. **That's no fair.** (당신은 못 들어가요. 그건 규정위반이에요.)

Many people think the court decision is not **just**. (많은 사람들은 법원 판결이 공정하지 않다고 생각한다.)

3 If I clean the room, **it's only reasonable that** you should do the laundry. (내가 방을 청소하면 너는 빨래를 하는 것이 아주 공평하다.)

We all demand an **equitable** solution to the problem. (우리 모두는 그 문제에 대한 공평한 해결을 요구한다.)

It is right that rich people should pay more taxes. (부자들이 세금을 더 많이 내는 것은 정당하다.)

4 The newspaper has the reputation of being **even-handed in** its coverage of election news. (그 신문은 선거 소식 보도에 있어 공평하기로 명성이 나 있다.)

The magazine gave a reasonably **balanced** report on the accident. (그 잡지는 그 사건에 대해 상당히 균형 잡힌 보도를 했다.)

To be fair, she is a third-class actress though she is beautiful. (공평하게 말하자면 그녀는 아름답기는 하지만 삼류 배우다.)

5 It's always difficult to be **objective about** such a sensitive issue as environmentalism. (환경보호주의와 같은 민감한 사안에 대해 객관성을 유지하는 것은 늘 어렵다.)

The boss cannot make a decision until he has an **objective** assessment of the current situation. (사장은 현 상황에 대한 객관적인 평가를 손에 넣을 때까지 결정을 내릴 수 없다.)

6 Will you give your frank and **unbiased** opinion on this paper I've written? (내가 쓴 이 논문에 대해 솔직하고 객관적인 의견을 주시겠어요?)

Government officials are supposed to be **politically neutral**. (정부 관리들은 정치적으로 중립을 지키게 되어 있다.)

Journalists try to be **impartial**, but they cannot free themselves entirely from their own opinions. (기자들은 공정하려고 노력하지만 자신들의 사견을 완전히 배제할 수는 없다.)

It is important that police officers do **not take sides in** family disputes. (경찰은 가정불화에 편을 들지 않는 것이 중요하다.)

result

결과

something that happens because of something else that happened before = consequence, corollary, effect, end result, net result, net effect, offshoot, outcome, score, the long and short of it, upshot

용례 **produce wonderful results** 훌륭한 성과를 내다 **give instant results** 즉효가 있다 **meet with good[bad] results** 좋은[나쁜] 결과를 얻다 **get[obtain] a satisfactory ~ from** ~에서 만족스러운 결과를 얻다 **as a result of** ~의 결과로 **without result** 헛되이, 보람 없이

| **a necessary consequence** 필연적인 결과 **accept the consequence of** ~의 결과를 감수하다 **have grave consequences** 중대한 결과를 초래하다 (외교에서는 전쟁의 완곡한 표현) **take[answer for] the**

consequences (자기 행위의) 결과를 감수하다, 결과에 대해 책임을 지다
| **the end result** 최종 결과, 결말
| **watch the outcome of the affair** 사건의 귀추를 지켜보다 **a peaceful[successful] outcome** 평화적인[성공적인] 결과 **the outcome of the investigation** 조사 결과
| **resulting** 결과로 생기는 = consequent

byproduct 부작용, 여파; 부산물

an unexpected result of something that you do; something that happens in addition to the result that was intended = aftereffect, aftermath, aftertaste, carryover, concomitant, corollary, fallout, indirect result, leftover, offshoot, ramifications, repercussions, secondary response, side effect, spin-off

용례 **a byproduct of unemployment** 실업의 부작용 **a byproduct of tin smelting** 주석을 녹인 것의 부산물
| **the aftermath of war** 전쟁의 여파 **the aftermath of a flood** 홍수의 여파 **a grim aftermath** 암울한 결과 **the aftermath of an election** 선거 후유증 **in the aftermath of** ~의 여파로
| **an outgrowth of poverty** 가난의 결과
| **start[set off] a chain reaction** 연쇄 반응을 일으키게 하다 **have a knock-on effect** 연쇄 효과를 내다
| **result from** ~의 결과로 생기다 = come of, stem from, arise from, come out of
result in 결과적으로 ~로 되다 = end in, end up in, come in effect to, turn out

필수예문

track 087

1 Opposition parties call on the government to increase welfare spending, contending that the problem of rising joblessness is the **direct result of** economic mismanagement. (야당은 실업 증가 문제는 경제의 잘못된 운용의 직접적인 결과라고 주장하며 정부에 복지 지출을 늘리라고 요구한다.)

2 The president's decision could **have serious consequences.** (대통령의 결정은 심각한 결과를 가져올 수 있다.)

He is ready to **face[take] the consequences.** (그는 결과를 받아들일 준비가 되어 있다.)

The **effect of** air pollution is devastating. (대기오염의 결과는 엄청나다.)

The rapid increase in the number of countries with nuclear weapons could **have serious implications for** world security. (핵무기 보유국의 급격한 증가는 세계 안전에 심각한 결과를 가져올 수 있다.)

3 The **outcome of** the negotiations is not due until tomorrow. (협상의 결과는 내일이 되어야 나온다.)

The upshot is that they are getting divorced due to irreconcilable differences. (결과는 그들이 극복할 수 없는 차이로 이혼을 한다는 것이다.)

The end result is always the same — they argue. (최종 결과는 늘 같다. 그들은 싸운다.)

The long and short of it is that both the mother and the baby will die unless she has an operation very soon. (결과적으로 산모가 즉시 수술을 받지 않으면 산모와 아이 둘 다 사망하게 될 것이다.)

4 An increase in crimes is one of the **byproducts of** unemployment. (범죄 증가는 실업의 부작용 중 하나다.)

Postal workers are worried about **possible fallout of** the government plan. (체신 노동자들은 정부 계획의 부작용 가능성을 우려하고 있다.)

The trade deal could **have serious repercussions for** the domestic steel industry. (그 무역협정은 국내 철강 산업에 심각한 결과를 가져올 수 있다.)

In the aftermath of the earthquake, the country is appealing for aid to provide emergency supplies. (지진의 여파로 그 나라는 비상 보급품 제공을 위한 도움을 호소하고 있다.)

5 The military coup was successful and soon **set off a chain reaction of revolts** in neighboring countries. (그 군사 쿠데타는 성공했고 곧 이웃 국가들에서 연쇄적인 반란을 촉발시켰다.)

The rise in oil prices will **have a knock-on effect on** the economy. (유가 상승은 경제에 연쇄 효과를 일으킬 것이다.)

6 Who is responsible for damage **resulting from** the fire? (화재로부터 생기는 피해는 누가 책임을 집니까?)

Part of the education problem **stems from** a lack of teachers. (교육문제의 일부는 교사 부족으로 생긴다.)

Lung cancer is just one of the many diseases that **arise from** smoking. (폐암은 흡연으로부터 생기는 많은 질병 가운데 하나일 뿐이다.)

A large number of people have been killed in the demonstration, so the **resulting** tension is worrying the government. (많은 사람들이 그 시위 도중에 사망해 그 결과로 인한 긴장에 정부는 우려하고 있다.)

심화학습

범죄(crime)가 일어나면 검사(prosecutor)와 경찰관들은 우선 그것과 관련된 물증(physical evidence)을 수집하여 범인(criminal)이 누군지 밝히려고 한다. 용의자(suspect)를 체포하기는 했으나 물증이 하나도 남아 있지 않으면 사건이 일어난 상황을 근거로 하여 실마리를 풀어나가게 되는데, 예를 들면 범죄가 발생했을 때 용의자가 어디에 있었나 하는 등의 상황과 관련된 사실들이 사건 해결의 중요한 단서나 증거가 될 수 있기 때문이다. 이를 정황증거(circumstantial evidence)라고 한다.

❑ **circumstantial evidence** 정황증거

ex. Even the clearest and most perfect **circumstantial evidence** is likely to be at fault, and therefore ought to be received with great caution. (심지어 가장 명백하고 완벽한 정황증거도 결함이 있을 수 있으므로 아주 신중하게 받아들여야 한다.)

| **have full circumstantial evidence** 충분한 정황증거가 있다 **obtain circumstantial evidence** 정황증거를 확보하다 **corroborating evidence** 확증증거

❏ **get a picture of** ~를 이해하다, 파악하다

ex. Events are transpiring so rapidly in the area that it is impossible to **get a** clear **picture of** the minute-to-minute developments. (그 지역에서 사건들이 너무도 급박하게 발생해 순간순간의 사태를 정확하게 파악하는 것이 불가능하다.)

| **get the picture** 상황을 파악하다

❏ **take a stand-pat position on** ~에 현상유지의 입장을 취하다

ex. The government is under criticism for **taking a stand-pat position on** the violence that is happening in the province. (정부는 그 주에서 발생하고 있는 폭력사태에 대해 현상유지의 입장을 취한다고 비난을 받고 있다.)

| **a stand-pat conservative** 현상유지 입장을 취하는 보수주의자 **tread water** 현상유지하다, 진전이 없다

❏ **the odds are stacked in someone's favor** 상황이 ~에게 유리하다

ex. Even if the pitcher was returning from a three-week stay on the disabled list, **the odds were stacked in his favor.** (그 투수가 3주간 부상자 명단에 오른 뒤 복귀했지만 상황은 그에게 유리했다.)

| **the odds are stacked against someone** 상황이 ~에게 불리하다

❏ **give ~ the benefit of the doubt** 의심스러운 점은 ~에게 유리하게 해석하다, ~ 미심쩍은 점을 선의로 해석하다

ex. The billionaire businessman says he will **give the benefit of the doubt to** the prime minister if he could broker peace between the Jewish state and the Arabs. (그 억만장자 사업가는 수상이 유대인 국가와 아랍국들 간에 평화를 중재할 수 있다면 그를 선의로 해석하겠다고 말한다.)

| **presumption of innocence[guilt]** 무죄[유죄] 추정

❏ **level playing field** 공정한 경쟁의 장, 공평한 경쟁

ex. The move would not only provide a **level playing field** for the local broadcasters but also safeguard this country's socio-economic and cultural interests. (이 조치는 국내 방송국들에 공정한 경쟁의 장을 제공할 뿐 아니라 또한 이 나라의 사회경제적, 문화적 이익을 수호하게 될 것이다.)

| **place ~ on a level playing field with foreign investors** ~를 외국인 투자자들과 공정하게 경쟁하게 하다
by due process of law 정당한 법 절차에 따라

23 문제 | 해결 | 대책 | 영향

❙ 주제어	❙ 관련어
problem	**problematic, catch, crunch, hitch, dilemma, hamper, can of worms**
solve	**sort out, solution, remedy, way out, panacea, unresolved, insoluble**
action	**move, measure, step, take action, take steps, laissez faire**
affect	**influence, impact, sway, mold, color, far-reaching, influential**

●●● It never rains but it pours. 비가 오기만 하면 언제나 억수같이 퍼붓는다.

재수 없는(unlucky) 사람은 뒤로 자빠져도 코가 깨진다고 무슨 일을 하든지 잘 안 되는 사람들이 있다. 주식시장이 호황이라 몇 년간 안 먹고 안 입으며 돈을 모아 한 밑천 잡아보려고 몽땅 주식을 샀더니 웬걸 일주일도 지나지 않아 떨어지기 시작하더니 유가 급등 등의 외부 요인으로 열흘 연속 하한가를 쳐 투자한 돈의 대부분을 날려버리게 되는 경우도 있다.

살다 보면 끊임없이 문제(problem)에 부딪히게 된다. 하나를 해결하고(solve) 나면 또 다른 문제가 생기고 그야말로 인생은 고해 (Life is full of hardships)라는 말이 실감이 난다. 주인이 전셋값을 올려달라고 해서 이 은행 저 은행에 문의하고 대출을 받아 겨우 제때에 돈을 지불하고 나니 이번에는 아들 녀석이 갑작스럽게 아파 병원에 입원하고 수술까지 받는다.

국가는 더 말할 나위도 없다. 쉴 새 없이 문제들이 불거지고 정부는 이를 해결하고자 대책(measure)을 내놓는다. 하지만 정부가 내놓는 대책들은 완벽할 수 없으며 모든 사람들의 욕구를 충족시키는 경우가 거의 드물고 때로는 의도하지 않은(unintended) 악영향을 여러 사람에게 미치기도 한다(have a bad impact on many people).

problem

문제, 난제, 과제

a situation that causes difficulty and needs to be dealt with = catch, complication, difficulty, hassle, headache, hot potato, hot water, nut, question, rub, trouble

유의어 **box** 궁지, 곤경 **crunch** 위기, 곤경 **hitch** 장애, 걸림돌 **mess** 곤경 **obstacle** 장애 **scrape** 곤경 **snag** 장애, 곤란 **squeeze** 곤경, 궁지 **worriment** 걱정거리

반의어 **answer, resolution, solution**

용례 **drug[crime, unemployment] problem** 마약[범죄, 실업] 문제 **hit[strike] a snag** 뜻밖의 곤란에 부딪히다 **be in a pretty pickle** 큰 곤경에 빠진 **get into[out of] a scrape** 궁지에 빠지다[궁지에서 벗어나다] **be in a tight squeeze** 궁지에 빠지다, 진퇴양난에 빠지다

| **have a problem** 문제에 직면하다(봉착하다) = have difficulty[trouble], be in trouble, encounter, be faced[confronted] with, be up against, have a lot on one's plate, not be out of the woods

| **be in a fix** 곤경에 빠지다 = be in a tight spot, be in a mess, be in a difficult[awkward] position, be in an impossible position, be in a quandary, be in dire straits

| **between a rock and a hard place** 난처한 지경에 빠져, 달갑지 않은 선택을 강요당해 **be on the rocks** 진퇴양난의 궁지에 빠져 **off the rocks** 위험(파탄)을 면하여 **run[go, strike] against the rock(s)** (배가) 좌초하다; 위험에 부딪히다, 파멸하다

| **run into problems** 문제에 부딪히다 = run into difficulties

| **The rub is that (I flunked).** 문제는 (내가 낙제한) 것이다. = the problem is that ~; the thing is that ~; the trouble is that ~; the catch is that ~.

| **cause[create] problems** 문제를 일으키다 = cause[make] trouble, pose problems, make life difficult, give ~ a hard time, rock the boat

| **troublemaker** (상습적으로) 말썽(문제)을 일으키는 사람 **troubleshooter** (분쟁) 조정자, 중재자, 해결사, 수리공

| **troublesome** 골치 아픈 **a headache** 골칫거리

---

hitch (문제로 인한) 장애, 중단, 걸림돌

a problem that causes a short delay = block, bug, catch, check, delay, drawback, glitch, hang-up, hiccup, hindrance, hold-up, hurdle, impediment, interruption, mishap, snafu, snag, stoppage, stumbling block, tangle

용례 **a technical hitch** (기기 고장에 의한) 일시 정지 **a hitch in one's plan** 계획상의 걸림돌 **without a hitch** 술술, 거침없이

| **a stumbling block to** ~를 가로막는 장애

| **a major hindrance to potential buyers** 잠재적 구매자에게 주된 장애 **more of a hindrance than a help** 도움이 되기보다는 오히려 방해

| **dilemma** 진퇴양난, 궁지 = bind, catch 22, corner, double bind, fix, hole, hooker, jam, mess, mire, no-win situation, puzzle, quandary, scrape, spot, strait

be in an awkward dilemma 진퇴양난의 궁지에 몰리다 **on the horns of a dilemma** 궁지에 빠져, 진퇴유곡에 빠져, 양자택일 압력을 받아 **get over the dilemma** 난국을 극복하다 **in a bind** 곤경에 처하여

| **stick[find oneself] in the mire** 궁지에 몰리다[빠지다] **be stuck in the mire** 수렁에 빠져있다 **sink into [get stuck] in the mire** 수렁에 빠져들다

hamper 방해하다, 저지하다, ~를 좌절시키다

to make it very difficult for something to be done successfully = block, clog, cramp, cumber, curb, discomfit, entangle, fetter, foil, frustrate, hamstring, handicap, hang up, hinder, hobble, hog-tie, hold up, leash, obstruct, restrain, restrict, retard, shackle, slow down, stymie, thwart, tie, tie up, trammel

반의어 **assist, boost, help, serve, support**

용례 **hamper rescue efforts** 구조 노력을 방해하다 **be hampered by** ~의 방해를 받다 **hamper [impede, check] development** 발달을 저해하다

| **foil[thwart, obstruct, frustrate] a street rally** 거리 집회를 저지하다(좌절시키다)

| **baffle the enemy** 적의 의도를 꺾디

| **be dogged[plagued] by** ~에 시달리다 **be harassed by** ~에 계속 시달리다

| **a balk to one's plans** 계획의 방해 **the trammels of tradition** 전통의 구속

problematic 문제가 있는, 의문의 여지가 있는, 다루기 어려운, 골칫거리의

full of problems and difficult to deal with = ambiguous, arguable, chancy, debatable, disputable, doubtful, dubious, enigmatic, iffy, indecisive, moot, open, precarious, problematical, puzzling, questionable, suspect, tricky, uncertain, unsettled

반의어 **easy, simple, straightforward**

용례 **a problematic area** 문제가 많은 분야 **prove problematic** 문제가 있는 것으로 드러나다 **highly problematic** 아주 문제가 많은, 아주 까다로운

| **be fraught with problems[difficulties]** 문제투성이의

| **minefield** 지뢰밭, 보이지 않는 위험이 도사리고 있는 구역, 난관 **a legal[political] minefield** 법률적[정치적] 지뢰밭

| **can of worms** 뚜껑의[복잡하고 까다로운] 여러 가지 문제[상황]의 불씨 **open a can of worms** 복잡한 문제를 야기하려 하다, 필요 없이 복잡하게 만들다 **open a whole new can of worms** 전혀 새로운 문제를 야기하다

필수예문

track 088

1 The company's main **problem** is lack of money stemming from sluggish sales, which its chief executive officer and shareholders consider a **serious problem**.
(회사의 주된 문제는 매출 부진에서 생기는 현금 부족인데, 회사의 최고경영자와 주주들은 이를 심각한 문제로 여기고 있다.)

Everyone wants to know how the **problem** first arose. (모두가 애초에 그 문제가 어떻게 해서 생겼는지 알고자 한다.)

2 If you **have any problems**, just call me. (너 문제가 있으면 바로 나한테 전화해.)

You look as if you're **having trouble** — do you want any help? (너 문제가 있는 것 같아. 도움이 필요해?)

I **had some trouble with** my car again. (내 차에 또 문제가 생겼다.)

Jane has **had a lot of difficulty finding** a job. (제인은 직장을 구하는 데 큰 어려움을 겪고 있다.)

You will **be in big trouble** if you touch this. (이거 만지면 너 큰일 나.)

Steelmakers are **faced with** fierce competition from Chinese companies. (제철회사들

은 중국 회사들과의 격심한 경쟁에 직면해 있다.)

3 The governing party **has a lot on its plate.** (집권당은 큰 곤경에 처해 있다.)

The government **is in a tight spot [hot water]** following the death of a farmer in a street demonstration. (거리 시위에서 한 농민이 사망한 이후 정부는 큰 어려움에 빠져 있다.)

The car company has **run into serious financial problems** because of plummeting sales. (그 자동차회사는 매출 급감으로 심각한 자금위기에 봉착했다.)

4 I'd like to come, but **the rub is that** my car has broken down again. (가고 싶지만 문제는 내 차가 또 고장이 났다는 거야.)

Rising unemployment may **pose a serious problem for** the government. (실업의 증가는 정부에 심각한 문제를 제기할 수 있다.)

The subway strike is **making life difficult** for many commuters. (지하철 파업으로 많은 통근자들이 어려움을 겪고 있다.)

5 The plane was forced to delay its takeoff because of a **technical hitch.** (기술 장애로 그 비행기는 이륙을 연기해야 했다.)

The striker's injury was a **serious setback to** the soccer team. (그 스트라이커의 부상은 그 축구팀에 심각한 타격이었다.)

He turned out to be **more of a hindrance than a help.** (그는 알고 보니 도움이 되기는커녕 오히려 방해가 되었다.)

6 **It's a real dilemma** — what should we do? (정말 진퇴양난이군. 우리 어떻게 해야 되지?)

The company is **in a catch-22 situation** and there seems to be no way out of it. (그 회사는 진퇴유곡에 빠져 있고 빠져나갈 방법이 없어 보인다.)

It's a **no-win situation** — If I go she will be upset, but If I don't she will be mad at me. (이거 진퇴양난이군. 내가 가면 그녀는 속상해할 거고 내가 안 가면 그녀는 나한테 화를 낼 거야.)

7 The search for missing sailors was **hampered by** bad weather. (실종 선원 수색은 악천후로 방해를 받았다.)

The baseball team has been **dogged by** injury all season. (그 야구팀은 시즌 내내 부상에 시달려 왔다.)

US troops in Iraq have been **plagued by** desertion and plunging morale. (이라크에 주둔 중인 미군은 탈영과 사기저하에 시달리고 있다.)

After a few **teething troubles**, business settled down and the firm made over $2 million in the first year. (몇 가지 새로운 문제가 있은 후, 사업은 자리를 잡았고 그 회사는 첫 해 2백만 달러가 넘는 매출을 올렸다.)

Mounting opposition to the reclamation project has **given** the government **a lot of headaches.** (간척사업에 대한 거세지는 반대가 정부에게는 많은 골칫거리를 안겨주었다.)

8 The new proposal for a pay rise remains a **problematic** area. (임금인상을 하자는 새로운 제안은 아직 문제가 있는 부분이다.)

The new airport development plan is **fraught with problems.** (새 공항 개발 계획은 문제투성이다.)

Tax regulations are a **minefield for** the unwary. (조세 규정은 조심성 없는 사람들에게 지뢰밭과 같다.)

The government is **opening a can of worms** by trying to overhaul the education system. (정부는 교육제도를 개혁하려고 해 새로운 문제를 야기하고 있다.)

solve

해결하다, 풀다

to successfully deal with a problem or situation = break, clear up, crack, decipher, decode, figure out, find out, fix, iron out, put right, ravel, rectify, remedy, resolve, settle, sort out, think out, unravel, unriddle, untangle, work out

유의어 **chill** (불만 따위를) 해소하다 **clarify** 명백히 하다 **cure** 교정하다 **disentangle** ~의 얽힌 것을 풀다 **dope (out)** ~를 생각해내다, 풀다 **fathom** 헤아리다, 추측하다 **hit on[upon]** 우연히 발견하다, (묘안 따위가) 생각나다, 떠오르다 **lick** (결점을) 때려서 고치다 **puzzle out** 발견하다, 생각해내다

반의어 **complicate, encode**

용례 **solve a problem** 문제를 해결하다 **solve the tricky matter** 까다로운 문제를 해결하다 **solve a case** 사건을 해결하다 **solve a crime** 범죄를 해결하다

| **break a way through difficulties** 난국을 타개해 나가다

| **crack a code[problem]** 암호[문제]를 풀다

| **iron out differences** 차이를 해결하다

| **resolve a problem** 문제를 해결하다 **resolve a nuclear crisis** 핵 위기를 해결하다 **resolve a conflict [dispute]** 갈등[논쟁]을 해결하다

| **solution** 해답, 해결 = answer, cure, key, remedy, resolution, way out

a solution of[to, for] the problem 문제의 해답, 해결책 **come up with [find] a solution** 해답을 찾다 **the best solution** 최선의 해결책

| **panacea** 만능 해결책, 모든 문제를 해결해주는 것 **find a panacea** 만능 해결책을 찾다 **a universal panacea** 만능 해결책

---

unresolved 미해결의, 미결정의

not dealt with successfully = incomplete, indecisive, irresolute, moot, pending, unanswered, unconcluded, undecided, undetermined, unfinished, unsettled, unsolved, waffling

반의어 **certain, definite, resolved, settled**

용례 **remain unresolved** 미해결인 상태다 **go unsolved** 해결되지 않고 지나가다

| **a moot point** 논쟁(문제)점

| **a pending question between the two countries** 양국간의 현안 문제

| **insoluble** 해결할 수 없는 = baffling, difficult, impenetrable, indecipherable, inexplicable, inextricable, irresolvable, mystifying, unaccountable, unfathomable, unsolvable

an insoluble event 해결할 수 없는 사건

| **intractable** 다루기 어려운 **an intractable delinquent** 다루기 어려운 불량배
| **the Gordian knot** 난문(難問), 아주 어려운 일 **cut the Gordian knot** 어려운 문제를 단번에 해결하다, 일도양단의 조치를 취하다

필수예문

track 089

1 South Korea, the United States and three other countries have been ratcheting up efforts to **solve** the North Korean nuclear crisis, but little headway has been made so far. (한국, 미국 그리고 그 외 3개국이 북핵 위기를 해결하기 위한 노력을 강화해오고 있지만 지금까지 진전이 거의 없다.)

2 Progress is being made to **resolve** the housing crisis. (주택 위기를 해결하기 위한 진전이 이루어지고 있다.)

It seems difficult for this conflict to be **resolved** soon. (이 분쟁이 곧 해결되기는 어려운 것 같다.)

I have a problem with my car and I hope to **put it right** immediately. (내 차가 말썽인데 즉시 그걸 고치고 싶다.)

3 The soccer federation is determined to **cure** the problem of fan violence. (축구협회는 팬 폭력 문제를 단호하게 해결하고자 한다.)

The president-elect says police corruption is the first thing to **remedy** when he comes to power. (대통령 당선자는 자신이 집권하면 제일 먼저 해결해야할 것이 경찰 부패라고 한다.)

4 The wage talks came to a dead end when both sides failed to **iron out [sort out]** their differences. (양측이 입장 차이를 해결하지 못하여 임금협상은 교착상태에 빠졌다.)

I want to **straighten out** the serious misunderstanding between me and her. (나는 그녀와의 심각한 오해를 해결하고 싶다.)

You can't call it a day until you **clear the matter up**. (문제를 해결할 때까지 넌 퇴근할 수 없어.)

Don't worry — I am sure the problem will **sort[work, resolve] itself out**. (걱정 마. 틀림없이 문제가 해결될 테니까.)

5 The government is under growing pressure to **find a solution to** the serious problem of electricity shortages. (심각한 전기부족 문제에 대한 해결책을 찾으라는 정부에 대한 압력이 높아지고 있다.)

Experts know the causes of the crime wave but they cannot agree on a **cure**. (전문가들은 범죄 증가의 원인은 알지만 해법에는 의견의 일치를 보지 못하고 있다.)

6 The problem of environmental pollution is still **unresolved**. (환경오염의 문제는 아직 해결되지 않고 있다.)

You're trying to solve an **insoluble** problem — why don't you just give up? (너는 해결할 수 없는 문제를 해결하려고 하는군. 그냥 포기하지 그래?)

The selection of a new nuclear waste repository has been one of the government's most **intractable** problems. (새 방사능폐기물처리장 선정은 정부의 가장 어려운 문제 중 하나였다.)

action

조치, 대책
something done in order to deal with a problem or difficult situation
= measure, move, step

용례 **an emergency [a prompt] action** 응급[신속한] 조치 **take tough[strong] action** 강력한 조치를 취하다 **take no action** 조치를 취하지 않다
| **a line of action** 행동방침 **come into action** 실행되다 **bring ~ into action** 실행하다 **put ~ in [into] action** (행위, 계획 따위를) 실행에 옮기다 **swing into action** 신속히 행동하다
| **take measures[steps]** 조치를 취하다
| **get tough on** ~에 강경 대처하다 **a get-tough policy** 강경책
| **move** ~에 대해 행동을 하다(개시하다), 수단을 강구하다 = act, do, get going, take action, take steps, take measures, work on
| **act promptly** 신속하게 조치를 취하다 **move to ban smoking in public places** 공공장소에서 흡연을 금지하려고 하다
| **do something about vandalism** 공공 기물 파손 행위에 대해 뭔가 조치를 취하다
| **take action on campus binge drinking** 대학 내 폭음에 대해 조치를 취하다

laissez-faire 무간섭주의의; 자유방임주의

abstaining from interference = do-nothing policy, free hand, inaction, latitude, let-alone policy, noninterference, nonintervention, non-restriction, permissiveness

용례 **take a laissez-faire approach to** ~에 대해 무간섭주의적 태도를 취하다 **a laissez-faire economy** 자유방임 경제
| **do nothing about** ~에 대해 아무런 조치를 취하지 않다
| **stand[sit] by** ~에 소극적인(무관심한) 태도를 취하다 **sit idle** 손을 놓고 있다
| **be all talk and no action** 말뿐이고 행동을 취하지 않는
| **a hands-off foreign policy** 불간섭 외교 정책 **a hands-off approach to** ~에 대한 비개입 접근 방식
| **brinkmanship** (위기 상황을 최대한으로 이용하는) 극한(벼랑끝) 정책 **up the ante in one's brinkmanship** 극한 정책의 수위를 높이다 **drop one's brinkmanship** 극한 정책을 포기하다

필수예문

track 090

1 Religious leaders stress that **strong action** is needed to restore law and order in the province that has been torn by decades of ethnic and political unrest. (수십 년간의 인종 및 정치적 불안으로 분열된 주의 법질서를 회복하기 위해 강력한 조치가 필요하다고 종교지도자들은 강조한다.)

The governor's response to the catastrophe was all too typical; fine talk but **no**

action. (재앙에 대한 주지사의 대응은 말만 번지르르하고 대책은 전혀 없는 너무나도 상투적인 것이었다.)

2 Government **steps** are necessary to help small and medium enterprises tide over the current slump. (중소기업들이 현 경기침체를 극복하는 것을 돕기 위해 정부의 조치가 필요하다.)

Lawmakers have called on the government to **take measures** to protect children from smutty content on the Internet. (국회의원들은 정부가 인터넷 음란물로부터 어린이들을 보호하기 위한 조치를 취하라고 요구했다.)

3 The government is pressured to **get tough on** illegal immigration. (정부는 불법 이민에 강경 대처하라고 압력을 받고 있다.)

A South Korean judge has challenged the latest US **move** to extradite three former bankers to stand trial in the United States over fraud charges. (한국의 한 판사가 세 명의 전 은행원들로 하여금 사기혐의로 미국에서 재판을 받게 한 최근의 미국의 조치에 이의를 제기했다.)

4 Experts emphasize the government must **do something** before it is too late. (정부는 너무 늦기 전에 뭔가 조치를 취해야 한다고 전문가들은 강조한다.)

Quick, **do something**! There is water all over the kitchen floor. (어서, 어떻게 좀 해봐요! 부엌 바닥에 온통 물이 넘치잖아요.)

Prosecutors have decided to **take stern action against** illegal strikers. (검사들은 불법 파업자에 대해 강경한 조치를 취하기로 했다.)

5 The problems in our education system would not be solved by a **laissez-faire approach**. (우리 교육제도의 문제는 자유방임적 접근으로는 해결되지 않을 것이다.)

Many advanced countries are denouncing America's **do-nothing policy** on climate change. (많은 선진국들은 기후변화에 대한 미국의 무대응 정책을 비난하고 있다.)

In a **laissez-faire economy**, individuals are supposed to be free to make any exchanges they wish. (자유방임경제하에서 개인은 자신들이 원하는 어떤 교환도 자유로이 할 수 있다.)

6 It is best to **do nothing** until the government finalizes the development plan. (정부가 개발 계획을 확정할 때까지 손을 놓고 있는 것이 최선이다.)

The United Nations has decided to **take no action** concerning the human rights situations in Zimbabwe. (유엔은 짐바브웨의 인권상황에 대해 아무런 조치를 취하지 않기로 했다.)

I despise politicians because they are **all talk and no action.** (나는 정치인을 경멸하는데 그들은 말뿐이고 행동에 옮기지 않기 때문이다.)

affect

~에 영향을 미치다

to have an effect on someone or something, so that they change in some way = act on, affect, alter, color, do something to, impact, impinge, impress, induce, influence, leave one's mark, mold, stir, sway

용례 **affect one's plan** 계획에 영향을 미치다 **affect one's interests** 이해관계에 영향을 미치다 **be**

seriously affected by ~에 큰 영향을 받다

| **mold** (발달 과정에 있는 사물·사람에) 영향을 미치다 = influence, have an influence on, have implications for, shape

| **sway** (의견, 성격 등에) 영향을 미치다 = influence, color, enter into

| **impact** 영향, 효과 = consequences, effect, impression, imprint, influence, mark, repercussion

have an impact on ~에 영향을 미치다 **have an effect on** ~에 영향을 미치다 **have much[little, no] effect on** ~에 큰 영향을 미치다[거의 영향을 미치지 않다, 전혀 영향을 미치지 않다] **have a good[bad, serious] effect on** ~에 좋은[나쁜, 심각한] 영향을 미치다 **exert a powerful[profound] influence on** ~에 강력한[지대한] 영향을 미치다

| **flex one's muscles** 힘을 과시하다, 힘으로 위협하다

| **drop names** (친하지도 않은) 저명인사의 이름을 마치 친구인 양 팔고 다니다 **name-drop** 유명인의 이름을 팔다 **name-dropping** 유명인의 이름을 들먹거리기

---

far-reaching (효과, 영향 따위가) 멀리까지 미치는, 광범위한

having a wide influence = all-inclusive, comprehensive, expansive, extended, far-flung, far-reaching, general, inclusive, nonspecific, sweeping, ubiquitous, universal, wide, wide-ranging, widespread

반의어 **exclusive, limited, narrow, specific**

용례 **a far-reaching influence** 광범위한 영향 **far-reaching effects[implications, consequences]** 광범위한 영향(결과) **far-reaching changes** 광범위한 변화 **a far-reaching inquiry** 광범위한 수사

| **influential** 영향력 있는 **be influential in** ~에 영향력이 있다 **highly influential** 영향력이 아주 큰

| **a sweeping change** 전면적인 변화 **sweeping reforms** 광범위한 개혁 **be given sweeping powers to** ~할 수 있는 폭넓은 권한을 부여받다 **a sweeping victory** 압승

| **a wide-ranging political reform package** 광범위한 정치 개혁안 **a wide-ranging investigation into money politics** 금권정치에 대한 광범위한 조사

필수예문

track 091

1 High-flying international oil prices are likely to **affect** the cost of electricity in South Korea which relies entirely on imports for its oil needs. (고공행진 중인 국제유가는 기름 소요량의 전부를 수입에 의존하는 한국의 전기요금에 영향을 미칠 것이다.)

2 Prolonged exposure to computer games could **seriously affect** children's eyesight. (컴퓨터 게임을 오래 하면 어린이들의 시력에 심각한 영향을 미칠 수 있다.)

You should think about **what smoking will do to** your lungs. (너는 폐에 대한 흡연의 영향을 생각해야 한다.)

A prolonged strike has **left its mark on** the company. (오랜 파업은 그 회사에 큰 영향을 미쳤다.)

3 A recent string of events have **influenced** people's perception of the police. (최근 일련의 사태는 경찰에 대한 국민의 인식에 영향을 미쳤다.)

Psychologists say childhood experiences are **important in** shaping people's character. (심리학자들에 의하면 어린 시절의 경험이 성격 형성에 중요하다고 한다.)

4 Undecided voters are often **swayed by** politicians' empty campaign promises. (마음을 정하지 못한 유권자들은 종종 정치인들의 헛된 공약에 영향을 받는다.)

The novelist was fascinated by Nietzsche, but distrust of aestheticism **colored** his judgment of literary works. (그 소설가는 니체에 크게 매료되었지만 유미주의에 대한 불신은 문학 작품에 대한 그의 판단에 영향을 미쳤다.)

5 His novel **had a profound effect on** me. (그의 소설은 나에게 큰 영향을 미쳤다.)

The US dollar's strength is expected to **have a good impact on** the South Korean economy. (미 달러의 강세는 한국 경제에 좋은 영향을 줄 것으로 예상된다.)

The incident will surely **exert a great influence on** the relations between South and North Korea. (그 사건은 확실히 남북관계에 큰 영향을 미칠 것이다.)

6 The summit meeting will surely **have a far-reaching impact on** further development of Sino-US constructive relations of cooperation. (정상회담은 확실히 중-미의 건설적인 협력관계를 더욱 발전시키는 데 광범위한 영향을 미칠 것이다.)

Despite his defeat in the election, he remains a **highly influential** politician. (선거 패배에도 불구하고, 그는 여전히 영향력이 아주 큰 정치인이다.)

The professor's views are **influential in** shaping the government's economic policy. (그 교수의 견해는 정부의 경제정책 수립에 영향력이 크다.)

심화학습

흔히들 '행복은 성적순이 아니다' 라고 말하는데 학교 다닐 때 공부 잘했던 친구들이 반드시 사회에서 성공한다(make the grade)는 보장은 없다. 시간이 흘러 동창회(alumni reunion) 등에 나가보거나 친구들의 입소문을 통해 들으면 학창시절에 성적은 별볼일없고 선생님에게 혼나곤 했던 친구들이 지금은 어엿한 사장님이 되어 있고 늘 1, 2등을 하던 친구는 공무원(public servant), 선생님, 아니면 대기업 직원 등으로 남의 밑에서 일하고 있다는 얘기를 듣게 된다. 한번 해병은 영원한 해병(once a marine, always a marine)이라는 말은 이 경우에는 통하지 않으며 소위 (so-called) 현재의 문제 학생(problem student)이라고 해서 그들의 앞날이 어둡다고만은 할 수 없다.

❏ **problem student** 문제 학생

ex. This paper helps teachers improve the academic skills, attitudes, and coping abilities of students with behavior and adjustment problems, commonly known as **problem students**. (이 논문은 교사들이 흔히 문제 학생으로 알려진 행동이나 적응에 문제가 있는 학생들의 학업 능력, 태도 및 대처 능력을 향상시키는 데 도움을 준다.)

| **a problem child[personality]** 문제 아동[인물] **a problem teenager** 문제 청소년

❏ **hot potato** 뜨거운 감자, 곤란한 문제

ex. China's record trade surplus with the United States is likely to emerge as a political **hot potato** in Congress. (중국의 기록적인 대미 무역흑자가 미 하원에서 정치적으로 뜨거운 감자로 떠오를 것 같다.)

| **in hot water** 난처(곤란)하여, 곤경에 빠져 **get into hot water** 곤경에 빠지다

❏ **vicious cycle[circle]** 악순환

ex. International cooperation is vital in breaking the **vicious cycle** of war, terror and misery in Afghanistan. (국제 협력이 아프가니스탄에서 일어나는 전쟁, 테러 및 궁핍의 악순환의 고리를 끊는 데 아주 중요하다.)

| **trigger a vicious cycle of hunger and famine** 배고픔과 기아의 악순환을 촉발시키다 **create a virtuous circle** 선순환을 만들어내다

❏ **double whammy** 이중고

ex. The government policy of high interest rates and higher taxes will hit every family – it's a **double whammy.** (고금리와 높은 세금의 정부 정책은 전국의 가정에 타격을 입힐 것이다. 그것은 이중고다.)

| **break the jinx** 징크스를 깨다, (경기의) 연패의 늪에서 벗어나다 **put a jinx on a person** 남에게 불운을 가져오다

❏ **stop-gap measure** 미봉책

ex. There is little meaning in taking **stop-gap measures** to address short-term stock price movements as the effect will be limited. (단기 주가 움직임에 대처하기 위해 미봉책을 취하는 것은 별 의미가 없는데 이는 그 효과가 제한적이기 때문이다.)

| **stop-gap** 임시 변통의 = band-aid, emergency, expedient, impromptu, improvised, makeshift, practical, provisional, rough-and-ready, rough-and-tumble, substitute, temp, temporary, throwaway

| **a quick fix** 일시적 해결책, 응급 처치 **band aid** 응급책

❏ **The jury is (still) out.** 평결은 아직 나오지 않고 있다, 아직 결론(판정)이 나오지 않고 있다

ex. **The jury is still out** on whether those particular chemicals pose a threat to public health. (그 특정 화학물질이 공중위생에 위협이 되는지에 대한 결론은 아직 나지 않았다.)

| **a moot case** 쟁점, 미해결 문제 = an arguable point, a debatable point, a debating point, a point at issue

24 권리 | 의무 | 책임 | 자격

주제어	관련어
right	entitlement, civil rights, entitle, privilege, prerogative, birthright
duty	obligation, devoir, noblesse oblige, mission, oblige, mandatory
responsibility	responsible, accountable, answerable, liable, pass the buck, entrust
eligible	qualify, qualified, suitable, disqualify, disqualified, capacity

●●● Ask not what your country can do for you — ask what you can do for your country. 조국이 당신을 위해 무엇을 할 수 있는가를 묻지 말고, 당신이 조국을 위해 무엇을 할 수 있는가를 물어라.

마땅히 해야 될 의무(duty)는 이 핑계 저 핑계를 대며 제대로 하지 않으면서 권리만 주장하는 사람들이 있는데, 이들에게 위의 케네디가 한 유명한 말은 좋은 가르침이 될 것이다.

사람은 태어나면 본인의 의지와는 상관없이(against one's will) 한 나라의 국민이 되어야 하고 헌법에 보장된(guaranteed by the constitution) 기본적인 공민권(civil rights)을 누리게 된다. 권리에는 반드시 의무(duty, obligation)가 수반되는데 이는 일종의 국민의 책임(responsibility)이라 할 수 있으며 이를 다할 때만 국민으로서의 자격(qualification)을 누릴 수 있게 된다.

대표적인 국민의 의무 중 하나는 납세의 의무로, 한 TV방송국의 고발 프로그램을 보니 재산이 많으면서도 세금(taxes)을 내지 않고 오히려 큰소리 치는 이들이 있던데 그들의 뻔뻔함에 입이 다물어지지 않을 따름이다.

right

권리, 정당한 요구
to have the legal or official right to do something = benefit, business, claim, entitlement, franchise, freedom, lumps, merit, power, title

유의어 **authority** 권한 **due** 당연히 받아야 하는 것 **franchise** 선거권, 참정권, 시민권, 공민권; 특권 **license** 면허(증) **perquisite** 특권, 특전 **preference** 우선권 **priority** 우선권, 선취권

용례 **have a[the] right to** ~에 대한 권리가 있다 **give someone someone's rights** (용의자에게 묵비권 따위의) 법적 권리에 대해 알리다 **civil rights** 공민권 **natural rights** 자연권, 천부 인권

| **the right to vote** 선거권 **the right to remain silent** 묵비권 **human rights** 인권 **equal rights** 평등권 **equal opportunities** 기회 균등 **civil liberties** 시민 자유 **He has every right to an apology.** 그는 사과 받을 만하다.

| **exercise one's franchise** 선거권(참정권)을 행사하다 **be given the franchise** 참정권을 부여받다 **universal suffrage** 보통 선거권 **women's suffrage** 여성 참정권 **the women's suffrage movement** 여성 참정권 운동 **suffragist** 참정(선거)권 확장론자, (특히) 여성 참정권론자 **a woman suffragist** 여성 선거권론자

| **entitle** ~할 권리(자격)를 부여하다 = accredit, allow, authorize, empower, enable, enfranchise, invest, license, make eligible, permit, vest ↔ disqualify

| **be entitled to vote** 투표권이 있다 **be entitled to a pension** 연금을 받을 자격이 있다

| **leave[holiday] entitlements** 휴가 권리 **entitlement to housing benefit** 주택수당을 받을 권리 **entitlement program** (정부의) 복지 후생 계획

privilege 특권, 특전

a special right that belongs to a particular person or group = birthright, charter, claim, concession, due, entitlement, favor, franchise, perquisite, prerogative, right, sanction

용례 **the privileges of birth** 명문의 특권 **the privilege of citizenship** 공민권 **the privilege of equality for all** 만인 평등의 기본적 인권 **award[give, grant] a privilege** 특권을 주다 **enjoy a privilege** 특권을 누리다

| **privileged** 특권계급에 속하는, ~할 특권이 있는 **a few privileged** 소수의 특권계급 사람들 **the privileged** 특권층

| **a natural birthright** (장자 상속권 등의) 자연적 생득권 **sell one's birthright for a mess of pottage** 눈앞의 이익을 위해 영구적인 이익을 팔다

| **a mining concession** 광산 채굴권 **an ice cream concession** (공원 등의) 아이스크림 매장 (사용권)

| **the prerogative of mercy[pardon]** 사면권 **the prerogative of a senator** 상원의원의 특권 **exercise one's prerogative** 특권을 행사하다 **the royal prerogative** 왕의 대권

필수예문

track 092

1 Detainees **have the right to** challenge the legality of their detention in court and to be informed of the charges they face. (구속 수감자는 법원에 구속적부심을 신청하고 자신들의 혐의에 대해 통보받을 권리가 있다.)

2 Telemarketers do **not have a constitutional right to** make unsolicited phone calls. (전화판매업자들은 원하지 않는 전화를 걸 수 있는 헌법상의 권리가 없다.)

Patients **have the right to information** about their illnesses. (환자들은 자신들의 병에 대해 알 권리가 있다.)

3 The governor says he is **well within his rights to** advise the government. (지사는 정부에 조언하는 것이 자신의 권한 범위내에서 당연하다고 말한다.)

Consumers are **legally entitled to** take faulty goods back to the store where they buy them. (소비자들은 하자가 있는 물품을 자신들이 구매한 상점에 반품할 법적 권리가 있다.)

4 All are **entitled to** equal protection against any discrimination in violation of the law. (모든 사람은 그 법을 위반하는 어떤 차별로부터 평등하게 보호받을 권리가 있다.)

You are **not entitled to** get a refund under any of these circumstances. (당신은 이러한 어떤 상황에서도 환불을 받을 권리가 없다.)

5 All **holiday entitlements** are equally available to men and women. (모든 휴가 권리는 남녀가 동등하게 이용할 수 있다.)

As it is very well known, the five permanent members of the United Nations Security Council **have a right of veto on** its decisions. (잘 알려진 바와 같이 유엔안전보장이사회 5개 상임이사국은 이사회의 결정을 거부할 권리가 있다.)

6 Civic groups are calling for the amendment of the law to protect the **civil rights** of women. (시민단체들은 여성의 시민권을 보호하려고 그 법을 개정할 것을 요구하고 있다.)

The law contains sweeping definitions of crimes, such as "subversion," which can be used to detain and imprison people simply for engaging in legitimate **human rights activities.** (그 법은 '체제전복'과 같은 범죄에 대한 포괄적인 정의를 담고 있는데, 이는 단지 합법적인 인권운동에 관여했다는 이유만으로 사람을 구금하고 감옥에 보내는 데 사용될 소지가 있다.)

7 The new proposal is opposed by those who have been given special **privileges** in the past. (그 새 제안은 과거 특권을 부여받았던 사람들의 반대를 받고 있다.)

After months of protests, prisoners have secured the **privilege of** visiting their families at the weekend. (몇 달 동안 항의 끝에 재소자들은 주말에 가족을 방문할 수 있는 특권을 확보했다.)

8 It is the prime minister's **prerogative** to decide when to call an election. (언제 선거 실시를 선언할지를 결정하는 것은 수상의 특권이다.)

It is the **birthright of** every American citizen, when charged with a crime, to be tried and punished according to law. (범죄 혐의를 받을 때 법에 따라 재판을 받고 처벌을 받는 것은 모든 미국 시민의 천부인권이다.)

duty

의무, 책임; 직무

an act or a course of action that is required of one by position, social custom, law, or religion = commission, commitment, devoir, must, obligation, onus, ought, province

용례 **a sense of duty** 의무감 **as in duty bound** 의무상 **be (in) duty bound to do** ~할 의무가 있다 **do one's duty** 본분(의무, 책임)을 다하다 **assume[take on] a duty** 임무를 맡다

| **do one's devoir** 본분을 다하다 **pay one's devoirs to** ~에게 경의를 표하다

| **the obligation of tax** 납세 의무 **assume[take on] an obligation** 의무를 지다 **feel an obligation** 의무감을 느끼다 **fulfil one's social obligations** 사회적 의무를 완수하다 **a sense of obligation** 의무감 **a moral obligation** 도덕적 의무 **out of a feeling of moral obligation** 도덕적 의무감에서

| **noblesse oblige** 사회 지도층의 신분에 따르는 의무 **mea culpa** 나의 과실, 내 탓으로 **do[perform] a mea culpa** 자신의 잘못을 인정하다 **issue a mea culpa** (자신은 물론) 전체의 잘못으로 돌리다

| **filial duty** 효도 **practice filial piety toward one's parents** 부모에 효도하다 **a dutiful [an obedient] son** 효자 **the Book of Filial Duty** 효경(孝經)

| **dutiful** 의무에 충실한 = compliant, docile, duteous, faithful, filial, incumbent on, submissive **a dutiful child[son]** 말을 잘 듣는 아이[아들]

| **oblige** (도덕적, 법률적인) 의무를 지우다 = bind, coerce, command, compel, constrain, force, impel, make, necessitate, obligate **be obliged to do** ~할 의무가 있다, ~하지 않을 수 없다 **be obligated to go** 가야할 의무가 있다

| **assign** 일을 맡기다, ~하도록 명하다 = give, set, commission, lumber

---

mission 특별 임무, 사명; 사절단, 재외공관; 선교회

an important job that someone is sent to do in another place, especially for a military or political purpose = assignment, commission, job, lifework, project, sortie, trade, undertaking, vocation, work

용례 **carry out [accomplish, perform] one's mission** 임무를 수행하다 **on a mission** 사명을 띠고 **a reconnaissance mission** 정찰비행 임무 **a space shuttle mission** 우주왕복선 계획

| **a mission control** 우주비행 관제소 **abort a space mission** 우주비행계획을 무산시키다 **dispatch a trade mission to** ~에 통상 사절단을 파견하다 **a mission school[hospital]** 선교회 학교[병원]

| **make a sortie** 출격하다 **a record of 50 sorties** 50회의 출격 기록

---

mandatory 의무적인, 강제적인

required by authority = binding, commanding, compelling, compulsatory, compulsory, de rigueur, imperative, imperious, involuntary, needful, obligatory, requisite

반의어 **optional, voluntary, elective**

용례 **mandatory conscription** 강제(의무) 징집 **mandatory import quota** 의무적인 수입 쿼터

| **compulsory insurance** 의무 보험 **a compulsory purchase order** 강제 구입 명령 **compulsory redundancy** 강제 감원

| **compulsory** 필수 과목, (스포츠의) 규정 종목

| **an obligatory subject** 필수 과목 **an obligatory promise** 꼭 이행해야 할 약속

| **elective subjects** 선택 과목 **an elective system** 선택 과목제 **an elective** 선택 과목

| a requisite for ~를 위한 필수품, 필요조건 **the number of votes requisite for election** 선거에 필요한 투표수 **requisites to[for] life** 생활필수품
| join[enlist in, enter, go into] the army 입대하다 **leave the army, be discharged[dismissed] from military service** 제대하다 **be honorably discharged** 만기 제대하다 **be dishonorably discharge** 불명예 제대하다 **dishonorable discharge** 불명예 제대 **be discharged from the military for medical and family reasons** 의가사 제대하다
| compulsory[universal] military service 의무병제 **voluntary military service** 자원병제 **conscription** 징병 **evade conscription** 징병을 기피하다 **draft** 징병 **draft age** 징병 연령 **dodge the draft** 징병을 기피하다 **draft dodging** 징병 기피 **draft dodger[evader]** 징병 기피자
| the military, the armed forces 군대 **the army[navy, air force]** 육군[해군, 공군] **special forces** 특수부대, 특전사 **commando** 특공대 **underwater demolition team (UDT)** 수중 폭파대 **a marine, a leatherneck** 해병대원 **Once a marine, always a marine.** 한 번 해병은 영원한 해병 **an airborne division** 공수 사단
| a squad 분대 **a platoon** 소대 **a company** 중대 **a battalion** 대대 **a regiment** 연대 **a brigade** 여단 **a division** 사단 **a corps** 군단 **an army** 군 **a mechanized division** 기계화 사단 **an armored division** 기갑 사단
| a soldier, a serviceman 군인 **an enlisted man** 사병 **an officer** 장교 **commissioned and non-commissioned officers** 장교와 하사관 **civilian personnel** (집합적) 군무원 **a military civilian (employee)** 군무원
| a private 이등병 **a private first class** 일등병 **a corporal** 상등병 **a sergeant** 병장 **a staff sergeant** 하사 **a sergeant first class** 중사 **a master sergeant** 상사 **a warrant officer** 준위 **a second lieutenant** 소위 **a first lieutenant** 중위 **a captain** 대위 **a major** 소령 **a lieutenant colonel** 중령 **a colonel** 대령 **a brigadier general** 준장 **a major general** 소장 **a lieutenant general** 중장 **a (full) general** 대장 **a five-star general** 원수 **a one-star[two-star, three-star, four-star, five-star] general** 준장[소장, 중장, 대장, 원수]
| an adjutant, an aide, an aide-de-camp 부관 **an orderly** 당번병 **a hospital orderly, a corpsman, a medic** 위생병

필수예문

track 093

1 It is the **duty** of all citizens to pay taxes on the basis of their ability to pay and in accordance with the law, and they have the right and **duty** to receive elementary education. (지불 능력에 근거하여 법에 따라 세금을 내는 것은 모든 국민의 의무이며, 또한 초등교육을 받을 권리와 의무가 있다.)

2 The political leader says it will be a **difficult mission** to build a state and achieve security for the people. (그 정치지도자는 국가를 세우고 국민의 안전을 확보하는 것이 어려운 임무가 될 것이라고 말한다.)

The military plane was **on a routine training mission** when it crashed off the south coast. (그 군용기는 남해상에서 추락했을 때 일상적인 훈련비행 중이었다.)

3 Bank employees **are obliged to** keep their customers' records confidential. (은행원

들은 고객 관련 자료를 비밀로 해야 할 의무가 있다.)

I **have an obligation to** use the powers the Constitution has granted the Congress to defend the liberties of the people. (나는 헌법이 국민의 자유를 수호하도록 의회에 부여한 권한을 행사할 의무가 있다.)

4 Students were **given the task of** gathering information on a disease that is caused by inhaling volcanic ashes. (학생들은 화산재를 흡입함으로써 생기는 질병에 관한 정보를 수집하라는 과제를 부여받았다.)

Young workers may **be assigned to** perform incidental tasks for which they have no training or experience. (젊은 직원들은 훈련을 받지 않거나 경력이 되지 않는 부수적인 일을 하는 임무를 부여받을 수도 있다.)

5 Israel has **mandatory military service** for both Jewish men and women not married by the conscription age. (이스라엘은 징집 나이까지 결혼하지 않은 유대인 남녀 모두에게 의무병제를 실시하고 있다.)

It is **obligatory** for all children to receive elementary education. (모든 어린이는 초등교육을 받을 의무가 있다.)

6 All students are able to take more than one **optional course** for the spring term. (모든 학생은 봄 학기에 하나 이상의 선택 과목을 수강할 수 있다.)

All members of the party are encouraged to make additional **voluntary** contributions to fund the election campaign. (모든 당원들은 선거운동 자금을 마련하려고 추가로 자발적인 헌금을 하도록 장려되고 있다.)

responsibility

책임, 의무, 부담

the state, quality, or fact of being responsible, or something for which one is responsible = accountability, answerability, blame, burden, duty, incumbency, liability, obligation, onus, trust

유의어 **albatross** (책임, 죄 따위의) 정신적 부담; (집요한) 걱정거리, 골칫거리 **culpability** 유죄 **encumbrance** 두통거리, 부양 가족 **incubus** 부담, 마음의 짐 **rap** 책망, 질책, 벌

용례 **have a strong sense of responsibility** 책임감이 강하다 **lay the responsibility on** ~에게 책임을 지우다 **feel the responsibility of one's act** 자기 행동에 책임을 느끼다

| **be relieved of one's responsibility[responsibilities]** 책임을 면하게 되다, 해임되다

on one's (own) responsibility 자기 책임으로, 단독으로 **limited[unlimited] liability** 유한[무한] 책임

| **take[assume] responsibility for** ~의 책임을 지다 = take on, shoulder responsibility, answer for, vouch for **be the responsibility of** ~의 책임이다 = be up to, be down to, the onus is on, it's one's job[business]

| **accept no responsibility for** ~에 대한 책임을 지지 않다 **avoid[duck, shirk] one's responsibility** 책임을 회피하다 **wash one's hands of** ~에서 손을 떼다 **pass the buck** 책임을 전가하다

responsible ~에 책임이 있는, ~를 책임지고 있는; ~의 원인이 되는

being the person who has the job of doing something, and who can be blamed for and asked to explain if something goes wrong = answerable, bound, bound to, culpable, decision-making, devolving on, duty-bound, in authority, in charge, in control, incumbent, liable, obligated, sworn to, tied, to blame, under obligation

용례 **a responsible post[position]** 책임 있는 지위 **Who is responsible for this state of affairs?** 이 사태에 대한 책임은 누구에게 있는가? **The heavy rain is responsible for the delay.** 폭우 때문에 지연되고 있다.

| **be responsible for** ~의 책임이 있다, 책임지고 있다 = be in charge of, have responsibility for, look after

| **be in a position of responsibility[trust]** 책임 있는 지위에 있다 **put[place] ~ in a position of responsibility[trust]** 책임 있는 지위에 앉히다

| **hold ~ responsible[accountable] for** ~의 책임을 남에게 뒤집어씌우다, 책임이 남에게 있다고 하다

| **be responsible to** ~에 보고할 의무가 있다 = be accountable[answerable] to

| **be liable for** (법적으로) 책임이 있다

| **look after** (잠시) 돌보다, 맡다, 책임을 지다 = mind, keep an eye on, hold the fort

entrust ~에게 맡기다, 위임하다

to give someone the responsibility of doing something important = allocate, allot, assign, bank, charge, commit, confer, consign, count, delegate, deliver, depend, deposit with, hand over, impose, invest, leave with, reckon, relegate, rely, trust, turn over

용례 **entrust him with all my money** 그에게 나의 돈을 전부 맡기다 = entrust all my money to him

| **make ~ responsible for** ~에게 맡기다, 책임 지우다 = put ~ in charge of

| **Leave it to me.** 나에게 맡겨.

필수예문

track 094

1 The president said he would **take full responsibility for** failures in dealing with the disastrous typhoon and said the disaster raised broader questions about the government's ability to respond to natural disasters. (대통령은 그 엄청난 피해를 낸 태풍에 대한 대응 실패에 전적인 책임을 질 것이며 그 재난은 정부의 자연재해 대응 능력에 대한 광범위한 문제를 제기했다고 말했다.)

2 It is natural for the boss to **assume responsibility for** our company. (사장이 우리 회사에 대한 책임을 지는 것은 당연하다.)

The government is unwilling to **shoulder** the cost of building a new bridge. (정부는 새 교량 건설 비용을 부담하려 하지 않고 있다.)

3 We **accept no responsibility or liability for** the content and use of such Web sites. (우리는 그런 인터넷 사이트의 내용과 사용에 대해 도의적 혹은 법적 책임을 지지 않습니다.)

You can't go on **ducking your responsibilities** like this. (너는 이렇게 계속 책임을 회피할 수는 없다.)

Lawmakers accuse the president of **passing the buck**, urging him to face up to his mistakes. (국회의원들은 대통령이 책임을 전가하고 있다고 비난하며 실수를 인정하라고 촉구했다.)

4 The government **is responsible for** managing the economy well. (정부는 경제를 잘 운용할 책임이 있다.)

Certified public accountants **are liable for** all their mistakes. (공인회계사들은 자신들의 모든 실수에 대한 법적 책임이 있다.)

The onus is on you to get the job done. (당신에게는 그 작업을 끝내야 할 책임이 있다.)

5 The top prosecutor **is** appointed by and **responsible to** the president. (검찰총장은 대통령이 임명하고 대통령에게 보고의 의무가 있다.)

All government ministers **are accountable to** the National Assembly. (모든 정부 장관들은 국회에 보고의 의무가 있다.)

You **are answerable to** the chairman of the board when something goes wrong. (일이 잘못되면 당신은 이사회 의장에게 보고할 책임이 있다.)

6 Will you **look after** my bag? I am going to the rest room. (제 가방 잠시 맡아주시겠어요? 저 화장실에 가려고요.)

Jane will **keep an eye on** the house while we are away. (우리가 없는 동안 제인이 우리 집을 돌봐줄 것이다.)

I don't like to **make him responsible.** (나는 그에게 맡기고 싶지 않다.)

You should have not **entrusted** the task of collecting the money **to** Jim. (너는 수금 업무를 짐에게 맡기지 말았어야 했다.)

Leave it to me. I will find a taxi. (내게 맡겨. 내가 택시를 잡아볼 테니까.)

eligible

~할 자격이 있는, 적격의

qualified or entitled to be chosen or desirable and worthy of choice, especially for marriage = appropriate, capable of, competent, fitted, licensed, qualified, satisfactory, suitable, suited, worthy

유의어 **acceptable** 마음에 드는, 만족스러운 **desirable** 바람직한 **marriageable, nubile** 결혼 적령기의, 혼기에 달한, 묘령의

반의어 **disqualified, ineligible, unfit, unqualified, unsuitable, unworthy**

용례 **an eligible candidate** 적격인 후보자 **be eligible for office[election]** 공직 취임[입후보] 자격이 있다 **eligible for promotion[membership]** 승진[회원] 자격이 있는 **an eligible voter** 유효 유권자

| **a suitable candidate** 알맞은 후보 **a suitable place for a picnic** 소풍하기에 알맞은 장소

| **be competent for the position** 그 지위에 적임이다 **be competent to do the task** 그 일을 하기에 적임이다

| **eligibility** 피선거(임명) 자격, 적임

| **incompetent** 무능한, 부적격의; 무자격자, 금치산자 **grossly[hopelessly, totally] incompetent** 아주 무능한 **incompetent at[in]** ~에 무능한

qualify 자격을 주다, 자격이 있다

to make competent or eligible for an office, position, or task = authorize, capacitate, certify, empower, entitle, equip, fit, get by, ground, hack it, make it, make ready, measure up, meet, pass, pass muster, permit, prepare, ready, sanction, score, suffice, suit, train

용례 **be qualified to teach music, be qualified for teaching music** 음악교사 자격이 있다 **qualify ~ as voter** ~에게 투표권을 주다

| **be qualified as** ~로서 자격이 있다 **qualify oneself for** ~에 대한 자격을 갖추다 **qualify for** ~에 적임이다 **qualify as a doctor** 의사 자격을 얻다 **an unlicensed doctor** 무면허 의사

| **qualifications** 자격, 면허증 = accomplishment, adequacy, aptitude, attainment, attribute, capability, capacity, competence, eligibility, endowment, experience, fitness, goods, makings, might, quality, skill, stuff, suitability, suitableness

have (no) qualifications for ~의 자격이 있다[없다] **citizenship qualifications** 시민권 취득 자격 **medical[dental] qualifications** 의사[치과의사] 면허증

| **disqualify** 자격을 빼앗다, 박탈하다 **be disqualified from doing** ~할 자격을 잃다 **disqualify ~ for** ~의 자격을 빼앗다 **be disqualified for cheating** 부정행위로 자격을 박탈당하다

capacity (법률상의) 자격, 능력

the quality of being capable physically or intellectually or legally = caliber, capability, competence, competency, faculty, qualification

용례 **in a civil capacity** 일개 시민으로서 **be in capacity** 법률상의 능력을 가지다 **in one's capacity as** ~로서, ~의 자격으로 = in the capacity of

| **capacitate** ~에게 (법적) 자격(권한)을 주다 **capacitate him for an office** 그에게 어떤 직책을 가질 자격을 주다

| **incapacitate** ~의 자격을 박탈하다, 무능력하게 하다 **be incapacitated from voting** 선거권을 잃다 **incapacitation** 자격 박탈, 실격 **if the president is deemed incapacitated** 대통령 유고라고 판단되면

필수예문

track 095

1 Millions of **eligible voters** may be prevented from casting their ballots due to non-existent or flawed procedures used by state election officials to purge felons from voter rolls. (수백만의 유효 유권자들이 주 선거관리들이 강력범들을 투표인 명부에서 삭제하기 위해 사용한 존재하지도 않는 혹은 잘못된 절차상의 문제로 투표를 못하게 될 수도 있다.)

2 Everyone thinks that the actress is **not eligible for** such an award. (모두가 그 여배우는 그런 상을 탈 자격이 없다고 생각한다.)

Who do you think is the **most eligible for** promotion? (누가 승진에 가장 적합하다고 생각합니까?)

3 Tom is a **competent** manager and has always been regarded as such by his colleagues. (톰은 능력 있는 매니저이고 동료로부터도 항상 그렇게 여겨져왔다.)

Some of the courses require advanced skills, but many are **suitable for** beginners. (고급 기술이 필요한 과정도 있지만, 대부분이 초보자에 알맞다.)

4 **What qualifies** her to represent us? (무슨 자격으로 그녀가 우리를 대표합니까?)

It's an old building, but it **doesn't** quite **qualify as** an ancient monument. (그것은 오래된 건물이다. 하지만 고대의 유적이 될 만한 자격은 없다.)

5 You must satisfy the **residential qualifications** to get a work permit. (근로 허가증을 받으려면 거주 자격을 충족시켜야 한다.)

Many residents lack education and skills and 26 percent of the working age population **have no qualifications**. (많은 주민들이 교육과 기술이 부족하고 경제활동인구의 26퍼센트는 자격이 없다.)

6 **In his capacity as** international observer, the former president visited numerous polling stations in the capital area as part of efforts to ensure the election should be fair and clean. (국제 옵서버의 자격으로 그 전직 대통령은 공명선거를 확보하기 위한 노력의 일환으로 수도권의 수많은 투표소를 방문했다.)

The state of being in lawful custody only **incapacitates** the registration of one as a voter but does not **incapacitate** one from voting. (법적 구금상태는 단지 유권자 등록 자격을 박탈할 뿐이지 선거권을 박탈하는 것은 아니다.)

In South Korean government hierarchy, the prime minister is sworn in if the president is **deemed incapacitated**. (한국의 승계 순위에 따라 대통령 유고라고 판단되면 국무총리가 대행을 한다.)

심화학습

1979년 10월 26일 대한민국의 국민들은 아침에 일어나 TV와 라디오를 통해 충격적인 소식을 들었다(awake to hear shocking news). 18년 동안 권좌에 있으면서 한편으로는 대한민국을 가난으로부터 해방시켰다고 칭송을 듣고 다른 한편으로는 독재자(dictator)라고 불리던 박정희 대통령이 서거했다(pass away)는 것이었다. 세상에 알려진 바로는 차지철 경호실장(chief body guard)과 김재규 중앙정보부장(intelligence chief)간의 권력다툼(power struggle)의 와중에서 만찬을 벌이던 중 우발적으로 김 부장이 총을 쏴 사망했다는 것이다. 어쨌든 박 대통령이 사망하자 권력 승계 순위(line of succession)에 따라 최규하 국무총리가 대통령직을 이어받았다. 이처럼 대통령이 재직 중 사망하거나 직무를 수행할 수 없게 된 상황을 '유고' 라 하며 영어로는 become incapacitated라고 표현한다.

❑ **have exclusive rights to do** ~의 독점권을 갖다

ex. The TV station **has exclusive rights to** televise all 64 matches of the 2006 World Cup in Germany. (그 텔레비전 방송국은 2006년 독일에서 열리는 월드컵 64경기 모두의 독점 중계권이 있다.)

| **win[acquire] exclusive rights to broadcast the event** 대회 독점 중계권을 따다 **exclusive coverage of the World Cup** 월드컵 독점 중계 **secure exclusive rights to broadcast** 독점 중계권을 확보하다

❑ **send[dispatch] a fact-finding mission** 진상조사단을 파견하다

ex. The United Nations plans to **send a fact-finding mission** to Iraq to examine the country's deteriorating environment, which was severely damaged by the US-led war. (유엔은 이

라크에 진상조사단을 파견에 미군주도의 전쟁으로 크게 손상된 악화일로에 있는 이라크의 자연환경을 조사할 계획이다.)

| **cooperate with a fact-finding mission** 진상조사단에 협조하다 **head a fact-finding mission** 진상조사단의 수장이다

❑ **military service obligation, obligation of military service** 국방의 의무

ex. Students will be briefed as to the length of **military service obligation** upon being appointed as an officer since its length varies based on conditions. (학생들은 국방의무기간이 조건에 따라 다르기 때문에 임관과 동시에 기간에 대해 간략한 설명을 받게 될 것이다.)

| **meet[fulfill] one's military service** 국방의 의무를 다하다 **a two-year military service obligation** 2년간의 국방의 의무

❑ **product liability law** 제조물 책임법

ex. South Korea has introduced a **product liability law** to protect consumers from damages caused by inferior and low-quality products. (한국은 조악하고 낮은 품질의 제품에 의해 생기는 피해로부터 소비자들을 보호하기 위해 제조물 책임법을 도입했다.)

| **file[lodge, bring] a product liability lawsuit against** ~에 대해 제조물 책임 소송을 제기하다 **explore the feasibility of a product liability lawsuit against** ~에 대해 제조물 책임 소송 가능성을 타진하다 **the defendant in a product liability lawsuit** 제조물 책임 소송의 원고

❑ **limited partner, partner with limited liability** 유한책임 사원

ex. The new fund has a target of $10 million and will invest as a **limited partner** in venture companies. (그 새 펀드는 천만 달러를 목표로 하고 벤처 회사에 유한책임 사원으로 투자할 것이다.)

| **a general partner** 무한책임 사원

❑ **become incapacitated** 유고가 되다

ex. In the event that the president **becomes incapacitated**, the line of succession falls sequentially to the prime minister, the National Assembly Speaker and the head of the Supreme Court. If less than half of the mandate has been completed, a by-election must be called within 90 days. (대통령 유고시 승계 순위는 순서대로 국무총리, 국회의장 그리고 대법원장이다. 만약 임기의 반이 지나지 않았을 경우 보궐선거가 90일 이내에 실시되어야 한다.)

| **preside for the remainder of the term** 남은 임기 동안 재직하다 **have all the powers and prerogatives of the president** 대통령의 권한과 특권을 가지다

25 계획 | 달성 | 성공 | 실패

주제어	관련어
plan	**map out, work out, blueprint, architect, mastermind, plot, planned**
achieve	**accomplish, attain, carry out, achievement, feat, exploit, fulfillment**
succeed	**bring off, make good, successful, success, hit, breakthrough**
fail	**bomb, flop, fold, flunk, go wrong, miss, failure, fiasco, shambles**

●●● Nothing succeeds like success. 하나가 잘 되면 만사가 잘 된다.

무슨 일을 하든지 사전에 철저히 계획을 세우고(plan) 이에 따라 각 단계별 행동 계획(action plan)을 마련하여 착착 진행해야 소기의 목적을 달성할 수 있다. 그때그때 상황에 따라 임기응변을 하면 된다는 생각에 주먹구구식으로(by a rule of thumb) 하다가는 실패하기(fail) 십상이며 성공(success)은 그야말로 그림의 떡이 된다.

'실패는 성공의 어머니'라는 에디슨의 말처럼 진정으로 성공하고 싶다면 실패를 인생의 스승으로 삼아야 한다. 성공하기를 바라는 우리 모두에게 '실패'는 떠올리기조차 싫은 단어지만 실패가 성공으로 가기 위한 중요한 발판(springboard)이라면 이를 미래지향적인 과정의 하나로 받아들여야 할 필요가 있다.

plan

~를 계획하다, ~할 작정이다

to think carefully about something you intend to do = arrange, block in, blueprint, cogitate, design, devise, dope out, figure on, fix to, form, frame, map out, project, scheme, work out

유의어 **block out** 약도를 그리다 **brainstorm** 각자의 의견을 내놓아 최선책을 찾다 **craft** 정성들여 만들다 **draft** 기초하다, 밑그림을 그리다 **engineer** 설계하다 **formulate** 공식화하다, 고안해내다 **quarterback** 지휘(통솔, 경영)하다 **set out** 배열(설계)하다 **shape** 구체화하다 **sketch** 밑그림을 그리다

용례 **plan (out) a new book on history** 역사에 관한 새 책을 기획하다 **plan for[on] a dinner party** 만찬회를 계획하다 **plan to consent** 찬성할 작정이다 **have ~ planned** ~의 계획을 세워놓다

| **have one's career mapped out** 진로 계획을 세워놓다 **have it all worked out** 모든 계획을 세워놓다

| **formulate a proposal** 제안을 공식화하다

| **figure on marrying her** 그녀와 결혼할 작정이다

| **be fixing to go hunting** 사냥 갈 생각이다

| **meditate revenge** 복수를 계획하다

| **project a new plan** 새 계획을 제안하다(세우다)

| **scheme [out] a new airline** 새로운 항공사를 계획하다

| **plan ahead** 미리 계획하다 **look ahead** 장래의 일을 생각하다, ~에 대비하다

| **forward planning** 사전 계획 **planner** 계획자, 입안자, 설계자 **the architect of** ~ 계획자, 입안자, 기초자 **mastermind** 지도자, 주도자; 주모자, 두목

---

plan 계획, 안

a scheme, program, or method worked out beforehand for the accomplishment of an objective = big picture, blueprint, design, device, game plan, ground plan, outline, platform, policy, program, project, scenario, scheme, strategy, undertaking, way

용례 **an ambitious[high-flying] plan** 야심에 찬 계획 **have no plans for the evening** 저녁에 아무런 계획이 없다

| **an arrangement committee** 준비 위원회 **So, what's the game plan?** 그래, 계획이 뭔데?

| **map out the ground plan of** ~의 밑그림을 그리다

| **launch a program** 계획을 시작하다

| **develop marketing strategies** 홍보 전략을 세우다

| **blueprint** 청사진 **master plan** 종합 기본 계획 **policy** 정책 **strategy** 전략 **project** (야심에 찬) 계획

| **schedule** 예정, 일정 **tight[light] schedule** 빡빡한[가벼운] 일정 **ahead of schedule** 예정보다 빨리 **according to[up to, on]schedule** 예정대로, 정시에 **behind schedule** 예정보다 늦게

---

plot ~를 기도하다, 꾀하다, 음모를 꾸미다

to secretly plan something bad, illegal, or dishonest = angle, brew, cabal, collude, concoct, connive, conspire, contrive, devise, frame, hatch, intrigue, lay, machinate, maneuver, scheme, set up, wangle

용례 **plot to kill a person** 남의 암살을 기도하다 **plot against someone's life** ~를 살해할 음모를 꾸미다 **plot for someone's assassination** 남의 암살을 꾀하다 **A plot is brewing.** 음모가 꾸며지고 있다.

| **concoct an alibi** 알리바이를 조작하다

| collude[conspire] to fix prices 가격담합을 하다
| contrive robbery 강도짓을 꾀하다
| lay an escape plan 탈주 계획을 세우다
| scheme to overthrow the government 정부 전복을 꾀하다
| plot 음모, 모의 **a foiled coup plot** 좌절된 쿠데타 음모 **take part in a coup plot** 쿠데타 음모에 가담하다
| conspiracy 음모, 모의 **unmask a conspiracy** 음모를 폭로하다 **a conspiracy against the government** 정부 타도의 음모 **a conspiracy to hijack an airplane** 비행기 납치 음모
| intrigue 음모 **a political intrigue** 정치적 음모
| scheme 음모, 책동 **a scheme to hijack a plane** 비행기 납치 음모

planned 계획된, 계획에 의한

designed or carried out according to a plan = aforethought, calculated, designed, expected, intentional, prearranged, predetermined, premeditated, setup

반의어 **accidental, chance, coincidental, fluky, incidental, unexpected, unintended**

용례 **a planned economy** 계획 경제 **a crime aforethought** 계획적인 범죄

| a calculated riot 계획적 폭동 **ill calculated** 잘못 계산된(계획된), 계산착오의 **well calculated** 면밀히 계획된
| intentional[accidental] killing 계획적[우발적] 살인 **a premeditated murder** 계획적인 살인
| be scheduled[slated] to do ~할 예정이다, 계획이다
| a well-thought-out proposal 잘 계획된 제안
| be in the pipeline 계획 중이다, 계획이 진행 중이다
| be at the planning state 계획(기획) 단계에 있다
| be afoot 계획되어 있다, 진행 중이다, (나쁜 일이) 벌어지고 있다
| unplanned 계획되지 않은, 계획에 없는 **an unplanned pregnancy** 계획에 없는 임신
| an impromptu[improvised] speech 즉흥 연설
| an unscripted visit 예정에 없던(각본에 없던) 방문

필수예문

track 096

1 The government **plans to** introduce identity cards that will contain not only basic information and a photograph but also biometric details, such as physical characteristics that can verify the cardholder's identity. (정부는 기본 정보와 사진은 물론 소지자의 신분을 증명할 수 있는 신체적 특징 같은 생체학적 세부사항을 담은 신분증을 도입할 계획이다.)

2 Don't worry, I **have the whole thing planned.** (걱정하지 마. 내가 전부 계획을 세워 놓았으니까.)

Tom **has his career mapped out.** (톰은 자신의 장래 계획을 세워 놓았다.)

Foreign ministers from Asian countries will meet next week to **map out** details of the proposed aid program to Iraq. (아시아 국가 외무장관들이 다음 주에 만나 이라크 원조안에 대한 세부사항을 입안할 것이다.)

3 I hope you will **have it all worked out.** (나는 네가 모든 계획을 세워 놓기를 바란다.)

After years of **intensive planning** and preparation, the project is finally ready to kick off. (몇 년 간의 집중적인 기획과 준비를 한 뒤에 그 사업은 마침내 시작할 준비가 되었다.)

It's wise to **plan ahead** if you think about retirement. (은퇴를 생각하면 미리 장래의 계획을 세우는 것이 현명하다.)

4 The conservative politician is called **the chief architect of** the Iraq war. (그 보수 정치인은 이라크 전쟁의 핵심 입안자로 불린다.)

The mastermind behind the September 11 plot was granted a visa to enter the United States just six weeks before the terrorist attacks. (9.11 음모의 주모자는 테러 공격 꼭 6주 전에 미국 입국 비자를 받았다.)

5 Defying public opposition, the government has **come up with a plan to** raise taxes. (국민의 반대를 무시하고 정부는 세금 인상안을 들고 나왔다.)

The government will not change its **policy of** non-intervention in the economy. (정부는 경제 불간섭 정책을 바꾸지 않을 것이다.)

China has **put forward a blueprint of** boosting its service economy and industry. (중국은 서비스 경제와 산업 활성화를 위한 청사진을 제시했다.)

6 A terrorist group is suspected of **plotting to** assassinate the president. (한 테러 단체가 대통령을 시해할 음모를 꾸미고 있다는 혐의를 받고 있다.)

If companies **collude to fix prices**, they hamper the competition crucial to a free-market economy and violate federal antitrust laws. (기업들이 가격 담합을 하면 자유 시장경제의 핵심인 경쟁을 방해하고 연방 반독점법을 위반하게 된다.)

The intelligence agency has uncovered a **coup plot**. (정보기관은 쿠데타 음모를 파헤쳤다.)

The suspect pleaded guilty to **charges of conspiracy**. (용의자는 공모 혐의에 대한 유죄를 인정했다.)

7 Most economists tend to be against a controlled or **planned economy**. (대부분의 경제학자들은 계획경제에 반대하는 경향이 있다.)

The car company has carried out a lot of market research and now several new models **are in the pipeline**. (그 자동차회사는 시장조사를 많이 했고 현재 새 모델 여러 개가 계획 중에 있다.)

8 About two thirds of the consumers surveyed say they tend to make an **unplanned visit** to a retail store if they have a coupon for the merchant. (설문조사에 응한 소비자의 약 3분의 2가 쿠폰이 있으면 소매점에 계획에 없는 방문을 하는 경향이 있다고 한다.)

You may be unexpectedly called upon to give an **impromptu speech** at the meeting. (너는 그 회의에서 갑자기 즉석 연설을 해달라고 요청받을 수 있다.)

achieve

~를 이루다, 달성하다; (공적을) 세우다

to do something good or useful that you have worked hard to do = accomplish, attain, bring about, bring off, carry off, carry out, carry through, close, complete, conclude, consummate, discharge, do, earn, execute, finish, follow through, fulfill, obtain, perform, rack up, realize, seal, see through, settle, solve, win, wind up, work out

반의어 **blow it, choke, fail, fall short, lose, miss, quit**

용례 **achieve one's end[aim, goal, purpose]** 목적을 달성하다 **achieve victory** 승리를 얻다 **achieve success** 성공을 거두다

| **attain one's aims[ends, objects]** 목적을 이루다 **attain one's long-cherished hope** 숙원을 풀다

| **deliver the goods** 약속(계약)을 이행하다; 기대에 부응하다

| **achievement** 업적, 공적; 달성 = accomplishment, attainment, completion, consummation, execution, exploit, feat, fulfillment, realization, success, triumph, victory

| **reach a brilliant achievement** 빛나는(멋진, 눈부신, 최고의) 공적(업적)을 세우다 **brilliant** = crowning, dazzling, epic, glorious, great, lasting, magnificent, major, memorable, monumental, notable, outstanding, phenomenal, remarkable, signal, staggering, superb, wonderful

an achievement in ~에서의 공적 **the achievement of one's object** 목적의 달성

---

bungle 망치다, 실수하다; 망침, 실수

to fail to do something properly or successfully, especially as a result of stupid or careless mistakes = boggle, bollix, boot, botch, butcher, do badly, err, flub, fluff, foul up, fudge, fumble, goof up, gum up, louse up, make a hash of, make a bad job of, mar, mess up, miscalculate, mishandle, mismanage, muck up, muff, not do oneself justice, ruin, screw up, spoil

반의어 **do well, manage, pull it off, succeed**

용례 **bungle appallingly[badly, completely]** 완전히 망치다 **completely bungle the job** 그 일을 완전히 망치다

| **make a bungle of** ~를 망치다 **a gigantic bungle** 거대한 실패작

필수예문

track 097

1 As part of efforts to **achieve the ultimate goal of** unifying the divided Korean Peninsula, South and North Korea should work together to ease tension and boost bilateral cooperation further. (분단된 한반도 통일이라는 궁극적 목표 달성을 위한 노력의 일환으로 남북한은 긴장 완화를 위해 공조하고 협력을 더욱 강화해야 한다.)

2 Microsoft intends to **achieve all these goals** within the next three years by putting in a lot of money and effort. (마이크로소프트사는 많은 자금과 노력을 들여 향후 3년 이내에 이 모든 목표들을 달성할 작정이다.)

He had already **achieved fame and wealth** by the age of thirty. (그는 30살 무렵에 이미 명예와 부를 이루었다.)

3 If you treat people with respect, you can **accomplish much more.** (사람들을 공손하게 대하면 더 많은 것을 성취할 수 있다.)

He **accomplished very little** in his time as president. (그는 대통령 재직시 이룬 것이 거의 없다.)

4 The win is a **great achievement for** the team who have been under a lot of pressure. (그 승리는 많은 압력을 받아왔던 팀에게 대단한 성취다.)

How could they **attain such a great achievement**? (어떻게 그들이 그렇게 대단한 업적을 달성할 수 있었을까?)

Having achieved eminence as an actor, he now intends to **perform a comparable feat in** politics. (그는 배우로서 이미 최고의 자리에 올랐으므로 이제 정치에서 그에 비견되는 위업을 달성하려고 한다.)

5 Don't let him fix your car. He's sure to **bungle the job.** (그에게 네 차를 수리시키지 마. 그는 틀림없이 망쳐놓을 거야.)

The plan seemed simple enough, but the intelligence service **bungled the operation.** (그 계획은 아주 단순해 보였지만 정보기관은 작전을 실패했다.)

6 He is so upset because he **did pretty badly in** the exam today. (그는 오늘 시험을 아주 망쳐 몹시 속상해하고 있다.)

Instead of fixing my car properly, he really **botched it up.** (그는 내 차를 수리한 게 아니라 완전히 망쳐놓았다.)

I don't stand a chance of getting the job because I **made a complete hash of** the interview. (나는 면접을 완전히 망쳐서 그 일자리를 얻을 가능성이 없다.)

succeed

성공하다, 번영하다

to do something that you hoped, tried, or wanted to do = be successful, bring off, carry off, click, come off, get results, grow famous, hit, make a go of, make good, make it, make one's mark, make out, make the grade, pull off, prosper, thrive, triumph, turn out, win, work

유의어 **accomplish** 달성하다 **flourish** 번창하다 **manage** 용케 하다 **pan out** ~한 결과가 되다 **reap** 보답을 얻다

용례 **succeed in business** 사업에 성공하다 **succeed in solving a problem** 문제의 해결에 성공하다 **succeed in life** 출세하다 **succeed oneself** 재선되다, 유임되다 **succeed as a politician** 정치가로서 성공하다

| **get there** 목적을 달성하다, 성공하다 **reach[achieve] one's goal** 목적을 달성하다 **bring[carry, pull] off a deal** 계약을 성사시키다 **turn[come] up trumps** 성공하다, 기대 이상의 성과를 거두다

| **work** (계획 등이) 잘 되어 나가다, 성공하다 **work out** (효력, 효과를) 내다, 성공리에 끝나다 **have some success** 상당히 성공하다 **come off** 잘 되다, 성공하다 **come[turn] out right** 잘 되다, 좋게 되다 **get well** 잘 되다

| **pay off** 소기의 성과가 나다, 잘 되어가다 **bear[produce] fruit** 결실을 맺다, 성과가 나다 **be fruitful** 성과가 있다,

성공적이다

| **go like clockwork** 계획대로 착착 진행되다, 원활하게 진행되다 = go smoothly, go without a hitch, go according to plan

| **a high flyer** 크게 성공한 사람 **an achiever** 성공한 사람, 공을 세운 사람

successful 성공한, 크게 히트한, 번영하는

having succeeded or being marked by a favorable outcome = best-selling, blooming, blossoming, booming, flourishing, fortunate, fruitful, lucky, outstanding, palmy, prosperous, rolling, smash, smashing, thriving, top, triumphant, wealthy

반의어 **unsuccessful**

용례 **a successful architect** 성공한 건축가 **a successful candidate** 합격자, 당선자 **He was successful in the entrance examination.** 그는 입학시험에 합격했다. **be successful in** ~에 성공하다

| **success** 성공; 성공작, 성공한 사람 **success in life** 출세 **He is a great success as a golfer.** 그는 골프 선수로 크게 성공한 사람이다. **touch success** 마침내 성공하다 **make a success of** ~를 성공시키다, ~를 잘 해내다 **score a success** 성공하다 **with (good) success** (대)성공리에

| **a hit, a gas** 대성공 **a breakthrough** (예상치 못한) 성공

| **take off** 성공하기 시작하다, 뜨다 **be on the way up** 뜨고 있다, 성공하고 있다 **go places** 성공하다 **be on the up and up** 잘 되어가다

| **have potential** 잠재력(가능성)이 있다 **develop one's potential** 가능성을 키우다 **realize[fulfill] one's potential** 가능성을 실현하다

| **a promising young writer** 전도유망한 청년 작가 **a promising career** 전도유망한 직업

| **an up and coming young actor** 유망한 젊은 배우

| **will go far (a long way)** 크게 성공할 것이다

| **have a great[bright] future** 전도가 아주 밝다

| **rise to the top** 최고의 지위에 오르다

필수예문

track 098

1 If the politician can **succeed in** brokering a peace agreement between the Israelis and Palestinians, his international stature would witness a positive upturn. (그 정치인이 이스라엘과 팔레스타인 간의 평화 협정안 중재에 성공한다면 그의 국제적인 위상은 확실하게 오르게 될 것이다.)

2 You will make money if you **succeed in** building human relationships. (인간관계를 맺는 데 성공하면 돈을 벌게 될 것이다.)

I never thought I'd pass the exam, but somehow I **made it**. (내가 시험에 합격할 것이라고는 결코 생각하지 못했지만, 아무튼 나는 합격했다.)

3 I am sure you will **get there**. (나는 네가 성공하리라 확신해.)

It's a good plan, but do you think it will **work**? (좋은 계획이지만 성공할 거라고 생각해?)

Everything will **come out right** in the end. (모든 것이 마지막에는 잘 될 것이다.)

I think his hard work and effort will **pay off** someday. (그의 근면과 노력이 언젠가는 결실을 맺

을 거라고 생각한다.)

Everything will **go like clockwork**. (모든 것이 순조롭게 진행될 것이다.)

4 What is it that drives people **successful**? (사람들을 성공하게 만드는 것은 무엇인가?)

Tom has finally been **successful in** finding a job. (톰은 마침내 취직하는 데 성공했다.)

Many actors come to America, hoping to **make it big** in Hollywood. (많은 배우들이 할리우드에서 크게 성공하길 기대하며 미국에 온다.)

5 His acting career **took off** after an appearance on a famous comedy show. (그의 배우 인생은 유명한 코미디 프로에 출연한 뒤 뜨기 시작했다.)

He is not that famous a comedian at the moment, but he's definitely **on the way up**. (그는 현재 코미디언으로 크게 유명하지는 않지만 그는 확실히 성공하고 있다.)

The company is clearly **going places** after years of hard times. (그 회사는 몇 년간 어려움을 겪은 뒤 확실히 성공하고 있다.)

6 He **has enormous potential** and will soon be a famous soccer star. (그는 잠재력이 무한하기 때문에 곧 유명한 축구선수가 될 것이다.)

With your confidence and hard work, you will **go a long way**. (자신감을 가지고 열심히 노력하면 너는 크게 성공할 것이다.)

Biotechnology may **have a bright future** in the Chinese market in the upcoming 15 years. (생명공학은 향후 15년 이내에 중국 시장에서 미래가 밝다.)

fail

실패하다, 시험에 떨어지다

to not be successful in something you are doing = abort, be unsuccessful, blunder, break down, come to grief, come unstuck, fall flat, fall through, fizzle, flop, founder, go astray, go down, go downhill, go wrong, miscarry, miss, not make it, run[go, strike] aground, slip

유의어 **be ruined** 완전히 망치다 **fall short of** ~에 미치지 못하다 **flounder** 허둥대다, 갈팡질팡하다, 실수하다 **hit[touch] bottom** 바닥을 치다, 최악의 상태에 빠지다

반의어 **accomplish, achieve, prosper, succeed, triumph, win**

용례 **fail completely** 완전히 실패하다 **fail dismally[miserably]** 비참하게 실패하다 **fail to go** 가지 못하다 **Don't fail to let me know.** 잊지 말고 반드시 나에게 알려줘.

| **get nowhere** 실패하다 = draw a blank, come up with empty hands, be in vain, be for nothing

| **a fruitless attempt[search, effort, negotiations, journey]** 실패로 끝난 시도[수색, 노력, 협상, 여행]

| **go wrong** (계획이) 실패하다 = not succeed, be unsuccessful, be a failure, not work, come to nothing, not come off, do no good, fall through, be unproductive

| **flunk** (시험에) 떨어지다, 낙제하다 = fail, flunk out, bomb

| **flunk out of school** 성적불량으로 퇴학당하다 **get a flunk in English** 영어 과목에 낙제하다

| **backfire** 역효과를 내다 **counterproductive** 역효과를 내는 **self-defeating** 자멸의

| **be doomed to failure** 결국 실패하게 되어 있다 **doomed from the start** 처음부터 실패하게 되어 있는 **a lost cause** 실패로 끝날 운동, 가망 없는 것 **a non-starter** (성공할) 가망 없는 사람[계획, 생각]

failure 실패; 실패자, 실패작

the condition or fact of not achieving the desired end or ends = abortion, bomb, botch, breakdown, bummer, bungle, bust, clinker, dud, fiasco, flop, lead balloon, lemon, no go, total loss, washout; also-ran, bankrupt, bomb, born loser, bum, dead duck, dud, flop, flunky, good-for-nothing, has-been, loafer, loser, might-have-been, ne'er-do-well, no-good, nobody, underachiever, washout

반의어 **accomplishment, achievement, success, triumph; winner, champion, achiever, victor**

용례 **a heavy failure** 큰 실패 **a failure in business** 사업에 실패 **a failure as a professor** 교수로서는 실패자 **end in failure, meet with failure** 실패로 끝나다, 미수로 그치다 **experience failure** 실패를 경험하다 **an abject[complete, dismal, hopeless, ignominious, miserable, outright] failure** 완전한 (무참한) 실패

| **a fiasco** 대실패 **a complete[total] disaster** 완전한 실패 = a complete shambles

| **heart failure** 심장마비, 심부전 **a case of heart failure** 심장마비 환자

fold 망하다, 도산하다, 부도가 나다

to fail or be unable to continue in business = be ruined, become insolvent, break, bust, close, close down, collapse, crash, crumple, give, go bankrupt, go bust, go to the wall, go under, shut down, yield

용례 **fold up shop** 사업을 정리하다, 그만두다

| **a record number of company[corporate, business] failures** 기록적인 부도 회사 수

| **go through a lean period[time, spell]** 불경기[경기침체]를 겪다

필수예문

track 099

1 The presidential candidate appears to be saying that he hopes that we **fail completely in** our effort to spread freedom and democracy around the world. (대통령 후보는 우리가 전세계에 자유와 민주주의를 전파시키는 노력에 완전히 실패하기를 바란다고 말하는 것처럼 보인다.)

2 I **failed to** convince him that I was right. (나는 내가 옳다는 것을 그에게 납득시키지 못했다.)

His attempt to make a solo flight around the globe **came to grief.** (단독 세계일주 비행을 하려는 그의 시도는 실패했다.)

He tried to find out some facts about his biological mother but **came up with empty hands.** (그는 자신의 생모에 대한 사실을 좀 알아내려고 했지만 허탕을 쳤다.)

3 His presidential campaign **went badly wrong** when questions were asked about his son's exemption from military service. (그의 대통령 선거운동은 아들의 병역 면제에 대해 의문이 제기되자 크게 실패했다.)

After months of **fruitless argument**, they finally agreed to go their separate ways. (몇 달 동안 헛된 논쟁을 한 끝에 그들은 마침내 각자의 길을 가기로 했다.)

4 I enjoyed the course, but I **failed** the exam. (나는 그 과목이 즐거웠지만 시험에는 낙제했다.)

Did you pass? No, I **flunked.** (합격했어? — 아니, 떨어졌어.)

If you don't work hard this semester, you are going to **flunk out.** (이번 학기에 열심히 공부하지 않으면 너는 낙제할 것이다.)

He **bombed** the history test because some of the questions were really tricky. (몇 문제가 정말 까다로워 그는 역사 시험에 낙제했다.)

5 His first movie was a **commercial failure** but was raved by the critics. (그의 데뷔 영화는 상업적으로는 실패작이었지만 비평가들의 극찬을 받았다.)

Despite all the publicity, his concert was a **flop.** (대대적인 홍보에도 그의 음악회는 실패작이었다.)

Critics praised thc movie, but it **bombed at the box office.** (비평가들은 그 영화를 칭찬했지만 흥행에는 크게 실패했다.)

The government's anti-speculation measures were a **complete fiasco.** (정부의 반투기 대책은 완전한 실패였다.)

6 The car factory **folded** because of slumping sales and had to close down. (그 자동차 공장은 매출 부진으로 도산하여 문을 닫아야 했다.)

High oil prices will force many small businesses to **go to the wall.** (고유가는 많은 소기업들을 도산하게 만들 것이다.)

The company **went bankrupt** after going through a prolonged lean spell. (긴 불경기를 겪고 난 후 그 회사는 파산했다.)

심화학습

음악을 하는 사람들은 귀가 좋아야 성공할 수 있다고 하는데, have an ear for music이라는 숙어는 '음악을 안다' 라는 뜻으로 이때 ear는 '음감' 을 의미하고 have a good ear는 '음감이 좋다' 는 뜻이다. 음악을 연습할 때 악보(a written note)를 안 보고 하는 것을 by ear라고 하는데 여기서 유래하여 play it by ear는 '임기응변으로 처리하다(대처하다, 행동하다)' 는 뜻으로 쓰인다.

❑ **come up with an action plan [a plan of action]** 실천 방안(행동 계획)을 제시하다

ex. The financial watchdog has been under pressure to **come up with an action plan** for the restructuring of the troubled banking industry. (금융 감독기구는 위기에 처한 은행산업의 구조조정을 위한 실천 방안을 제시하라는 압력을 받고 있다.)

| **draw up an action plan** 실천 방안을 마련하다 **an emergency action plan** 비상 행동 계획 **a step-by-step action plan** 단계별 실천 방안

❑ **ad hoc committee** 특별 위원회

ex. The government has decided to form[establish, set up] a five-member **ad hoc**

committee to address the issue of environmental pollution. (정부는 환경오염 문제를 다루기 위한 5인 특별 위원회를 구성하기로 했다.)

| **a task force on[for, to do]** 특별 전문위원회 **use ~ on an ad hoc basis** 임시로(필요할 때만) 사용하다 **a crisis center** 위기관리센터, 긴급대책본부

❑ **play it by ear** 임기응변으로 행동하다

ex. The government is under fire for **playing it by ear** without a specific plan to tackle growing public protests at its labor policy. (정부는 노동정책에 대해 증가하는 국민의 항의에 대처할 구체적인 계획 없이 임기응변으로 대응하고 있다는 비난을 받고 있다.)

| **improvise[extemporize, ad-lib] a speech** 즉석 연설을 하다

❑ **achieve sustainable development** 지속 가능한 발전을 이룩하다

ex. China says it will do its part to help African countries **achieve sustainable development** and developed countries should also do so. (중국은 아프리카 국가들이 지속 가능한 발전을 달성하는 것을 돕기 위해 자신의 역할을 할 것이며 선진국들도 역시 그렇게 해야 한다고 말한다.)

| **achieve sustainability** (환경파괴 없는) 지속 가능한 발전을 이루다 **achieve one's goal of sustainable development** 지속 가능한 발전이라는 목표를 달성하다

❑ **success story** 성공담, 성공 사례

ex. He represents a corporate **success story**, having risen up through the ranks to become chief executive officer. (그는 기업가로서의 성공 사례로 꼽히는데, 말단에서부터 차근차근 승진하여 최고 경영자가 되었다.)

| **one of the few success stories in urban America** 미국 도심 지역에서 몇 안 되는 성공담 중 하나 **an African success story** 아프리카의 성공 사례

❑ **go over like a lead balloon** 완전한 실패로 끝나다

ex. Most experts predict that the government's new economic policy will **go over like a lead balloon** because it lacks feasibility. (대부분의 전문가들은 정부의 새 경제정책이 실현 가능성이 부족하기 때문에 실패할 것이라고 예상한다.)

| **like a lead balloon** 전혀 효과가 없이

Part 2

경제
economy

26 상승 | 하락 | 보합

주제어	관련어
rise	**go up, increase, move up, edge up, inch up, jump, spike, double, raise, hike, surge, rising, growing, escalating, meteoric, exponential**
fall	**decline, decrease, drop, go down, sink, slide, edge down, inch down, plunge, tumble, reduction, free-fall, melt-down**
close flat	**end unchanged[flat], settle flat, hold steady[even], remain flat, move sideways, rally**

●●● The sky is the limit. 천정부지다, 무제한이다; 얼마든지 있다.

영어로 된 경제 기사를 제대로 읽고 쓰려면 상승, 하락 그리고 보합을 나타내는 어휘만 확실히 익히면 된다고 할 정도로 이들 단어들이 많이 사용된다. 경제는 지표와 숫자를 다루는 것이 대부분이기 때문이다.

주가가 크게 올라(soar) 주식시장이 호황을 누리면 없는 살림에 보탬이 될까 주식에 투자한 월급쟁이들에게는 그야말로 호재다. 반면 급등하는(surging) 유가는 기름 한 방울 나지 않는 우리 경제에 큰 타격을 준다. 국제유가가 오르면 국민 개개인들에게도 부담을 주지만 나라 경제 전체에도 악영향을 미친다.

대부분 경제 관련 지표들은 오르는 것이 좋지만 반대로 하락하면 좋은 것들이 있다. 그 대표적인 것이 소비자물가(consumer prices)와 실업(unemployment)이다. 물가는 떨어지면 떨어질수록 일반 서민들의 생활비가 줄어들고 그만큼 돈 걱정을 덜해도 되고 실업률이 떨어지면 기업들이 고용을 더 많이 한다는 것이므로 일자리가 많아져 취업난을 덜 수 있게 된다.

rise

증가하다, 늘다, 오르다, 상승하다

to become larger in number, amount or cost = advance, add, augment, ascend, climb, escalate, expand, gain, go up, grow, increase, improve, move up, swell, wax

rise는 동사로 쓰이면 '오르다, 상승하다'는 뜻이고 명사로 사용되면 '상승, 증가'의 뜻이다.

Stock prices are **rising** sharply. 주가가 크게 오르고 있다.

a sharp **rise** in inflation 급격한 물가 상승

용례 **rise 10 percent** 10퍼센트 증가하다 **rise by a large amount** 크게 늘다 **increase greatly [considerably, enormously, sharply]** 크게 증가하다 **wax and wane** 증감하다

| **edge up** 약간 오르다 = be slightly firmer, edge ahead, edge higher, edge upwards, firm, inch higher, inch up, nudge higher, rise slightly, tick up

| **jump** 급등하다, 급증하다 = balloon, go thorough the roof, leap, proliferate, rev up, rocket, skyrocket, soar, shoot up, spike, spiral, surge, take off, upsurge, zoom

| **multiply, snowball** 눈덩이처럼 점점 커지다

| **mushroom** 급성장하다, 우후죽순처럼 늘다 **roar ahead (up), shoot ahead** 크게 오르다 **widen** (적자 등이) 확대되다

| **gain[gather] ground** 진보하다, 좋아지다, 늘다 **gather steam** 활력을 얻다 **gather volume** 증가(증대)하다

| **double** 두 배가 되다 = rise two-fold

| **treble** 세 배가 되다 **quadruple** 네 배가 되다 **quintuple** 다섯 배가 되다 **sextuple** 여섯 배가 되다 **septuple** 일곱 배가 되다 **octuple** 여덟 배가 되다

raise 올리다, 인상하다

= advance, augment, boost, build up, bump up, drive up, force up, goose up, heighten, hike, hike up, inflate, jack up, lift, mark up, push up, put up, run up, up

| **scale up** 비율에 따라 늘이다, 확대하다

| **escalate, pyramid** 점증시키다 **double[treble, quadruple]** 두 배[세 배, 네 배]로 올리다 **maximize** 최대한 증가시키다, 극대화하다

| **chug[roar] along** 활발하게 나아가다 **flirt with** ~에 접근하다, 육박하다, 넘보다 **top, surpass, exceed, break** ~를 초과하다

---

increase 증가, 상승

a process of becoming larger or longer or more numerous or more important = access, augmentation, ascent, boost, build-up, climb, expansion, gain, growth, hike, increment, raise, rise, swell, upside, uptick, uptrend, upturn, wax

용례 **an increase of 10 percent** 10퍼센트 증가 **an increase in bankruptcies** 부도의 증가 **a slight [sharp] increase** 약간의[급격한] 증가 **a modest[slight] upturn** 약간의 상승 **a sharp upturn** 급상승

raise, hike, increase 인상

| **a fare increase** 요금 인상 **a price hike** 가격 인상 **a salary increase** 봉급 인상 **a wage hike** 임금 인상 **a raise in wages** 임금 인상 **a cost increase** 비용 증가

| **a tax boost[hike, increase]** 세금 인상 **markup** 인상, 이윤(마진)

jump 급등

= explosion, boom, leap, sharp[drastic] rise, run-up, spike, surge, upsurge, upswing, zoom

| **a jump in oil prices** 유가 급등

| **prevent a surge in apartment prices** 아파트 가격의 급등을 막다 **deal with a leap in interest rates** 금리 급등에 대처하다

| **hit[reach, rise to, soar to] a record high [an all-time high, a new peak]** 사상 최고에 달하다 **reach a two-month high** 두 달 만에 최고치에 달하다 **jump to the highest level in two months** 2개월 만에 최고로 오르다

| **upward march** 상승 행진

| **set[establish] a cap on** ~에 상한선을 정하나 **impose a ceiling on** ~의 상한선을 정하다 **set a limit on** ~를 제한하다 **put the threshold up to** 경계선(시발점)을 ~로 올리다

---

rising 증가하는, 늘어나는

going up in numbers, amounts, or prices = increasing, growing, expanding

용례 **rising unemployment** 늘어나는 실업 **rising inflation[prices, numbers]** 인플레이션 증가[가격 상승, 늘어나는 숫자]

| **growing number[population, quantity, volume]** 늘어나는 숫자[인구, 양, 총액(양)]

| **ever-increasing** 계속 늘어나는, 늘어나기만 하는 **ever-increasing costs** 점증하는 비용 **ever-increasing corporate mobile phone bills** 점증하는 기업 휴대전화 요금

| **mounting** 증가하는(그래서 문제가 되는) **mounting inflation** 인플레이션 증가

| **soaring, surging, escalating, galloping, runaway** 급증하는, 급등하는 **galloping inflation** 마구 치솟는 인플레이션

| **snowballing** 눈덩이처럼 불어나는 **a snowballing trade deficit** 눈덩이처럼 불어나는 무역적자

| **explosive** 폭발적인 **exponential** 기하급수적인, 급증하는 **meteoric** (유성 같이) 빠르게 증가하는 **a meteoric rise** 급상승 **an exponential increase** 기하급수적 증가

| **sky-high[high-flying]** 천정부지의[고공 행진의] **sky-high oil prices** 천정부지의 유가 **high-flying lead prices** 고공 행진하는 납 가격

필수예문

track 100

1 South Korean industrial production **rose for a third month** in December and factories were the busiest in five years as companies stepped up investment. (한국의 산업생산은 12월 3개월째 상승했고 기업들이 투자를 확대함에 따라 공장 가동률은 5년 만에 최고치를 기록했다.)

2 A new report says South Korea's average teacher salary **went up by more than $100** last year. (새 보고서에 따르면 한국 교사의 평균 봉급이 작년 100달러 이상 올랐다고 한다.)

Consumer confidence in South Korea **inched up** in May as the economy showed signs of recovery. (한국의 소비자 심리는 경제가 회복의 조짐을 보임에 따라 5월에 약간 올랐다.)

3 Shares in Samsung Electronics **leapt more than 5 percent** on Thursday on expectations of a **jump in** sales. (매출 급증의 기대감 속에 삼성전자의 주가는 목요일 5퍼센트 이상 급등했다.)

International oil prices **soared more than 1 percent** because of lingering worries about a supply shortage. (공급 부족에 대한 우려가 잔존함에 따라 국제 유가는 목요일 1퍼센트 이상 급등했다.)

4 Oil prices **roared ahead** on worries that a cut in oil production would **drive up prices**. (산유량 감축이 가격을 오르게 할 것이라는 우려 속에 유가가 크게 올랐다.)

Market interest rates resumed their **upward march** this week, a factor that could contribute to a further slowdown in debt financing. (시장금리가 이번 주 상승 행진을 재개했는데 이는 향후 차입에 의한 자금조달을 더욱 둔화시킬 수 있는 요인이다.)

5 The South Korean index of leading economic indicators rose 0.1 percent in December, **marking its third straight monthly gain**. (한국의 경기 선행 지수는 12월에 0.1퍼센트 올라 3개월 연속 전월 대비 상승을 기록했다.)

Economists had predicted **an increase of 0.5 percent** during the month. (경제학자들은 그 달에 0.5퍼센트 증가를 예상했었다.)

6 A **surge in** household spending is the latest evidence showing South Korea's economic recovery from a two-year slump. (가계 소비의 급증은 한국 경제가 2년간의 침체에서 회복되고 있음을 보여주는 가장 최근의 증거다.)

Corporate raw material costs rose at a record pace in December, reflecting a **recent jump in** oil prices. (최근 유가의 급등을 반영하여 기업 원자재비용이 12월 기록적인 폭으로 올랐다.)

7 South Korea's trade surplus **hit a record high of $2 billion** last month, bolstered by strong shipments of cars, mobile handsets and hi-tech products. (한국의 지난달 무역수지 흑자는 자동차, 휴대전화 그리고 첨단제품의 활발한 수출에 힘입어 사상 최고치인 20억 달러에 달했다.)

US stocks **gained ground** in a broad-based rally for blue chips. (우량주들이 전반적으로 회복한 가운데 미국의 주가는 상승했다.)

8 Investors in the highway project are jittery over **escalating** construction costs. (그 고속도로 건설사업 투자자들은 증가하는 건설비 때문에 불안해하고 있다.)

Sky-high fuel prices are spawning **an uptick in sales** of gas stations around the nation. (하늘 높은 줄 모르고 오르는 유가 때문에 전국 주유소의 매출이 상승하고 있다.)

In an effort to gain some control over what motorists pay at the pump, South Korea **set caps on** the wholesale price of gasoline. (자가용 운전자들이 주유소에서 내는 요금을 어느 정도 통제하기 위한 노력의 일환으로 한국은 휘발유 도매가에 상한선을 정했다.)

The **meteoric rise in** oil prices has received a great deal of media coverage. (유가 급상승은 언론에서 아주 많이 다루었다.)

fall

감소하다, 떨어지다, 하락하다

to become less in numbers, amounts, or prices = come down, contract, decline, decrease, diminish, drop, drop off, dwindle, ease, fall off, go down, head south, lose, shed, shrink, sink, slide, slip

용례 **fall slightly** 약간 떨어지다 **drop sharply** 크게 하락하다 **decrease considerably[significantly]** 상당히 떨어지다

| **wane** (감정, 특징 등이) 줄다 = lessen, subside, ebb, recede

| **narrow** (적자 등이) 줄어들다

| **lose ground** 퇴보하다, 나빠지다, 줄다

| **lose steam, run out of steam** 활력을 잃다, 정체하다

edge down 약간 감소하다, 하락하다

= dip, drift, drift lower, edge lower, inch down, inch lower, nudge lower, tick down

| **plunge** 폭락(급락)하다 = collapse, crash, crumble, nose-dive, plummet, slump, plummet, take a dive

| **tank** 갑자기 떨어지다(하락하다)

lower 낮추다, 줄이다, 인하하다, 삭감하다

= abate, bring down, clip, curtail, cut, cut back, cut down, decrease, diminish, lessen, mark down, pare, prune, pull down, reduce, shave, slash, trim

| **roll back** 통제로 (물가를) 어느 수준까지 도로 내리다

| **scale down** 비율에 따라 줄이다, 축소하다

| **taper off** 차츰 줄다, 차츰 줄이다

| **peter out** 점점 약해지다, 다하다

decrease 하락, 감소

a process of becoming smaller or shorter = abatement, contraction, decline, descent, downturn, downside, downslide, downswing, drop, drop-off, ebb, fall, fall-off, loss, sag, shrinkage, slide, slip, waning

용례 **a rapid decrease in population** 인구의 급감 **a decrease in public spending** 공공지출의 감소 **a sharp fall in sales** 매출의 급감

| **cut, cutback, decrease, reduction** 인하, 축소, 삭감

| **plunge** 폭락(급락), 붕괴 = collapse, crash, dive, free-fall, meltdown, nose-dive, plummet, plunge, tumble

| **downward march[movement]** 하향(하락) 행진

| **hit a record low, drop to the lowest-ever point[level], reach an all-time low** 사상 최저치로 떨어지다 **fall to a two-month low** 두 달 만에 최저로 떨어지다

| **falling** 하락하는, 떨어지는 = declining, decreasing, dropping, sinking

| **falling prices** 가격 하락

| **plunging, tumbling, plummeting** 폭락하는 **plunging stock prices** 주식 가격 폭락 **plummeting oil prices** 유가 급락

close flat

보합으로 마감하다

to end without any change = end[finish, settle] unchanged, end[finish, settle] flat, hold even, hold steady, remain[stay] flat

| **level off[out]** 안정 상태가 되다
| **firm up** 안정되다
| **move[walk] sideways** 횡보하다 **in crab-walk** 게걸음을 하는, 횡보하는
| **flat, unchanged, steady, even** 변화가 없는
| **rally** 회복(반등)하다 = bounce back, perk up, pick up, recover, regain strength, turn around

필수예문

track 101

1 South Korea's unemployment is **decreasing** as the economy shows signs of recovery. (경제가 회복 조짐을 보임에 따라 한국의 실업이 떨어지고 있다.)

Consumer prices unexpectedly **fell** due to sluggish consumption. (소비 침체로 소비자 물가가 예상외로 하락했다.)

2 Stock prices **nudged lower** as investors took profits from recent gains. (투자자들이 최근 주가 상승에 따른 이익 실현을 하면서 주가가 소폭 하락했다.)

South Korean exports are expected to **plummet** next month because of the won's rise against the US dollar. (한국의 수출은 원화의 달러화에 대한 강세로 인해 내달 폭락할 것으로 예상된다.)

3 The president of the Organization of Petroleum Exporting Countries said the cartel would go ahead with a proposed output increase of 500,000 barrels per day next month despite a **drop in oil prices**. (석유수출국기구 회장은 유가 하락에도 불구하고 내달 1일 50만 배럴 증산 제안을 추진할 것이라고 말했다.)

Despite a **slight fall in** interest rates, a new set of anti-speculation measures resulted in a **tumble in** stock prices. (금리의 소폭 하락에도 불구하고 새로운 부동산 투기 방지 대책으로 주가가 폭락했다.)

4 Investors are paying close attention to the question of whether there will be a **meltdown in** the share price of Microsoft. (투자자들은 마이크로소프트사의 주가가 폭락할 것인가 하는 문제를 면밀히 주시하고 있다.)

Gas prices continued their steady **downward march** for the sixth consecutive week. (가스 가격은 6주 연속 지속적인 하락 행진을 계속했다.)

If oil-producing countries increase their output, the result will be a **free fall in** crude oil prices. (만약 산유국들이 생산량을 늘린다면 그 결과 원유 가격이 급락할 것이다.)

5 Consumer prices **dropped to a two-year low** because of a fall in commodity costs. (소비자 물가는 원재료 가격 하락으로 2년 만에 최저치로 떨어졌다.)

Oil exports from Iraq **fell to a four-year low** in September due to sabotage to the northern pipeline. (이라크의 9월 석유 수출이 북부 지역 송유관 파괴로 인해 4년 만에 최저치로 떨어졌다.)

6 Japanese stocks sank as **falling prices** lowered corporate earnings. (하락하는 가격이 기업들의 이익을 줄임에 따라 일본의 주식들의 가격이 떨어졌다.)

Dot-coms, recently the darlings of investors, have lost a good deal of their glitter because of **plunging** stock prices. (최근 투자자들이 선호하는 인터넷에 기반을 둔 벤처기업들은 폭락하는 주가로 인해 그들의 매력을 상당 부분 상실했다.)

7 Stock prices **closed unchanged** after a choppy session. (널뛰기 장세를 보인 뒤 주가는 보합으로 마감했다.)

US shares **ended flat** as worries about an approaching hurricane offset falling oil prices. (허리케인 접근에 대한 우려가 유가 하락을 상쇄함에 따라 미국의 주가는 보합으로 마감됐다.)

8 Crude oil prices **held steady** due to predictions of warmer weather in the United States. (미국의 날씨가 따뜻할 것이라는 예상 때문에 원유가가 보합으로 마감됐다.)

South Korean stocks are expected to **move sideways** this week as the threat of a possible sovereign ratings downgrade hangs over the country. (한국의 주가는 이번 주 횡보할 것으로 예상되는데 이는 국가 신용등급 하락 가능성이 임박하고 있기 때문이다.)

심화학습

증감표현

숫자나 양 등이 오르거나 떨어지는 것을 나타낼 때는 대체로 다음과 같은 형태로 쓰이며 (2)번의 경우 전년 동기나 전월과 비교할 경우 annual, monthly 등을 넣어주면 된다. '몇 퍼센트 오르다'라고 할 때 by를 쓰기도 하지만 영어 기사는 간단한 형태를 선호하기 때문에 대체로 생략되며 기타 숫자나 금액이 나올 때는 by를 넣는다.

(1) 동사 + (by) + (가격, 퍼센트, 포인트 등)
grow (by) 10 percent (10% 성장하다)

(2) 동사 + at a rate of ~ percent / 동사 + a + 형용사 ~ percent
grow at an annual rate of 5 percent, grow an annual 5 percent (전년 동기대비 5% 성장하다)

(3) 동사 + 퍼센트 + to + 숫자
rise 23 percent to $7 million (23% 증가하여 7백만 달러가 되다)

통계 관련 기사를 읽다 보면 거의 빠지지 않고 등장하는 표현들 중에 '작년 같은 달에 비해 ~ 늘다', '전월 대비 ~ 증가하다'라는 것들이 있는데 이를 나타내는 표현은 아래와 같이 여러 가지가 있다. 감소하다는 표현은 동사만 바꾸면 된다. 그리고 '3개월 연속해서 증가하다'는 rise for a third month[for the third consecutive month, for the third straight month] 등으로 표현한다.

❑ 4월에 전년 동월대비 10% 증가하다

rise 10 percent from a year ago[earlier] in April
rise 10 percent year-on-year[on-year, annually] in April
rise 10 percent in April from the same month a year ago
rise 10 percent in April from the year-ago[year-earlier] month
rise 10 percent in April, compared to[with] the same month a year earlier
rise 10 percent in April on an annual basis
rise 10 percent from a year ago to 10,000 units in April (4월에 전년 동월대비 10% 늘어 만 대에 달하다)

❏ 전월에 비해 10% 증가하다
rise 10 percent in April from March
rise 10 percent in April from the previous month [a month earlier]
rise 10 percent on-month[month-on-month] in April
rise 10 percent in April on a monthly basis

❏ 3개월 연속 증가하다
rise for the third consecutive[straight] month
rise for a third (straight) month
rise for three straight[consecutive] months
rise for three months in a row [running, in succession]
rise for the third month on the trot [on end]

❏ 3개월 연속 감소한 뒤 증가하다
rise after three consecutive months of decline
rise after three straight months of decline
mark the first gain[increase] in four months

27 경제 | 전망 | 부양

주제어	관련어
economy	**market[planned] economy, open[closed] economy, economic, economical, economics, economist, grow, growth, boom, bust, business cycle**
forecast	**expect, predict, project, estimate, outlook, growth forecast, revise up[down], optimistic, pessimistic**
stimulate	**animate, galvanize, prime the pump, pump-priming, jump-start, kick-start, spur**

●●● Economy does not lie in sparing money, but in spending it wisely. 절약이란 돈을 아끼고 쓰지 않는 것이 아니라 현명하게 쓰는 것이다.

2004년 4.6퍼센트의 성장을 기록했던 한국 경제는 극심한 내수부진(anemic domestic demand), 기업투자 침체 그리고 건설경기의 부진으로 성장률이 곤두박질쳤다. 그래도 수출은 사상 최고치를 기록해 아시아에서 네 번째로 큰 한국 경제의 버팀목이 되어 주었다. 상반기(the first half)의 극심한 부진에서 벗어나 하반기에는 내수의 회복(recovery)에 힘입어 4퍼센트 후반대의 성장률을 기록했고 올해에는 대략 5퍼센트 정도 성장할 것으로 전망되고 있다.

한 경제 내에서 일년 동안에 생산된 재화(goods)와 용역(services)의 시장가치의 합계를 국내총생산(gross domestic product)이라고 한다. 경제성장률이란 전년에 비해 올해의 GDP가 얼마나 늘어났느냐 하는 것을 나타내는 지표로 경제가 잘 굴러가고 있는지를 나타내는 전반적인 성적표라고 할 수 있다.

해마다 연초가 되면 정부와 한국은행(the Bank of Korea) 그리고 각종 민간 연구소들은 성장률 전망치(growth forecast)를 내놓으며, 경제 상황을 봐가면서 분기마다 상향조정을 하거나(revise up) 하향조정을 하기도 한다(revise down). 경제가 예상과 달리 제대로 굴러가지 않을 경우 야당과 경제단체들은 정부에게 경기부양책(pump-priming measures)을 내놓으라고 아우성 친다. 한편 경기가 너무 뜨거워져 과열(overheating)의 기미를 보이면 이를 진정시키기 위한 조치를 취하기도 한다.

economy

경제
the system of production, distribution and consumption in a particular country = economic system

economy의 형용사형으로 economic과 economical이 있는데 의미가 다르다.
an **economic** policy 경제 정책
an **economical** housewife 절약하는(알뜰한) 주부

용례 **a market[laissez-faire] economy** 시장경제 **a free market economy** 자유 시장경제 **a planned[managed] economy** 계획경제 **a communist economy** 공산주의 경제 **a mixed economy** 혼합 경제 **an open [a closed] economy** 개방[폐쇄] 경제
| **a black[non-market] economy** 지하[비시장] 경제
| **a gray[grey] economy** 회색(장부 외) 경제(공식 통계에 계정되지 않은 경제활동; 비밀리에 하는 부업이나 물물교환 등)
| **a national[domestic] economy** 국민(국내) 경제 **household economy** 가정 경제, 가계(家計)
| **a real economy, the real sector of the economy** 실물 경제 **political economy** 정치경제학

economic 경제의
| **economic policy** 경제 정책 **a slowdown in economic activity** 경제 활동 저조 **economic growth [cooperation, development, reform]** 경제 성장[협력, 발전, 개혁] **economic circles** 경제계 **an economic adviser** 경제 고문
| **economical** 검소한, 절약하는 **economize** 절약하다 **travel economy-class** 보통석으로 여행하다
| **economics** 경제학 **economist** 경제학자 **macroeconomics** 거시 경제학 **microeconomics** 미시 경제학 **macroeconomic policy** 거시 경제정책 **economy of scale** 규모의 경제 **economy of scope** 범위의 경제

sector 부문
| **the public[private] sector** 공공[민간] 부문 **economic unit [actor, player]** 경제 주체 **free enterprise** 자유 기업 제도 **state capitalism** 국가 자본주의 **state socialism** 국가 사회주의
| **the primary sector[industry]** 1차 산업 **mining** 광업 **farming** 농업 **fishing** 어업 **forestry** 임업 **grazing** 목축업 **hunting and gathering** 사냥과 수집 **quarrying** 채석업
| **the secondary sector** 2차 산업 **manufacturing** 제조업 **metal working and smelting** 금속 및 제련 **automobile production** 자동차 생산 **textile production** 섬유 생산 **chemical and engineering industries** 화학 및 엔지니어링 산업 **aerospace manufacturing** 항공기 제조 **construction** 건설 **shipbuilding** 조선
| **the tertiary[service] sector** 3차 산업 **retail and wholesale sales** 도소매 판매 **transportation and distribution** 운송 및 유통 **entertainment (movie, television, radio, music, theater)** 연예(영화, TV, 라디오, 음악, 극장) **restaurants** 식당 **clerical service** 사무 서비스 **media** 언론 **tourism** 관광 **insurance** 보험 **banking** 은행 **healthcare** 보건 의료 **law** 법률
| **the quaternary sector** 4차 산업 **government** 정부 **culture** 문화 **libraries** 도서관 **scientific research** 과학 연구 **education** 교육 **information technology** 정보기술
| **the quinary sector** 5차 산업 **top decisionmakers** 최고 의사결정권자 **domestic activities** 가사활동
| **stabilize** 안정시키다 **destablize** 불안정하게 하다
| **ration** 배급(량); 배급하다 **a daily ration** 일일 배급량 **a rationing system** 배급 제도 **wartime rationing** 전시 배급 **water rationing** 물 배급

| gross domestic product 국내총생산

grow 성장하다

to become bigger and more developed over a period of time = advance, amplify, augment, become, expand, gain, increase, rise, swell

반의어 **contract, decline, shrink**

용례 **grow 10 percent from a year ago [from a year earlier, from the previous year, the year before, year-on-year, on-year, annually, on an annual basis]** 전년 동기대비 10퍼센트 성장하다

| growth 성장 = advance, expansion, gain, hike, improvement, increase, rise, surge, swell

| the economic growth rate 경제성장률 **growth potential** 잠재성장률 **nominal growth rate** 명목성장률 **real growth rate** 실질성장률

boom 호황

a time of economic prosperity = advance, boost, expansion, gain, growth, improvement, increase, jump, push, rush, spurt, upsurge, upswing

반의어 **collapse, decline, depression, failure, recession**

용례 **a boom in shipbuilding** 조선업계의 호황 **a boom in car sales** 자동차 판매 호황 **enjoy an unprecedented boom** 유례 없는 호황을 누리다

| bust 불경기, 불황 **boom and bust** 벼락 경기와 불경기의 교체, 일시적인 비정상적 호경기

| a business cycle 경기순환 **recovery** 회복 **expansion** 확장 **peak** 정점 **contraction, downturn** 수축 **trough** 저점, 바닥 **reach a peak** 정점에 이르다 **peak out** 정점을 지나다 **hit bottom, bottom out** 바닥을 치다 **be at the bottom** 저점에 있다 **snapback** (이전 상태로의) 회복

| recession 침체

| upturn 상승, 호전 = advance, gain, growth, increase, progress, rise, upswing

| slump 불황, 불경기 = bad period, bad times, bottom out, bust, collapse, crash, depression, descent, dip, downer, down-slide, downswing, downtrend, downturn, drop, dumps, fall, falloff, funk, hard times, let-down, low, recession, sag, slide, slip, stagnation, the skids, trough

| robust 활발한 = booming, brisk, flourishing, prospering, prosperous, roaring, sound, stout, strong, sturdy, thriving

| sluggish 불경기의 = anemic, dull, flaccid, flagging, frail, inactive, languid, lethargic, lifeless, listless, sagging, slack, stagnant, weak

| overheating 과열 **prevent the overheating of the economy** 경기 과열을 막다 **cool[calm] the economy** 경기를 진정시키다 = take the heat out of the economy

economic soft landing 경제(경기) 연착륙

| make a soft landing 연착륙하다 **induce[engineer, create, arrange] a soft landing for the economy** 경제 연착륙을 유도하다 **a soft-landing policy** 연착륙 정책 **achieve[realize] a soft landing** 연착륙을 달성하다 **expect[exclude] a soft landing** 연착륙을 기대하다[배제하다] **point to a soft landing** 연착륙을 암시하다 **bring about a soft landing for the consumer debt problem** 소비자 부채 문제를 연착륙시키다

| make an economic hard landing 경제가 경착륙하다 **lead to a hard landing** 경착륙으로 이어지다 **turn into a hard landing** 경착륙이 되다

V-shaped recovery V자형 회복(침체 뒤의 경기급상승)

| **make a V-shaped recovery** V자형 회복을 하다 **see[experience] a V-shaped recovery** V자형 회복을 경험하다 **aim for a V-shaped recovery** V자형 회복을 목표로 하다 **predict a V-shaped recession-recovery scenario** V자형 침체-회복 시나리오를 예상하다

| **a U-shaped recovery** U자형 회복(침체 뒤 완만한 경기상승)

make a U-shaped recovery U자형 회복을 하다 **predict a U-shaped recession-stagnation-recovery scenario** U자형의 침체-정체-회복 시나리오를 예상하다

| **an L-shaped recession** L자형 침체(침체가 장기간 지속되는 형)

| **show[exhibit] an L-shaped recession** L자형 침체를 보이다 **suffer[undergo] an L-shaped recession** L자형 침체를 겪다 **face an L-shaped recession** L자형 침체에 직면하다 **head into an L-shaped slump** L자형 침체로 향하다 **be bogged down [mired] in an L-shaped recession** L자형 침체에 빠져있다

| **a W-shaped recession-false recovery-second recession-recovery model** W자형의 침체-가회복-제2침체-회복 모델 = a recovery quickly aborted by a double-dip recession

soft patch 경기상승 국면에서의 일시적 경기후퇴

| **enter[hit] a soft patch** 일시적 경기후퇴에 돌입하다 **stumble into a soft patch** 주춤거리며 일시적 경기후퇴에 빠지다 **go through, undergo** 일시적 경기후퇴를 겪다 **be stuck in a soft patch** 일시적 경기후퇴에 빠져있다 **get[move, pull] out of a soft patch** 일시적 경기후퇴에서 벗어나다

| **a double dip, a double-dip recession** 더블딥(경기침체 후 잠시 회복되었다 다시 침체기로 빠지는 현상)

| **face[expect] a double-dip recession** 더블딥에 직면하다[더블딥을 예상하다] **be heading towards [headed for] a double dip** 더블딥으로 향하다 **a looming double-dip recession** 서서히 나타나는 더블딥 **the likelihood[probability, possibility] of a double-dip recession** 더블딥의 가능성 **a serious potential for a double-dip recession** 더블딥에 빠질 심각한 가능성 **the impact of a double-dip recession** 더블딥의 영향

| **downside risk** 경기하강 위험 **warn of downside risks** 경기하강 리스크에 대해 경고하다 **face a large number of downside risks** 많은 경기하강 위험에 직면하다

필수예문

track 102

1 While reforms are helping develop a **market economy**, more still needs to be done to enable firms to meet the challenges of the new economy. (개혁 조치들이 시장경제 발달에 도움을 주고 있지만 기업들을 신경제의 도전에 맞설 수 있게 하기 위해 여전히 더 많은 조치를 취할 필요가 있다.)

2 A **planned economy** is not the definition of socialism because there is planning under capitalism. (자본주의 하에서도 계획은 존재하기 때문에 계획경제는 사회주의의 정의가 아니다.)

By bringing in tougher measures, the government can curb the **black economy**, which will in turn boost growth. (보다 강경한 조치들을 도입함으로써 정부는 지하경제를 규제할 수 있고 이는 또 성장을 촉진할 것이다.)

The **grey economy** has been one of the country's chief problems for some time. (회색경제는 상당기간 동안 그 나라의 주요 경제문제 중의 하나였다.)

3 The despot is credited with leading the country's rapid **economic development**.

(그 독재자는 그 나라의 빠른 경제 발전을 주도한 공을 인정받고 있다.)

His theories have had a significant influence on **modern economics**. (그의 이론은 현대 경제학에 상당한 영향을 끼쳤다.)

There's an increasing demand for cars which are more **economical on** fuel. (좀더 연료가 절감되는 차에 대한 수요가 늘어나고 있다.)

4 Policymakers should rely on **macroeconomic policy** instruments to sustain domestic demand. (정책 입안자들은 내수를 지속시키기 위해 거시 경제정책 수단에 의존해야 한다.)

Unhealthy and **destabilizing** factors in the economy started to emerge last year and were growing, with some problems having reached serious levels. (불건전 및 불안 요인들이 작년에 경제에 나타나기 시작해 커지고 있었는데 일부 문제는 심각한 지경에 이르렀다.)

5 The US **gross domestic product** grew at an annual rate of 4.3 percent in the third quarter, ahead of the market consensus. (미국의 국내총생산이 3.4분기에 작년 동기대비 4.3퍼센트 성장했는데 이는 시장 예상치보다 높은 것이었다.)

The country's **economic growth rate** has been about 5 to 6 percent, although it has the potential to achieve 8 percent growth. (그 나라의 경제성장률은 5퍼센트 내지 6퍼센트였지만 잠재성장률은 8퍼센트에 달한다.)

6 The US economy is **enjoying an unprecedented economic boom**, achieving a long-term annual growth rate in excess of 5 percent. (미국 경제는 유례 없는 호황을 구가하고 있는데 5퍼센트가 넘는 장기 연간 성장률을 달성하고 있다.)

The housing market continues to **enjoy an unprecedented boom**, with approximately 150,000 houses constructed in the past two years. (주택 시장은 계속 유례 없는 호황을 구가하고 있는데 약 15만 호의 주택이 지난 2년 동안 건설되었다.)

7 **Business cycles** are recurring changes in the level of business and economic activity over time. (경기순환은 시간이 흐르면서 기업과 경제활동 수준의 반복되는 변화를 말한다.)

These cycles occur at regular intervals in a market economy as the rate of real economic growth exceeds **the growth in the potential of the economy** to produce goods and services. (실질 경제성장률이 재화와 용역의 잠재성장률을 초과함에 따라 이러한 경기순환은 시장경제에서는 주기적으로 일어난다.)

8 The economy **picked up** in Bush's first term, but it's **peaked out** and is starting to slow down, economists say. (부시의 첫 임기에 경제는 회복했지만 정점을 지나 둔화되기 시작했다고 경제학자들은 말한다.)

The emerging consensus is that the economy won't **hit bottom** until the middle of next year. (새로 나온 합의된 의견은 경제는 내년 중반이 되어서야 바닥을 칠 것이라는 것이다.)

If the overall economy **is at the bottom**, some industries are still **climbing up**. (경제 전반은 바닥에 있지만 일부 산업은 여전히 성장하고 있다.)

forecast

예상하다, 예측하다
to say something will happen before it actually does happen = anticipate, estimate, expect, envisage, envision, foresee, foretell, predict, project, prophesy

유의어 **adumbrate** 예시하다 **augur** 점치다, 전조가 되다 **portend** 예고하다, 전조가 되다 **surmise, second-guess** 추측하다

용례 **forecast the consequences** 결과를 예측하다 **forecast a fall in unemployment** 실업 감소를 예상하다 **forecast the weather** 날씨를 예측하다 **forecast the result** 결과를 예측하다 **forecast that an earthquake would occur** 지진이 일어날 것이라고 예측하다

| **forecast** 예상, 예측 = anticipation, estimate, outlook, prediction, prognosis, projection, prophecy

| **a business [an economic] forecast** 경기 예측

| **a weather forecast** 날씨 예보 **do[make] a forecast** 예상하다 **a long-range forecast** 장기 예보

growth forecast 경제 전망치

| **upgrade[revise up, revise upward] a growth forecast** 경제 전망치를 상향조정하다

| **downgrade[revise down, revise downward] a growth forecast** 경제 전망치를 하향조정하다

| **predicted, projected** 예상의 **predictable, foreseeable** 예상할 수 있는 **unpredictable, unforeseeable** 예상할 수 없는 **It remains to be seen.** 두고봐야 한다. **can't say[tell]** 모르다

| **an advance[quick] estimate** 속보치 **a preliminary estimate** 잠정치 **a final estimate** 확정치 **a revised estimate** 수정치 **source[raw] data** 기초[바탕] 자료

| **provide[release, calculate] an advance estimate** 속보치를 제공하다[발표하다, 계산하다]

the monthly source data used for the advance estimate 속보치에 이용되는 월간 기초 자료

optimism 낙관론

| **undue optimism** 지나친 낙관론 **display[radiate, show] optimism** 낙천적이다 **express optimism over[about]** ~에 대해 낙관적인 견해를 표현하다

| **optimistic** 낙관적인 = bright, buoyant, confident, expectant, hopeful, positive, promising, rosy, sanguine, upbeat

| **paint a rosy picture of, take a rosy view of** ~를 낙관적으로 보다

| **pessimism** 비관론 **express pessimism over[about]** ~에 대해 비관적인 견해를 표현하다 **display pessimism** 비관적인 모습을 보이다 **overcome pessimism** 비관론을 극복하다

| **pessimistic** 비관적인 = bleak, gloomy, glum, hopeless, worried

stimulate

자극하다, 부양하다, 활성화시키다
to rouse to activity or heightened action, as by spurring or goading = activate, animate, dynamize, encourage, energize, enliven, foster, galvanize, get going, get started, invigorate, perk up, pump up, spur, vitalize

반의어 **discourage**

용례 **stimulate the economy** 경기를 부양하다 **stimulate investment** 투자를 촉진하다 **stimulate domestic demand[exports]** 내수[수출]를 활성화시키다
| **prime the pump** 경기를 부양하다
| **pump-priming** 경기부양의 **pump-priming measures** 경기부양책 **a package of pump-priming steps** 경기부양안
| **stimulus** 부양, 활성화 **an economic stimulus package[plan, program]** 경기부양안 **a shot in the arm** 활력소, 자극제 **a jump-start, a kick-start** 활성화, 활력소 **give the economy a fillip** 경제를 활성화시키다
jump-start, kick-start 활성화시키다
| **kick-start the economy with a large construction project** 대형 건설 사업으로 경제를 활성화시키다
| **recover** 회복하다 = better, bounce back, get better, perk up, pick up, pull through, rally, rebound, recuperate, snap back, turn the corner
| **revitalize, reanimate, revive, resuscitate** 회복시키다

필수예문

track 103

1 The South Korean economy is **forecast to grow** around 5 percent this year, up from a 4-percent increase the previous year. (한국 경제는 올해 작년의 4퍼센트 성장보다 높은 약 5퍼센트 성장할 것으로 예상되고 있다.)

The US economy is **expected to expand** at a faster pace this year, helped by a steady rise in global trade. (미국 경제는 세계 무역의 꾸준한 증가에 힘입어 올해 더 빠른 속도로 성장할 것으로 예상된다.)

2 Thanks to the robust export picture, the central bank is set to **revise up** its 2006 growth forecast to 5 percent from an earlier 4.5 percent. (수출이 활발할 것으로 전망됨에 따라 중앙은행은 2006년 경제성장 전망치를 이전의 4.5퍼센트에서 5퍼센트로 상향조정할 예정이다.)

The International Monetary Fund will **upgrade** its projections for oil prices and will predict an average crude price for this year of $51 a barrel. (국제통화기금은 유가 전망치를 상향조정할 것이고 올해 유가 평균치를 배럴당 51달러로 예상할 것이다.)

3 The European Central Bank will have to **revise down** its growth estimates again since the global economy is in trouble. (유럽 중앙은행은 세계 경제가 어려움에 빠져 있으므로 성장 전망치를 다시 하향조정해야 할 것이다.)

Japan has **downgraded** its growth forecast, citing a steady rise in international oil prices. (국제 유가의 꾸준한 상승을 이유로 일본은 경제성장 전망치를 하향조정했다.)

4 **It remains to be seen whether** the economy will be able to recover from the current slump. (경제가 현재의 침체에서 회복할지 두고보아야 한다.)

The government **can't say whether** the economy will pick up at this stage. (정부는 경제가 현 단계에서 회복할지 모른다.)

5 The think tank has **painted a rosy economic picture** for next year after announcing that economic growth in the fourth quarter was faster than expected.

(그 연구소는 4.4분기 경제성장이 예상보다 빨랐다고 발표한 후에 내년도 경제를 낙관적으로 전망했다.)

A recent poll shows that nearly 90 percent of South Koreans **are pessimistic about** the country's economy because of high-flying oil prices. (최근의 여론조사에 따르면 거의 90퍼센트에 달하는 한국 사람들이 고공 행진하는 유가 때문에 국가 경제에 대해 비관적이라고 한다.)

6 The president contends that his tax-cut proposal will **stimulate the economy** by allowing people to keep more of their own money to spend, save, and invest, thus creating new jobs. (대통령은 자신의 감세안이 사람들이 소비하고, 저축하고, 투자할 돈을 많이 갖게 함으로써 경제를 활성화시키고 새로운 일자리를 창출할 것이라고 주장한다.)

7 The government plans to **announce a new economic stimulus package** next week in an attempt to strengthen the economy's still-sluggish recovery. (정부는 경제의 아직 약한 회복세를 강화하기 위한 시도로 다음 주에 새 경기 부양안을 발표할 예정이다.)

Japan has relied too heavily on **pump-priming measures** to stimulate the economy. (일본은 경제 활성화를 위하여 부양책에 지나치게 의존해왔다.)

8 Opposition parties have called on the government to create a stimulus package to **jump-start the economy**. (야당은 정부에 경제를 활성화시키기 위해 경기 부양안 마련을 요구했다.)

Private economists have predicted private consumption will **perk up** again in the coming months. (민간 경제학자들은 향후 몇 개월 동안에 민간 소비가 회복할 것이라고 전망했다.)

심화학습

경기순환 business cycle

경기순환이란 총체적 경제활동이 경제의 장기 성장 추세를 중심으로 상승과 하강을 반복하며 성장하는 현상을 말한다. 경기순환의 국면을 구분하는 방법에는 여러 가지가 있으나 경기저점에서 정점까지 경제활동이 활발한 확장국면, 경기정점에서 저점까지 경제활동이 위축되는 수축국면으로 나누는 이분법이 주로 이용된다.

Like human nature, the economy has its ups and downs. At times the economy can grow robustly, with household income rising, consumers happily spending, and companies hiring and expanding their business. However, there also are periods when the economy looks tired, with growth barely perceptible.

There's less consumer shopping and little, if any, new business investment under way. In the most extreme case, the economy actually shrinks, which is what happens in a recession. Over time, however, recessions give way to a fresh round of economic activity. These swings, from good times to awful times and then eventually back to good times again, are roughly what we mean by a **business cycle**.

The reason the economy is condemned to undergo **business cycles** is because it's only natural. An open economy is essentially a reflection of human behavior with millions of people making decisions every day. What should they buy? How much can they spend?

Is it time to invest in stocks? Corporate leaders face different issues. Is it time to hire workers? Rebuild inventories? Buy another company?

인간성과 마찬가지로 경제도 상승과 하강이 있다. 때로 경제는 활발하게 성장해 가계 소득이 늘고 소비자들은 기꺼이 소비를 하며 기업들은 고용을 하고 사업을 확장한다. 그러나 성장을 거의 느낄 수 없어 경제가 피곤해 보이는 시기도 있다.

소비자들의 구매가 적어지면 기업들의 신규 투자는 거의 이루어지지 않는다. 가장 극단적인 경우 경제는 실제로 위축되는데, 경기침체기에 일어나는 현상이다. 그러나 시간이 흐르면 침체는 새로운 경제 활동기에 자리를 넘겨준다. 호황에서 극심한 불황 그리고 결국에는 다시 호황으로 이어지는 이러한 변화가 대략 우리가 말하는 **경기순환**이다.

경제가 **경기순환**을 겪을 수밖에 없는 이유는 그것이 지극히 자연적이기 때문이다. 개방경제는 본질적으로 수백만의 사람들이 매일 결정을 하는 인간 행동의 반영이다. 무엇을 사야 하나? 얼마를 쓸 수 있나? 주식에 투자해야 할 때인가? 기업의 경영자들은 다른 문제에 부닥친다. 노동자를 고용해야 하나? 재고를 늘려야 하나? 아니면 다른 회사를 인수해야 하나?

ups and downs 기복, 고저; 영고성쇠 **household income** 가계 소득 **perceptible** 알아챌 수 있을 정도의 **if any** 만약에 있다면, 만약에(설사) 있다손 치더라도 **under way** 진행 중인 **the most extreme case** 가장 극단적인 경우 **shrink** 축소(위축)되다 **swing** 진폭, 진동 **roughly** 대충, 대략 **be condemned to do** ~할 운명이다, ~할 수밖에 없다 **undergo** 겪다 **reflection** 반영 **inventory** 재고

28 화폐 | 소득 | 저축

주제어	관련어
money	**currency, banknote, coin, legal tender, fiat money, monetary, money supply, monetary base, fund, allowance, upkeep, rich, poor, ghetto**
income	**high [low] income, pay, salary, wage, earn, make, get paid, gross, net, clear, breadwinner, salaried**
save	**savings, net egg, reserve, foreign exchange reserves**

●●● Money makes the mare go. 돈만 있으면 귀신도 부릴 수 있다.

세상에 돈 싫어하는 사람 없고 모두들 돈을 많이 벌기 위해 노력하는데 '돈이면 만사가 다 된다(money talks)' 라는 속담까지 있는 것을 보면 더 말할 나위도 없다. 한때 '부자 되세요' 라는 광고가 크게 인기를 끌어 일반인들도 덕담으로 이 말을 주고받은 적이 있었다. 그리고 로또는 인생역전을 꿈꾸는 수많은 보통사람들에게 희망의 등불이 되고 있다.

돈을 의미하는 가장 일반적인 단어는 money이고 경제학에서는 통화 또는 화폐(currency)라고 부르며 크게 지폐와 동전으로 분류된다. 중앙은행은 돈을 찍어내어 일반에 유통시키고 시중에 도는 돈이 너무 많아 물가 상승이 우려될 경우 이를 환수하는 역할을 하는 곳이다. 본원통화(high-powered money, monetary base)란 중앙은행의 창구를 통해 공급된 화폐의 총액을 말하며 민간화폐보유액(currency in circulation), 즉 현금통화에다 금융기관의 지급준비액(reserves)을 합한 것이다.

우리나라에서 통화량(money supply)이란 금융기관 이외의 민간부문이 보유하는 현금통화, 예금통화, 준통화 등의 잔고를 말한다. 현금통화와 요구불예금의 합계를 통화(M1), 여기에 저축성예금(준통화)을 가한 것을 총통화(M2), 그리고 M2에 비통화기관(non-monetary institution) 예수금, 금융채권 발행액, 상업어음 매출액, 양도성예금증서 발행액을 합한 것을 총유동성(M3)이라고 한다. 통화 공급은 물가나 경기 동향과 밀접한 관련이 있기 때문에 나라마다 통화정책(monetary policy) 운영을 중시하고 있으며, 우리나라에서는 정책적으로 증가율의 목표치를 설정하여 통화 공급량을 조절하고 있다.

money

돈; 화폐, 통화; 재산

a medium that can be exchanged for goods and services and is used as a measure of their values on the market = beans, boodle, bread, bucks, cabbage, cash, chips, dinero, dosh, dough, ducats, gelt, green, green stuff, jack, kale, lettuce, lolly, long green, loot, lucre, mazuma, scratch, sugar, wampum, wherewithal

유의어 **the almighty dollar** 돈의 힘 **banknote, bill** 지폐 **bankroll** 돈 다발, 자금 **capital** 자본 **change** 잔돈 **check** 수표 **clam** 1달러 **coin** 동전 **coinage** 경화 **currency** 화폐, 통화 **fiat money** 법정 불환 지폐, 명목 화폐 **gold** 금화 **gold standard** 금본위제 **gravy** 쉽게 얻은 돈, 부정한 돈 **greenback** 달러 **hard cash** 현금 **kitty** 개평, 판돈 **legal tender** 법정 통화 **silver** 은화 **skin** 1달러 **specie** 정금, 정화 **wad** 돈 다발

용례 **small money** 잔돈 **paper[soft] money** 지폐 **standard[subsidiary] money** 본위[보조] 화폐 **foreign currency** 외국 통화 **hard currency** 경화(국제적으로 교환 가능한 통화)

monetary 화폐의, 통화의; 금전적인

| **a monetary policy** 통화 정책 **a monetary crisis** 통화 위기 **monetary value** 금전적 가치

| **the money supply** 통화량 **token money** 명목 화폐, 대용 화폐 **high-powered money, monetary base** 본원 통화 **the money multiplier** 통화승수

| **bills, folding green, folding money, greenbacks, green stuff, lettuce, long green, paper currency, paper money, skins** 지폐

| **counterfeit currency, counterfeit money, fake money, funny money** 위조지폐

| **issue** 발행하다 **issue a commemorative coin** 기념주화를 발행하다 **print** (지폐를) 찍다 **mint** (화폐를) 주조하다

fund 기금

| **funds, means, assets, finances, resources** 자금, 재원, 재력

| **allowance, petty cash, pin money, pocket money, spending money** 용돈 **contingency money, mad money** 비상금

| **electronic money, cybercash, digital cash, digital money, electronic cash, e-money** 전자 화폐

| **maintenance, upkeep** 생계비, 유지비 **alimony** 생계비, 부양비; 이혼(별거) 수당 **funding** 자금 지원 **subsidy** 보조금

finance 금융

| **financial** 재정의, 금융의 **financial ability** 재력 **financial affairs** 재정(금융) 사정 **the financial market** 금융시장 **a financial institution** 금융기관 **be in financial difficulties[trouble]** 재정적으로(금융상의) 어려움에 처하다

---

rich 돈 많은, 부자인

owning a lot of money or possessions = affluent, fat, gilded, in clover, moneyed, opulent, plush, propertied, prosperous, swimming, upscale, uptown, wealthy, well-heeled, well-off, well-to-do

용례 **rich and poor** 부자나 가난한 자나 모두 **the new rich** 벼락부자들 **a nouveau riche** 벼락부자

| **a lot of money, a fortune, a small[tidy] fortune, big money, a tidy sum, big bucks, megabucks, pile, bundle** 큰돈, 많은 돈

| a man of fortune, a man[woman] of means 재력가 **millionaire[billionaire]** 백만[억만]장자 **yuppie** 여피(족)(전후 세대로 전문직의 부유한 대도시 엘리트층)
| the rich (집합적) 부자 **the wealth** 부자, 자산가 **the haves and have-nots** 가진 자와 못 가진 자 **the jet set** 유한 상류 계급
| get rich, make[build up] a fortune, make a bundle, make good 부자가 되다 **go from rags to riches** 무일푼에서 벼락부자가 되다 **be made for life** (크게 성공하거나 큰 부자가 되어) 놀고먹어도 되는
| be comfortable, be comfortably off, lack for nothing, not go without (금전적으로) 불편함(부족함)이 없다, 충분하다, 넉넉하다
| be loaded, be rolling in it, be striking[filthy] rich, be worth a fortune, be worth millions, have money to burn 돈이 아주 많다
| be flush, be in the money (잠시) 돈이 많다
| shit in high cotton 호화스러운 생활을 하다, 벼락부자가 되어 사치스럽게 살다

---

poor 가난한

having very little money and few possessions = bad off, beggared, beggarly, destitute, down-at-heel, fortuneless, hard up, impecunious, impoverished, in need, in rags, indigent, needy, pauperized, penniless, penurious, poverty-stricken, strapped, unprosperous

용례 **be born poor** 가난한 집에서 태어나다 **poor children** 빈곤층 자녀 **(as) poor as a church mouse [Job's turkey, a rat, Job, Lazarus]** 찢어지게 가난한 **poor and rich** (집합적) 부자와 빈자, 부유층과 빈곤층
| poor people, the poor, the have-nots 빈민
| poverty 가난 **abject[grinding] poverty** 극빈 **live in poverty** 가난하게 살다
| fall on hard times 가난해지다
| disadvantaged 불리한 조건에 놓인, 혜택 받지 못한 **underprivileged** 혜택을 받지 못한 **deprived** 불우한, 풍족하지 못한
| down on one's luck, broke, down-and-out, flat, flat broke, hard up, skint 무일푼의, 파산한
| insolvent, bankrupt, ruined 파산한 **go bankrupt[insolvent, bust]** 파산하다
| slum, ghetto, shanty town 빈민가, 달동네

필수예문

track 104

1 The civic organization has launched a national campaign to **raise money** for victims of an earthquake that hit a southern island last month. (그 시민단체는 지난 달 남쪽의 한 섬을 강타한 지진 피해자들을 돕기 위한 전국적인 모금 운동을 시작했다.)

2 North Korea is trying to exploit the development of nuclear bombs as a way to earn **hard currency**. (북한은 핵무기 개발을 경화를 버는 방편으로 이용하려고 한다.)

With a **foreign currency** account, you can earn interest in a foreign currency without having to go overseas to open an account. (외화 계좌가 있으면 계좌를 개설하기 위해 해외에 나갈 필요 없이 외화 예금을 벌 수 있다.)

3 The conduct of **monetary policy** may sometimes become more complicated if a significant proportion of the money stock is circulating outside the euro area. (만약 상당한 비율의 통화량이 유로 지역 밖에서 유통되고 있다면 통화정책의 수행이 때로 좀더 복잡해질 수 있다.)

The International Monetary Fund aid package by itself is unable to overcome the current **monetary and economic crisis**. (국제통화기금의 원조안 자체로는 현재의 통화 및 경제위기를 극복할 수 없다.)

4 The US **money supply** comprises currency – dollar bills and coins issued by the Federal Reserve System and the Treasury – and various kinds of deposits held by the public at commercial banks and other depository institutions such as savings and loans and credit unions. (미국의 통화량은 통화 — 연방준비제도와 재무성에서 발행한 달러 지폐와 동전 —와 민간이 상업 은행과 저축대부기관 그리고 신용조합과 같은 기타 예금기관에 보유한 여러 예금으로 구성된다.)

5 If the Bank of Korea (BOK) boosts the supply of **high-powered money** (cash plus BOK current accounts), credit is created in the banking sector and as a result M2 expands by about 10 times the amount of high-powered money supplied. (한국은행이 본원통화 (현금과 한은 당좌 계정) 공급을 증가시키면 은행권에서 신용이 창출되고 그 결과 M2는 본원통화 공급액의 약 10배 만큼이나 늘어나게 된다.)

6 She is determined to make sure her children **lack for nothing**. (그녀는 자신의 아이들이 금전적으로 부족함 없이 살 수 있도록 해주리라 결심하고 있다.)

Do you know that he has three foreign cars? He must be **loaded**. (그가 외제차 3대를 소유하고 있다는 거 알아? 그는 돈이 엄청 많은 것이 틀림없어.)

Tom is **stinking rich** but he never gives a penny to charity. (톰은 돈이 정말 많지만 절대로 자선사업에 한 푼도 내놓지 않는다.)

7 The government is under fire for carrying out policies that make **the rich** get richer and **the poor** poorer. (정부는 부자는 더 부자가 되고 돈 없는 사람은 더 가난하게 만드는 정책을 편다는 비난을 받고 있다.)

A new report is urging the government to focus on giving migrant workers and farmers a fair chance since **the gap between the haves and have-nots** has already become a threat to the country's social harmony. (빈부 격차가 사회 통합에 이미 위협이 되었기 때문에 새 보고서는 정부에 이주 노동자들과 농민들에게 공평한 기회를 줄 것을 촉구하고 있다.)

8 Teenagers growing up in **depraved areas** are far more likely to turn to crime and drug abuse. (불우한 지역에서 자라는 청소년들은 범죄와 마약 남용에 빠질 가능성이 훨씬 크다.)

Restarting a massive demolition campaign to tear down all illegal houses that have sprung up in the capital, the government bulldozed thousands of **shanty towns**, making thousands of people homeless. (수도에 생겨난 모든 불법 주택들을 허물기 위한 대대적인 철거 운동을 재개하면서 정부는 수천 채의 판잣집들을 불도저로 밀어버려 수천 명을 집을 잃게 만들었다.)

income

수입, 소득

the financial gain (earned or unearned) accruing over a given period of time
= earnings, gains, profit

용례 **an annual income** 연수(年收), 연간소득 **gross income** 총소득(수입) **net income** 순소득(수입) **high[low] income** 고[저]소득 **income from** ~로부터의 수입 **disposable income** 가처분 소득 **earned[unearned] income** 근로[불로] 소득 **live beyond[within] one's income** 수입 이상의[이내의] 생활을 하다

| **the high-income[low-income] bracket[category, area]** 고[저]소득층

| **the middle-income bracket** 중간소득 계층 **the middle class** 중산층

| **pay** 봉급, 임금 **boost[raise] someone's pay** ~의 봉급을 인상하다 **cut someone's pay** ~의 봉급을 깎다 **a pay increase[hike, rise]** 봉급 인상 **a pay cut[reduction]** 임금 삭감 **base pay** 기본급 **sick pay** 병가 수당 **pay day** 월급날

| **salary** 월급 **get[draw] a high salary** 많은 급료를 받다 **eke out one's salary with a part-time job** 아르바이트로 봉급에 보태다 **pay a salary** 급료를 지불하다 **command[draw, get, receive] a salary** 급료를 받다

| **wage, wages** (노동자의) 임금, 급여(보통 시간당 혹은 주당으로 지급) **daily wages** 일급 **the minimum wage** 최저임금 **wage gap[diferential]** 임금 격차 **wage level** 임금 수준 **make[get, obtain] good wages** 좋은 급료를 받다 **draw[earn, get, receive] a wage** 임금을 받다

earn, make 벌다

| **earn $100,000 per year** 연간 10만 달러를 벌다 **be paid, get paid, get, be on** 돈을 받다

| **gross** ~의 총수익을 올리다, 총계 ~를 벌다 **gross earnings** 총수익

| **take home, net, clear** (세금을 제하고) 순수입으로 ~를 벌다 **take-home pay, after-tax income** 월급의 실수령액, 세후소득

| **make[earn, gain, get, obtain] a living as** ~로 생계를 꾸리다, 생활비를 벌다 **make a plain[high, poor, good] living** 검소한[호화로운, 가난한, 윤택한] 생활을 하다

| **make[earn] good money** 많은 돈을 벌다 **be highly[well] paid** 봉급을 많이 받는 **get a highly-paid job** 고소득 직업을 얻다 **make a fortune** 아주 많은 돈을 벌다 **rake it in** 한밑천 잡다, 큰돈을 벌다

| **breadwinner** 가족 부양자, 집안의 생계를 책임진 사람; 생업 **bread earner** 생계 유지자 **wage earner, wage worker** 임금 노동자 **salaried man** 월급쟁이, 봉급 생활자 **on a salary** 봉급을 받는

dual[two, double]-income couple 맞벌이 부부

| **a dual-career[double-income, dual-earner] family** 맞벌이 가정 **work in double harness** 맞벌이를 하다

| **a door-key child, a latchkey child[kid, boy, girl]** 부모가 맞벌이하는 집안의 아이 **double income no kids (DINKs)** 자식이 없는 맞벌이 부부

save

저축하다, 모으다, 떼어놓다; 절약하다

to set aside for future use = amass, be frugal, be thrifty, collect, conserve, cut corners, deposit, economize, feather[line] one's nest, gather, husband, keep, lay away, lay up, pile up, put aside[away, by], salt away[down], scrimp, set aside, sock away, squirrel away, treasure

유의어 **cache** 은닉하다 **hide away** 숨기다, 감추다 **hoard** 몰래 저장하다, 매점하다 **lay aside[by]** ~를 따로 떼어놓다, 비축하다 **lay in** 사재기하다 **penny-pinch, skimp** 인색하게 굴다 **reserve** (후일을 위해) ~를 떼어두다, 비축하다 **retrench** 줄이다, 긴축하다 **spare** ~를 아끼다 **stash** 숨겨두다 **stockpile, store** 비축하다 **stow away** 치워두다, 밀항하다 **tighten one's belt** 긴축하다

반의어 **fritter away, spend, use up, waste**

용례 **save money** 돈을 저축하다 **save up** (~를 하기 위해) 돈을 모으다 **save up for a trip abroad** 해외여행을 위해서 저금하다 **save for a rainy day** 만일의 경우를 위해서 저축(준비)하다

| **scrimp and save[scrape]** 조금씩 저축하다, 아끼고 아껴 절약하다, 절약하여 빠듯한 생활을 하다

| **have ~ saved[saved up, put by, put away, tucked away]** 돈을 좀 모아두다, 모아둔 돈이 있다

savings 저축, 저금

| **life savings** (일생 동안 모은) 노후 대비 저축 **savings rate** 저축률

| **nest egg** (어려울 때에 대비하는) 저금, 비축금; (자금의 씨앗이 되는) 준비금, 종잣돈 **accumulate a nest egg** 밑천을 모으다 **set aside a (little) nest egg** 밑천을 챙겨두다

| **reserve** 준비(예비)금, 적립금 **gold reserve** 금 준비(발권 은행의)

| **foreign exchange reserves** 외환보유고

| **high roller** 낭비가; 방만한 재정의 회사[정부기관] **big spender** 돈을 낭비하는 사람, 통이 큰 사람 = scattergood, spend-all, spendthrift

| **miser** 구두쇠 = cheapskate, niggard, stingy[closefisted, tightfisted] fellow, skinflint, curmudgeon, scrapepenny, screw, moneygrubber, penny pincher, tightwad

필수예문

track 105

1 It is important to provide timely and direct financial assistance to **low-income** seniors and low-income families with children. (저소득 노인과 아이가 있는 저소득 가정에 시의적절하고 직접적인 금융지원을 제공하는 것이 중요하다.)

Low-income families pay a higher percentage of their income in taxes than **high-income families.** (저소득 가정이 고소득 가정보다 더 높은 비율의 소득을 세금으로 낸다.)

2 A recent medical study shows those falling under the **low-income category** are about twice as likely to be suicidal as those in the **middle-income bracket** and nearly three-times as likely as those from the **high-income area.** (최근의 한 의학 연구에 의하면 저소득군에 속하는 사람들이 중산층의 사람들보다 자살할 가능성이 약 두 배가 되고 고소득층보다는 거의 세 배나 높다고 한다.)

3 I don't know **how much she earns.** (그녀가 얼마나 버는지 나는 모른다.)

If you **gross over $1 million** each year, you should consult a good tax accountant. (연간 총소득이 백만 달러를 넘으면 세무사와 상담해야 한다.)

How much is your **take-home pay?** (월급 실수령액은 얼마입니까?)

4 A government decision to set **the minimum wage** at $5 an hour — well below the national poverty line — met with harsh criticism from labor. (최저임금을 전국적 빈곤선보다 훨씬 낮은 시간당 5달러로 책정한 정부의 결정은 노동자들의 거센 비난을 받았다.)

How much were you on in your last job? (옛 직장에서는 얼마 받았습니까?)

Everybody knows that you are **on a good salary**. (네가 봉급을 많이 받는다는 거 모두가 다 안다.)

How much do you **net** a year? (연간 순소득이 얼마나 됩니까?)

5 Unless the public are **making a good living**, the ruling party cannot win the election. (국민이 윤택한 생활을 하지 않으면 집권당은 선거에 이길 수 없다.)

She must work **for a living**. (그녀는 생계를 위해 일하지 않으면 안 된다.)

What do you do for a living? (어떤 일을 하십니까?)

It is difficult to **make a living as** a painter. (화가로 생계를 꾸리기란 어렵다.)

Part-time workers have different working conditions than **workers on a salary**. (비상근 노동자는 월급 노동자와 근로조건이 다르다.)

6 How long will it take you to **save enough money** to go to college? (대학에 가기에 충분한 돈을 모으려면 얼마나 걸릴까요?)

He has already started **saving for** his next summer vacation. (그는 벌써 다음 여름휴가를 위해 돈을 모으기 시작했다.)

7 I think he **has quite a lot of money tucked away** for his retirement. (나는 그가 자신의 은퇴에 대비해 아주 많은 돈을 저축해놓았다고 생각한다.)

Tom plans to spend his **life savings** on a retirement home in the resort city. (톰은 자신의 노후 대비 저축을 그 휴양 도시에 퇴직자 전용 아파트를 사는 데 쓸 계획이다.)

A long period of inflation will eventually eat into the value of **your nest egg**. (인플레이션이 오래 지속되면 결국 저축한 돈의 가치를 떨어뜨리게 된다.)

8 The nation's **savings rate** fell to an all-time low of minus 0.6 percent, meaning people did not have enough left over after paying their taxes to cover all of their spending. (그 나라의 저축률은 사상 최저인 마이너스 0.6퍼센트로 떨어졌는데 이는 사람들이 세금을 내고 나면 지출을 충분히 감당할 돈이 남아있지 않다는 것을 의미한다.)

China's **foreign exchange reserves**, the second largest in the world after Japan, have grown remarkably in recent years. (전세계에서 일본에 이어 두 번째로 많은 중국의 외환보유고는 최근 몇 년 동안에 현저하게 증가했다.)

심화학습

본원통화 high-powered money, monetary base

본원통화란 한국은행의 창구를 통해 공급된 화폐의 총액을 말하며 민간화폐보유액(currency in circulation), 즉 현금통화에다 금융기관의 지급준비액(reserves)을 합한 것이다. 금융기관의 지급준비액은 금융기관 보유 시재금(vault cash)과 한은예치금(deposits at the Bank of Korea)의 합을 말한다.

또한 법정화폐 (legal tender, fiat money)는 한 나라의 중앙은행이나 조폐국에서 발행, 제조하는 액면과 발행주체가 표기된 통화를 말하며 전자화폐(electronic money, electronic cash)란 은행 등 발행자가 IC칩이

내장된 카드나 공중정보통신망과 연결된 PC등에 일정 화폐가치를 전자기호로 저장하고 이의 지급을 보장함으로써 통신회선으로 자금결제가 이루어지도록 하는 화폐를 말한다.

High-powered money is a macroeconomic term referring to the monetary base, which is controlled by the institution in a country that controls monetary policy. This is usually either the finance ministry or the central bank.

The **monetary base** is called high-powered because the magnitude of changes in monetary base is greatly magnified by the money multiplier. As an example, a 1 percent increase in **monetary base** may lead to a 10 percent increase in the money supply due to money multiplier effects.

The **money supply** is the total supply of money in circulation in a given country's economy at a given time. There are several measures for the **money supply**, such as M1, M2, and M3. The **money supply** is considered an important instrument for controlling inflation by those economists who say that growth in **money supply** will only lead to inflation if money demand is stable.

고성능 화폐란 일국의 통화정책을 관장하는 재무부나 중앙은행이 통제하는 본원통화를 지칭하는 거시경제 용어다.

본원통화는 고성능이라고 불리는데 **본원통화** 변화의 크기가 통화승수에 의해 크게 확대되기 때문이다. 예를 들면 **본원통화**가 1퍼센트 늘면 통화승수 효과 때문에 통화량은 10퍼센트 증가할 수 있다.

통화량은 한 국가 경제의 일정한 시기에 유통되는 돈의 총 공급량이다. M1, M2, M3 등 통화량의 척도에는 여러 가지가 있다. **통화량**은 통화 수요가 안정적이라면 **통화량**의 증가는 인플레이션을 일으킨다고 주장하는 경제학자들에게 인플레이션을 통제하는 중요한 수단으로 여겨진다.

| **high-powered** 고성능의; 영향력이 큰 **refer to** ~를 지칭하다, 가리키다 **institution** 기관 **magnitude** 크기, 규모 **magnify** 확대하다 **money multiplier** 통화승수 (중앙은행이 본원통화를 공급하면 통화량이 어느 정도 늘어나는가를 나타내는 것으로 통화량을 중앙은행이 공급하는 본원통화로 나눈 수치) **lead to** (어떤 결과에) 이르다 **in circulation** 유통되고 있는 **measure** 척도, 기준 **instrument** 수단

29 생산 | 소비 | 수요공급

주제어	관련어
produce	**make, manufacture, mass-produce, churn out, mass production, customized production, manufacturer, outsource, product, product liability**
consume	**spend, consumption, mass consumption, consumer, prosumer**
supply	**excess supply, glut, overhang, demand, domestic demand**

●●● Production and consumption are the nipples of modern society. 생산과 소비는 현대 사회의 젖줄이다.

지난 20세기만 해도 시장은 공급자 중심이어서 소비자들은 기업에서 대량생산된 제품을 마음에 들지 않아도 필요에 따라 시장에서 구입하지 않을 수 없었다. 이러한 대량생산(mass production)과 소비자들의 대량소비(mass consumption)는 산업사회(industrial society)의 큰 특징 중 하나였으며 소비자들은 자신들이 스스로 집에서 자급자족하지 않는 한 좋든 싫든 기업이 일방적으로 공급하는 제품을 사야만 했다.

그러나 전반적으로 경제적 수준이 높아지고 물자가 풍부해지자 사정은 달라지기 시작했다. 특히 정보화 시대(the information age)의 도래는 소비자들의 의식에 큰 변화를 가져왔다. 이제는 기업에서 생산해(produce) 공급하는 제품을 일방적으로 사는 것이 아니라 제품(product)의 기획 단계에서부터 적극적으로 참여하여 자신들의 요구에 맞게 제품을 만들어달라는 요구까지 하기에 이르렀으며, 이들을 지칭하는 이른바 생산 소비자(prosumer = producer와 consumer의 합성어)라는 신조어까지 만들어졌다. 심지어 개별 고객들의 필요에 따라 맞춤형 제품을 대량으로 생산하는 대량맞춤(mass customization) 시대가 도래했다고 한다.

생산된 재화나 용역의 가격은 시장에서 수요(demand)와 공급(supply)이 일치하는 점(equilibrium)에서 형성되는데, 이는 소비자가 기꺼이 그만큼의 돈을 지불하고 사겠다는 가격이며 공급자의 입장에서는 그 가격이면 재화를 기꺼이 팔겠다는 것을 의미한다.

produce

생산하다, 제조하다
to make things to be sold = make, manufacture, put out, turn out

produce가 동사로 쓰이면 기본적으로 '~를 생산하다, 제조하다'는 뜻으로, 특히 공장에서 물건을 만드는 것을 지칭하며, 명사로 쓰이면 '생산, 생산액, (특히) 농산물'이라는 의미로 사용된다.

produce cars 자동차를 생산하다

farm **produce** 농산물

유의어 **afford, generate, yield** 산출하나 **assemble** 조립하다 **bring out** (신제품을) 세상에 내놓다, 판매 개시하다 **build, construct** 건설하다 **design** 설계하다 **develop** 개발하다 **invent** 발명하다 **reproduce** 재생산하다

용례 **produce oil** 석유를 생산하다 **produce gas from coal** 석탄에서 가스를 정제하다 **produce cotton goods** 면제품을 생산하다 **locally produced wines** 국내산 포도주

| **mass-produce, churn out** 대량생산하다

| **mass-produced** 대량생산된, 양산된 **mass-produced cars[fridges]** 대량생산된 자동차[냉장고]

| **crank out** (기계적으로) 자꾸(척척) 만들어내다 **customize** 주문에 따라 만들다 **mass-customize** 대량 맞춤 생산을 하다 **mass customization** 대량 맞춤 생산

| **produce** 생산, 산출량(액); (집합적) 제품; 산물; (특히) 농산물, 수확물 = crop, harvest, yield

| **agricultural[farm] produce, the produce of a farm** 농산물, 농작물 **fresh produce** 신선한 농산물 **organic[dairy] produce** 유기 농산물[낙농품]

production 생산

| **be in production** 생산 중이다 **go into[out of] production** 생산을 개시[중단]하다

| **mass production** 대량 생산 **customized production** 주문자 생산 **industrial production[output]** 산업 생산 **a flexible production system** 유연 생산 제도

| **automate a production line** 생산 라인을 자동화하다 **commercial production** 상업적 생산 **begin[start] commercial production** 상업적 생산을 시작하다 **lean production** 절약형 생산

| **productive** 생산적인, 건설적인 **a productive society** 생산 조합 **productive labor** 생산적 노동 **a productive debate** 건설(생산)적인 토론 **productive capacity** 생산 능력

assembly 조립

| **an assembly line[plant]** 조립 라인[공장] **original equipment manufacturing(OEM)** 주문자 생산방식 **on an OEM basis** 주문자 생산방식으로 **original equipment manufacturer** 주문 생산자

| **cobble together, improvise, patch up (together), rig up** 급조하다 **makeshift** 급조한, 임시변통의 **a makeshift bed[table, boat, bridge]** 임시 침대[탁자, 배, 다리]

maker 제조업체

| **producer, manufacturer** 제조업자, 제조업체 **a car maker** 자동차 제조회사 **a wine producer** 포도주 제조회사 **a TV manufacturer** 텔레비전 제조회사 **the manufacturing industry[sector]** 제조업 **the non-manufacturing industry** 비제조업 **a manufacturing company[firm]** 제조업 회사

| **out-source** 외주(外注) 제작하다, (부품을) 외부에서 조달하다 **outsourcing** 외주 제작 **contract, contract out, farm out, job, job out** 하청(도급)을 주다 **contractor, supplier** 도급업체, 도급업자 **subcontract, sublet** 하도급을 주다 **subcontractor** 하도급업체[업자], 하청인

| **operating rate** 공장의 가동률 = capacity utilization rate

| **run[operate] at 80 percent of capacity** 가동률이 80퍼센트다 **run at full capacity** 100 퍼센트 가동하

다 **operate far below capacity** 가동률이 아주 낮다 **excess[extra] capacity, surplus capacity, overcapacity** 과잉설비

product 제품, 생산품, 총생산액

something that is made to be sold = commodity, goods, manufacture, merchandise

유의어 **artifact** 인공물, 가공물 **by-product** 부산물 **handiwork** 수공품 **invention** 발명품 **stock** 재고(품) **yield** 산물, 수확물

용례 **launch[promote, market] a new product** 새 제품을 시장에 내다[판촉을 하다, 팔다] **end product, final product** 최종 제품 **finished product** 완제품 **semi-finished product** 반제품

| **staple commodities** 중요 상품 **commodity prices** 물가 **goods in stock** 재고품 **essential goods** 필수품 **canned goods** 통조림류

| **gross domestic product** 국내총생산 **manufactured goods** 공산품 **consumer goods** 소비재 **intermediate goods** 중간재 **capital goods** 자본재

| **product liability** 제조물 책임 **a product liability law** 제조물 책임법 **file a product liability lawsuit against** ~에 대해 제조물 책임 소송을 제기하다

| **homemade** 집에서 만든, 국산의 **a homemade cookie** 손수 집에서 만든 쿠키 **a homemade bomb** 사제 폭탄 **homegrown** 국내산의, 자가 생산의

| **handmade** 손으로 만든, 수제의 **handmade shoes** 수제화 **handmade ware** 수제품

필수예문

track 106

1 The African country has fertile soil and good rainfall over large regions and its farmers **produce** a variety of grains, including wheat, corn, and millet, most of which are exported. (그 아프리카 국가는 토양이 비옥하고 광범위한 지역에서 강수량이 풍부하며 농민들은 밀, 옥수수, 기장을 비롯한 아주 다양한 곡물을 생산하는데 이들의 대부분은 수출된다.)

2 The company is well-known for **making** high quality cars. (그 회사는 고품질 자동차를 만드는 것으로 잘 알려져 있다.)

The company's principal activity is to design, **manufacture** and sell a wide variety of daily sundry goods made of cloth, plastics and synthetic resins. (그 회사의 주 활동은 천, 플라스틱, 합성수지로 만든 아주 다양한 일상 잡화를 설계, 제조, 판매하는 것이다.)

3 When companies **mass-customize** their goods and services, consumers no longer have to sacrifice what they want exactly by buying **mass-produced** goods designed for some average customer. (기업들이 상품과 용역을 대량 맞춤 생산하면 고객은 더 이상 정확히 원하는 것을 희생하면서 평균적인 소비자를 위해 설계된 대량생산 제품을 구매해야 할 필요가 없게 된다.)

4 Buyers rely on faster **product** changes and demand products which are increasingly targeted to individual needs. (구매자들은 더 빠른 제품의 변화에 의존하고 점점 개개인의 수요에 맞추어진 제품을 요구하게 된다.)

Mass production is therefore replaced by **customized production**, which will ultimately lead to the industrial production of individual pieces. (따라서 대량생산은 주문생산으로 대체되고 이는 궁극적으로 개개의 제품에 대한 산업 생산을 가져오게 될 것이다.)

5 Research and development is an increasingly crucial factor in sustaining the competitiveness of the South Korean **manufacturing industry** amid rapid globalization, experts say. (연구개발은 급속한 세계화 속에 한국 제조업의 경쟁력을 유지시키는 데 점점 더 중요해지는 요소라고 전문가들은 말한다.)

The company plans to **out-source** its chip production to contract manufacturers in Asia and put its factory on the market. (그 회사는 반도체 생산을 아시아에 있는 하청업체들에게 외주를 주고 공장을 매각할 계획이다.)

6 South Korea has decided to raise tariffs on some imported **finished products** in response to complaints from domestic companies. (한국은 국내 기업들의 불만에 응하여 일부 수입 완제품에 대한 관세를 인상하기로 결정했다.)

In order to pay for these imports, Japan must export a variety of **manufactured goods** to other countries. (이러한 수입품을 사들이기 위해 일본은 다양한 공산품을 다른 나라에 수출해야만 한다.)

7 Exporters are finding it hard to compete with the insatiable demand for cheap imported **consumer goods**. (수출업체들은 값싼 수입 소비재에 대한 끝없는 수요와 경쟁하기가 힘들다고 여기고 있다.)

An improvement in the investment climate can be attributed to an increase in the imports of **capital goods**. (투자 환경의 개선은 자본재 수입 증가 덕분이라고 할 수 있다.)

8 When you **file a product liability lawsuit**, you are suing the makers or sellers of injurious products and all in the supply chain can be held responsible. (제조물 책임 소송을 제기하면 유해 제품의 제조업체나 판매업자를 상대로 소송을 제기하는 것이며 공급 계통에 있는 모든 사람들이 책임을 지게 될 수 있다.)

If you borrowed a product from a friend and used it for its intended purpose, and the product caused injury, you are eligible to **file a product liability lawsuit**. (친구로부터 어떤 제품을 빌려 본래 목적대로 사용해 그 제품이 부상을 유발한다면 제조물 책임 소송을 제기할 수 있다.)

consume

소비하다

to use an amount of something such as money = apply, eat up, expend, spend, use

반의어 **accumulate, save, store**

용례 **consume energy** 에너지를 소비하다 **consume time** 시간을 소비하다 **consume a lot of gas** 휘발유를 많이 소비하다 **consume a lot of resources** 자원을 많이 소비하다

consumption 소비

| **household consumption** 가계 소비 **conspicuous consumption** 과시적 소비 **mass consumption** 대량 소비 **excessive consumption** 과소비 **depress consumption** 소비를 억제하다 **private consumption** 민간 소비

consumer 소비자

| **consumer demand[behavior, preferences]** 소비자 수요[행동, 선호도] **a consumer advocate** 소비자 운동가 **a consumer boycott** 소비자 불매운동 **consumer credit** 소비자 신용 **conduct consumer research** 소비자 조사를 하다 **consumer electronics** 가전제품 **consumer prices** 소비자 물가 **consumer protection** 소비자 보호 **a consumer group[organization]** 소비자 단체 **consumer confidence** 소비자 신뢰 **consumer confidence index** 소비자 신뢰지수

| **prosumer** 생산소비자(producer와 consumer의 합성어)

| **squander** 낭비하다 = be wasteful, blow, cash out, diddle away, dissipate, fritter away, frivol, frivol away, lavish, misspend, misuse, prodigalize, put out, run through, scatter, throw away, trifle, waste

| **expenditure** 지출, 비용 = charge, cost, disbursement, expense, nut, outgo, outlay, payment, spending

supply

공급, 공급량; 재고

the quantity of goods and services for sale = accumulation, amount, backlog, cache, fund, inventory, number, quantity, reservoir, source, stock, stockpile, store

유의어 **cache** 은닉물자 **hoard** 매점물, 저장물 **surplus** 잉여

용례 **supply and demand** 수요와 공급 **the law of supply and demand** 수요 공급의 법칙 **excess supply** 초과 공급 **supply-side economics** 공급측 경제 이론

| **strike a balance between supply and demand** 수요와 공급을 조화(일치)시키다 **monopolize the supply of oil** 석유 공급을 독점하다 **a supply price** 공급 가격

| **an oversupply, an excessive supply, a glut** 공급과잉 = excess, nimiety, plenitude, saturation, superabundance, superfluity, surfeit, surplus, too much **overhang** (유가증권, 통화, 원자재 따위의) 과잉

| **a short supply, an undersupply** 공급부족

| **furnish, offer, provide, purvey, supply** 공급하다 **glut** 과잉 공급하다

| **supplier** 공급자, 원료 공급국(지), 제품(부품) 제조업자

demand 수요

the ability and desire to purchase goods and services = need, want

용례 **a brisk[dull] demand for** ~에 대한 많은[적은] 수요 **be in great[poor] demand** 수요가 많다[적다], 잘 나가다[안 나가다], 인기가 있다[없다] **supply[meet] the demand for** ~의 수요를 충족시키다

| **excess[replacement] demand** 초과[대체] 수요

| **demand-pull inflation** 수요 초과 인플레이션 **imaginary demand** 가수요 **speculative demand** 투기 수요 **demand deposit** 요구불 예금 **potential demand** 잠재 수요 **effective demand** 유효 수요 **elasticity of demand** 수요의 탄력성 **a demand price** 수요 가격

| **aggregate[gross, total] demand** 총(總)수요 **seasonal demand** 계절적 수요 **domestic[foreign] demand** 국내[해외] 수요 **consumer demand** 소비자 수요 **market demand** 시장 수요 **demand for funds[goods]** 자금[상품] 수요

| **a steady demand** 꾸준한 수요 **reduced[decreased, decreasing, lesser] demand** 수요 감소 **increased[increasing, greater] demand** 수요 증가

| **demand-driven** 수요 주도형의 **demand-oriented** 수요에 중점을 둔 **demand-side** 수요 중시 정책의 **demand-side economics** 수요 중시 경제학

필수예문

track 107

1 Energy efficiency means getting the same things done while **consuming** less energy. (에너지 효율이란 에너지를 덜 소비하면서 같은 일을 수행하는 것을 의미한다.)

China's rapidly growing economy is **consuming** a large amount of energy, so it is incapable to meet the demand of other countries. (중국의 급속히 성장하는 경제는 엄청난 양의 에너지를 소비하고 있어서 다른 국가들의 수요를 충족시킬 수 없다.)

2 South Korea's **private consumption** has remained in the dumps since a credit card bubble collapsed in late 2002. (한국의 민간 소비는 2002년 연말에 신용카드 거품이 붕괴된 이래 계속 침체 상태에 있었다.)

The country is taking a new water-saving measure to curb **excessive water consumption.** (그 나라는 물 과소비를 규제하기 위해 새로운 물 절약 조치를 취하고 있다.)

3 The rise of **mass consumption** has had dramatic effects on American women. (대량 소비의 부상은 미국의 여성들에게 큰 영향을 미쳤다.)

To date, there has been little **consumer demand** for less leaky electronics because the potential savings per product has proved too small to influence purchasing. (지금까지 전기가 덜 새는 전자제품에 대한 소비자 수요는 거의 없었는데 제품당 가능한 절약이 너무 적어서 구매에 영향을 미치지 못했기 때문이다.)

4 A **consumer advocacy group** has sued the government, seeking to force a ban on sales of the drug. (한 소비자 보호 단체가 그 약의 판매를 강제로 금지하게 하기 위해 정부를 상대로 소송을 제기했다.)

South Korea's **consumer confidence** has jumped to its highest level in two years, helped by a fall in oil prices. (한국의 소비자 신뢰는 유가 하락에 힘입어 2년 만에 최고 수준으로 뛰어올랐다.)

5 World leaders have called on the Organization of Petroleum Exporting Countries to reverse its decision to decrease the oil **supply**. (세계 지도자들은 석유수출국기구에 석유 공급량을 줄이겠다는 결정을 취소하라고 요구했다.)

Unemployment is often defined as an **excess supply** of labor. (실업은 종종 노동의 공급과잉으로 정의된다.)

6 More dollars are flowing out of the United States than are flowing back into the country, resulting in an **oversupply** of dollars worldwide. (미국에 다시 들어오는 달러보다 빠져 나가는 달러가 더 많아 전세계적인 달러 공급과잉이 일어나고 있다.)

The world is experiencing a **temporary glut of oil** due to the release from strategic reserves. (전략 비축유의 방출로 세계는 일시적인 석유 공급과잉을 겪고 있다.)

7 The country plans to develop a large-scale palm oil plantation in the next three years to **meet increasing demand for** biofuel as an alternative source of energy.

(그 나라는 대체 에너지원으로 생물 연료에 대한 증가하는 수요에 부응하기 위해 향후 3년에 걸쳐 대규모 야자 오일 농장을 개발할 계획이다.)

8 South Korea's car exports have hit a three-year high, helped by brisk **foreign demand.** (활발한 해외 수요에 힘입어 한국의 자동차 수출은 3년 만에 최고치를 기록했다.)

Direct **demand-driven** policies such as public investment are not considered economy-boosting measures. (공공투자 같은 직접적인 수요 중시 정책은 경기부양책으로 여겨지지 않는다.)

심화학습

수요와 공급 supply and demand

수요와 공급의 이론은 시장경제에서 가격이 결정되고 자원이 배분되는 원리를 설명해주는 이론으로 경제학을 시작하기 위해서는 반드시 이해할 필요가 있는 기본이라 할 수 있다.

Supply and demand is perhaps one of the most fundamental concepts of economics and it is the backbone of a market economy. **Demand** refers to how much quantity of a product or service is desired by buyers. The quantity demanded is the amount of a product people are willing to buy at a certain price; the relationship between price and quantity demanded is known as the demand relationship.

Supply represents how much the market can offer. The quantity supplied refers to the amount of a certain good producers are willing to supply when receiving a certain price. The correlation between price and how much of a good or service is supplied to the market is known as the supply relationship. Price, therefore, is a reflection of **supply and demand**.

The law of supply and demand says the price level will move toward the point that equalizes quantities supplied and demanded. The relationship between **demand and supply** underlie the forces behind the allocation of resources. In market economy theories, **demand and supply** theory will allocate resources in the most efficient way possible.

수요와 공급은 아마도 경제학의 가장 기본이 되는 개념 중의 하나로 시장경제의 중추다. **수요**는 구매자들이 제품이나 용역을 얼마나 원하는가를 나타낸다. 수요량은 일정한 가격으로 사람들이 기꺼이 사고자 하는 가격의 양인데 가격과 수요량의 관계는 수요관계로 알려져 있다.

공급은 시장이 얼마나 공급할 수 있는가를 나타낸다. 공급량은 생산자들이 일정한 가격을 받고 기꺼이 공급하고자 하는 재화의 양을 말한다. 가격과 한 재화나 용역이 얼마나 많이 시장에 공급되는가의 상관관계를 공급관계라고 한다. 따라서 가격은 **수요와 공급**을 반영하는 것이다.

수요와 공급의 법칙은 가격 수준이 공급량과 수요량이 일치하는 점을 향해 움직인다는 것을 의미한다. **수요 공급**의 관계는 자원 배분에 작용하는 힘의 기초가 된다. 시장경제 이론에서 **수요 공급** 이론은 자원을 가장 효율적인 방법으로 배분한다.

| **fundamental** 기본적인, 근본적인 **backbone** 중추, 근간 **quantity** 양 **be willing to do** 기꺼이 ~하는 **represent** 나타내다, 의미하다 **correlation** 상관관계 **reflection** 반영, 반영하는 것 **equalize** 똑같게 하다, 일치시키다 **underlie** 기초가 되다, 토대가 되다 **allocation** 배분 **allocate** 배분하다

30 무역 | 투자 | 관세

주제어	관련어
trade	**commerce, trade agreement, trade embargo, free trade agreement, trade balance, trade barrier, export, exportation, import, importation**
invest	**investor, small[large] investor, investment, foreign investment, investment banking, capital spending**
tariff	**duty, customs, impost, anti-dumping tariff, tariff barrier**

●●● Every man for his own trade. 사람은 제각기 장기가 있다.

무역(trade)은 국가간에 물건을 사고파는 것인데 어느 나라든 자국에서 생산되고 제조되는 물품만으로 자급자족할 수는 없다. 이는 자원의 차이, 생산 기술의 차이, 기후의 차이 그리고 생활 습관의 차이 등에서 연유하게 되고 그런 이유로 세계 모든 나라들은 외국과 무역을 하게 된다. 무역을 함으로써 산업을 발전시켜 일자리를 마련하고 국민소득을 높인다. 국내에 없는 물자나 부족한 물자를 수입하여 자원과 물자 부족 문제를 해결할 수 있고 국내에 남아도는 물자는 해외에 수출함으로써 외화를 벌어들여 경제성장에 큰 역할을 한다. 특히 자원이 부족한(resource-poor) 한국의 경우 무역의 중요성은 매우크다.

60년대 제1차 경제개발 5개년 계획의 시작과 더불어 무역을 통한 경제성장을 추구해온 한국의 무역은 그동안 눈부신 성장을 계속하여 2005년 교역규모(trade volume) 기준으로 세계 10위권의 경제대국으로 성장했다. 특히 내수시장의 규모가 작은 우리나라의 경우 수출을 하지 않으면 경제성장의 여지가 적어 정부는 수출 증대에 총력을 기울이고 있다.

수출의 중요성이 더해지면서 기업들은 경쟁력(competitiveness) 확보를 위해 매년 이익의 일정 부분을 공장 확대, 장비 도입 그리고 연구개발 등에 투자한다(invest). 현재 거의 모든 수출품과 수입품에 정부는 세금을 매겨 재원을 마련하는데 이 세금을 관세(tariff, duty, customs)라고 한다. 외국 기업들이 시장가보다 낮은 가격으로(at below-market prices) 파는 행위, 즉 덤핑을 하여 국내 업체들에게 피해를 줄 경우 반덤핑관세(anti-dumping tariffs)를 부과하기도 한다.

trade

무역, 통상, 교역
the buying and selling of goods and services, especially between countries
= business, commerce, deal, dealing, exchange, transaction

유의어 **barter** 물물교환 **contract** 계약 **market** 시장 **swap** (물물)교환

용례 **a trade agreement[pact, deal, treaty]** 무역협정 **trade control** 무역 규제 **trade embargo** 무역(통상) 금지 **foreign[world, international, overseas] trade** 외국[세계, 국제, 해외] 무역 **curb[regulate] trade** 무역을 규제하다

| **liberalize trade** 무역을 자유화하다

| **trade liberalization** 무역 자유화 **a free trade agreement[pact, deal, treaty]** 자유무역협정 **protectionism** 보호무역주의 **protectionist** 보호무역주의자(의) **a free trade zone[area]** 자유무역지대

| **the balance of trade, the trade[goods] balance** 무역수지

| **post[record, register, chalk up] a trade surplus[deficit] of** ~의 무역 흑자[적자]를 기록하다 **reduce a huge trade deficit[gap] with** ~와의 엄청난 무역 적자를 줄이다

| **the balance of international payments** 국제수지 **the current account balance** 경상수지 **record a current account surplus[deficit]** 경상수지 흑자[적자]를 기록하다

trade barrier 무역 장벽

| **erect trade barriers** 무역 장벽을 설치하다 **tear down[remove, eliminate] trade barriers** 무역 장벽을 제거하다 **non-tariff trade barriers** 비관세 무역 장벽

| **impose trade sanctions[restrictions] on** ~에 무역 제재[규제]를 가하다 **impose a trade embargo on** ~에 금수조치를 취하다 **trade remedy** 무역구제

| **grant ~ the most favored nation status** ~에 최혜국 지위를 부여하다 **receive most-favored-nation treatment** 최혜국 대우를 받다

trade dispute 무역 분쟁

| **resolve a trade dispute over** ~로 인한 무역 분쟁을 해결하다 **a trade friction between A and B** A와 B의 무역 마찰 **develop into a full-scale trade war** 전면적인 무역 전쟁으로 비화하다 **a trade conflict between China and Japan** 중·일 무역 갈등

| **impose trade retaliation against[on]** ~에 무역 보복을 취하다 **threaten[hint at] trade retaliation against** ~에 대한 무역 보복을 위협하다[암시하다] **avoid trade retaliation** 무역 보복을 피하다

trading[trade] partner 무역 상대국

| **trader** 무역업자 **a free-trader** 자유무역주의자 **trading volume** 교역액 **terms of trade** 교역 조건 **a general trading company** 종합상사

| **trade[barter] with, exchange, carry on barter with, barter, traffic with** ~와 교역하다

| **mercantile** 상업(무역)에 종사하는, 중상주의의 **the mercantile school** 중상주의 학파 **mercantilism** 중상주의, 상업주의 **mercenary** 돈을 위한, 용병의; 용병

---

export 수출하다; 수출

to send or transport a commodity abroad, especially for trade or sale = sell abroad, ship, ship out, transfer abroad

유의어 **consign** 인도하다, 탁송하다 **convey** 수송하다 **dump** 투매하다, 시장가 이하로 팔다 **freight** 운송하다 **smuggle** 밀수하다 **transport** 수송(운송)하다 **transship** 환적하다

용례 **export mobile phones** 휴대폰을 수출하다 **export rice to the United States** 쌀을 미국에 수출하다 **an oil-exporting country** 석유 수출국 **increase[boost] exports** 수출을 늘리다 **promote[encourage] exports** 수출을 촉진[장려]하다

| **South Korean exports to the United States** 한국의 대미 수출

| **a balance of exports and imports** 수출입의 균형 **a key[chief, leading, major] export** 주요 수출품 **a ban on the export of gold** 금 수출 금지

| **a rise[fall] in exports** 수출의 증가[하락] **a system of export quotas** 수출 할당제 **launch an export drive** 대대적인 수출 증대 운동을 시작하다 **a key export market** 주요 수출시장 **an export license** 수출허가 **impose a ban on exports of** ~의 수출을 금지하다 **put[lay, place] an embargo on the export of** ~의 수출을 금지히디

goods[merchandise, visible] export 상품 수출

| **invisible export** 무역 외 수출 **plant export** 설비 수출 **re-export** 재수출 **an export price** 수출가격 **a unit export price** 단위 수출가격

| **export financing** 수출금융 **export credit insurance** 수출 신용보험 **an export permit** 수출면장 **an export invoice** 수출송장 **an export letter of credit** 수출 신용장 **diversification of export markets** 수출시장 다변화 **an export subsidy[bounty]** 수출 장려금

| **an export agent** 수출 대리점 **exporter** 수출업자(체), 수출국 **exportation** 수출, 수출품 **exportable** 수출할 수 있는, 수출용의 **an export-driven[-oriented] economy** 수출주도형 경제

---

import 수입하다; 수입

to bring in goods or materials from a foreign country for trade or sale = bring in from abroad

용례 **imported articles[goods, products]** 수입품 **import raw materials and export manufactured goods** 원료를 수입하고 공산품을 수출하다 **import oil from the Middle East** 중동에서 석유를 수입하다 **import most of raw materials** 대부분의 원자재를 수입하다

| **the import of foreign cars** 외제차 수입

| **food imports** 수입 식품 **rice imports** 수입 쌀 **import duties** 수입관세 **import barriers** 수입 장벽 **import controls[restrictions]** 수입 통제[규제] **a sharp rise in car imports** 자동차 수입의 급증 **illegal imports** 불법 수입 **an import declaration** 수입 신고(서) **an import license** 수입허가(서)

| **prohibit[ban, bar] the import of** ~의 수입을 금지하다 **a ban on imports** 수입 금지 **impose limitations on imports** 수입에 규제를 가하다 **impose import duties on** ~에 수입관세를 부과하다 **introduce a strict import quota on grain** 곡물에 대해 엄격한 수입 쿼터제를 도입하다

| **importer** 수입업자, 수입국 **importable** 수입할 수 있는 **importation** 수입, 수입품

| **gun-running** 총포(탄약) 밀수입 **gun-runner** 총포(탄약) 밀수입자

필수예문

track 108

1 South Korea and the United States have announced the start of formal negotiations on a **free trade agreement**, which is seen as a strategic US attempt not only to promote business with an ally but also to contain China's growing presence in the region. (한국과 미국은 자유무역협정 체결을 위한 공식 협상의 시작을 발표했는데 이는 한국과의 통상을 촉진하기 위할 뿐만 아니라 중국의 증대하는 지역 영향력을 견제하기 위한 시도로 관측된다.)

2 Mexico and Canada are leading the opposition to Washington's attempts to **curb trade** with Cuba. (멕시코와 캐나다가 쿠바와의 무역을 규제하려는 미국의 시도에 대한 반대를 주도하고 있다.)

The leaders from the 21 Asia-Pacific Economic Cooperation (APEC) member economies gathered in South Korea's southeastern port city of Busan to explore ways to promote **trade liberalization**. (아시아-태평양 경제 협력체 21개 회원국 정상들이 무역 자유화를 촉진하기 위한 방안을 모색하기 위해 한국의 남동부 항구 도시인 부산에 모였다.)

3 Several advanced nations have vowed to fight growing US **trade protectionism**, calling on the world's largest economy to drastically **remove trade barriers**. (여러 선진국들은 미국의 증대하는 보호무역주의에 대항할 것을 천명하고 세계 최대 경제대국에 무역 장벽을 대폭 없앨 것을 요구했다.)

4 The first round of **trade friction** between Japan and China started in 2001 when Japan instituted provisional safeguard measures on three agricultural products. (중국과 일본의 무역 마찰 제1라운드는 일본이 3개 농산물에 대해 임시 긴급수입제한조치를 취한 2001년에 시작되었다.)

China has hinted at **trade retaliation** against South Korea for the latter's "unilateral" announcement it has discovered tainted Chinese foodstuffs. (한국이 오염된 중국산 식품을 적발했다고 일방적으로 발표한 것에 대해 중국은 한국에 대해 무역 보복 조치를 취할 것을 시사했다.)

5 With the domestic economy slumping, the government has taken new measures to **boost exports**. (국내 경제가 침체에 빠져 있음에 따라 정부는 새로운 수출 확대 조치를 취했다.)

Japan's **trade surplus** narrowed at a higher-than-expected rate but exports rose more than economists had anticipated. (일본의 무역 흑자는 예상보다 큰 폭으로 줄었지만 수출은 경제학자들의 예상보다 많이 증가했다.)

6 The United States has called for international cooperation in **imposing an embargo on the export of** arms and strategic materials to Cuba. (미국은 쿠바에 대한 무기 및 전략물자 수출을 금지하는 데 국제적인 협력을 촉구했다.)

The country should beef up efforts to **diversify its export markets** in a bid to **slash trade risks** and ward off mounting trade protectionism globally. (그 나라는 무역 위험을 줄이고 전세계적으로 증가하는 보호무역주의를 막기 위한 시도로 수출시장 다변화를 위한 노력을 강화해야 한다.)

7 South Korea **imports** a majority of oil from the Middle East, so experts call for efforts to **diversify its import sources**. (한국은 석유의 대부분을 중동으로부터 수입하므로 전문가들은 수입선 다변화 노력을 할 것을 요구한다.)

As part of its acceptance into the **World Trade Organization**, the country has to lift restrictions on **imported cars**. (WTO 가입의 일환으로 그 나라는 수입차에 대한 규제를 철폐해야 한다.)

8 Japan has **halted all imports** of US beef over fears of mad cow disease, further hurting delicate **trade relations** between the two economic superpowers. (일본은 광우병에 대한 우려 때문에 미국산 소고기 수입을 전면 중단하여 두 경제 초강대국간의 미묘한 무역 관계를 더욱 손상시켰다.)

The country could **impose special import duties on** US products in retaliation for Washington's failure to repeal the subsidy act. (미국이 보조금 관련법을 폐지하지 않은 데 대한 보복으로 그 나라는 미국산 제품에 특별 수입관세를 부과할 수 있다.)

invest

투자하다, ~에 돈을 쓰다, 지출하다
to give money to a company, business or bank to make a profit
= commit, place, put, sink

유의어 **advance** 선불(가불)하다 **angel** (재정적으로) ~를 후원하다 **bankroll** 자금을 제공하다 **buy into** 주식을 사다 **expend, spend, drop** 돈을 쓰다 **fund** 공채에 투자하다, ~에 자금을 제공(출자)하다 **grubstake** ~에게 물질적 원조를 주다; ~에게 도박 밑천을 대주다 **job, speculate, plunge** 투기를 하다 **stake** (반환할 것을 예상하고) ~를 재정적으로 원조하다 **roll over** (만기가 된 채무, 채권 따위를) 신규 채권으로 차환(借換)하다, 상환을 연장하다, (다른 채권 따위에) 재투자하다 **shelter** (세금 회피 수단을 이용하여) 투자하다 **tie up** (자본의) 유용을 못하게 예치하다

반의어 **disinvest, divest**

용례 **invest one's money in stocks, invest in stocks** 주식에 투자하다 **invest in real estate** 땅에 투자하다 **invested capital** 투입 자본 **invest heavily[globally]** 크게[전세계적으로] 투자하다

investor 투자자

| **a small investor** 소액 투자자(개미) **a heavy investor** 대 투자가 **a large[big] investor** 거액 투자가, 큰손 **a retail investor** 개인 투자자 **an institutional investor** 기관 투자자 **a foreign[domestic] investor** 외국인[국내] 투자자 **a long-term[speculative] investor** 장기[투기적] 투자자

investment 투자, 투자 대상

| **a good[lucrative, profitable] investment** 수익성 좋은 투자 **a safe[secure] investment** 안전한 투자 **a speculative investment** 투기적 투자 **a good investment against old age** 노령에 대비한 유리한 투자

| **make an investment in** ~에 투자하다 **an investment plan[strategy]** 투자 계획[전략]

| **a closed-end investment company** 폐쇄형 투자신탁회사 **investment banking** 투자 금융

| **new[public, private, foreign] investment** 신규[공공, 민간, 외국인] 투자 **foreign[overseas] direct investment** 외국인[해외] 직접투자

| **recoup one's initial investment** 최초 투자비를 만회하다 **a return on investment** 투자 수익 **the downside risk of investments** 투자의 불리한 위험 **a short-term[long-term] investment** 단기[장기] 투자

| **facility investment, capital spending[expenditures], investment in new plants and equipment** 설비 투자

| **investable, investible** 투자 가능한; 투자 대상품

tariff

관세, 관세율
a government tax on imports or exports = customs, customs duty, duty, impost

용례 **impose[levy] a tariff** 관세를 부과하다 **pay a tariff** 관세를 지불하다 **a high[steep] tariff on imports** 수입품에 대한 높은 관세

| **anti-dumping tariff[duty]** 반덤핑 관세

| **impose[slap] anti-dumping tariffs on** ~에 반덤핑 관세를 매기다 **countervailing tariff[duty]** 상계

관세

| **impose punitive tariffs on foreign cars** 외국차에 징벌적 관세를 매기다

| **raise[erect, build] a tariff wall[barrier]** 관세 장벽을 쌓다 **remove[lift] a tariff wall[barrier]** 관세 장벽을 제거하다

the tariff system 관세제도

| **raise[lower] the tariff** 관세를 올리다[내리다]

| **conventional[retaliatory] tariff** 협정[보복] 관세 **a preferential tariff** 특혜 관세 **a protective tariff** 보호 관세 **the elastic tariff system** 탄력 관세제도 **a discriminating tariff** 차별 세율 **a reciprocal tariff** 호혜 관세

| **export[import] duty** 수출[수입] 관세 **the customs authorities** 관세당국 **the Korea Customs Service** 관세청

필수예문

track 109

1 The car manufacturer is planning to **invest $10 million on** an expansion of its plant in China after completing a feasibility study. (그 자동차회사는 타당성 조사를 완료한 후에 중국 공장 증설에 천만 달러를 투자할 계획이다.)

The group already has plans to **invest** $100 million to develop a new hybrid car. (그 그룹은 이미 새로운 하이브리드 자동차 개발을 위해 1억 달러를 투자할 계획을 갖고 있다.)

2 Depending on your tolerance for **investment risk**, you may want to invest one chunk of your remaining money in stocks or stock mutual funds, bonds, or other investments like international securities. (사람들은 투자 위험에 대한 내성에 따라 남은 돈의 상당량을 주식, 증권투자 펀드, 채권 혹은 국제증권과 같은 다른 상품에 투자하기를 원할 수 있다.)

3 **Small investors** should be aware that sometimes it pays to monitor after-hours trading. (소액 투자자들은 때로 시간 외 거래에 주목하는 것이 이익이 된다는 것을 알아야 한다.)

Big investors rarely throw money away because they have analysts who recommend a **potentially lucrative investment** before they buy shares in a company. (거액 투자자들은 한 회사의 주식을 사기 전에 수익성이 좋을 투자 상품을 추천해주는 투자 분석가들이 있기 때문에 거의 돈을 날리지 않는다.)

4 **Foreign investors** bought a record amount of South Korean stocks in 2005 on a net basis, but analysts predict **domestic investors** might play a more prominent role this year. (외국인 투자자들은 2005년 한국 주식에 대한 기록적인 순매도를 기록했지만 투자 분석가들은 올해 국내 투자자들이 더 두드러진 역할을 할 것이라고 예상한다.)

5 These **investments** allow you to spread your money among many stocks, bonds, and other financial instruments, even if you don't have a lot of money to invest. (이러한 투자상품들은 투자자로 하여금 비록 투자할 돈이 많지 않더라도 많은 주식, 채권 그리고 다른 금융상품에 분산 투자할 수 있게 해준다.)

6 The World Trade Organization allows the body's member countries to circumvent free trade rules and **impose anti-dumping tariffs** after an investigation is carried out on whether dumping is taking place. (세계무역기구는 회원국들에게 자유무역 규정을 회피하여 덤핑 여부에 대한 조사를 끝낸 뒤 반덤핑 관세를 부과하는 것을 허용한다.)

7 China has said it will **impose punitive tariffs of 100 percent on** imports of Japanese made automobiles, mobile phones and air conditioners in response to Japan's discriminative treatment to some Chinese products. (중국은 일부 자국산 상품에 대한 일본의 차별적 취급에 대응하여 일본산 자동차, 휴대전화 그리고 에어컨에 100퍼센트의 징벌적 관세를 부과할 것이라고 밝혔다.)

8 Under the framework of the World Trade Organization, no country can **raise tariff barriers** but can **impose non-tariff barriers** as safeguard measures. (세계무역기구 체제 하에서 어떤 나라도 무역 장벽을 세울 수 없지만 긴급수입제한조치로 비관세 장벽을 부과할 수 있다.)

South Korea has urged China to **remove tariff and non-tariff barriers** to enhance trade ties between the two countries. (한국은 중국에 양국 간의 무역 관계를 강화하기 위해 관세 및 비관세 장벽을 철폐할 것을 촉구했다.)

심화학습

세계무역기구 the World Trade Organization

세계무역기구는 관세 및 무역에 관한 일반협정(General Agreement on Tariffs and Trade) 체제를 대신하여 세계 무역질서를 세우고 우루과이라운드 협정의 이행을 감시하기 위해 1995년 1월 1일에 설립된 국제기구이다. 최고 의사결정기구로 각료회의(the Ministerial Conference)가 있고 모든 회원국의 대표로 구성되며 각료회의의 비회기 기간 중 각료회의의 기능을 수행하는 일반이사회(the General Council)가 있다.

The **World Trade Organization** (WTO) is an international, multilateral organization which sets the rules for the global trading system and resolves disputes between its member states, all of whom are signatories to its about 30 agreements.

WTO headquarters are located in Geneva, Switzerland. As of December 15, 2005, there are 150 members in the organization, with the Kingdom of Tonga becoming the 150th member. All WTO members are required to grant one another most favored nation status, such that trade concessions granted by a WTO member to another country must be granted to all WTO members. Since its inception in 1995, the WTO has been a major target for protests by the anti-globalization movement.

The topmost decision-making body of the **WTO** is the Ministerial Conference, which has to meet at least every two years. It brings together all members of the WTO, all of which are countries or customs unions. The Ministerial Conference can take decisions on all matters under any of the multilateral trade agreements.

The General Council is the WTO's highest-level decision-making body in Geneva, meeting regularly to carry out the functions of the **WTO**. It has representatives (usually ambassadors or equivalent) from all member governments and has the authority to act on behalf of the Ministerial Conference which only meets about every two years.

세계무역기구는 세계 무역제도의 규칙을 정하고 회원국간의 분쟁을 해결하는 국제 다자간 기구로 모든 회원국은 약 30개의 협정의 조인국이다.

세계무역기구 본부는 스위스 제네바에 위치하고 있다. 2005년 12월 15일 현재 150개 나라가 회원국이고 통가 왕국이 150번째 회원국이 되었다. 모든 세계무역기구 회원들은 서로에게 최혜국 지위를 부여해야 하고 그러므로 한 회원국이 다른 회원국에서 부여한 무역 양허사항은 다른 모든 회원국에게도 부여되어야 한다. 1995년 1월에 출범한 이래 세계무역기구는 반세계화 운동 항의의 주요 목표가 되었다.

세계무역기구의 최고 의사결정기구는 각료회의로 적어도 2년에 한번은 회의가 열려야 한다. 각료회의에는 국가나 관세동맹인 세계무역기구의 모든 회원국들이 모인다. 각료회의는 다자간 무역협정에 해당하는 모든 문제에 대해 결정을 할 수 있다.

일반이사회는 제네바에 있는 세계무역기구의 최고 의사결정기구로 **세계무역기구**의 기능을 수행하기 위해 정기적으로 회의를 연다. 일반이사회는 모든 회원국에서 파견된 대표들(보통 대사나 대사급)이 있고 대략 2년에 한번 회의를 여는 각료회의를 대행하는 권한을 갖고 있다.

| **multilateral** 다자간의 **set the rules for** ~의 규정을 정하다 **member state** 회원국 **signatory** 서명국 **as of** ~현재 **be required to do** ~해야 하다 **grant** 부여하다 **most favored nation status** 최혜국 지위 **such that** ~ 그 결과, 따라서 ~하다 **inception** 시작, 개시 **topmost, highest-level** 최고의 **bring together** 불러 모으다 **customs union** 관세동맹 **regularly** 정기적으로 **representative** 대표 **equivalent** 동등물, 상당하는 것 **have the authority to do** ~할 권한이 있다 **act on behalf of** ~의 대행을 하다

31 매출 | 이익 | 손실

주제어	관련어
sales	**revenue, turnover, annual sales, bargain sale, sell, deal[trade] in, retail, wholesale, unload, dump, undersell, hawk, peddle, vend, sell-out**
profit	**net profit, earnings, bottom line, profitable, lucrative, cash cow, money-spinner, break even, cash in on, plow back, return on equity**
loss	**suffer a loss, operate at a loss, loss-making, loss-maker, swing to a profit, return to profit**

●●● A wise person profits from his mistakes.

현명한 사람은 실수해도 이득을 본다.

기업은 제품(goods)이나 용역(service)을 소비자들에게 팔거나 제공하고 이를 바탕으로 이익을 내는 것을 목표로 하는데 이러한 기업 활동을 통해 벌어들이는 돈을 매출(sales, revenue, turnover)이라고 한다. 제품이나 용역이 이익(profit)의 원천이 되므로 기업들은 가능한 한 최대한의 매출을 올리는 데 모든 노력을 경주하게 된다. 기업들은 만들어낸 제품을 직접 소비자에게 소매를 하는 경우는 드물고 중간 도매상들을 통해서 판매하게 된다.

제품을 만들어 팔아 벌어들인 총매출(gross sales)에서 반품이나 할인을 빼고 남은 금액을 순매출이라고 하며 여기에서 제품을 만드는 데 들어간 매출원가를 제하면 총매출이익이 된다. 여기에서 일반 영업비용과 감가상각비를 빼면 영업이익(operating income)이 되는데 여기에 기타 이익을 더하면 이자와 세금 차감 전 이익(earnings before interest and tax)이 된다.

다시 이자 비용과 세금(interest expense and taxes)을 제하고 나면 순이익(net profit)이 되는데 bottom line 이라고도 하며 기업 손익계산서의 맨 아래 항목이라서 이렇게 부른다. 이익이 생기면 기업은 이를 주주에게 일정액을 나누어 주는데 이를 배당(dividend)이라 하고 배당을 하고 남은 돈을 내부유보금(retained earnings)이라고 한다. 기업이 일년 동안 영업활동을 통해 벌어들인 돈과 이를 벌기 위해 어떤 비용을 지출했는지 나타내는 재무제표(financial statements)를 손익계산서라고 한다.

sales

매출액, 매상고
income received for goods and services over some given period of time
= receipt, revenue, turnover

용례 **post[record, log, register, chalk up] sales of $1 billion** 매출 10억 달러를 기록하다 **car sales** 자동차 매출액 **sales of air conditioners** 에어컨 매출액
| **a jump in sales** 매출의 급증 **a recent fall-off in sales** 최근의 매출 감소 **be worried about falling sales** 매출 감소를 우려하다
| **annual[monthly, quarterly] sales** 연간[월간, 분기별] 매출액 **set a sales target[goal] at** 매출 목표를 ~로 정하다 **a sales forecast[estimate]** 매출 예상치[추정치] **increase[boost, stimulate] sales** 매출을 늘리다
| **sale** 판매 **a bargain[clearance] sale** 염가 대매출 **a garage sale** 중고품 염가 판매 **a sale on cash[credit]** 현금[신용] 판매 **goods not for sale** 비매품 **make a sale** 성공하다 **no sale** 안 된다, 어림없다

---

sell 팔다, 팔리다

to exchange or deliver for money or its equivalent = carry, deal in, handle, trade in
유의어 **advertise** 광고(판촉)하다 **deaccession** (박물관, 미술관, 도서관의 수집품을) 매각(양도) 하다 **drum** 요란하게 선전하다 **flog** 적극 판매하다 **stock** 비축하다 **syndicate** (기사, 논설 등을) 동시에 각종 신문, 잡지에 배급하다; (프로그램을) 독립 방송국에 직접 판매하다
용례 **sell goods cheap[dear]** 물건을 싸게[비싸게] 팔다 **sell goods at a discount** 물건을 할인하여 팔다 **sell goods at a profit[loss, sacrifice]** 물건을 이익[손해] 보고 팔다 **sell for $10** 10달러에 팔리다
| **sell well** 잘 팔리다 **sell short** (주식) 공매하다 **hard sell** 끈질긴 판매, 강매에 가까운 판매 **soft sell** 은근한(점잖은) 판매 방식
| **retail** 소매하다 **wholesale** 도매하다 **market** 시장에서 팔다 **merchandise** 매매하다, 장사를 하다 **hard-sell** 강제로 팔다, 끈덕지게 선전하다 **resell** 다시 팔다
| **clear** (재고 등을) 팔아치우다 **unload** (주식 등을) 대량으로 팔다, 팔아버리다 **remainder** ~를 재고품으로 싸게 처분하다(팔다) **sell off, bargain away** 싸게 팔다 **sell out[up]** 팔아치우다 **dispose of** 처분하다, 매각하다 **sacrifice** 손해를 보고 팔다
| **underprice, dump** (인위적으로) 낮은 가격에 팔다, 덤핑하다
| **undercut, undersell** (경쟁 업체보다) 싸게 팔다
| **hawk, huckster, monger, peddle, vend, pitch** 행상하다
| **bootleg** 불법 판매하다, 밀매(밀조)하다 **push** 마약을 팔다 **scalp** ~를 박리(薄利)로 팔다, 암표상 노릇을 하다 **traffic** 부정거래하다
| **hustle** 강매하다 **fob off, foist off, palm off** 속여서 팔다

dealer 판매업자
| **retailer** 소매상 **wholesaler** 도매상 **merchant** 상인 **trader** 상인 무역업자 **dealer, pusher** 불법 판매업자 **scalper, tout** 암표상
| **seller** 판매인 **hawker, vendor** 노점상인, 행상인 **a fruit vendor** 과일 행상인 **a street vendor** 거리 행상인, 노점상인 **storekeeper, shopkeeper** 소매상인, 가게 주인 **salesperson** 판매원, 외판원 **salesman** 외판원 **saleswoman** (여자) 외판원 **sales assistant[clerk]** 점원, 판매원 **sales staff** 영업 사원
| **auction, auction off, auctioneer, put ~ up for auction [on the block]** 경매하다 **come[go]**

under the hammer, come[go] to the block 경매에 붙여지다
| **bring out, launch, publish, put ~ on the market, release** 출시하다, 선보이다
| **take ~ off the market, withdraw, withdraw ~ from sale** 시장에서 회수하다 **recall** (불량품, 결함 차 따위를) 회수하다
| **be for sale, be on sale, be up for sale, be on the market** 팔려고 내놓다
| **outsell** ~보다 많이 팔리다 **be selling like hot cakes** 불티나게 팔리다 **best-selling** 아주 잘 팔리는 **best seller** 베스트셀러, 가장 잘 팔리는 품목
| **sell out** 다 팔다 **be sold out** 매진되다, 품절이다 **be out of stock** 매진(품절)되다 **be booked up, be fully booked** 예매표가 매진되다, 예약이 끝나다 **a sell-out** 매진 **a sell-out[capacity] crowd** 만원 관중
| **corner the market, hoard, stock up[in] on, buy up** 사재기하다, 매점하다 **have a monopoly of** ~를 독점하다
| **salable** 팔려고 내놓은, 팔기에 알맞은; 쉽게 팔리는, (값이) 알맞은

필수예문

track 110

1 The company said its **sales** are on track for the current quarter, after an extremely rocky first half of the year, although the final results still hinge on what happens in December. (그 회사는 아주 불안한 상반기를 보내고 현 분기에 매출이 정상궤도에 올라있지만 최종 결과는 여전히 12월의 실적에 달려있다고 말했다.)

2 **Sales** have been sluggish due to slumping consumer demand and other market variables. (소비 수요 침체와 다른 시장 변수들 때문에 매출이 부진했다.)

Thanks to **increasing sales** and its steady market share gains in recent quarters, the company now ranks eighth among the world's largest computer companies. (최근 몇 분기 동안 매출 증가와 꾸준한 시장 점유율 상승으로 그 회사는 현재 세계 8위의 컴퓨터회사이다.)

3 The carmaker **posted $1 billion in sales** for the fourth quarter, down 10 percent from a year earlier, but it **raised its sales target** for all of fiscal 2006 to $5 billion. (그 자동차회사는 4분기에 전년 동기대비 10퍼센트 하락한 10억 달러의 매출을 기록했지만 2006 회계연도 전체 매출 목표를 50억 달러로 올렸다.)

4 Slumping domestic demand forced the company to **lower its sales goal** for this year. (국내 수요 침체로 그 회사는 올해 매출 목표를 낮추지 않을 수 없었다.)

The chip giant **lowered the top end of its sales forecast** for the fourth quarter, while its main rival **lifted the low end of its sales target.** (그 거대 반도체 회사는 4분기 매출 목표 최대치를 낮추었지만 주 경쟁사는 매출액 목표 최저치를 올렸다.)

5 Intensifying competition sometimes force companies **sell** their products **at a discount.** (경쟁 심화로 때때로 회사들은 제품을 할인 가격에 팔아야 한다.)

You can borrow shares of a stock to **sell short** from your broker or from another person's account in hopes that the share price will drop. (가격 하락을 기대하고 공매할 주식을 브로커나 다른 사람의 계좌에서 빌릴 수 있다.)

6 South Korean furniture makers have asked the government to investigate

Chinese manufacturers suspected of **dumping** products on the domestic market. (한국 가구업체들은 정부에 국내 시장에서 제품을 덤핑하고 있는 것으로 의심되는 중국 회사들을 조사할 것을 요청했다.)

The company needs to **undersell its competitors** regardless of the profitability of such sales if it does not wish to lose market share. (그 회사는 시장 점유율을 잃지 않으려면 매출의 수익성에 상관없이 경쟁 회사들보다 싼 가격에 제품을 팔 필요가 있다.)

7 Faced with a cash shortage, the company plans to **put** its Chinese plant **on the market.** (현금 부족에 직면하여 그 회사는 중국 공장을 팔 계획이다.)

The automaker announced it will **recall** about 1,500 cars sold in China due to potential problems with transmissions. (그 자동차회사는 트랜스미션 고장 가능성 때문에 중국에서 팔린 차량 약 1500대를 회수할 것이라고 발표했다.)

8 South Korean passenger cars **are selling like hot cakes** in China thanks to their improved quality. (품질 향상 덕택으로 한국산 승용차들이 중국에서 불티나게 팔리고 있다.)

The singer received a warm welcome from **the sell-out audience.** (그 가수는 만원 청중으로부터 따뜻한 환대를 받았다.)

The sell-out crowd gave him a standing ovation and chanted "Tom...Tom!" (만원 관중은 그에게 기립박수를 보냈고 "톰, 톰"이라고 외쳤다.)

profit

이익, 흑자

the return received on a business undertaking after all operating expenses have been met = bottom line, earnings, net, net income, net profit, proceeds, profits

용례 **gross profit** 총이익 **net profit** 순(이)익 **profit margin** 이윤 폭 **the net profit margin** 매출액 순이익률 **the profit motive** 이윤 동기 **a big[fat, healthy] profit** 큰 이익 **a steep fall in profits** 이익(이윤) 급락 **profit maximization** 이윤 극대화

| **post[record, register, chalk up, log, report] a net profit of $10 million** 천만 달러의 순익을 기록하다 **a record net profit** 기록적인 순익

| **clear[earn, make, realize, reap, show, turn] a profit** 이익을 내다, 흑자를 기록하다 **earn $10 million, make $10 million, make a profit of $10 million** 천만 달러의 이익을 내다

| **make a fortune, make a killing, clean up** 큰 이익을 내다

| **profitable, profitmaking, lucrative** 이익이 되는(남는)

| **cash cow, gold mine, money-spinner** 돈벌이가 되는 상품(사업)

| **unprofitable** 이익이 되지 않는 **nonprofit, not-for-profit, non-profitmaking** 비영리의 **a nonprofit [not-for-profit] organization** 비영리 단체

break even 수지가 맞다, 득실이 없다, 본전치기다

| **break-even** 수입액이 지출액과 맞먹는, 이익도 손해도 없는 **a break-even point** 손익분기점 **reach a break-even point** 손익분기점에 이르다

| **cash in on** ~로 돈을 벌다, ~를 이용하다 **profit from** ~에서 이익을 얻다 **profiteer from** ~에서 부당 이익을 얻

다 **a war profiteer** 전시의 부당 이득자
| **plow back** (이익을) 재투자하다 **retained earnings** 내부 유보금
| **surplus, the black** 흑자 **deficit, shortfall, the red, the red ink** 적자 **interest** 이자 **return, yield** 수익
| **return on equity** 자기자본수익률 **return on assets** 총자산수익률

loss

손실, 손해

the amount by which the cost of a business exceeds its revenue
= deficit, red, red ink

용례 **a net loss** 순손실 **a pecuniary loss** 금전적 손실 **a loss of market share** 시장점유율 상실 **a whopping $100 million loss** 1억 달러라는 엄청난 손실 **sell ~ at a loss** 손해를 보고 팔다 **cut a[the] loss, cut one's loss(es)** (손해 보는 사업 따위에서) 재빨리 손을 떼다, (손을 떼어) 손해를 막다
| **record[suffer] a great[big, heavy, serious] loss** 큰 손실을 기록하다[입다]
| **suffer loss after loss, sustain loss upon loss, incur several losses** 손해를 거듭하다 **operate at a loss [in the red]** 적자 영업을 하다 **incur a loss** 손실을 초래하다 **run a deficit** 적자를 내다
| **an irreparable[unrecoverable] loss** 돌이킬 수 없는 손실 **a maximum[minimum] loss** 최대[최소]의 손실
| **recover one's losses, make up for the loss, make good the loss, compensate a loss** 손실을 벌충하다
| **cover the loss[deficit], make up the deficit [a loss]** 결손을 메우다
| **a loss-making company, a loss-maker** 적자 기업 **a loss leader** (손님을 끌기 위해 밑지고 파는) 특매품
| **the loss ratio** 손해율(지불 보험금의 수입 보험료에 대한 비율)
swing to a profit, swing from a loss to a profit 흑자 전환하다
| **record a successful turnaround** 흑자 전환하다 **return to profit, post a return to profit** 다시 흑자를 기록하다
| **swing to [switch into] a loss, swing from a profit to a loss** 적자 전환하다

필수예문

track 111

1 Helped by strong exports and a recovery in domestic sales, the company **posted a net profit of $1 billion** in the fourth quarter of 2005, up 25 percent from a year earlier. (활발한 수출과 내수 판매 회복에 힘입어 그 회사는 2005년 4.4분기에 10억 달러의 순익을 올렸는데, 이는 전년 동기대비 25퍼센트 증가한 것이다.)

2 The **2005 bottom line** represents a sharp turnaround from **a net loss** of $10 million in 2004. (2005년 순익은 2004년도의 천만 달러 순손실에서 크게 호전된 것이다.)

The builder said it will focus on development projects in the capital this year after reporting **a 10 percent rise in earnings** in the fourth quarter of 2005. (그 건설 회사는 2004년 4.4분기에 순익이 10퍼센트 증가한 후 올해는 수도에서의 개발 사업에 집중할 것이라고 밝혔다.)

3 Any decrease in costs can improve a company's operating margin and therefore its **net profit margin.** (비용의 감소는 기업의 영업이익률을 향상시켜 매출액순이익률을 높아지게 한다.)

The **profit motive**, speaking broadly, means a man's incentive to work in order to gain something for himself — in economic terms, to make money. (개략적으로 말하자면 이윤 동기란 무엇인가를 얻기 위해, 경제 용어로 돈을 벌기 위해 일하려는 유인을 의미한다.)

4 Despite unfavorable market conditions, the company **has been profitable** since its incorporation in 2000. (불리한 시장상황에도 불구하고 그 회사는 2000년 설립 이래 흑자를 내고 있다.)

Leading technology firms are launching new projects and services to tap the **potentially lucrative** market for procurement vehicles, where state and local officials can purchase goods and services over the Internet. (선두에 있는 기술 회사들은 수익 잠재성이 있는 조달 매체 시장을 개척하기 위해 새로운 사업과 서비스를 시작하고 있는데, 이 매체들은 국가 및 지방 관리들이 상품과 용역을 인터넷으로 구매할 수 있게 해준다.)

5 The automaking business has been the **main cash cow** of the conglomerate which also manufactures ships and steel. (자동차 제조업은 선박과 철강도 생산하는 그 거대기업의 주된 돈벌이였다.)

In some cases it can be many years before a firm would **reach its break-even sales level.** (어떤 경우에는 기업이 손익분기점이 되는 매출 수준에 도달하기 위해 수년이 걸릴 수도 있다.)

6 If a company's **return on assets** is sound and debt levels are reasonable, a strong **return on equity** is a signal that managers are doing a good job of generating returns from shareholders' investments. (기업의 총자산이익률이 견실하고 부채 수준이 적당하면 견고한 자기자본이익률은 경영진이 주주들의 투자금으로 수익을 잘 내고 있다는 신호다.)

7 The company **posted a record net loss of** 200 billion won in 2005, affected by a prolonged economic slump. (그 회사는 장기적인 경기침체의 영향으로 2005년 2000억 원이라는 기록적인 순손실을 냈다.)

The insurance company announced that it will close its **loss-making** Chinese operations after spending $10 million on the joint venture. (그 보험회사는 합작회사에 천만 달러를 투자한 뒤 적자가 나는 중국 사업을 폐쇄하겠다고 발표했다.)

8 Hit by weak construction business, the builder **swung to a loss** of $1 million last year from a profit of $2 million a year earlier. (건설 경기 침체에 타격을 받아 그 건설회사는 전년의 2백만 달러 흑자에서 작년 백만 달러 적자로 돌아섰다.)

The company reaffirmed its forecasts for the second quarter, expecting to **swing to a profit** on higher revenues. (매출 증가로 흑자 전환을 기대하면서 그 회사는 2.4분기 전망치를 재확인했다.)

The air carrier said it expects **a return to profit** this year on the back of low fuel prices. (그 항공사는 항공유가 하락으로 올해 흑자 전환을 기대한다고 밝혔다.)

심화학습

손익계산서 income statement

손익계산서란 기업의 경영성과를 명확하게 보고하기 위하여 특정 기간 동안에 일어난 경제적 사건의 결과 발생한 수익, 비용, 이득, 손실을 각각의 발생요소별로 구분하여 작성한 보고서를 말하는데 한마디로 그 기업의 성적표라고 할 수 있다.

A company's **income statement** is a record of its earnings or losses for a given period. It shows all of the money a company earned (revenues) and all of the money a company spent (expenses) during this period. It also accounts for the effects of some basic accounting principles such as depreciation.

The **income statement** is important for investors because it's the basic measuring stick of profitability. A company with little or no income has little or no money to pass on to its investors in the form of dividends.

If a company continues to record losses for a sustained period, it could go bankrupt. In such a case, both bond and stock investors could lose some or all of their investment. On the other hand, a company that realizes large profits will have more money to pass on to its investors.

한 회사의 **손익계산서**는 특정 기간 동안의 이익과 손실의 기록으로 그 기업이 벌어들인 돈(수익)의 총액과 이 기간에 쓴 돈(비용)의 총액을 보여준다. 이것은 또한 감가상각과 같은 기본적인 회계원칙의 효과들도 보고한다.

손익계산서는 수익성의 기본 잣대이기 때문에 투자자들에게 중요하다. 수익이 거의 없거나 전혀 없는 기업은 배당의 형태로 주주들에게 줄 돈이 거의 없거나 전혀 없게 된다.

한 기업이 지속적인 기간 동안 손실을 계속 기록하면 망할 수도 있다. 이런 경우 채권 및 주식 투자자들은 자신들의 투자금 일부 혹은 전부를 잃을 수 있다. 한편 큰 이익을 실현하는 기업은 투자자들에게 줄 돈이 더 많게 된다.

| **for a given period** 일정 기간 동안에 **account for** (회계) 보고하다 **accounting principles** 회계 원칙들 **depreciation** 감가상각 **measuring stick** 잣대 **profitability** 수익성 **pass on to** ~에게 주다, 양도하다 **dividend** 배당 **sustained** 지속적인 **go bankrupt** 파산하다, 망하다 **realize** 실현하다

순익의 계산

일반적으로 말해 기업이 제품이나 용역을 팔아서 벌어들인 돈이 그 제품이나 용역을 생산하기 위해 든 비용보다 많으면 이익이 나고 적으면 손실을 기록하게 되는데 아래 개략적인 계산법을 소개한다. less는 '빼고'의 의미이며 순서대로 계산을 하면 순이익이 나오게 되고 순이익에서 주주에게 지급하는 배당금을 빼면 내부유보금이 된다.

| **sales** 총매출 *less* **returns, rebates** 매출환입, 매출 할인 **net sales** 순매출 *less* **cost of goods sold** 매출원가 **gross profit on sales** 총매출이익 less **general operating expenses** 일반 영업비용 *less* **depreciation expense** 감가상각비 **operating income** 영업이익 *plus or less* **other income** 기타 이익 **earnings before interest and tax** 이자와 세금 차감 전 이익 *less* **interest expense, taxes** 이자비용, 세금 **net profit** 순익 *less* **dividends paid** 배당금 지급액 **retained earnings** 내부유보금

32 시장 | 가격 | 인플레이션

주제어	관련어
market	emporium, free market, black market, market failure, rig the market, monopoly, buy, purchase, impulse buying, clientele, patronize
price	charge, cost, fee, rate, rent, running costs, high[low] price, priceless, cheap, expensive, ritzy, cut-price
inflation	inflation rate, consumer price index, curb[fuel] inflation, price level, inflationary pressure, deflation, reflation

●●● Every man has his price. 돈으로 움직일 수 없는 사람은 없다.

흔히 자본주의 경제 체제를 시장 경제 체제(market economy)라고 하는데 시장이란 생산자와 소비자가 분리되어 있을 때 생산자와 소비자가 만나서 재화와 용역을 교환하는 곳이다. 물론 경제학에서 이야기하는 시장은 이러한 구체적이고 특정한 장소를 의미하기보다는 수요자와 공급자가 만나 상품이 교환되는 매개체라고 할 수 있으며 오늘날에는 인터넷 시장과 같은 가상의(virtual) 공간에서 시장이 형성되고 그 거래 범위도 전 세계로 확장되고 있다.

시장 경제 체제에서 시장가격(market price)은 매우 중요한 기능을 수행하는데 공급자가 무엇을 생산할 것인가(what to produce)는 시장의 가격이 제시해준다. 이윤의 원리에 입각한 자본주의 체제에서는 동일한 비용이라면 가장 비싼 제품을 만드는 것이 가장 유리하다는 것은 당연한 사실이며 바로 이것이 '보이지 않는 손(the invisible hand)'의 원리인 것이다. 가격은 또한 어떻게 만드는가(how to produce)에 관한 문제도 가격이 해결해주는데 이는 최소의 비용으로 생산을 하도록 만든다는 것이다. 누구를 위해 생산할 것인가(for whom to produce)의 문제도 가격이 해결해주는데 가격이 필요한 사람에게 필요한 물건이 가도록 유도해 준다는 것이다.

물가수준(price level)이 지속적으로 상승하는 현상 또는 화폐가치가 지속적으로 하락하는 현상을 인플레이션(inflation)이라고 말한다. 물가수준이란 한 나라에서 거래되는 모든 재화나 용역의 평균적인 가격수준을 말한다. 물가수준을 측정하는 지표로는 소비자물가지수(the consumer price index)나 생산자물가지수(the producer price index) 그리고 GDP 디플레이터(GDP deflator) 등이 있는데 이러한 지표들은 모두 특정한 연도에 비해서 평균적인 물가수준이 어떻게 변하고 있는가를 나타낸다.

market

시장, 시황
a place where goods and services are bought and sold = bazaar, emporium, fair, marketplace, mart

유의어 **booth** 포장마차, 노점, 임시 진열장 **co-op** 소비조합 매점 **deli, delicatessen** 조제 식품 판매점 **exchange** 거래소 **showroom** 진열(전시)실 **warehouse** 큰 소매 상점

용례 **a fish[vegetable, antiques] market** 생선[채소, 골동품] 시장 **a brisk[dull, quiet, steady] market** 활발[침체, 한산, 건실]한 시황 **the foreign[domestic] market** 외국[국내] 시장 **seek a new market** 새 시장을 구하다

market economy 시장경제

| **a free-market economy** 자유 시장경제 **a market-based[market-driven, market-led] economy** 시장 중심 경제 **market forces[trends]** 시장의 힘[동향] **invisible hand** 보이지 않는 손 **a loss of market share** 시장점유율 상실 **have a 50 percent market share** 시장 점유율이 50퍼센트다

| **hold[dominate, control] the market** 시장을 지배하다 **emerge as the market leader** 시장의 선두주자로 부상하다

| **play the market** (증권의) 투기를 하다 **price oneself out of the market** (경쟁업자나 매수측의 지정 매입가보다 높은 가격을 매겨) 거래가 이루어질 수 없게 하다 **raise the market** 시세를 올리다 **rig the market** 시세를 조작하다

securities 증권

| **the stock market** 주식시장 **the securities market** 증권시장 **the bond market** 채권시장 **the currency[foreign exchange] market** 외환시장 **the bull market** 강세시장 **the bear market** 약세시장 **the financial[money, capital, futures] market** 금융[단기자본, 자본, 선물]시장

| **market failure** 시장의 실패 **monopoly** 독점 **oligopoly** 과점 **monopsony** 수요독점(일인 수요자에 공급자가 여럿 있는 경우)

| **the black market** 암시장 **the gray market** 회색 시장, 비정규적 유통 시장(black market과 normal market의 중간적 시장) **gray marketeer** 회색 시장 관계자

| **the buyer's market, the buyers' market** 구매자 시장(상품 공급이 과잉인 시장) **the seller's market, the sellers' market** 판매자 시장(수요에 비해 공급이 적어서 판매자에게 유리한 시장) **the labor[job] market** 노동[인력]시장

shop, store 상점, 소매점

| **retail outlet** 소매점 **chain store** 연쇄점 **discount store** 할인점 **department store** 백화점 **dime store** 싸구려 잡화점, 구멍가게 **superstore** 대형 매장 **supermarket** 슈퍼마켓 **grocery store** 식료품점, 식료 잡화점 **groceteria** (셀프 서비스의) 간이 식료품점

| **outlet** 판매 대리점, 직판장, 소매점 **stall** 상품 진열대, 매점, 노점 **general store** 잡화점, 만물상 **corner shop, mom-and-pop store** 구멍가게 **kiosk** 신문(담배, 음료, 식사 등) 매점 **the butcher's** 정육점 **the baker's** 빵집 **the grocer's** 잡화점 **the barber's** 이발소

| **shopping center** 상점가 **mall, shopping mall** 상점가 **shopping precinct** 보행자 전용 상점가, 상가

| **market** 시장에서 거래하다, 장보다, 시장에 내놓다(팔다) **go marketing** 장보러 가다 **market for a special Sunday dinner** 일요일 특별 저녁을 위해 물건을 사다 **market a new product** 신제품을 팔다

| **marketable** 시장성이 있는 **a highly marketable product** 아주 시장성이 있는 제품 **marketable securities** 시장성이 있는 유가증권 **marketability** 시장성

buy 사다; 싸게 산 좋은 물건

to acquire in exchange for money or its equivalent = acquire, get, obtain, purchase, shop for

유의어 **barter for** 교환하다 **bargain for** 흥정하다, 믿다 **invest** 투자하다 **pay for** 대금을 지불하다 **procure** 손에 넣다, 조달하다 **redeem** 되사다 **score** 외상으로 사다 **secure** 확보(획득)하다

용례 **buy a book for 10,000 won** 책을 만원에 사다 **buy books at a bookstore** 서점에서 책을 사다 **buy ~ for cash [on credit]** ~를 현금[외상]으로 사다 **buy him a book, buy a book for him** 그에게 책을 사주다 **buy him a drink** 그에게 한잔 사다

good buy 싸게 잘 산 물건

| **It's a good buy.** 그건 잘 산 물건이다. **a bad buy** 잘못 산 물건

| **buying, purchase** 구매, 구입 **impulse buying** 충동구매 **panic buying** 사재기 **forward buying** 선매 **the purchase of a car** 차의 구입 **make a small purchase** 몇 가지 물건을 사다 **a wise purchase** 아주 잘 산 물건 **make a good[bad] purchase** 물건을 싸게[비싸게] 사다 **a compulsory purchase order** 강제 구입 명령 **the date of purchase** 구매일 **the purchase price** 구입가

| **purchasing manager** 구매담당이사 **purchasing power** 구매력

| **snap up** (싼 물건을 남이 살까봐) 얼른 사다 **pick up** (우연히 싼 물건을) 사다 **splash out on** 돈을 호기 있게 쓰다, 비싼 물건을 여봐란듯이 사다

| **buy a lot of [lots of]** ~를 많이 사다 **buy up, stock up, stock up on** 매점하다

| **treat her to dinner** 그녀에게 저녁을 사다 **stand him a drink** 그에게 한잔 사다 **buy[get] a round** (모두에게) 한잔 사다 **Everything is on me tonight.** 오늘 저녁은 내가 다 산다. **The drinks are on the house.** 술은 공짜다. 가게 주인이 산다고 한다.

go shopping, do the shopping 쇼핑하다

| **go to the shops, go to the store** 장보러 가다 **go around the shops** 가게들을 기웃거리며 다니다 **come[go] to the wrong shop** 엉뚱한 사람에게 부탁하러 가다, 번지수를 잘못 짚다 **shopper** 물건을 사는 사람, 손님 **shop around** 상품(상점)을 보고 다니다 **go window shopping** 물건 구경하러 가다

| **shop at[in], patronize** ~를 단골로 이용하다, ~에서 늘 물건을 사다

| **client, clientele, customer, custom, patron, regular** 고객, 단골 **a regular[steady] patron** 단골손님 **have a large[plenty of] custom** 단골이 많다 **buyer, consumer** 구매자, 소비자

| **reserve, book** 예약하다

| **be booked up, be fully booked, be booked solid** 완전 예약이 되다

| **reservation, booking** 예약 **have a reservation** 예약을 해두다 **make a reservation[booking]** 예약을 하다

필수예문

track 112

1 A democratic political system, which encourages dissent and open discussion of public issues, can contribute most effectively to the operation of **a free-market economy.** (반대와 공적인 문제의 공개 토론을 장려하는 민주정치제도가 자유 시장 경제의 운용에 가장 효과적으로 기여할 수 있다.)

2 The company now has **a global market share** of 11.5 percent, an increase of 2.8 percentage points from a year ago. (그 회사는 현재 11.5퍼센트의 세계시장 점유율을 보유하고 있는데 이는 일년 전에 비해 2.8퍼센트 포인트 상승한 것이다.)

The United States **dominates the global arms market**, despite a steady fall in the total value of arms sales worldwide. (전세계 무기 거래 총액의 지속적인 하락에도 불구하고 미국은 세계 무기시장을 지배하고 있다.)

3 The US president has proposed a seven-point plan to make it far more difficult to sell nuclear equipment on **the black market.** (미국 대통령은 암시장에서 핵 장비를 파는 것을 훨씬 더 어렵게 만드는 7개 항의 계획을 제시했다.)

The government has taken a number of measures to make **the labor market** more flexible, which is a priority but nonetheless extremely difficult. (정부는 긴급한 일이지만 그래도 아주 어려운 노동시장 유연화를 위한 많은 조치들을 취했다.)

Market failure is a situation in which markets do not efficiently organize production or allocate goods and services. (시장의 실패란 시장이 효과적으로 생산을 조직하거나 재화와 용역을 분배하지 못하는 상황을 말한다.)

4 Insurers contend that without the availability of generic parts, carmakers would **enjoy a monopoly on** the replacement part business. (보험회사들은 일반 부품을 구할 수 없으면 자동차회사들이 대체부품 시장에서 독점을 누리게 될 것이라고 주장한다.)

Property investment may have less liquidity, which is how easy it is to convert the investment back into cash, than **marketable securities**, since you can't sell a piece of your house as you can sell some of your securities. (부동산 투자는 시장성 있는 유가증권보다 투자한 돈의 현금화에 대한 용이성을 의미하는 유동성이 낮을 수 있는데 이는 증권의 일부를 팔 수 있는 것처럼 집의 일부를 팔 수 없기 때문이다.)

5 Could you run down to the **shop** and get me some cigarettes? (가게에 뛰어가서 담배 좀 사다줄래?)

Which **store** did you buy the computer from? (그 컴퓨터 어느 가게에서 샀어?)

The big **chain stores** have driven many **mom-and-pop stores** in the neighborhood out of business. (대형 연쇄점들은 많은 동네 구멍가게들을 망하게 만들었다.)

6 South Korea's biggest **department store** is trying to make an initial public offering of its stock in order to raise investment funds. (한국 최대의 백화점이 투자 자금을 마련하기 위해 주식 최초 공개를 하려하고 있다.)

The **grocery store** is usually busy on Sunday mornings. (그 잡화점은 일요일 오전에는 늘 붐빈다.)

7 The **general store** sells everything from clothes to vegetables. (그 잡화점은 옷에서부터 야채까지 모든 것을 판다.)

The company is building a new **shopping mall** in downtown Seoul despite complaints that it will cause severe traffic problems. (그 회사는 심각한 교통 문제를 유발시킬 것이라는 불만에도 불구하고 서울 중심가에 새로운 쇼핑몰을 짓고 있다.)

8 People are **stocking up on** cigarettes as their prices are to go up next month. (다음 달 담배 가격 인상이 예정되어 있어 사람들이 담배를 사재기하고 있다.)

Do you **have a reservation**? No, I am here to **make a reservation.** (당신은 예약이 되어 있습니까? — 아니오, 예약하러 왔어요.)

I am short of money tonight. Can you **stand me a drink**? (나 오늘 저녁 돈이 좀 없어. 나한테 한잔 살 수 있겠어?)

The hotel was forced to close due to lack of **custom.** (그 호텔은 손님 부족으로 문을 닫아야 했다.)

price

값, 가격
the amount as of money or goods, asked for or given in exchange for something else = bite, cost, damage, terms

유의어 **bill** 청구서, 계산서 **charge** 요금, 수수료 **cost** (제조, 입수, 유지 따위를 위해) 지불하는 금액, 비용 **charge** 서비스 요금, 수수료 **face value** 액면가 **fare, rate** (탈것 등의) 요금 **fee** (의사, 변호사 등) 전문직에 대해서 지불하는 보수; 어떤 특권을 받기 위한 요금 **quotation** 시세, 시가, 거래 가격 **rent, rental** 집세, 임대료 **toll** (도로나 기타 시설의) 사용료 **running costs** 유지비, 운영비

용례 **a high[low] price** 높은[낮은] 가격 **oil[food, house] prices** 유가[식품가, 주택 가격] **a price rise** 가격 인상 **charge a price** 가격을 매기다

cash[spot] price 현물가

| **a futures price** 선물가 **a cost price** 원가 **a fixed price** 정가(定價) **a net price** 정가(正價) **a market price** 시가(市價) **a retail[wholesale] price** 소매[도매]가 **consumer prices** 소비자 물가 **a selling price** 판매 가격 **a sticker price** 생산자 표시 가격, 희망 소비자 가격 **a trade price** 동업자간의 시세 **a maximum[ceiling] price** 최고가 **a minimum[floor] price** 최저가

| **at a bargain[reduced] price** 할인가로 **at half (the) price** 반값으로 **high[low] in price** 값이 비싼[싼] **the price asked** (사는 쪽의) 부르는 값, 호가 **the asking price** (파는 쪽의) 부르는 값 **the bid price** (주식) 매입가, 입찰가 **a closing price** 마감가 **a factory price** 공장도 가격

| **standard land[housing] prices, official published land prices, government-set land prices** 공시지가, 주택가

| **cost $10** 10달러 들다 **cost a lot** 비용이 많이 들다 **cost a fortune[bomb]** 큰돈이 들다 **retail at** 소매가가 ~이다 **at a cost of** ~의 비용으로 **set someone back at $10** ~에게 10달러 들게 하다 **be priced at** 가격이 ~이다 **sell for, go for** ~에 팔리다

| **cost** ~의 원가(생산비)를 계산하다 **estimate** 견적을 내다

| **priceless** 매우 귀중한 **a priceless antique** 귀중한 골동품 **a priceless collection** 귀중한 소장품

expensive 비싼

= big-ticket, costly, dear, executive, high, high-priced, pricey

| **expensive** 고급의 = classy, exclusive, executive, fancy, luxurious, plush, posh, ritzy, swank, upmarket, upscale

| **exorbitant** 터무니없이 비싼 = be a rip-off, be daylight robber, be highway robbery, extortionate, fancy prices, inflated prices, steep

cheap 값이 싼

= bargain, bargain-basement, bargain-counter, budget, economical, inexpensive, low-cost, low-priced, uncostly, undear

| **dirt cheap** 터무니없이 싼, 헐값의 **at rock-bottom prices** 헐값으로 = at giveaway prices **be a snip** 터무니없이 싸다 = be a steal

| **cheap and nasty** 값이 싸고 질이 나쁜 **cheapie** 싸구려 물건

| **cut-price** 할인한, 특가의 = cut-rate, reduced, special **be on offer** 할인되고 있다 = be on sale, be ~ off, be going cheap

| **affordable** 적당한 가격의 = competitive, not bad, reasonable

| **be a good buy** 싸게 잘 산 물건이다 = be good value, be a good deal, be a bargain, be good, be value for money, get one's money's worth

| **buy ~ cheap, buy ~ for very little money, buy ~ for nothing** ~를 아주 싸게 사다, 거저나 마찬가지다

| **cut, discount, reduce, slash** 할인하다 **knock $10 off** 10달러 할인하다

| **beat ~ down, bargain with, haggle** 값을 깎다 **Could you come down a little?** 좀 깎아주시겠어요?

inflation

물가상승, 인플레(이션)
a general and progressive increase in prices = rising prices

용례 **a high[low] rate of inflation** 높은[낮은] 물가상승률 **the inflation rate** 물가상승률 **fight[combat] inflation** 인플레이션에 대처하다

| **the consumer price index** 소비자물가지수

| **the produce price index** 생산자물가지수 **the GDP (gross domestic product) deflator** GDP 디플레이터 **core inflation** 근원 인플레이션(에너지 및 식품 가격 제외)

| **cause[trigger, spark] vicious inflation** 악성 인플레이션을 초래하다

| **bring down [control, curb, keep in check, reduce, rein in, hold back] inflation** 물가상승을 억제하다

| **beat[fight against, tackle] inflation** 인플레이션을 타개하다 **achieve a target of 3 percent inflation** 3퍼센트 인플레이션 목표를 달성하다 **fuel[rekindle] inflation** 인플레이션을 부채질하다[되살아나게 하다] **subdue inflation** 인플레이션을 진정시키다

| **price level** 물가 수준 **high[low] inflation** 높은[낮은] 인플레이션 **single-digit[double-digit] inflation** 한 자리[두 자리] 수의 물가상승 **an inflationary spiral** 인플레이션 악순환 **galloping[runaway] inflation** 급속히 진행되는 인플레이션

| **rapid[rampant] inflation** 급속한[걷잡을 수 없는] 인플레이션 **tame[subdued] inflation** 진정세의 인플레이션 **creeping inflation** 잠행성 인플레이션 **latent inflation** 잠재적 인플레이션

| **cost-push inflation** 비용상승 인플레이션 **demand-pull inflation** 수요초과 인플레이션

| **inflationary pressure** 인플레 압력 **a buildup in inflationary pressure** 인플레 압력의 증가

| **disinflation** 경기 후퇴시의 물가상승 둔화 **stagflation** 경기 침체하의 인플레이션 **suffer from stagflation** 경기 침체하의 인플레이션을 겪다

| **deflation** 물가하락 **reflation** 통화 재팽창 **the misery index** 고통(궁핍) 지수(한 나라 경제 상태의 곤란도를 나타내는 비공식 지표로 실업률과 물가상승률을 단순 합계한 것)

필수예문

track 113

1 Overcapacity in the world steel industry is resulting in **low steel prices**, increased imports, and widespread bankruptcy, experts say. (세계 철강산업의 생산 설비 과잉으로 낮은 철강 가격, 수입 증가 그리고 광범위한 파산의 결과를 낳고 있다고 전문가들은 말한다.)

Although **higher energy costs** are expected to increase the inflation rate, the president urged the public not to panic, saying various countries have asked the Organization of Petroleum Exporting Countries to boost production in a bid to **curb soaring oil prices**. (에너지 비용의 증가가 물가상승률을 높일 것으로 예상되지만 대통령은 국민들에게 당황하지 말라고 촉구하며 여러 나라가 석유수출국기구에 급등하는 유가를 억제하기 위해 증산을 하도록 요청했다고 말했다.)

2 Inflation affects the **cost of** every daily necessities people buy. (인플레이션은 사람들이 사는 모든 일상용품의 가격에 영향을 미친다.)

Civic groups have urged the government to do something about the **high cost of living**. (시민단체들은 정부에 높은 생활비에 대한 조치를 취하라고 촉구했다.)

3 South Korean **consumer prices** rose an expected 0.2 percent in December due to a surge in energy costs. (한국의 소비자물가는 12월 에너지 가격의 급등으로 예상대로 0.2퍼센트 올랐다.)

The economy's soft patch in the spring and early summer helped to keep **wholesale prices** relatively subdued. (봄과 초여름의 일시적인 경기 후퇴는 도매 물가를 비교적 진정시키는 데 도움이 되었다.)

4 The current **market price** for an apartment like this is around $50,000. (이런 아파트의 현 시장가격은 약 5만 달러다.)

The government has decided to **raise electricity rates**, reflecting a recent surge in oil prices. (정부는 최근 유가 급등을 반영하여 전기료를 인상하기로 했다.)

5 Large foreign cars are more **expensive** to run than domestically produced ones. (대형 외제차는 국산차들보다 굴리는 데 더 비싸다.)

We can't drink here. It's much too **pricey**. (우리 여기서 못 마시겠어. 너무 비싸.)

The couple decided to spend the night in a **posh** downtown hotel. (그 부부는 중심가 고급 호텔에서 밤을 보내기로 했다.)

The restaurant is notorious for **charging exorbitant prices** for not very good food. (그 식당은 별로 맛도 없는 음식에 터무니없는 가격을 매기는 것으로 악명이 높다.)

6 I only pay $10 for the ticket. It's really **cheap**. (나는 표를 사는 데 10달러만 내. 정말 싸다.)

The Chinese restaurant has a wide menu and the prices are **reasonable**. (그 중국 식당은 메뉴도 다양하고 가격도 적당하다.)

This car is **a really good buy** because I've never had any problems with it. (이 차는 정말 싸게 잘 산 것 같아. 차에 한 번도 문제가 생기지 않았거든.)

7 Record prices for gasoline and other fuels caused **US inflation** to rise in 2005 at the fastest pace in five years. (기록적인 휘발유 및 기타 연료 가격은 2005년 미국의 물가상승이 5년 만에 가장 빠른 속도로 오르게 했다.)

The inflation rate for a particular year is computed by taking **the consumer price index** of that year minus the price index of the previous year, divided by the price index of the previous year, all multiplied by 100. (특정 연도의 물가상승률은 그 해의 소비자물가지수에서 전년도 물가지수를 빼 전년도 물가지수로 나누고 다시 100을 곱해서 산출된다.)

8 Outside of the volatile sectors of food and energy, South Korea's **core inflation** posted a 2 percent rise for all of 2005, unchanged from the 2004 gain. (변동이 심한 식료 및 에너지 분야를 제외한 한국의 근원 인플레이션은 2005년 2퍼센트 증가를 기록했는데 이는 2004년도 상승률과 변동이 없는 것이다.)

The **GDP deflator** is a measure of the change in prices of all new, domestically produced, final goods and services in an economy. (GDP 디플레이터는 한 국가 경제 내에서 새로, 국내적으로 생산된 모든 최종 재화와 용역 가격 변화의 척도다.)

심화학습

보이지 않는 손 the invisible hand

보이지 않는 손이란 1776년 영국의 경제학자 애덤 스미스가 《국부론 *the Wealth of Nations*》에서 주장한 시장경제 작동 원리로 시장기능 혹은 시장원리를 의미하는 용어다.

The invisible hand is a term coined by Adam Smith to describe the natural force that guides free market capitalism through competition for scarce resources. It means the ability of the free market to allocate factors of production, goods and services to their most valuable use.

If everybody acts from self-interest, spurred on by the profit motive, then the economy will work more efficiently, and more productively, than it would do were economic activity directed instead by some sort of central planner. It is, wrote Smith, as if an "**invisible hand**" guides the actions of individuals to combine for the common good.

Smith recognized that **the invisible hand** was not infallible, however, and that some government action might be needed, such as to impose antitrust laws, enforce property rights, and to provide policing and national defense.

보이지 않는 손이란 희소한 자원에 대한 경쟁을 통해 자유 시장 자본주의를 지도하는 자연적인 힘을 묘사하기 위해 아담 스미스가 만든 용어로 자유 시장이 생산요소, 상품 그리고 용역을 가장 가치 있게 분배하는 능력을 의미한다.

모든 사람이 이윤동기에 의한 사리사욕에서 행동한다면 경제활동이 어떤 중앙집권적 계획자에 의해 지도될 때보다 경제가 더 효율적으로 그리고 생산적으로 작동할 것이다. 그것은 마치 '**보이지 않는 손**'이 개인의 행동을 인도하여 공익을 위해 결합하는 것과 같다고 스미스는 썼다.

하지만 스미스는 **보이지 않는 손**이 절대 오류가 없는 것은 아니고 반독점법을 부과하고 재산권을 실시하며 치안과 국방을 제공하는 것과 같은 일정한 정부의 조치가 필요할 수도 있다고 인정했다.

| **coin** 만들어내다 **free market capitalism** 자유 시장 자본주의 **scarce** 희소한 **factors of production** 생산 요소 **self-interest** 사리, 이기심 **spur on** 자극하다 **profit motive** 이윤동기 **were economic activity directed instead by** = if economic activity were directed instead by **common good** 공익 **infallible** 전혀 틀림이 없는 **antitrust law** 반독점법 **property rights** 재산권 **national defense** 국방

33 직업 | 실업 | 고용

주제어	관련어
job	**berth, business, career, occupation, profession, pursuit, trade, vocation, post, sideline, vacancy, job-hop, turnover, professional, turn pro**
unemployment	**joblessness, unemployment rate, unemployed, jobless, out of work, hidden unemployed, discouraged worker**
employ	**recruit, recruitment, temporary worker, dispatched worker, employer, employment**

●●● Everybody's business is nobody's business.

공동 책임은 무책임.

대다수 사람은 학교를 마치고 나면 일자리를 구하여(find a job) 생계를 꾸릴 방도를 마련해야 한다. 자신의 적성(aptitude)에 맞는 직업이 무엇인가를 찾아내는 것도 힘들지만 요즘은 직장 구하기가 정말 힘들게 되었다. 상황이 이렇다 보니 대학 졸업생들은 찬 밥 더운 밥 가릴 처지가 못 되고 그저 일만 할 수 있다면 무슨 일이라도 하겠다는 구직자(job seeker)들이 많다고 한다.

직업을 쉽게 구하려면 우선 기업들이 일자리를 많이 만들어서 구직자들에게 풍부한 취업 기회를 제공해야 한다. 그러나 국내경기가 안 좋다 보니 기업들은 고용(employment)을 꺼리게 되고, 정부에 대책을 내놓으라고 요구하지만 정부라고 무슨 뾰족한 수가 있는 것은 아니다. 기업들이 만들어내는 제품에 대한 수요가 늘고 이 수요를 맞추기 위해 기업들이 근로자들을 자꾸 뽑아야만 고용기회가 늘어나게 되는 것이다.

15세 이상 인구 중에서 일할 의사가 있고 능력이 있는 사람들을 경제활동인구(the labor force)라고 한다. 이 경제활동인구는 취직자(the employed)와 실업자(the unemployed)를 합친 것을 지칭하는 용어다. 실업률이란 실업자를 경제활동인구로 나눈 것을 말한다. 실업에는 흔히 본인의 의사에 따라 직업이 없는 경우를 말하는 자발적 실업(voluntary unemployment)과 본인의 의사와 상관없이 실직 상태가 되는 비자발적 실업(involuntary unemployment)이 있다.

job

직업, 일자리

work someone does regularly to earn money = berth, billet, business, career, employment, line of work (business), livelihood, occupation, profession, pursuit, trade, vocation, work

직업을 의미하는 단어로 여러 가지가 있으나 가장 일반적인 말은 job이며 기타 occupation, profession, business 등이 있다.

occupation 대체로 정규직을 의미하며 업무를 위해 훈련이 필요한 직업

profession 변호사, 의사, 교사 등과 같이 전문적인 지식을 요하는 직업

business 실업, 상업 관계의 영리를 목적으로 하는 직업

유의어 **assignment, duty, mission, task, undertaking** 임무 **calling** 천직 **capacity** 지위, 자격 **chore** 잡일, 일과 **craft** (특수한 기술을 요하는) 일, 직업 **function** 직분, 역할 **gig** 일, 일시적인 일 **grind** 힘들고 지루한 일 **niche** 적소 **nine-to-five** 일상적 근무 **office** 지위, 관직 **racket** 장사, 일 **stint** 할당된 일

용례 **find a job** 일자리를 얻다 **lose one's job** 직업을 잃다 **leave[quit] a job** 일을 그만두다 **change jobs** 직업을 바꾸다

| **a full-time[part-time] job** 정규직[비상근직] **the job market** 취업(직업) 시장 **a job fair** 취업 박람회 **the oldest profession** 매춘

| **look for work** 일자리를 찾다 **find work** 직업을 구하다 **job seeker** 구직자 **return to work** 업무에 복귀하다 **after[before] work** 퇴근한 후[출근 전]

| **the teaching[medical, legal] profession** 교직[의사업, 변호사업] **be a doctor by profession [trade, pursuit, calling]** 직업이 의사다

| **a career in journalism** 언론직 **career prospects** 직업 전망 **ruin[destroy] one's career as a politician** 정치 인생을 망치다

post, position, capacity (회사, 기관 등에서의) 지위

| **the post of director** 이사직 **in one's capacity as** ~의 자격으로

| **sideline** 부업 **as a sideline** 부업으로 **take wedding photographs as a sideline** 부업으로 결혼식 사진을 찍다 **do a bit of painting on the side** 부업으로 그림을 그리다

| **vacancy, opening, opportunity** 빈자리, 결원 **fill a vacancy** 결원을 메우다 **a vacancy for a sales manager** 세일즈 매니저 빈자리

| **the turnover rate** 이직률 **headhunting** (간부직) 인재 스카우트 **headhunter** (간부직) 인재 스카우트 회사[담당자] **job-hop** 직업을 자주 바꾸다 **job-hopper** 직업을 자주 바꾸는 사람 **job-hunt** 일자리를 찾다 **job-sharing** 분담 노동, 일자리 나누기(하나의 정규 고정 업무를 두 사람이 나눠 하는 취업 형태)

---

professional 직업적인, 전문직의; 프로의

engaged in a profession or engaging in as a profession or means of livelihood = career, job, occupational, vocational

용례 **a professional man** 전문직 종사자 **a professional woman** 전문직(직업) 여성 **professional education[training]** 직업 교육 **the professional spirit** 직업 정신 **professional etiquette** 동업자간의 예의

| **turn[go] professional[pro]** (아마추어 선수가) 프로로 전향하다

| **a professional golfer** 프로 골프선수 **professional football** 프로 축구 **professional sports** 프로 스포츠 **be on a professional level** 프로 수준이다

| **a career military officer** 직업 군인 **a career diplomat** 직업 외교관 **a career woman[official]** 직업 여성[관료]

| **job satisfaction** 직업 만족도 **job security** 고용안정 **a job description** 직무 내용 설명서

occupational 직업의

| **occupational guidance** 직업 보도 **an occupational disease** 직업병 **an occupational hazard** 직업 재해 **an occupational injury[accident]** 직업 부상[사고] **occupational health** 직업 위생 **occupational therapy** 작업 요법 **an occupational therapist** 작업 치료사 **occupational medicine** 직업병 의학

| **vocational education[training]** 직업 교육 **vocational counseling** 직업 상담 **a vocational counselor** 직업 상담자 **a vocational[technical] school** 직업(실업) 학교, 전문학교 **vocational guidance** 직업 안내 **do a vocational course** 직업 교육을 받다 **a vocational test** 직업 적성 검사 **a vocational disease** 직업병 **a licensed vocational nurse** 간병 전문 간호사 **the Vocational Olympics** 국제 기능 올림픽

| **a vocational representation system** 직능 대표제

필수예문

track 114

1 The country produces more goods than ever before, but millions of its factory workers have **lost their jobs**. (그 나라는 그 어느 때보다 많은 재화를 생산하지만 수백만의 공장 노동자들이 일자리를 잃었다.)

A growing number of workers are **losing their jobs** due to shifts in production to overseas. (생산의 해외 이전으로 인해 점점 많은 숫자의 노동자들이 직장을 잃고 있다.)

2 In **a tight job market**, women graduates are faced with an extra hurdle as many employers dangle "Men Only" signs at **job fairs**. (취업난 속에서 여성 졸업자들은 많은 고용주들이 취업 박람회장에서 '남성에 한함'이라는 팻말을 내걸기 때문에 추가적인 장애에 직면하고 있다.)

The **job market** is probably not going to recover even if the economy does, analysts say. (취업 시장은 경제가 회복하더라도 아마 회복하지 않을 것이라고 분석가들은 말한다.)

3 **What kind of job** do you want to do when you grow up? (어른이 되면 어떤 일을 하고 싶어?)

All applicants are required to fill in the details of their **occupation**. (모든 응시자는 직업에 대한 자세한 내용을 기재해야 한다.)

Fewer young people are **entering the teaching profession** nowadays. (오늘날 교직을 택하는 젊은이들의 수가 점점 줄고 있다.)

4 After **changing jobs** numerously, he has finally found his **vocation as a waiter**. (직장을 수없이 바꾼 뒤 그는 마침내 웨이터 직업을 얻었다.)

What do you do? I am a reporter for an English newspaper. (무슨 일 하세요? — 저는 영자 신문 기자입니다.)

Jane is a lawyer, but she sells personal computers **as a sideline**. (제인은 변호사지만 부업으

로 컴퓨터를 판다.)

5 The governing party has nominated three party officials to **fill a National Assembly vacancy** created by the ouster of the jailed former lawmaker, and its top decision-making body will choose among them to **fill the post**. (여당은 수감된 전직 국회의원이 제명되어 생긴 국회의 공석을 채우기 위해 세 명의 당 관료를 지명 추천했고 당의 최고 의사결정기구는 그들 중 한 명을 골라 그 자리를 채울 것이다.)

6 **Professional education** improves the quality standards in work and its benefits go to the worker and the consumer. (직업 교육은 직장에서의 품질 수준을 향상시키고 그것의 혜택은 노동자와 소비자에게 돌아간다.)

Teen sensation Michelle Wie announced her long-awaited decision to **turn professional**, hoping to becoming the first woman to play in a men's major. (십대 천재 미셸 위는 오랫동안 기다렸던 프로 전향 결정을 발표했고 남자 메이저 대회에 출전하는 첫 여성이 되기를 바라고 있다.)

7 Workplace loyalty doesn't guarantee **job security**, so employees need to upgrade their skills to maintain their jobs. (회사에 대한 충성도가 고용안정을 보장하지 않으므로 종업원들은 일자리 유지를 위해 기술을 향상시킬 필요가 있다.)

School officials give recruiters a list of seniors to contact, and encourage upperclassmen to **take a vocational test** required by the military. (학교 관리들은 접촉할 수 있는 상급자들의 명단을 모병관들에게 제공하고 상급생들에게 군에서 요구하는 직업 적성 검사를 받도록 장려한다.)

8 The government said it will set up a prevention system of **vocational diseases** to cover about 3 million workers in 15,000 factories. (정부는 15,000개 공장에서 일하는 약 3백만 명의 노동자들을 대상으로 직업병 예방 제도를 시행할 것이라고 밝혔다.)

A total of 100 workers were diagnosed as **suffering from vocational diseases** last year, up 15 percent from a year earlier. (총 100명의 노동자들이 작년에 직업병을 앓고 있다는 진단을 받았는데 이는 전년보다 15퍼센트 늘어난 것이었다.)

unemployment

실업, 실업률
the state of being unemployed or not having a job
= joblessness

용례 **a rise[fall] in unemployment** 실업의 증가[감소] **high[low] unemployment** 높은[낮은] 실업 **the unemployment rate** 실업률 **unemployment benefit** 실업 수당, 실업 급여 **unemployment compensation** 실업 수당 **unemployment insurance** 실업 보험 **youth unemployment** 청년 실업 **mass unemployment** 대량 실업

| **natural unemployment** 자연 발생 실업

| **the natural rate of unemployment** 자연 실업률 **cyclical unemployment** (경기 순환에 의한) 주기적 실업 **frictional unemployment** 마찰적 실업(노동의 유동성 상실로 인한 일시적 실업) **structural**

unemployment (경제 구조의 변화로 인한) 구조적 실업, 비자발적 실업

| **lower[cut, reduce, push down] unemployment** 실업을 낮추다 **raise[increase, push up] unemployment** 실업을 높이다 **cause[create] unemployment** 실업을 낳다, 실업자를 만들다 **eliminate unemployment** 실업을 없애다

unemployed, jobless 실직한, 실업 상태의

= on the dole, out of work, without a job, idle, jobless, out of employ, out of employment, workless

| **the hidden unemployed** 잠재 실업자

| **a discouraged worker** 실망 실업자

| **underemployed** 불완선 고용의, 능력 이하의 일에 종사하고 있는 **the underemployed** 불완전 취업자

| **the labor force, the work force** 경제활동인구

| **be in the labor force** 경제활동을 하다 **people outside the labor force** 비경제활동인구

the labor force participation rate 경제활동참가율

employ

고용하다

to engage the services of someone = engage, give ~ a job, hire, place, put on, retain, sign on, sign up, take on

유의어 **commission** 위탁하다 **enlist** 입대시키다, 징모하다 **procure** (여자를) 알선하다

용례 **employ more workers** 더 많은 노동자를 고용하다

| **employ a lawyer** 변호사를 고용하다 **be employed as a clerk** 사무원으로 일하다 **be employed in a trading company** 무역회사에 취직하다

| **appoint** 임명하다 **appoint ~ as director** 이사로 임명하다 **be appointed to one of the committee** 위원으로 임명되다

| **recruit** 모집하다; 신입 사원 **recruitment** 모집 **a recruitment agency** 직원모집 대행사 **staff recruitment** 직원 채용

| **a job placement agency** 직업 소개소 **a job placement company[firm]** 직업 소개 회사

employer 고용주

| **employee, worker** 종업원, 노동자 **regular[full-time, payroll] worker** 정규직 노동자 **temporary [non-regular] worker** 임시직[비정규직] 노동자= tempo, temporary

| **dispatched worker** 파견 근로자 **a dispatching[temporary] agency** 파견(송출) 회사 **a client company** 파견 근로자 수요 회사 **the worker dispatching law** 근로자파견법 **slim down the workforce** 직원 수를 줄이다 **save personnel expenses** 인건비를 절약하다 **technical[clerical] work** 기술[사무] 노동

employment 고용

| **full employment** 완전고용 **employment of good workmen** 숙련공의 채용

| **give employment to a person** ~에게 일자리를 주다 **get[lose] one's employment** 취직[실직]하다

| **in employment** 취직하고 있는 **population in employment** 취업 인구 **seek (for) employment** 직업을 구하다 **take ~ into employment** ~를 고용하다 **throw ~ out of employment** ~를 해고하다

필수예문

track 115

1 Reforms of the banking and state enterprise sectors will have to be combined with measures to tackle **soaring unemployment**, widespread poverty and widening regional disparities in income. (은행 및 공공부문 개혁과 함께 급등하는 실업, 광범위한 빈곤 그리고 커져가는 지역간 소득 격차에 대처하기 위한 조치들이 취해져야 할 것이다.)

2 The strike is seen as a warning to the government that it must take action to deal with **rising unemployment**, inflation and to improve pensions and social security. (그 파업은 실업 증가, 물가상승에 대처하고 연금과 사회보장을 개선하기 위해 조치를 취해야 한다는 정부에 대한 경고로 받아들여지고 있다.)

3 The **downward trend in unemployment** is being matched by consistent improvement in job opportunities. (실업의 하향세와 더불어 취업 기회가 꾸준히 개선되고 있다.)

The decelerating inflation and **declining unemployment rates** underline the crucial role of monetary policy. (감소하는 물가상승률과 하락하는 실업률은 통화 정책의 중요한 역할을 강조한다.)

4 The **unemployment rate** dipped to 5 percent in January from 5.5 percent in December, with the economy adding 150,000 jobs. (실업률은 12월의 5.5퍼센트에서 1월 5퍼센트로 떨어졌고 경제 전체로는 15만개의 일자리가 늘어났다.)

The **jobless rate** in December is the lowest in seven years, pointing to the economy's recovery from a prolonged slump. (12월의 실업률은 7년 만의 최저치로 장기 침체로부터 경제가 회복되고 있음을 보여준다.)

The **unemployment rate** represents the number of unemployed as a percent of the labor force. (실업률은 실업자 수의 경제활동인구에 대한 비율을 나타낸다.)

5 **The hidden unemployed** refers to people who are not included in the official unemployment rate for various statistical reasons. (잠재적 실업자는 여러 가지 통계적인 이유로 공식적인 실업률에 잡히지 않는 사람들을 말한다.)

Discouraged workers who have lost a job, but do not make an effort to find a new job in a given week are not classified as **unemployed** or even as in the labor force. (실직했지만 일정 주간에 새로운 일자리를 구하려는 노력을 하지 않는 실망 실업자는 실업 상태에 있는 것으로 분류되지 않고 심지어 경제활동인구로도 분류되지 않는다.)

6 It's true that US **manufacturing employment** has been dropping for many years, but that's not primarily due to foreigners taking these jobs. Factory jobs are vanishing all over the world. (미국 제조업 고용은 몇 년간 계속 하락해온 것은 사실이지만 그것이 주로 외국인들이 이러한 일자리를 차지하기 때문만은 아니다. 생산직 일자리는 전세계적으로 사라지고 있다.)

7 Over the past decade the **growth in the labor force** has exceeded **employment growth** in most countries in the region. As a result, unemployment in the region is among the highest in the world. (지난 10년 동안 그 지역 대부분의 국가에서 경제활동인구의 증가가 고용 증가를 초과했다. 그 결과 그 지역 실업률은 세계 최고 수준에 속한다.)

8 The umbrella labor group claims that the government has not done enough to create jobs, even though it has opposed significant measures to **boost employment.** (그 상급 노동단체는 비록 고용 증진을 위한 중요한 조치에 반대를 해왔지만 정부가 일자리 창출을 위해 충분한 조치를 취하지 않았다고 주장한다.)

심화학습

실업 unemployment

실업이란 일을 하고자 하는 사람이 일자리를 얻지 못하고 있는 상태를 말한다. 전체 인구 가운데 일할 수 있는 능력과 의사를 지니고 있는 사람을 경제활동인구라고 하는데, 이 중에서 일자리를 가지고 있는 사람을 고용 상태에 있다고 하며, 일할 능력이나 의사는 있으나 일자리를 찾지 못한 사람을 실업 상태에 있다고 한다.

In economics, a person who is able and willing to work at prevailing wage rate but is unable to find a paying job is considered **unemployed**. The **unemployment rate** is the number of unemployed workers divided by the total civilian labor force, which includes both the unemployed and those with jobs.

Voluntary unemployment is blamed on the individual unemployed workers, whereas **involuntary unemployment** exists because of the socio-economic environment in which individuals operate.

Cyclical unemployment occurs when workers lose jobs due to a slowdown in production or lack of demand of certain goods or services and they are rehired when the demand is up again for their work. **Frictional unemployment** takes place when people are unemployed for a short time due to various reasons such as changing jobs. **Structural unemployment** occurs when the structure of industry changes.

경제학에서 보편적인 임금 수준으로 일할 능력이 있고 의사가 있지만 유급 일자리를 찾을 수 없는 사람을 **실업 상태**에 있다고 간주한다. **실업률**은 실업자를 실업자와 취업자를 모두 포함하는 전체 민간 경제활동인구로 나눈 것이다.

자발적 실업은 개개 실직자들의 탓인 반면에 **비자발적 실업**은 개인들이 활동하는 사회경제적 환경 때문에 존재한다.

주기적 실업은 생산의 둔화나 특정 재화나 용역 수요 부족 때문에 노동자들이 실직하여 일어나며 실직자들은 자신들의 일에 대한 수요가 다시 증가하면 재고용된다. **마찰적 실업**은 전직과 같은 여러 이유로 잠시 실직될 때 발생한다. **구조적 실업**은 산업의 구조가 변할 때 발생한다.

prevailing 일반적인, 보편적인 **divided by** ~로 나눈 **the total civilian labor force** 총 민간 경제활동인구 **voluntary** 자발적인 **be blamed on** ~탓으로 돌리다 **involuntary** 비자발적인 **socio-economic** 사회경제적 **cyclical** 주기적인 **slowdown** 둔화 **frictional** 마찰적인 **structural** 구조적인

34 자산 | 부채 | 외환보유고

주제어	관련어
assets	net assets, total assets, accounts receivable, current ratio, credit, creditor, own, possess, value, face value, valuable, precious, worthless
liabilities	current liabilities, acid-test ratio, debt-asset ratio, national debt, owe, debtor, default
foreign exchange reserves	proper level of foreign reserves, usable foreign reserves, diversify foreign reserves, key currency, gold bullion

●●● A bird in the hand is worth two in the bush.

남의 돈 천 냥이 내 돈 한 푼만 못하다.

회계학에서 말하는 자산이란 타인자본인 부채를 포함해 조달된 자본이 토지(land), 건물(buildings), 현금(cash), 원재료(raw materials) 및 제품(products) 등으로 운용되어 구체적인 형태를 취하게 되는 것을 말한다. 따라서 이는 자본이 기능형태 내지 운용형태로서 화폐 가치적으로 표현된 것을 말하며, 대차대조표상 대변 항목으로 표시된다. 자산에는 일반적으로 유동자산(current assets), 고정자산(fixed assets), 이연자산(deferred assets) 등이 있으며 기업이 출자자(stockholders) 이외의 제3자로부터 빌고 있는 자금으로, 타인자금이라고도 한다.

부채(liabilities)는 기업이 개인, 회사 또는 기업의 외부조직에 대하여 짊어지고 있는 금전, 재화 또는 용역을 제공할 채무나 의무를 말하며 채권자 입장에서는 기업에 대하여 가지는 금전 또는 재화, 용역에 대한 청구권을 의미한다. 대차대조표에는 유동부채(current liabilities), 고정부채(long-term liabilities) 등으로 구분하고 있다.

부채가 과도하게 되면 기업은 부도에 처할 가능성이 높은데 지난 1997년 말 기아자동차와 한보철강 등이 좋은 예다. 당시 외국의 채권자와 투자자들이 한꺼번에 외채를 회수해 가면서 외환위기가 발생해 국가가 거의 부도위기에 몰린 적이 있었다. 가용 외환보유액(usable foreign reserves)이 크게 떨어지자 결국 국제통화기금(the International Monetary Fund)으로부터 돈을 빌려 겨우 채무불이행(default)을 막을 수 있었다.

assets

자산, 재산

all of the money and property which a company or person owns

= means, finances, possessions

asset가 단수일 때는 '장점, 이점'이라는 뜻이 있고 복수가 되면 '자산, 재산'이라는 의미가 된다.

Honesty is his great **asset**. 정직은 그의 큰 장점이다.

tangible **assets** 유형 자산

용례 **assets and liabilities** 자산과 부채 **net assets** 순자산 **total assets** 총자산 **current[liquid] assets** 유동자산 **fixed[long-term] assets** 고정자산 **tangible[intangible] assets** 유형[부형]자산

| **cash and cash equivalents** 현금 및 현금 등가물

| **accounts receivable** 수취 계정, 외상 매출 계정 **inventory** 재고 **marketable securities** 시장성 유가증권 **prepaid expenses** 선급 비용 **quick assets** 당좌 자산 **current ratio** 유동 비율 **real estate** 부동산 **plant** 공장 **equipment** 장비

| **deferred assets** 이연자산 **insurance** 보험 **rent** 지대 **interest** 이자

| **trademark** 상표 **patent** 특허 **copyright** 저작권 **goodwill** 영업권

| **active assets** 활동 자산 **cash assets** 현금 자산 **capital assets** 자본 자산 **hidden assets** 은닉 자산 **actual[nominal] assets** 실[명목] 자산 **wasting[live] assets** 소모[수익] 자산 **operating assets** 영업용 자산 **frozen assets** 동결 자산 **disposable assets** 가처분 자산 **reserve assets** 유보 자산

| **capital** 자본 **paid-in capital** 납입자본 **working capital** 운전자본 **capital increase** 증자 **capital reduction** 감자

| **credit** 채권, 대출금 **external credit** 대외 채권 **creditor** 채권자 **main[prime, principal] creditor** 주채권자(은행) **a creditor nation** 채권국 **a net creditor nation** 순채권국

| **disclose one's assets, disclose personal wealth, reveal one's fortunes** 재산을 공개하다 **undeclared assets** 미신고 재산

own, have, possess, have ~ in one's possession 소유하다

| **own[hold] 30 percent of the firm** 회사의 지분 30퍼센트를 소유하다 **have a 10 percent stake [interest] in** ~의 10퍼센트 지분을 갖다 **have a controlling stake[interest] in, control, have control of** ~를 지배하다

| **be mine[yours, hers]** 내 것[네 것, 그녀의 것]이다 **belong to, be the property of** ~소유다

| **owner** 소유주, 소유자, 임자 **homeowner** 주택 소유자 **householder** 주택 보유자 **landlord** 지주, 집주인 **landlady** 여주인 **proprietor** 소유자, 경영자

| **lay claim to, stake a[one's] claim to** ~에 대한 권리(소유권)를 주장하다

value 가치; (금전적) 가치를 평가하다

the amount of money that something is worth = amount, appraisal, assessment, monetary worth, price, worth

용례 **high[low] value** 높은[낮은] 가치 **the market value** 시장 가치 **the street value** 시가, 암거래 가격 **the value of the dollar** 달러의 교환 가치 **value in exchange** 교환 가치

| **the face value** 액면가

| **the current market value** 현 시장가 **a decline[rise] in the value of the dollar** 달러 가치의 하락[상승] **the median value** 중간 값

be worth $10, be valued at $10, be priced at $10 10달러로 평가되다

valuable, precious 값비싼, 고가의

a valuable diamond 값비싼 다이아몬드 **a precious jewel** 값비싼 보석 **valued** 귀중한 **be of value** 귀중하다 **be of great value** 아주 귀중하다

be worth a lot 아주 값비싸다 **be worth a fortune** 아주 귀중하다 **priceless, invaluable** 매우 귀중한 **a priceless heirloom** 귀중한 가보, 막대한 상속 재산

valuables 귀중품 **treasures** 고가품, 귀중품 **art treasures** (명화, 조각 따위의) 명품

worthless 가치 없는, 쓸모없는 **worthless knowledge** 쓸모없는 지식 **be worth nothing, not be worth anything** 아무 쓸모없다

increase[rise, gain, go up] in value, appreciate 가치가 오르다

double[triple] in value 가치가 두 배[세 배] 오르다 **appreciation** 가치 상승, 평가절상

fall[decrease, drop, go down] in value, depreciate 가치가 하락하다 **depreciation** 가치 하락, 평가절하

value ~ at $5 ~를 5달러로 평가하다 **put a price on** ~의 값을 매기다

overvalue 과대평가하다 **overvalued** 과대평가된 **overvaluation** 과대평가

undervalue 과소평가하다 **undervalued** 과소평가된 **undervaluation** 과소평가

필수예문

track 116

1 During a recession, a young worker is more likely to lose a job and an old stockholder is more likely to suffer a drop in **asset value** and dividend income.
(경기 침체기에 나이가 젊은 노동자는 직장을 더 잃기 쉽고 노년의 주식 보유자는 자산가치와 배당소득의 감소를 겪을 가능성이 더 높다.)

2 When a company avoids debt entirely and its **net assets** equal its **total assets**, it may lose profitable business opportunities that could be financed through bonds.
(한 기업이 부채를 완전히 피하여 순자산과 총자산이 같아지면 채권을 통해 자금을 조달할 수 있는 유리한 사업 기회를 놓칠 수 있다.)

3 The level of **current assets** and the method of financing those assets are interdependent. (유동자산의 수준과 이들 자산 구입 자금 조달 방법은 상호 의존적이다.)

In general, companies that have a lot of **working capital** will be more successful since they can expand and improve their operations. (일반적으로 운전자본이 많은 회사는 사업을 확장하고 발전시킬 수 있기 때문에 더 성공할 수 있다.)

4 South Korean investments overseas began to exceed foreign investments in South Korea, changing the country from **a net debtor** to **a net creditor nation**.
(한국의 해외 투자는 외국인의 한국에 대한 투자를 초과하기 시작해 한국을 순채무국에서 순채권국으로 변화시켰다.)

All candidates are required to **disclose personal wealth** when they register in an election. (모든 후보는 선거에 입후보하면 재산을 공개해야 한다.)

5 The US investor **has a controlling 58-percent stake in** the company after investing $100 million last year. (그 미국인 투자자는 작년에 1억 달러를 투자한 뒤 그 회사에 58퍼센트의

지배 지분을 갖고 있다.)

Japan has **laid claim to** the island, straining its relations with South Korea. (일본은 그 섬에 대한 영유권을 주장해 한국과의 관계를 긴장되게 만들었다.)

6 The **fair market value** is the price at which the property would change hands between a willing buyer and a willing seller. (공정 시장가란 자발적인 매입자와 매도자 사이에 부동산이 거래되는 가격이다.)

Customs officials have confiscated drugs with an estimated **street value** of $1 million from a foreign traveler. (관세청 직원들은 한 외국인 여행객으로부터 추정 시가 백만 달러 상당의 마약을 압수했다.)

7 The **face value** of a debt generally represents its fair market value at the time the loan is made. (부채의 액면가는 일반적으로 대출이 이루어지는 당시의 공정 시장가를 나타낸다.)

The recent rise in the **value** of the South Korean won has raised concerns that it may make South Korean exports more expensive. (한국 원화의 최근 가치 상승은 한국 수출품을 더 비싸게 만들 것이라는 우려를 불러일으켰다.)

8 The company may have gone out of business and that will sometimes make a computer **go up in value**. (그 회사는 망했을 수도 있는데 그것 때문에 언젠가 컴퓨터의 가치가 오를 것이다.)

US trade and budget deficits are the underlying cause of the dollar's **depreciation** against the yen in recent months. (미국의 무역 및 재정 적자는 최근 몇 달 동안의 달러화의 엔화에 대한 평가절하의 근본 원인이다.)

liabilities

부채

debts that a company or government is legally responsible to pay

= arrears, arrearages, debt, indebtedness, obligation

유의어 **bad news** 청구서 **bite** 비용 **chit** 계산서, 청구서 **IOU** 차용증서 **onus** 부담, 책임, 의무 **tab** 장부 기록, 계산서

용례 **meet one's liabilities** 부채를 갚다 **discharge one's liabilities** 채무를 이행하다 **fixed liabilities[indebtedness]** 고정채무

| **short-term liabilities** 단기부채

| **current liabilities** 유동부채 **long-term liabilities** 장기부채 **non-current liabilities** 비유동부채

| **off-balance-sheet liabilities** 부외부채(대차대조표상에 나타나 있지 않은 부채) **contingent liabilities** 우발채무(장래 일정한 조건이 발생했을 경우에 채무가 되는 것을 말하며, 어음배서의무, 보증채무 등) **accounts payable, payables** 지불채무(계정), 외상매입금

| **the acid-test ratio, the quick ratio** 당좌비율(당좌 자산에 대한 유동 부채의 비율) **the debt-asset ratio** 부채비율 = total liabilities divided by total assets

| **highly leveraged** 차입금 비중이 아주 높은 **leverage** 차입 자본 이용

debt 빚

| **borrowings** 차입금 **overdraft** 당좌 대월, 초과 인출금(은행이 당좌예금 거래선에 대하여 미리 일정한 한도액을 정하고 한도액 이내에서는 예금 잔고 이상의 수표를 발행하여도 지불에 응하는 은행대부의 일종)

| **bad[dud, problem] debt** 부실 여신(대부자의 입장에서 볼 때)

| **a floating debt** 단기 차입금 **the national debt** 국채 **debt forgiveness, debt relief** 채무 면제(탕감, 구제) **a debt reduction proposal** 부채 탕감안 **a debt rollover** 채무 만기 연장 **outstandings** 미불 부채 **reschedule[restructure] a debt** 부채 상환을 연기하다[조정하다]

| **debtor** 채무자, 채무국 **a debtor nation** 채무국 **move from a net creditor back to a net debtor nation** 순채권국에서 다시 순채무국으로 바뀌다 **remain a net debtor nation** 순채무국으로 남아있다

| **owe him $10, owe $10 to him** 그에게 10달러 빚지고 있다

| **be $10,000 in debt** 만 달러 빚이 있다 **be in debt to** ~에 빚이 있다

| **be in the red** 적자를 내고 있다, 빚지고 있다 **get out of the red** 적자 상태를 벗어나다, 호전되다 **go[get] into the red** 적자를 내다, 빚지다

| **be overdrawn** 차월하다(은행 예금액보다 더 많이 대출을 받다) **be overdrawn by $100** 100달러 차월하다

| **be deep[heavily] in debt, be deep in the red, be up to one's ears, be up to one's neck in debt, be over one's head in debt** 크게 빚이 있다, 빚이 많다

| **get[fall, run] into debt** 빚을 지다(내다) **get heavily into debt** 크게 빚지다 **run up huge debts** 막대한 빚을 지다

default 채무 불이행; 빚을 갚지 않다

| **declare a default on** ~에 대한 채무 불이행을 선언하다 **declare a debt default** 채무 불이행을 선언하다 **moratorium** 지불유예(정지) **declare a moratorium on foreign debts** 외채 지불유예를 선언하다 **defaulter** 채무 불이행자

| **unpaid** 갚지 못한, 미불의 **an unpaid debt** 갚지 못한 빚 **due** 지급 기일이 된, 만기가 된 **a bill due today** 오늘 만기가 된 어음 **owing** 빚지고 있는, 미불의 **be $10 owing** 10달러 갚지 않다 **outstanding** 미결제의, 미불의 **outstanding debt** 미불 부채 **outstanding accounts** 미불 계정

| **be all square** 청산이 끝나다, 결제하다 **be quits** 서로 채권·채무 관계가 없다, 빚을 청산하다 **keep one's head above water** 빚을 안 지고 있다, 분수껏 살다 **be in credit** (은행 계좌에) 예금이 있다 **be in the black** (경영이) 흑자이다

foreign exchange reserves

외환보유액, 외환보유고

foreign currency deposits held by the central bank of a country = foreign currency reserves, foreign reserves

용례 **a rise[fall] in foreign exchange reserves** 외환보유액의 증가[감소] **the proper[optimum] level of foreign reserves** 적정 외환보유액 **increase[reduce] foreign exchange reserves** 외환보유액을 늘리다[줄이다]

| **usable foreign reserves** 가용 외환보유액

| **increase[expand] usable foreign reserves** 가용 외환보유액을 늘리다 **the depletion of usable foreign reserves** 가용 외환보유액의 고갈

| **effective management of foreign reserves** 외환보유액의 효과적인 운용

| diversify one's foreign exchange[foreign-currency] reserves out of the U.S. dollar, diversify currencies in one's foreign exchange reserves away from the dollar 달러화 위주에서 외환보유액을 다변화하다 **diversify investments of foreign reserves** 외환보유액의 투자를 다변화하다 **the cost of carrying foreign reserves** 외환보유액 유지 비용

| trim dollar holdings 달러 보유액을 줄이다 **convert some of the central bank's foreign exchange reserves from dollars into euros** 달러 보유액 일부를 유로화로 바꾸다 **move part of its foreign reserves to other currencies** 외환보유액 일부를 다른 통화로 바꾸다

| a reserve[key] currency 기축통화 **special drawing rights** 특별인출권

| International Monetary Fund reserve positions IMF 포지션

| gold bullion 금보유고 **bullionism** 금은 통화주의, 경화주의

필수예문

track 117

1 The 2005 net loss was due primarily to mismatches in the cash flows of the company's **assets and liabilities** and costs associated with downsizing its operations. (2005년도의 순손실은 주로 회사 자산과 부채의 현금 흐름의 불일치와 구조조정 비용 때문에 발생했다.)

2 The **acid-test ratio** shows whether a firm can **meet its liabilities** without having to dispose of its stocks. It gives a clear and quick indication of the state of the firm's liquid assets. (유동비율은 한 회사가 주식을 처분하지 않고 부채를 갚을 수 있는가를 나타내며 회사 유동자산의 상태를 명확하게 즉시 보여준다.)

3 **Current liabilities** include accounts payable, short-term and long-term obligations, other current liabilities and commercial paper. (유동부채는 지불 계정, 장단기 부채, 기타 유동부채 그리고 기업 어음을 포함한다.)

Many large businesses have **off-balance-sheet liabilities**, which could become a serious financial burden on them in the future. (많은 대기업들은 부외 부채를 갖고 있는데 이는 미래에 큰 재정적 부담이 될 수 있다.)

4 The US **national debt** is currently around $6 million and increases an average of $120 million a day. (미국의 국가 채무는 현재 약 6조 달러에 이르고 하루 평균 1억2천만 달러씩 증가한다.)

Politicians are calling on the government to accelerate efforts to cut the size of the **national debt.** (정치인들은 정부에 국가 채무를 줄이기 위한 노력을 가속화할 것을 요구하고 있다.)

5 The country has decided to **default on its foreign debt** due to a lack of foreign reserves. (그 나라는 외환보유고 부족으로 외채를 갚지 않기로 결정했다.)

In a desperate bid to avoid a bankruptcy, Argentina has **declared an immediate default on** its external liabilities. (파산을 피하기 위한 필사적인 노력으로 아르헨티나는 대외 채무에 대한 즉각적인 불이행을 선언했다.)

6 South Korea's **foreign exchange reserves** rose to $216.9 billion at the end of January, the fourth-largest holdings in the world. (한국의 외환보유액은 1월말 2천169억 달러로 증가했는데 이는 세계에서 네 번째로 많은 것이다.)

The rising cost of accumulating and holding **foreign reserves** has emerged as a headache for Asia's central banks, which together hold more than $2.45 trillion of such assets. (증가하는 외환보유액 축적 및 보유 비용은 전부 2조 4500억 달러에 달하여 그런 자산을 갖고 있는 아시아 중앙은행들에 큰 골칫거리로 등장했다.)

7 The country has said it could begin to **diversify its rapidly growing foreign exchange reserves** away from the US dollar and government bonds in an effort to minimize political and financial risks. (그 나라는 정치적, 금융적 위험을 최소화하기 위해 빠르게 증가하는 외환보유액을 미국 달러화와 미국 국채에서 벗어나 다변화하기 시작할 수 있다고 밝혔다.)

8 A financial crisis will result in a severe devaluation of a country's currency or a **depletion of the nation's foreign reserves.** (금융위기는 한 국가의 통화의 심각한 평가절하와 외환보유액의 고갈을 초래할 것이다.)

Concerns about the depletion of **usable foreign exchange reserves**, insufficient external financing and the depreciation of the currency led to a renewed tightening of macroeconomic policies. (가용 외환보유액 고갈, 불충분한 외부 금융 그리고 통화의 평가절하에 대한 우려는 새로운 거시 경제정책의 긴축으로 이어졌다.)

심화학습

자산과 부채 assets and liabilities

자산(assets)은 흔히 한 기업이 보유하고 있는 토지, 건물, 현금, 매출채권, 기타 유가증권들을 말하고, 부채(liabilities)는 기업이 개인, 회사 또는 기업의 외부조직에 대하여 짊어지고 있는 금전, 재화 또는 용역을 제공할 채무나 의무를 의미한다.

Assets are items which are owned by a business or money which is owed to the business. **Current assets** are items which are much shorter term, including stocks (raw materials, work in progress and finished goods for resale), bank balances and cash in hand. Current assets are often described as being more "**liquid**" or having higher "**liquidity**," which means they are much easier to turn into cash.

Fixed assets are items which have a life span of more than one year, including land and buildings, plant and machinery, fixtures and fittings and motor vehicles.

Liabilities are amounts that are owed by a business. **Current liabilities** are amounts which are owed by a business which must be repaid within the next twelve months. Current liabilities include money owed to creditors, money owed for services such as the telephone bill and bank overdrafts. **Long-term liabilities** are loans that are repayable in more than one year.

자산은 한 기업이 소유한 항목과 받을 돈을 말한다. **유동자산**은 기간이 훨씬 짧은 항목인데 재고(원재료, 재공품, 재판매를 위한 완제품), 은행 잔고 그리고 보유 현금 등을 포함한다. 유동자산은 흔히 보다 '**환금성이 있거나**' '**환금성**'이 더 높다고 하는데 이는 현금화하기가 더 쉽다는 뜻이다.

고정자산은 일년 이상의 내구연한을 갖고 있는데 토지, 건물, 공장과 기계, 비품과 부품 그리고 자동차 등이 포함된다.

부채는 한 기업이 빚지고 있는 금액이다. **유동부채**는 향후 12개월 이내에 갚아야 하는 기업의 빚이며 이에는 채권자에 진 돈, 전화요금과 같은 서비스 요금 그리고 은행의 당좌대월 등이 포함된다. **장기부채**는 상환기간이 일년 이상인 차입금을 말한다.

| **be owned by** ~ 소유의 **be owed to** ~에 지불 의무가 있다, ~에 갚아야 한다 **work in progress** 재공품(완성품 제조를 위해 현재 제조 중에 있는 것) **balance** 잔고, 잔액 **liquid** 환금성이 있는 **liquidity** 환금성 **life span** 수명, 내구연한 **fixtures and fittings** 비품과 부품 **overdraft** 당좌대월

35 세금 | 회계 | 보험

주제어	관련어
tax	income tax, corporate tax, inheritance tax, gift tax, tax rate, back taxes, tax burden, progressive tax, evade taxes, tax break, tax haven
accounting	bookkeeping, balance sheet, income statement, accountant, auditor, inflate, overstate, underreport
insurance	life insurance, non-life insurance, insurance money, insure, insurer, insurable

●●● Prevention is better than cure. 유비무환.

개인이 살아가려면 돈이 필요하듯이 나라살림을 하는 데에도 돈이 필요한데 이 비용을 마련하기 위해 국민이 서로 나누어 내는 돈을 세금(tax)이라고 한다. 세금은 국민 누구나 분담해야 하는 나라의 공통 경비이며 누가 세금을 얼마만큼 내야 하는지는 국회(the National Assembly)에서 만든 법률(세법)에 정해져 있다. 납세의 의무는 대한민국 국민이라면 누구나 지게 되는 것으로 국민에게 세금을 부과하고 징수하는 역할을 하는 곳이 국세청이다.

나라살림은 중앙정부(central government)와 지방자치단체(local governments)의 살림으로 나누며 중앙정부는 국민 전체를 위한 일을 하고, 지방자치단체는 지역주민을 위한 일을 한다. 따라서 우리가 내는 세금도 국가의 살림을 위해 내는 것과 지방자치단체의 살림을 위해 내는 것으로 구분해 볼 수 있는데, 국가에 내는 세금을 국세(national tax)라 하고 지방자치단체에 내는 세금을 지방세(local tax)라고 하며, 국세에는 소득세(income tax), 부가가치세(value-added tax) 등이 있고, 지방세에는 취득세(acquisition tax), 재산세(property tax) 등이 있다.

살다 보면 언제 무슨 일이 생길지 아무도 모른다. 유비무환이란 말처럼 사람들은 미래에 일어날지도 모를 사고나 기타 재해에 대비해 미리 일정액을 납부하고 이에 대한 보장을 받는 보험(insurance)에 든다. 보험은 크게 생명보험(life insurance)과 손해보험(non-life insurance, property and casualty insurance)으로 나누어진다.

tax

세금; 과세하다

a compulsory contribution towards a country's expenses raised by the government from people's salaries, property and from the sale of goods and services = charge, duty, toll, levy, tariff, excise, tithe

명사로 쓰일 때 tax는 '세금'이란 뜻을 가지며 동사로 쓰이면 '세금을 매기다'는 의미가 된다.

pay one's **taxes** 세금을 내다 an income **tax** 소득세

tax exports 수출품에 과세하다

용례 **income tax** 소득세 **corporation[corporate] tax** 법인세 **inheritance tax** 상속세 **gift tax** 증여세 **direct tax** 직접세 **indirect tax** 간접세 **national[local] taxes** 국세[지방세] **call for tax reform** 세제 개혁을 요구하다 **a drastic[radical, thorough] tax reform** 근본적인 세제 개혁 **a tax system** 세제 **the National Tax Service** 국세청

| **value-added tax** 부가가치세 **sales tax** 소비세 **capital gains tax** 양도소득세 **property tax** 재산세 **an earned income tax** 근로소득세 **a consolidated income tax** 종합소득세 **tax rate** 세율

| **raise[reduce] the standard rate of income tax** 소득세의 표준세율을 높이다[낮추다] **a tax hike[increase]** 세금 인상 **a tax cut[reduction]** 세금 인하 **raise[lower] taxes** 세금을 올리다[내리다] **an ad valorem tax** 종가세(從價稅) **a specific duty** 종량세(從量稅)

| **propose a new tax bill[legislation]** 새 세법을 제안하다 **tax regulations** 조세 규정

| **the basic rate of tax** 기본 세율 **progressive tax (rate)** 누진세(율) **regressive tax (rate)** 역진세(세율) **tax burden** 조세부담 **the tax burden ratio** 조세부담률 **tax liability** 결정세액 **tax base** 조세기반, 세원 **taxable income** 과세표준 **collection of withholding taxes** 원천징수 **year-end adjustment of taxes** 연말정산

pay one's taxes 세금을 내다

| **impose[put, lay, levy] a tax on** ~에 세금을 부과하다 **collect a tax from** ~에서 세금을 징수하다 **tax collection** 세금 징수 **payment of tax in kind** 세금 물납 **tax revenue** 세입 **back taxes, taxes in arrears** 체납 세금 **fail to pay one's taxes, get behind on one's taxes** 세금을 체납하다 **a tax defaulter** 세금 미납자(체납자)

after-tax 세후의

| **pre-tax, before-tax** 세전의 **after-tax[pre-tax] profits** 세후[세전] 이익

| **tax return** 납세(세금) 신고서 **complete[fill in, fill out, make out] a tax return** 납세 신고서를 작성하다 **file[send in, submit] a tax return** 납세 신고서를 제출하다

| **taxpayer** 납세자 **adopt a taxpayers' charter** 납세자 헌장을 채택하다 **taxpayer money, tax money** (낸) 세금 **taxable** 세금이 붙는, 과세 대상의 **taxation** 과세 **be subject to taxation** 과세 대상이다

| **tax imports** 수입품에 과세하다

---

evade 회피하다, 태만히 하다

to escape something or someone by trickery or skill = bypass, cheat, dodge, duck, elude, escape, eschew, fudge, get around, shirk, shuck, shun, shy, sidestep

반의어 **confront, face, meet, take on**

용례 **evade[dodge] taxes** 탈세하다 **tax evasion, tax cheating, tax-dodging** 탈세, 세금 포탈 **tax evader[dodger, cheater]** 탈세자

| **tax avoidance** 절세

| hoke income tax returns 소득세 신고를 속이다 **plug a tax loophole** 탈세할 구멍을 막다 **a certificate of tax payment** 납세필증

tax breaks[benefits, incentives] 세금 혜택

| tax relief 세금의 경감(면제) **tax remissions** 세금 면제 **tax credit** 세액 공제 **tax favors, tax privileges** 세금 특혜

| tax-free, tax-exempt 비과세의 **a tax-free savings product** 비과세 저축 상품 **be exempt from tax** 면세의 **claim[seek] tax exemption** 세금 면제를 요구하다 **tax-deductible** 세금 공제가 되는 **tax deduction** 세금 공제 **credit[allowance, exemption] for dependents** 부양가족 공제 **receive a tax rebate[refund]** 세금 환불을 받다 **tax-deferred** 과세 유예의 **tax holiday** 면세(감세) 기간

| a tax haven 조세 피난지, 조세 피난처 **a tax shelter** 세금 회피 수단 **tax-sheltered** 세금을 물지 않는 **a tax exile [expatriate]**(세금을 덜 내기 위한) 국외 이주자

| a tax investigation[probe, audit] 세무 조사 **tax fraud** 세금 사기 **prevent tax fraud** 세금 사기를 예방하다

| a double taxation[tax] avoidance agreement, an agreement on avoidance of double taxation 이중과세 방지 협정

필수예문

track 118

1 Business leaders have denounced the president's austerity plan which would **raise taxes**, reduce social spending and cut the salaries of government employees in a bid to win badly needed loans from the International Monetary Fund. (재계 지도자들은 국제통화기금으로부터 절실히 필요한 대출을 따내기 위해 세금을 올리고 복지 지출을 줄이며 공무원 봉급을 삭감하려는 대통령의 긴축안을 비난했다.)

2 The presidential candidate has promised to **reduce corporate taxes** another 5 percent if elected. (그 대통령 후보는 만약 당선되면 법인세를 추가로 5퍼센트 인하하겠다고 공약했다.)

The government has decided to **abolish special consumption taxes on** luxury goods in a bid to spur the economy. (정부는 경제를 활성화하기 위해 사치품에 대한 특별소비세를 폐지하기로 결정했다.)

3 Experts have called for the government to accelerate the **reform of its tax system** to ensure that **tax revenues** and gross domestic product grow in tandem. (전문가들은 정부에 세수와 국내총생산이 동반 성장할 수 있도록 세제 개혁을 가속화할 것을 요구했다.)

The country is under pressure to **revamp its tax system** at a time when electronic commerce and the Internet are already part of many people's lives. (그 나라는 전자상거래와 인터넷이 이미 많은 사람들의 생활의 일부가 된 지금 세제를 개선하라는 압력을 받고 있다.)

4 The governing party plans to **propose a new tax bill** which calls for a drastic cut in corporate income taxes. (집권당은 법인세의 과감한 삭감을 요구하는 새 세법안을 제출할 계획이다.)

The majority of Americans say they are against **a proposed tax cut** which will be beneficial only to rich people. (대부분의 미국인들은 부자들에게만 혜택이 돌아갈 감세 제안에 반대한다고 말한다.)

5 The new president has vowed to crack down on **tax defaulters**, giving them four weeks to **pay their back taxes** or face prosecution. (신임 대통령은 세금 체납자를 엄단하며 그들이 4주 안에 미납 세금을 내지 않으면 기소할 것이라고 공언했다.)

Tax defaulters will face large fines and have their names published in newspapers to shame them, while at least 5,000 companies nationwide are believed to **owe back taxes**. (세금 체납자들은 높은 벌금을 받게 되고 그들의 명단을 신문에 공개해 창피를 당할 것인데 전국적으로 적어도 5천 개의 회사가 세금을 체납하고 있는 것으로 추정되고 있다.)

6 South Korean tax authorities have offered amnesty for people who have used offshore investments to **evade taxes**, giving them three months to report and pay tax on that income or face hefty fines and possible criminal penalties. (한국의 세무 당국은 탈세하기 위해 역외 투자를 한 사람들에게 죄를 묻지 않겠다고 했는데, 이에 따라 3개월 이내에 그런 소득에 대해 신고하고 세금을 내야 하며 그렇지 않으면 높은 벌금과 형사처벌을 받게 될 것이다.)

7 The businessman has been indicted and put under house arrest on **charges of tax evasion** related to his multimillion-dollar overseas accounts. (그 사업가는 자신의 수백만 달러 해외 계좌와 관련하여 탈세 혐의로 기소되어 가택연금에 처해졌다.)

In an effort to spur corporate capital spending, the government plans to give **tax breaks** to companies investing in new plants and equipment. (기업 설비투자를 활성화하기 위해 정부는 설비투자를 하는 기업에 세금 혜택을 줄 계획이다.)

8 A foreign person may use a **tax-haven** bank or a nominee account to shield his assets from his political enemies. (외국인은 정적으로부터 자신의 재산을 보호하기 위해 조세 피난처에 있는 은행이나 차명계좌를 이용할 수 있다.)

The two countries are seeking to sign **an agreement on avoidance of double taxation** to promote bilateral economic cooperation. (그 두 나라는 양국의 경제협력 증진을 위해 이중과세 방지 협정을 체결하려 하고 있다.)

accounting

회계
the skill or practice of preparing or keeping the financial records of a company

용례 **accounting year** 회계연도 **accounting period** 회계 기간 **give[render] an accounting** 회계(결산) 보고하다 **a strict accounting** 정확한 회계
| **accounting entry** 회계 항목 **accounting equation** 회계 등식(자산과 부채의 합은 일치해야 한다는 원칙) **accounting principles** 회계 원칙 **generally accepted accounting principles(GAAP)** 일반회계준칙 **financial accounting** 재무회계(외부 공시용) **management accounting** 관리회계(내부자 이용 목적으로 작성하는 회계) **credit** 대변(부기에서 자산 항목을 기입하는 곳) **debit** 차변(부채 항목을 기입하는 곳)
| **bookkeeping** 부기 **single-entry[double-entry] bookkeeping** 단식[복식]부기
| **financial statements** 재무제표 **a balance sheet** 대차대조표 **an income statement** 손익계산서 **a cash flow statement** 현금흐름표 **a statement of changes in retained earnings** 이익잉여금처분

계산서

| **consolidated[combined] financial statements** 연결[결합] 재무제표

| **accountant** 회계사 **certified public accountant(CPA)** 공인회계사 **accounting company[firm]** 회계법인 **auditor** 감사, 감사인 **internal[external] auditor** 내부[외부] 감사인

auditor's report 감사 보고서

| **auditor's[audit] opinion** 감사의견 **issue an audit opinion** 감사의견을 내다

| **unqualified[clean] opinion** 적정의견 **receive[obtain] a clean audit opinion** 적정의견을 받다 **issue an unqualified opinion** 적정의견을 내다 **qualified opinion** 한정의견 **adverse opinion** 부적정 의견 **disclaimer of opinion** 의견거절

accounting fraud 회계 사기(부정)

| **accounting irregularities[wrongdoing]** 회계 부정행위 **deceptive[fraudulent] accounting, window-dressing, book-cooking, book-cookery** 분식회계

| **window-dress the company's annual reports, use deceptive accounting practices, cook the books** 분식회계를 하다

| **inflate** 부풀리다 **falsely state** ~를 허위 보고하다 **underreport, understate** 축소 보고하다 **overstate** 과대 계상하다 **skim** (수입의 일부를) 숨기다, ~를 속여서 신고하다

| **face charges of deceptive accounting** 분식회계 혐의를 받다 **ensure proper accounting procedures** 적법한 회계 절차를 확립하다

insurance

보험

promise of reimbursement in the case of loss = assurance, coverage, guarantee, indemnification, indemnity, protection, provision, safeguard, security, warrant, warranty

용례 **life insurance** 생명보험 **non-life[property and casualty] insurance** 손해보험 **car [accident, fire, marine, endowment] insurance** 자동차[상해, 화재, 해상, 양로]보험 **health insurance** 의료보험

| **whole[permanent] life insurance** 종신보험

| **a medical insurance policy** 의료보험 정책 **the medical insurance system** 의료보험 제도 **medical insurance subscriber** 의료보험 가입자

| **an insurance appraiser** 보험 사정인(査定人) **a claims adjuster** 손해사정인

| **an insurance company[firm], insurer** 보험회사 **an insurance carrier** 보험업자 **insurance rate** 보험요율 **insurance agent[broker]** 보험 대리점[중개인]

| **insurance money[payment]** 보험금 **insurance premium[fee]** 보험료 **insurance salesman [saleswoman]** 보험 판매원 **an insurance policy** 보험증권 **insurance claim** 보험 청구

carry[have] insurance 보험에 들어 있다

| **take out insurance on[upon]** ~를 보험에 들다 **provide insurance for** ~에게 보험을 제공하다 **sell insurance** 보험을 팔다 **buy insurance** 보험에 들다 **be covered by insurance** 보험 처리가 되다

| **cancel an insurance contract, surrender an insurance policy** 보험을 해약하다 **an early withdrawal penalty** 조기해약 위약금 **surrender value** 중도해약 환불금

| **insurance fraud** 보험사기 **swindle an insurance company** 보험사를 사취하다 **file a fraudulent**

insurance claim 허위 보험 청구를 하다 **set fire to one's house to collect insurance money** 보험금을 노리고 집에 불을 지르다 **stage car accidents to collect insurance money** 보험금을 타려고 일부러 교통사고를 내다

| **insure** 보험을 들다 **insure against** ~에 대한 보험을 들다 **insure oneself[one's life] for $100,000** 10만 달러의 생명보험에 들다 **insure one's property against fire** 재산을 화재보험에 넣다

| **insurable** 보험에 들 수 있는 **insurable property** 피(被)보험 재산 **insurable value** 보험 가액

필수예문

track 119

1 In the wake of a massive **accounting scandal** last year, the government is prepared to accepting growing calls for **accounting reform** by submitting a revised bill to parliament. (작년에 대형 회계 부정 사건이 있은 뒤에 정부는 법 개정안을 국회에 제출함으로써 회계 개혁에 대한 증대하는 요청을 받아들일 준비가 되어있다.)

2 The reform-minded lawmaker has called for an overhaul of the way South Korean companies keep their books, saying it would be more risky to leave the **current accounting system** in place than it would be to reform it. (그 개혁성향의 국회의원은 대한민국 기업들의 회계 방식의 정비를 요구하며 현행 회계제도를 그대로 두는 것이 개혁을 하는 것보다 더 위험할 것이라고 말했다.)

3 Loss-making companies will have their listings suspended should they not submit their **financial statements** by the end of March. (적자 기업들은 3월말까지 재무제표를 제출하지 않으면 상장 중지를 당하게 될 것이다.)

The company has received a **clean audit opinion** on its financial statements ever since it escaped a liquidity crisis in 2002. (그 회사는 2002년 유동성 위기를 벗어난 뒤 죽 재무제표에 대해 적정 감사의견을 받았다.)

4 The company will be delisted from the stock exchange over charges that it **cooked the books** to show a healthy profit when it was actually accumulating a massive loss. (그 회사는 실제로 엄청난 적자를 누적시키고 있음에도 상당한 흑자를 내고 있는 것처럼 보이게 하기 위해 분식회계를 한 혐의로 증권거래소에서 상장 폐지될 것이다.)

The disgraced business tycoon returned to Seoul after nearly six years on the run abroad to evade **charges of deceptive accounting**. (명예가 실추된 그 사업가는 분식회계 혐의를 피해 해외에서 거의 6년 동안 도피 생활을 하다 서울에 돌아왔다.)

5 The president is accused of **underreporting** income on his tax returns and asking employees to destroy evidence and provide false testimony after he became aware he was being probed. (사장은 소득을 축소 신고하고 자신이 조사를 받고 있다는 사실을 안 뒤 부하 직원들에게 증거를 없애고 위증하도록 요청한 혐의를 받고 있다.)

6 The US oil giant is charged with hiding $1 billion in off-balance-sheet debts, **overstating** earnings, and deliberately **engaging in fraudulent accounting**. (그 미국의 거대 석유회사는 10억 달러의 부외부채를 숨기고 이익을 과대계상하고 의도적으로 분식회계를 한 혐의를 받고 있다.)

7 He was given a 10-year prison term for trying to set fire to his house to **collect**

insurance money. (그는 보험금을 타기 위해 집에 불을 지른 혐의로 10년형을 받았다.)

The man has been arrested for falsely reporting his vehicle stolen and **filing a fraudulent insurance claim.** (그 남자는 허위로 차량 도난 신고를 하고 허위 보험금 청구를 한 혐의로 체포되었다.)

8 A couple and a relative are under investigation **on insurance fraud charges** for collecting 1 billion won from their insurance coverage stemming from a staged automobile accident. (한 부부와 그들의 친척이 교통사고 자작극을 통해 보험금 10억원을 받아내어 보험사기 혐의로 조사받고 있다.)

심화학습

조세 피난처 tax haven

조세 피난처란 세금이 면제되거나 현저히 경감되는 국가나 지역을 의미하는데, 단속이 어려우므로 폭력 단체 등이 돈세탁이나 본국의 세금 징수 회피(탈세)에 이용하기도 한다.

A **tax haven** is a place where certain taxes are levied at a low rate or not at all. At times this is a tool to lure business and conglomerates to areas that would normally be considered out of the way, and overlooked in most global trade.

One way a person or company takes advantage of a **tax haven** is by moving to, and becoming resident for tax purposes in, the tax haven. Another way for an individual or a company to take advantage of a **tax haven** is to establish a separate legal entity, subsidiary or holding company in the tax haven.

Most countries impose taxes which are based on source of income, or they tax based on residency. But most countries do not impose tax based on citizenship alone. The United States is unlike other countries in that its citizens are subject to US tax on their worldwide income no matter where in the world they reside. US citizens therefore find it difficult to take advantage of personal **tax havens**.

조세 피난처란 일부 세금이 낮은 세율로 부과되거나 전혀 부과되지 않는 지역으로 보통 변방이나 세계 무역에서 무시되는 지역으로 때때로 사업이나 대기업을 끌어들이는 수단이 된다.

기업이나 일반인이 **조세 피난처**를 이용하는 한 방법으로 조세 피난처에 이사하여 거주자가 되는 것이다. 기업이나 개인이 **조세 피난처**를 이용하는 또 다른 방법은 독립 법인, 지사 또는 지주회사를 설립하는 것이다.

대부분의 국가는 소득원에 근거하여 세금을 부과하거나 거주 여부에 기초하여 세금을 매기지만 단지 시민권에 근거하여 과세하지는 않는다. 미국이 다른 나라와 다른 점은 세계 어디에 거주하든 미국의 시민은 자신들의 소득에 대해 미국이 부과하는 세금을 내야 한다는 점이다. 따라서 미국 시민은 개인적으로 **조세 피난처**를 이용하는 것이 어렵다.

levy[impose] taxes 세금을 부과하다 **lure** 유인하다, 끌어들이다 **out of the way** 인적이 드문 곳에, 주목을 받지 않는 **take advantage of** 이용(활용)하다 **resident** 거주자 **establish a legal entity** 법인을 설립하다 **subsidiary** 자회사, 지사 **holding company** 지주회사 **based on** ~에 근거하여 **source of income** 소득원 **residency** 거주 = residence **reside** 거주하다 **citizenship** 시민권 **be subject to** ~할 수밖에 없다, ~해야 한다 **personal** 개인적인

36 은행 | 주식 | 채권

주제어	관련어
bank	**central bank, commercial bank, account, bankable, deposit, withdraw, certificated of deposit, credit card, required reserves, borrow, lend, interest**
stock	**share, common[preferred] stock, unload, dump, snap up, turnover, list, delist, go public[private], stock split**
bond	**Treasury, state bond, debenture, coupon, principal, mature, maturity, return, yield, debt financing**

●●● Short accounts make long friends. 셈이 빨라야 친구 사이가 오래 간다.

은행(bank)은 예금자(saver)로부터 예금을 받아 이를 돈이 필요한 사람들에게 연결시켜 주는 대표적인 금융기관으로 웬만한 사람이면 은행에 계좌(account) 하나 정도는 가지고 있다. 예금자는 은행에 돈을 맡겨 이자를 받게 되고 은행은 예금으로 대출을 하여 이자 수입을 올리거나 주식이나 채권에 투자하여 수익을 올린다.

은행은 중앙은행(central bank)과 예금은행(depositary bank)으로 나눌 수 있으며 예금은행은 다시 일반은행(commercial bank)과 특수은행(special bank)으로 나누어진다. 중앙은행은 은행의 은행으로서 우리나라에서는 한국은행(the Bank of Korea)이 이에 해당되며 중앙은행은 통화를 발행하고 관리하는 일을 하는 동시에 금융기관에 통화를 공급해주고 시중의 통화량을 관리하는 역할을 한다. 예금은행 중에서 일반은행에는 시중은행, 지방은행, 외국은행 국내지점이 있으며 이들 일반은행은 예금과 대출 업무를 주로 한다.

은행과 더불어 금융시장의 주요한 부분이 되는 것으로 주식 및 채권시장이 있다. 주식(stock, share, equity)이란 주식회사(corporation)에 자본을 제공했음을 증명하는 증서로서, 사업을 시작하거나 영업을 확대하기 위해 투자자들로부터 자금을 모으는 수단으로 발행되는 유가증권(재산권이나 소유권을 명시한 증서)이다. 주식은 그 성격에 따라 보통주와 우선주로 나뉜다. 채권(bond)은 자금을 차입하고 국가, 공공단체 또는 법인들이 일정 기간 후에 일정한 조건으로 원리금을 투자자들에게 상환하겠다는 채무증서 또는 계약증서라 할 수 있다. 채권은 발행 주체에 따라 국공채와 회사채 등으로 분류할 수 있다.

bank

은행

a financial institution that accepts deposits and channels the money into lending activities = banking company, banking concern, depository financial institution, lender

bank는 명사로 '은행'이라는 뜻인데 많은 명사들이 그렇듯이 동사로도 쓰인다. 이때는 '은행과 거래하다, ~를 은행에 예금하다'는 뜻이다.

a commercial **bank** 상업 은행

Who do you **bank** with? 어느 은행과 거래합니까?

용례 **a central[commercial] bank** 중앙[시중] 은행 **a foreign[domestic] bank** 외국[국내] 은행 **a credit[savings] bank** 대출[저축] 은행 **a bank loan** 은행 대출 **a bank manager** 은행 지배인 **a banker** 은행가, 은행원 **a bank teller** 은행의 금전 출납 계원 **bank balance** 은행(예금) 잔액

| **an account** 계좌 **open[start] an account with a bank** 은행에 계좌를 개설하다, 은행과 거래를 트다 **have an account at[with] a bank** 은행에 계좌를 갖고 있다 **have $10,000 in one's account** 계좌에 만 달러가 있다 **close an account** 계좌를 없애다

| **a checking account** 당좌 예금 계좌 **a savings account** 예금 계좌 **a dormant [an unclaimed] account** 휴면 계좌

| **bankable** (대출 따위를) 은행에서 받을 수 있는, 할인할 수 있는 **bankable securities** 할인 가능 증권 **bankable** 흥행 보증 수표 같은 스타(연예인); 성공이 틀림없는

deposit, put ~ into a bank account, bank 돈을 예금하다

| **draw, take out, withdraw** 돈을 찾다 **withdraw $1,000 from the account** 계좌에서 1000달러를 찾다 **a bank run** 예금 인출 사태

| **deposit** 예금 **a current[fixed] deposit** 당좌[정기] 예금 **a general[special] deposit** 보통[특별] 예금 **make[have] a deposit in a bank** 은행에 예금하다[예금이 있다] **demand deposits** 요구불 예금 **deposit rate** 예금 금리 **a negotiable certificate of deposit(CD)** 양도성 예금증서 **passbook** 은행 통장

| **credit card** 신용카드 **cash card** 현금 인출 카드 **debit card** 직불카드 **smart card** (칩이 내장된) 스마트카드 **automated[automatic] teller machine, cash machine** 현금 인출기

| **required reserves** 지불준비금(상업 은행이 그들의 예금부채에 대해 일정한 비율만큼을 보유해야 하는 준비금) **the required reserve ratio** 지불준비율

---

borrow 빌리다, 차용하다

to get money temporarily from someone = accept a loan, raise money, take temporarily

반의어 **give, lend, loan, return**

용례 **borrow money from** ~로부터 돈을 빌리다 **borrow heavily** 많이 빌리다

| **take out [receive, obtain] a loan from a bank** 은행 대출을 받다

| **borrowing** 차용, 차용금 **repay one's borrowings from the bank** 은행 대출금을 갚다 **foreign borrowing** 해외 차입 **borrower** 차용자 **a good[bad] risk** 신용상태가 좋은[안 좋은] 사람

| **loan, lend, give ~ a loan** 빌려주다 **a loan** 대출금 **a bad[problem, dud, non-performing, soured] loan** 부실채권 **lending** 대출

| **lender** 대출자 **creditor** 채권자 **loan shark, usurer** 고리 대금업자

| **delinquent** 연체한; 연체자 **delinquency** 연체 **loan delinquency rate[ratio]** 대출 연체율

interest rate 금리, 이자
| lending rate 대출 금리 **prime lending rate** 우대 대출 금리
| deposit rate 예금 금리
| a benchmark[bellwether] interest rate 기준 금리 **the call rate** 콜 금리(은행간 하루짜리 대출에 적용되는 금리) **the federal funds rate** 미국의 기준 금리
| the net interest margin 순이자 마진 = the difference between lending and deposit rates
| the loan-deposit spread 예대 마진
| borrowing[financing, financial] costs 차입[금융] 비용 **reduce financing costs** 금융 비용을 줄이다
| the interest coverage ratio 이자보상비율

필수예문

track 120

1 South Korea's **central bank** has raised its benchmark interest rate by a quarter percentage point to a three-year high to keep an economic recovery from stoking inflation. (한국의 중앙은행은 경제회복이 물가상승을 불러일으키는 것을 막기 위해 기준 금리를 0.25퍼센트 포인트 인상하여 3년 만에 최고 수준에 이르게 했다.)

2 Recently, government-owned and private **commercial banks** have started competitive lending interest rate cuts to retain and lure corporate and individual customers. (최근 정부 소유 및 민간 상업은행들은 기업 및 개인 고객들은 유지하고 끌어들이기 위해 경쟁적인 대출금리 인하를 시작했다.)

3 The **banking system** remains flooded with liquidity, which is earning low returns for banks, as **loan growth** has lagged behind that of deposits since 2000. (은행권은 수익이 낮은 유동성이 넘쳐나고 있는데 이는 2000년 이래 대출 증가가 수신 증가를 밑돌았기 때문이다.)

4 **Opening a bank account** is part of everyday life and is something most people should do by the time they begin earning money. (은행 계좌 개설은 일상생활의 일부로 돈을 벌 때쯤이면 대부분의 사람들이 해야 하는 것이다.)

A **savings account** allows you to deposit money and receive interest on the money held in the bank. (예금 계좌는 돈을 맡기고 맡긴 돈에 대해 이자를 벌게 해준다.)

A **checking account** generally does not generate interest, but allows you to write checks. (당좌 예금 계좌는 일반적으로 이자가 붙지 않지만 수표를 쓸 수 있게 해준다.)

5 Although he's been edging toward leading-man status in his past few films, he's never been considered a **bankable** star. (지난 몇 편의 영화에서 그는 주연급으로 조금씩 나아갔지만 한 번도 흥행을 보증하는 스타로는 여겨지지 않았다.)

When you **put your money into** a savings account, it earns interest. (돈을 저축 계좌에 넣으면 이자가 붙는다.)

Interest is money the bank pays you so that they can use your money to fund loans. (이자는 은행이 예금을 대출로 사용하는 대가로 지불하는 돈이다.)

6 Thousands of customers of the bank queued up at various branches to **withdraw** their money a day after the central bank froze its assets due to a **run on deposits** triggered by reports about its poor financial condition. (중앙은행이 부실한 은행 재정 상태에 대한 보도로 야기된 예금 인출 사태 때문에 자산을 동결한 하루 뒤 수천 명에 달하는 은행 고객들이 돈을 인출하기 위해 여러 지점에 길게 줄을 늘어섰다.)

7 If you **withdraw** all or some of your money before the maturity date, you'll usually incur a penalty. (만기 이전에 전액 혹은 돈의 일부를 인출하게 되면 통상 위약금을 물게 된다.)

When you buy a **certificate of deposit**, you **lend** the bank a lump sum of money for a certain period of time in return for an agreed-upon **interest rate**. (양도성 예금증서를 매입하면 약정된 금리를 받고 일정 기간 동안 은행에 일시불의 돈을 빌려주게 된다.)

8 To further protect its assets, the bank will require a copy of your credit history to make sure you're not a **bad risk** before deciding to **give you a loan**. (자산을 더 잘 보호하기 위해 은행은 당신에게 대출해주기로 결정하기 전에 당신이 신용도가 낮은 사람이 아님을 확인하기 위해 당신의 신용 이력 사본을 요구할 것이다.)

The **net interest margin** between **lending and deposit rates** narrowed slightly in the second quarter, although it still rests at a significant level of 2.5 percent. (2.4분기에 예대 금리차인 순이자 마진은 약간 줄어들었지만 아직도 상당한 수준인 2.5퍼센트에 머무르고 있다.)

stock

주식, 주식 자본, 주

the total shares issued by a particular company or held by an individual shareholder = equity, share

용례 **a stock exchange** 증권거래소 **invest in stocks** 주식에 투자하다 **a stock-market crash[meltdown]** 주식시장 붕괴 **a blip on the stock market** 주식시장의 일시적 변동 **the composite stock price index** 종합 주가지수 **stock prices** 주가

| **common stock** 보통주 **preferred stock** 우선주 **treasury stock** (시장에서 사들여 보유하고 있는) 자사주 **blue-chip stocks** 우량주 **large-cap[mid-cap, small-cap] stocks** 대형주[중형주, 소형주] **railway stocks** 철도주 **tech stocks** 기술주 **steel stocks** 철강주

| **watered stock** 물탄 주(자산 규모를 과대평가해서 발행된 주) **a no-par stock** 무액면주 **a barometer [benchmark] stock** 표준주 **listed[unlisted, over-the-counter] stocks** 상장[비상장]주 **growth stock** 성장주

| **authorized shares, authorized stock, capital stock** 수권 주식(회사 정관에 의해 발행할 수 있는 주식의 수) **voting stock** 의결권 주식 **nonvoting stock** 비의결권 주식 **outstanding stock** 발행 주식

sell stocks[shares] 주식을 팔다

| **dispose of stocks** 주식을 처분하다, 매각하다 **unload stocks** 주식을 대량으로 처분하다, 팔아버리다 **dump stocks** 주식을 투매하다 **resell stocks** 주식을 되팔다

| **buy[purchase] stocks** 주식을 사다 **snap up [buy up, scoop up] stocks** 주식을 많이 사들이다

buy back [repurchase] one's own stocks 자사주를 매입하다
| **trade[buy and sell, deal in] stocks** 주식을 매매하다 **liquidate stocks** 주식을 현금화하다 **take profits, lock in [book, cash in] gains** 이익을 실현하다 **profit-taking** 이익실현 **hunt for bargains** 저가매수를 하다 **bargain-hunting** 저가매수 **place an order** 주문을 내다 **sell[buy] order** 팔자[사자] 주문
| **day trading** 단타 **proprietary trading** 자기매매(증권사가 자신의 계정으로 하는 거래)
| **turnover** 거래액 **trading volume** 거래량
| **gainer, riser, advancer, advancing stock** 상승 종목
| **loser, faller, decliner, declining stock** 하락 종목
| **market value[capitalization]** 시가 총액 **a ticker symbol** 종목 기호 **a bull market** 상승 시장 **a bull run** 상승세 **a bear market** 하락 시장 **a bear run** 하락세 **the stock[equity] market** 주식시장
| **circuit breaker** 거래 일시 중지 (조치) **activate the circuit breaker, invoke the circuit breaker rule** 거래를 일시 중지하다
| **whipsaw, seesaw** 등락을 거듭하다 **undergo a choppy session** 등락을 거듭하다 **move in a tight range** 좁은 범위에서 움직이다 **end[close, finish, settle] higher** 상승세로 마감하다 **close[end, finish, settle] lower[weaker]** 하락세로 마감하다 **end flat[unchanged]** 보합으로 마감하다 **trade at a premium[discount]** 할증[할인] 거래되다

shareholder, stockholder 주주
| **a controlling shareholder** 지배 주주 **a major shareholder** 주요 주주 **a minor[small] shareholder** 소액 주주
| **an annual shareholders' meeting** 정기주총 **a stock analyst** 주식 분석가, 애널리스트 **a stock broker** 주식 중개인 **a securities company, a brokerage (house)** 증권사

get listed on ~에 상장되다
| **be delisted from** ~에서 상장 폐지되다 **listing** 상장 **obtain listing on** ~에 상장을 획득하다 **meet listing requirements** 상장 요건을 맞추다
| **go public** 공개되다 **take ~ public** 공개하다 **a public offering of stocks, a public sale of shares** 주식 공개 **an initial public offering of stocks** 주식 최초 공개 **private placement** 사모 **issue[float] new shares** 신주를 발행하다 **the issue[offering] price** 발행가 **fall below the offering price** 공모가 이하로 떨어지다 **allot new shares** 신주를 배당하다 **go private** 비공개 회사가 되다 **take ~ private** 비공개 회사로 만들다 **equity financing** 주식 발행에 의한 자금 조달
| **dilute** 지분을 희석하다(떨어뜨리다) **dilution** 지분 희석 **have a dilutive effect of about 10 percent** 약 10퍼센트의 지분 희석 효과를 내다
| **a subscription list** 주식 청약부(簿) **an application for shares, a subscription form** 주식 청약서 **a subscriber for shares** 주식 청약인 **be 10 times oversubscribed** 청약액이 10배를 넘다
| **a stock split** 주식 분할 **declare a 3-for-1 stock split** 1대3 주식 분할을 선언하다
| **a stock consolidation, a reverse stock split** 주식 병합
| **a dividend** 배당 **a dividend payout ratio** 배당성향 **ex-dividend** 배당락 **ex-rights** 권리락 **go ex-dividend[ex-rights]** 배당락[권리락]이 되다 **buy ex-rights shares** 실권주를 사다
| **an investment recommendation** 투자 의견 **issue a buy[sell, hold] recommendation for ~** 에 대해 매수[매도, 보유] 의견을 제시하다 **assign a marketperform[an overperform, an underperform] rating on** ~에 대해 시장수익률[시장수익률 상회, 시장수익률 하회] 의견을 부여하다

investor 투자자
| **small[retail] investor** 소액 투자자(개미) **big[large] investor, biggie** 대형 투자자, 큰손 **foreign**

investor 외국인 투자자 **institutional investor, institution** 기관투자자
| **an open-end fund, a mutual fund** 개방형 펀드(만기에 관계없이 고객이 원하면 언제든지 중도 환매할 수 있는 펀드)
| **a closed-end fund** 폐쇄형 펀드(펀드의 만기가 끝날 때까지 중도에 돈을 인출(환매)할 수 없도록 설계된 것)

bond

채권

a type of loan to a company or government agency which is usually made for a set period of time and carries a fixed rate of interest = bond certificate, debenture

용례 **a public bond** 공채 **a Treasury bond, Treasury** (미국의) 재무성 발행의 장기 채권, 국채 **a government[state] bond** 국채 **a municipal bond** 지방채 **a debenture** 사채(社債)
| **corporate bonds** 회사채
| **financial bonds** 금융채 **long-term[long-dated] bond** 장기 채권 **short-term[short-dated] bond** 단기 채권 **zero coupon bond** 할인채 **high-yield[junk] bond** 정크 본드(수익률이 높지만 신용도가 낮은 채권) **senior bonds** 선순위 채권 **subordinated bonds** 후순위 채권 **investment-grade bond** 투자등급 채권 **bond below investment grade** 투자등급 이하 채권 **a high bond rating** 높은 채권 등급
| **issue[float] bonds** 채권을 발행하다 **pay back [repay, redeem] bonds** 채권을 상환하다 **refinance bonds** 채권을 차환하다
| **foreign currency bonds** 외화 채권 **won-denominated bonds** 원화 채권 **Arirang bonds** 아리랑 본드(외국 기업이 국내에서 원화로 발행하는 채권) **Samurai bonds** 사무라이 본드(외국 기업이 엔화로 일본에서 발행하는 채권) **Yankee bonds** 양키 본드 (외국인이 미국에서 달러화로 발행하는 채권)
bondholder 채권 소유자
| **principal** 원금 **coupon** 정기 이자표(票), 이자 **cash a coupon** 이자표를 현금으로 바꾸다 **coupon bond** 이자부 채권
| **the return[yield] on corporate bonds** 회사채 수익률 **yield[return] 5 percent** 5퍼센트 수익률을 내다 **maturity** 만기 **mature in 10 years** 10년 만기다
| **a bearer's[blank] bond** 무기명 채권 **a registered bond** 기명 채권 **a guaranteed bond** 담보 채권 **a debenture** 무담보 채권 **convertible bonds** 전환사채 (일정한 기간이 지난 후 주식으로 전환할 수 있는 채권) **exchangeable bonds** 교환사채 (사채권자의 의사에 따라 주식 등 유가증권으로 교환할 수 있는 사채) **bonds with warrant, warrant bonds** 신주인수권부 사채 (소유자에게 신주인수권을 부여하는 채권)
| **call a bond** (발행자가 만기 전) 채권을 상환하다 **callable** 만기 전 상환할 수 있는 **non-callable bonds** 만기 전 상환 불능 채권 **a call option** 만기 전 상환 선택권 **on a when-issued basis** 발행일 결제 거래 방식으로 **the bond[debt] market** 채권시장 **debt financing** 채권 금융 (공채, 사채 등 채권 발행에 의한 자금 조달)
credit rating 신용등급
| **raise[upgrade, boost] someone's credit rating** ~의 신용등급을 올리다 **revise up[upward] someone's credit rating** ~의 신용등급을 상향조정하다 **raise someone's credit rating to AA from A** ~의 신용등급을 A에서 AA로 올리다 **raise someone's credit rating by one notch** ~의 신용등급을 한 단계 올리다 **lower[downgrade, cut] someone's credit rating** ~의 신용등급을 내리다 **lower someone's credit rating to BBB from A** ~의 신용등급을 A에서 BBB로 내리다 **revise down[downward] someone's credit rating** ~의 신용등급을 하향조정하다 **affirm someone's credit rating at AA** ~의 AA 신용등급을 유지하다

| **a sovereign credit rating** 국가 신용등급 **a foreign-currency debt rating** 외화 차입 등급
| **credit rating agency, rating agency, credit appraiser** 신용평가 기관 **Standard & Poor's (S&P)** 스탠더드 앤드 푸어스 **Moody's Investors Service** 무디스 **Fitch Ratings, Ltd.** 피치

credit rating outlook, rating outlook 신용등급 전망

| **positive** 긍정적 **negative** 부정적 **stable** 안정적 **raise the rating outlook on ~ to stable from negative** ~의 신용등급 전망을 부정적에서 안정적으로 올리다 **change someone's rating outlook on ~ from positive to stable** ~에 대한 신용등급 전망을 긍정적에서 안정적으로 바꾸다
| **put[place] ~ on a credit rating watch[caution] list** ~를 신용등급 관찰 대상에 지정하다 **put ~ on the watch list with positive[negative] implications** ~를 긍정적[부정적] 관찰 대상에 지정하다

필수예문

track 121

1 South Korean **stock prices** tumbled for a second day as an overnight fall in US shares spooked foreign investors who have been big buyers of **local shares**. (그동안 국내 주식을 많이 사들였던 외국인 투자자들이 전날 밤 미국 주가 하락에 겁을 먹음에 따라 한국의 주가는 이틀 연속 폭락했다.)

Large-cap blue chips led the decline, which also resulted from jitters over the won's recent ascent against the greenback. (대형 우량주들이 하락을 주도했는데 주가 하락은 또 최근 원화의 달러화에 대한 절상에서 기인하기도 했다.)

2 Like **common stock**, **preferred stocks** represent partial ownership in a company, although preferred stock shareholders do not enjoy any of the **voting rights** of common stockholders. But they are paid a guaranteed dividend which receives first priority. (보통주와 마찬가지로 우선주는 기업에 대한 부분적인 소유권을 나타내지만 우선 주주들은 보통 주주들이 갖고 있는 어떠한 의결권도 없다. 그러나 우선 주주들은 최우선적으로 보장된 배당금을 지급받는다.)

3 Most analysts predict the **current bull market** will last for a considerable period of time in light of ample market liquidity and foreign investors' strong demand for local stocks. (대부분의 애널리스트들은 풍부한 유동성과 외국인 투자자들의 국내 주식에 대한 활발한 수요를 감안하면 현 상승장세가 상당 기간 지속될 것이라고 예상한다.)

Experts are divided over how long the **current bear market** will last. (전문가들은 현 하락장세가 얼마나 지속될 것인가에 대해 의견이 엇갈리고 있다.)

4 A US private investment fund has a **controlling 60-percent stake** in the South Korean electricity company. (미국의 한 민간 투자 펀드가 한국의 전력회사에 지배적인 60퍼센트 지분을 갖고 있다.)

The department store has announced its plan to seek a **listing of its shares on** the London Stock Exchange. (그 백화점은 런던증권거래소에 주식 상장을 추진할 계획을 발표했다.)

5 The mobile phone giant has announced a plan to **make an initial public offering of its shares** on the Korea Exchange. (그 거대 휴대전화 회사는 한국증권거래소에 주식 최초 공개를 할 계획을 발표했다.)

The company said 30 percent of the public issue, which was reserved for small and retail investors, was **more than 10 times oversubscribed**. (그 회사는 소액 투자자들에

게 배정된 공개 발행의 30퍼센트가 경쟁률이 10대1 이상이었다고 밝혔다.)

6 The South Korean government has said it will issue $1 billion worth of **foreign currency bonds** in an effort to fund its move to prevent the won's appreciation against the US dollar. (한국 정부는 원화의 달러에 대한 절상을 막을 조치의 자금 마련을 위해 1억 달러의 외화 채권을 발행할 것이라고 밝혔다.)

7 A **junk bond** is a bond with a credit rating below investment grade. These bonds typically offer a higher interest rate than **investment grade corporate bonds**. (정크 본드란 투자등급 이하의 신용등급을 가진 채권으로, 이러한 채권은 전형적으로 투자등급 회사채보다 높은 금리를 제공한다.)

8 The **yield on** three-year corporate bonds plunged to a three-year low as institutional investors rushed to buy debts following a stock-market crash. (주식시장 붕괴에 이어 기관투자가들이 채권으로 몰림에 따라 3년 만기 회사채의 수익률이 3년 만의 최저치로 폭락했다.)

Raising capital through **debt financing** does not entail the sale of a company's equity, but instead works by borrowing against it. (채권 발행을 통해 자금을 조달하는 것은 회사 지분의 판매를 수반하지 않는 대신에 지분을 담보로 빌리게 된다.)

Like equity financing, there are a variety of methods available to **raise debt financing**. (주식을 통한 자금조달과 마찬가지로 채권을 통한 자금조달에도 다양한 방법이 있다.)

심화학습

주식 stock

주식이란 기업에 출자한 지분을 의미하지만 일반적으로 주주권을 나타내는 유가증권으로서의 주권을 가리킨다. 기업이 주식을 발행하는 것은 대규모 자금을 조달하기 위한 것으로 주식을 발행함으로써 일반 투자자들에게서 산업자금 또는 기업 발전에 필요한 자금을 모을 수 있으며 크게 보통주와 우선주로 구분된다.

A **stock** (also known as an **equity** or a **share**) is a portion of the ownership of a corporation. A **share** in a corporation gives the owner of the stock a stake in the company and its profits.

Ownership in the corporation is determined by the number of shares a person owns divided by the total number of **shares outstanding**. For example, if a company has 1,000 shares of **stock outstanding** and a person owns 50 of them, the person owns 5 percent of the company. Most stock also provides voting rights, which give shareholders a proportional vote in certain corporate decisions.

Only a certain type of company called a corporation has **stock**; other types of companies such as sole proprietorships and limited partnerships do not **issue stock**.

Both **common and preferred shareholders** own a portion of the company, but they have very different rights. **Common stock** confers voting and preemptive rights. **Preferred stock** may trade voting and **preemptive rights** for dividends and a higher claim to liquidated company assets than common stock.

주식이란 한 기업 소유권의 일부로서 한 기업의 **주식**은 그 주식의 소유자에게 회사와 이익의 지분을 준다.

회사의 지분은 개인이 소유한 주식 수를 **발행 주식** 수로 나누면 나오게 된다. 예를 들어 한 회사의 **발행 주식** 수가 1000주이고 한 개인이 50주를 소요하고 있다면 그 개인은 그 회사의 5퍼센트를 소유하는 것이 된다. 대부분의 주식은 또한 주주들이 회사의 결정에 있어 지분에 비례하여 투표할 수 있는 의결권을 제공한다.

주식회사라고 불리는 특정 형태의 기업만이 **주식**을 가지며 개인 기업이나 합자회사와 같은 다른 형태의 회사들은 **주식을 발행하지** 않는다.

보통 주주와 우선 주주 둘 다 회사의 일부를 소유하지만 권리는 아주 다르다. **보통주**는 의결권과 신주인수권을 부여한다. **우선주**는 의결권과 **신주인수권**을 포기하는 대신에 보통주보다 이익 배당과 청산된 회사 자산에 대한 청구권을 우선적으로 행사할 수 있게 한다.

| **portion** 일부 **ownership** 소유권 **stake** 지분, 이해관계 **be determined by** ~로 정해지다(결정되다) **outstanding** 발행된 **voting rights** 의결권 **proportional** 비례하는 **corporation** 주식회사 **sole proprietorship** 개인기업 **limited partnership** 합자회사 **common[preferred stock** 보통[우선]주 **confer** 부여하다, 주다 **preemptive rights** 신주인수권(유상증자) **claim** 청구권 **liquidate** 청산하다

주식 용어 정리

1 매매, 호가, 인수

| **buy** 사다 **sell** 팔다 **purchase** 매수 **sale** 매도 **buy and sell, trade** 매매하다 **bid, bid price** 매수 호가 (사는 쪽이 제시하는 최고가) **ask, ask price** 매도 호가 **market price** 시장가 **opening price** 개장가 **closing price** 종가 **daily high** 장중 최고가 **new closing high** 신 최고종가 **daily price limit** 일일 가격제한폭

| **a stock purchase[sale]** 주식 매수[매도] **buy and sell shares** 주식을 사고 팔다 **open a brokerage account with** ~에 주식계좌를 개설하다 **deposit cash** 돈을 예탁하다

| **give a market order for 10 shares of** ~의 10주 시장가 주문을 내다 **charges a commission on a single stock trade of $10** 단일 주식 거래 수수료 10달러를 매기다 **deduct a commission of $30 from the proceeds of the sale** 매도 대금에서 30달러 수수료를 공제하다 **settle in three business days** 3 영업일 후에 결제되다 **hold shares in street name** 증권사 명의로 주식을 보유하다

| **proprietary trading** 자기매매

| **engage in [conduct] proprietary trading** 자기매매를 하다 **ban the practice of proprietary trading** 자기매매 관행을 금지하다

| **engage in brokerage (activity)** 위탁매매를 하다

| **stock broker** 주식 중개인

| **dealer** 딜러, 거래인 (사자와 팔자 주문을 연결해주는 역할을 하는 사람, 자기매매를 하는 사람) **broker** 중개인 (고객과 dealer 사이를 연결하는 다리 역할을 하는 사람) **specialist** 전문거래인 (증권거래소의 도매상으로 일반 고객의 주문을 직접 받지 않고 dealer를 통해서 받음) **market maker** 장외 거래소에 등록된 도매상 **a securities company, a brokerage, a brokerage firm** 증권회사

| **a paper[unrealized] gain** 미실현(평가) 이익 **have a paper gain of** ~의 평가 이익을 올리다 **an actual [a realized] gain** 실현이익 **a capital gain** 양도(자본)차익 **a capital[paper] loss** 양도손실(평가손) **have a capital loss of** ~의 양도손실을 보다

| **offer[receive] the bid price** 매수 호가를 내다[받다] **pay the ask price** 매도 호가를 지불하다 **a bid and ask about the present market price** 현 시장가에 대한 매수 및 매도 호가

| **the spread, the difference between the bid price and the ask price of a stock** 스프레드(매

수 호가와 매도 호가의 차이) **a premium** 할증금, 웃돈 **a 10-percent premium on the market price** 시장 가격에 대한 10퍼센트의 웃돈 **buy[sell] at a discount** 할인가로 사다[팔다] **trade at a premium[discount]** 할증[할인] 거래되다

Ⅰ **a daily price limit** 일일 가격제한폭 (거래 중지 전 일일 하락 상승이 허용된 가격의 최대폭)

Ⅰ **limit up** 상한가 **limit down** 하한가

Ⅰ **impose a daily price limit** 일일 가격제한폭을 두다 **rise by the daily[permissible] price limit** 가격제한폭까지 오르다 **close[end, finish, settle] limit-up** 상한가로 마감하다 **fall by the daily price limit** 가격제한폭까지 떨어지다 **close limit-down** 하한가로 마감하다

Ⅰ **underwriting** 증권 인수

Ⅰ **firm-commitment underwriting** 총액인수

Ⅰ **best-efforts underwriting** 모집주선

Ⅰ **stand-by underwriting** 잔액인수

Ⅰ **underwrite a share issue** 발행 주식을 인수하다 **underwriter** 증권 인수인, 증권 인수회사 **form a syndicate of underwriters** 인수단을 구성하다 **lead manager** 주간사

Ⅰ **a registration statement** 유가증권신고서 **a red herring, an initial prospectus** 예비발행계획서 **a prospectus** 발행계획서 **a tombstone** 묘비 광고 (증권 인수업자가 신규 증권의 매각을 신문에 게재한 광고)

2 주문의 종류

Ⅰ **buy order** 사자 주문 **open long position** 매수포지션 **sell order** 팔자 주문 **closed long position** 매도포지션 **enter[place] a buy[sell] order** 사자[팔자] 주문을 내다 **sell short** 공매하다 **buy to cover** 공매한 주식을 다시 사들이는 행위

Ⅰ **market order** 시장가 주문 (시장에서 형성되는 가격으로 매매거래를 하고자 하는 주문으로 가격을 지정하지 않는 주문)

Ⅰ **limit order** 지정가 주문 (지정된 가격 또는 그보다 유리한 가격으로 매매거래를 하고자 하는 주문)

Ⅰ **stop (loss) order** 역지정가 주문 (고객이 특정한 주문가격을 주문 내용에 지정하게 되는데, stop order로 매입주문을 낼 때에는 지정가격을 시장가격보다 높게 표시해야 하며, 반대로 매도주문을 낼 때에는 지정가격을 시장가격보다 낮게 표시해야 한다.)

Ⅰ **good till canceled** GTC 주문 (GTC 주문은 체결되거나 고객이 주문을 취소할 때까지 주문이 유효한 상태로 유지된다.)

Ⅰ **day order** 당일 주문 (특별한 지정이 없으면 체결되지 않은 모든 주문은 주식시장 마감 후 자동 소멸되고 하루 중에만 살아 있는 주문)

Ⅰ **all or none** AON 주문 (주문물량을 한 번에 체결하고자 할 때 사용하는 주문 방식으로 지금 물량이 부족하여 주문이 체결되지 않아도 계속 지정한 시간까지 주문이 유효한 것이 특징)

3 대량거래, 시간외 거래, 공매도

Ⅰ **block trade[order, trading]** 대량거래 **a block buy** 대량매수 **a block sale** 대량매도 **after-hours[after-market] trading, trading after exchange hours** 시간외 거래 (장 종료 후의 거래) **extended[extended-hour] trading** 시간외 거래 **before-hours[pre-market] trading** 시간외 거래 (시장 개시 전 거래)

Ⅰ **undertake a block trade** 대량거래를 하다 **a block trade facility** 대량거래 제도 **A block trade involves the purchase or sale of a large quantity of shares.** 대량거래란 많은 양의 주식을 사고파는 것을 말한다.

Ⅰ **buy[sell] ~ in the after-hours trading** 시간외 거래에서 ~를 사다[팔다] **pick up bargins in extended trading** 시간외 거래에서 싸게 사다 **a post-primary session** 시간외 거래장

Ⅰ **participate in after-market trades** 시간외 거래를 하다 **make a market in a specific stock** 특정

주식의 시장을 조성하다 **post buy and sell offers on a computer system** 사자와 팔자 주문을 컴퓨터 시스템에 올리다 **an electronic trading network (ECN)** 전자거래시스템 **an off-market trading mechanism** 장외거래 제도

| **short selling** 공매도(투자 상품을 매입한다는 것은 향후 가격이 오르리라 믿고 사는 것을 의미하지만 반대로 공매한다는 것은 주가의 하락을 예상한다는 의미다. 공매란 매도자가 소유하지 않은 주식의 매도를 말한다. 주가가 하락하면 판 가격보다 낮은 가격에 주식을 되살 수 있으므로 차액만큼 이익을 보게 되고 가격이 오르면 판 가격보다 높은 가격에 되사야 하므로 손해를 본다.)

| **short sale** 공매도 **short-seller** 공매도자 **borrow[lend] a stock** 주식을 빌리다[대여하다] **a stock loan** 대주(주식을 빌려줌) **short shares** 주식을 공매도 하다 **close the short** 공매주식을 청산하다 **buy back shares and return them** 주식을 되사 갚다

| **margin trading** 신용거래, 미수거래 (증권사로부터 돈을 빌려 주식을 사는 거래) **Margin trading is borrowing money from a brokerage to purchase stock.** 신용거래란 주식을 사기 위해 증권사로부터 돈을 빌리는 것이다.

| **buy ~ on margin** ~를 신용거래로 사다 **open a margin account** 신용거래 구좌를 개설하다 **be short on cash** 현금이 모자라다

| **the minimum margin** 최소증거금 = an initial investment required for a margin account

| **the initial [original] margin** 최초증거금 = an amount to be deposited with one's brokerage before buying on margin

| **the maintenance margin** 유지증거금 = the minimum account balance an investor must maintain

| **a margin call** 추가증거금, 마진콜 (고객의 보유예탁액이 유지증거금 이하일 때 증권사에서 증거금을 추가로 넣으라는 요청) **issue a margin call** 마진콜을 내다 **meet a margin call** 추가증거금을 내다

| **sets a minimum initial margin of 50 percent and a maintenance margin of at least 25 percent** 최초 50퍼센트의 최초증거금과 적어도 25퍼센트의 유지증거금을 정하다

| **marginable stocks** 신용거래 가능 주식 **Marginable stocks act as collateral for the loan.** 신용거래 가능 주식은 대출의 담보 역할을 한다.

| **leverage, gearing** 차입자본 이용; 자기자본에 대한 부채비율 = the debt to equity ratio, the debt ratio, the financial leverage ratio, the leverage ratio

| **use leverage to make an investment** 차입자본으로 투자를 하다

| **a highly leveraged company** 부채비율이 높은 기업 **increase one's leverage** 부채비율을 높이다

4 주요 주가지수 및 거래소

(1) 한국

| **the KOSPI (Korea Composite Stock Price Index)** 한국종합주가지수: 증권시장에 상장된 모든 주식을 대상으로 산출되며, 산출방법은 1980년 1월 4일을 기준시점으로 하여 이날의 종합주가지수를 100으로 정하여 산정한다.

종합주가지수 = 현재의 상장주식 시가총액 ÷ 기준시점의 상장주식 시가총액 × 100

| **a component, a component stock** 주가지수를 구성하는 개개의 구성 주식

| **the (100-share, blue-chip) KRX 100** 통합주가지수: 2005년 6월에 도입된 것으로 한국증권선물거래소에서 거래소 시장과 코스닥시장을 통틀어서 대표 우량주이면서 거래가 활발한 종목 100개를 엄선하여 2001년 1월초의 시가총액을 1000으로 하여 만든 주가지수.

| **the (tech-rich, tech-heavy, tech-laden) KOSDAQ index** 코스닥 지수(Korea Securities Dealers Automated Quotation): 코스닥 시장 전체 지수의 흐름을 보여주는 시황지수로 1996년 7월 1일부터 산출되기 시작한 코스닥지수는 1997년 1월 3일 100포인트를 기준으로 삼았다가 2004년 1월 26일부터 기준을 1000으로 전환했다.

| **the Korea Exchange** 한국증권선물거래소: **the stock market** (유가증권시장), **the KOSDAQ market**(코스닥 시장), **the futures market**(선물시장)으로 구성.

(2) 미국

the Dow Jones industrial average 다우존스 평균주가: 미국 증권시장의 동향 및 시세를 알려주는 뉴욕증시의 대표적인 주가지수로 30개의 대표 종목만을 평가 (an index to gauge the performance of 30 of the largest and most widely held public companies in the United States).

the Nasdaq composite index 나스닥 지수(National Association of Securities Dealers Automated Quotation): 벤처기업들이 상장되어 있는 미국의 장외 주식시장의 주가지수.

the Standard & Poor's 500 Index S&P 500 지수: 미국의 스탠더드 앤드 푸어스(Standard & Poor's)사가 기업 규모, 유동성, 산업 대표성을 감안하여 선정한 보통주 500종목을 대상으로 작성해 발표하는 주가지수로 1957년에 도입돼 다우지수와 쌍벽을 이룬다. (an index consisting of 500 stocks chosen for market size, liquidity and industry grouping, among other factors).

the Philadelphia Semiconductor Index (SOX) 필라델피아 반도체 지수: 미국 동부의 필라델피아 증권거래소가 지난 1993년 12월부터 산정, 발표해온 반도체업종 지수(semiconductor sector index). 이 지수는 16개의 대표적인 반도체 관련주를 포함하고 있어 반도체주의 가격동향을 읽을 수 있도록 해준다. (The the Philadelphia is a price-weighted index composed of 17 US semiconductor companies primarily involved in the design, distribution, manufacture, and sale of semiconductors. The index was set to an initial value of 200 on December 1, 1993.)

the New York Stock Exchange (NYSE) 뉴욕증권거래소: 1792년에 설립된 뉴욕증권거래소(NYSE)는 세계최대의 증권거래소로서 2,900개 이상의 기업이 상장 거래되고 있으며, 그 중에는 미국외 42개국에 본사가 있는 290개 외국 기업도 상장되어 활발하게 거래되고 있다. 약 1800억 주의 주식이 거래되고 일평균 220억 USD의 거래대금을 기록하고 있다. (The New York Stock Exchange (NYSE), also nicknamed the "Big Board", is by far the largest stock exchange in the world (by dollar volume) and second largest by number of listings. The New York Stock Exchange trading floor is located at 11 Wall Street.)

(3) 일본 및 아시아

the Nikkei stock average 닛케이 평균지수: 일본경제신문사(약칭 '닛케이')가 도쿄증권거래소 1부시장에 상장된 주식 가운데 225개 종목의 시장가격을 평균하여 산출하는 일본 증권시장의 대표적인 주가지수로 기준시점은 1949년 5월 16일, 기준주가 평균 50엔이다.

the Hang Seng Index 항셍지수: 홍콩 주식시장의 전반적 주가동향을 나타내는 대표적 주가지수. 홍콩 최대의 은행인 홍콩상하이은행의 자회사인 항셍은행(Hang Seng Bank)이 산출하며 지수 산출 방식은 시가총액 방식을 채용하고 있다. 이 지수는 홍콩증권거래소 전체 거래량의 80%이상을 차지하는 33개 종목을 채용하고 있으며 1964년 7월 31일 시가총액을 100으로 하고 있다.

the Straits Times Index 스트레이츠 타임스 지수: 싱가포르의 신문인 〈스트레이츠 타임스〉가 작성하는 대표 주가지수로 1998년 8월에 도입되었고 거래소의 55개 시가 상위종목으로 구성.

Taiwan's weighted stock price index, the weighted stock price index of the Taiwan Stock Exchange (TSE) 대만 가권지수: 대만증권거래소(the Taiwan Stock Exchange)에 거래되는 모든 회사들의 시가총액을 가중 평균한 지수로 1996년이 기준연도.

the Tokyo Stock Exchange 도쿄증권거래소

the Hong Kong Stock Exchange 홍콩증권거래소

the Singapore Exchange 싱가포르증권거래소

the Shanghai Stock Exchange 상하이증권거래소

(4) 유럽

the FTSE 100 Index 영국의 FTSE 100지수: Financial Times와 런던국제증권거래소(the London Stock Exchange)가 공동으로 1984년 1월부터 산출, 발표하고 있는 부분시가총액식 지수로서 런던국제증권거래소에 상장된 100개의 우량주식으로 구성.

the DAX Index 독일의 DAX 지수: 프랑크푸르트증권거래소에서 거래되는 30개 대표 종목으로 구성되며 1984년도를 1000으

로 하고 있다.

the CAC-40 Index 프랑스 CAC-40 지수: 파리증권거래소에서 거래되는 40개 우량종목을 대표하는 지수로 1987년이 기준 연도이고 이 해의 지수를 1000으로 하고 있다.

the London Stock Exchange 런던국제증권거래소

the Frankfurt Stock Exchange 프랑크푸르트증권거래소

the Paris Bourse 파리증권거래소

채권 용어 정리

1 금리, 만기

issue[float] bonds 채권을 발행하다 **issuer, borrower** 발행자 **lender, investor** 투자자 **bondholder** 채권 보유자 **the interest rate, the coupon** 이자 **repay the face value** 액면가를 상환하다 **the maturity date** 만기일 **bond rating** 채권 등급

the face value 액면가, 원금 (만기시 보유자가 되돌려 받는 금액) = the par value, the principal

sell at the par value 액면가로 팔리다 **trade at a price above[below] the face value** 액면가를 상회[하회]하는 가격에 거래되다

the coupon 금리 (채권보유자가 금리로 받는 금액)

pay a coupon of 10 percent 10퍼센트의 이자를 지급하다 **a high[low] coupon** 높은[낮은] 금리 **pay interest every six months** 6개월마다 이자를 지급하다 **pay monthly [quarterly, annually]** 매달[분기별로, 일년에 한번] 지급하다

a fixed-rate bond 고정금리 채권 **a floating-rate bond** 변동금리 채권 **be tied to market rates** 시장 금리에 연동되어 있다

maturity 만기 (투자자의 원금이 상환되는 미래의 날짜)

mature in one year 만기 1년이다 **hold bonds to maturity** 만기까지 채권을 보유하다 **The longer the time to maturity, the higher the interest rate.** 만기까지의 기간이 길면 길수록 이자는 더 높다. **A longer term bond will fluctuate more than a shorter term bond.** 만기가 긴 채권은 만기가 짧은 채권보다 더 불안정하다.

issuer 발행자 **credit risk** 신용위험

consider the issuer's stability 발행자의 안정성을 고려하다 **the default risk** 채무불이행위험 **risk-free assets** 무위험 자산 (국채 등) **The government is far more secure than any corporation.** 정부는 어떤 기업보다도 훨씬 안전하다.

the risk-return tradeoff 위험-수익 상충관계 (발행자의 위험이 높을수록 수익률이 높아지는 관계)

a bond rating system 채권등급제 **a bond rating** 채권의 등급 **a credit rating** 신용등급 **have a high [low] credit rating** 신용등급이 높다[낮다] **determine a company's credit risk** 회사의 신용위험을 결정하다

fall below a certain credit rating 일정 신용등급 밑으로 떨어지다 **change from investment quality to junk status** 투자등급에서 정크본드로 변하다

fixed-income securities 고정수입 증권

be entitled to the principal plus interest 원금과 이자를 받을 권리가 있다 **buy a bond with a face value of $1,000, a coupon of 8 percent, and a maturity of 10 years** 액면가 천달러, 이자율 8퍼센트, 만기 10년의 채권을 사다 **the virtues of a bond's safety and stability** 채권의 안전성과 안정성이라는 장점

2 수익률, 가격, 종류

| **the yield, the return** 수익률 **return[yield] 5 percent** 수익률이 5퍼센트다 **the price** 가격 **change on a daily basis** 매일 변하다 **sell in the open market** 공개 시장에서 팔다

| **the yield** = coupon amount divided by price 유통수익률이라고도 하며 보통 수익률이라고 하면 이것을 말한다.

| **the yield to maturity** 만기 수익률 = the total return you will receive if you hold the bond to maturity (만기까지 채권을 보유할 대 얻는 총 수익)

| **a high-yield[low-yield] bond** 고수익[저수익] 채권

| **Bond yields move inversely to prices.** 채권 수익률은 가격과 반대로 움직인다. **The bond's price and its yield are inversely related.** 채권의 가격과 수익률은 반비례 관계에 있다. **Stocks return more than bonds.** 주식은 채권보다 수익률이 높다.

| **sell[buy] at a premium** 웃돈을 주고 팔다[사다] **sell[buy] at a discount** 할인 가격에 팔다[사다]

| 만기에 따른 분류(미국)

bills = debt securities maturing in less than one year (만기 1년 미만)

notes = debt securities maturing in one to 10 years (만기 1~10년)

bonds = debt securities maturing in more than 10 years (만기 11년 이상)

37 기업 | 파산 | 인수합병

주제어	관련어
company	**business, concern, corporation, enterprise, firm, conglomerate, multinational, businessman, entrepreneur, corporate, company policy**
bankrupt	**insolvent, bust, ruined, bankruptcy, bankruptcy court, file for court receivership, dishonor, bounce, default rate**
takeover	**acquisition, hostile takeover, buyout, tender offer, merge, combine, poison pill, golden parachute**

●●● Business is business. 공과 사는 구분해야 한다.

개인기업(sole proprietorship, one-man operation)이나 합자회사(partnership)의 경우 소유주들이 부채 및 기타 책임을 지게 되어 있다. 이와는 달리 주식회사(corporation)는 자기가 인수한 주식의 금액을 한도로 회사에 대하여 출자의무를 질 뿐 회사채권자에 대하여는 책임을 지지 않는 유한책임(limited liability) 주주(shareholder)로만 구성되는 회사를 말한다.

기업의 제품이 잘 팔려 돈을 많이 벌어들이면 문제가 없지만 매출이 떨어지고 계속 적자를 내어 수중에 돈이 없으면 종국에는 빌린 돈을 제대로 갚을 수 없는 상태에 빠지는데 이를 파산(bankruptcy)이라고 한다. 파산하게 되면 보통 법원에 파산 신청을 하여(file for bankruptcy) 채권자들로부터 회사의 자산을 보호하고 회생을 꾀하게 되는데 우리나라에서는 이를 법정관리(court receivership)라 부른다.

한 기업이 파산하거나 유동성위기에 빠지게 되면 동종 업계에 있는 다른 기업들이 자신들의 사업을 강화하거나 시장점유율을 높이려고 그 기업을 사들이는 경우가 많다. 기업이나 개인이 다른 기업을 사는 것을 인수(takeover, acquisition)라고 하는데 회사의 경영진이 동의하는 경우에는 우호적 인수(friendly takeover)라 하고 이들의 의사에 반하여 강행하는 것은 적대적 인수(hostile takeover)라 부른다. 한 회사를 적대적으로 인수하기 위해 주식을 사들이는 것을 공개 매수(takeover bid, tender offer)라 하며 경영진은 이를 막기 위해 우호적인 세력을 규합하는데, 이러한 기업을 백기사(white knight)라고 한다.

company

기업, 회사

an institution created to conduct business = business concern [organization], concern, corporation, enterprise, establishment, factory, firm, house, outfit, shop, venture

명사와 그 형용사의 형태가 전혀 다른 경우가 있는데 company도 그렇다. company의 형용사형은 corporate.

a transportation **company** 운송 회사

a **corporate** dress code 회사의 복장 규정

유의어 **cartel, syndicate** 기업연합 **conglomerate** 거대기업, 재벌 **factory, plant, mill** 공장 **fly-by-night** 위험도가 큰 기업 **institution** 기관(단체) **setup** 기구, 조직 **shoestring operation** 영세 사업 **store** 가게, 상점 **venture** 모험 기업

반의어 **entertainment, fun, pleasure**

용례 **a life insurance company** 생명보험 회사 **a limited (liability) company** 유한책임 회사 **work for[at, in] a big company** 큰 회사에 근무하다 **a mom-and-pop business** 영세 기업 **a publishing house** 출판사

| **a sole proprietorship** 개인 기업 **a partnership** 합자회사 **a corporation** 주식회사 **a subsidiary** 종속회사, 자회사 **an affiliate** 자매(계열) 회사 **a parent company** 모회사 **a holding company** 지주회사 **a flagship company** 주력회사 **a multinational, a transnational, a multinational company** 다국적 기업

| **agency** 대리점 **dealership** 판매 대리점, 특약점 **franchise** (체인) 가맹점 **commerce** 상업 **industry** 산업

| **a small company** 소규모 회사 **a large[big] company** 대기업 **small and mid-size companies [firms], small and medium enterprises** 중소기업

| **manage[run] a company** 회사를 운영하다 **set up [start] a company[firm], establish[build up, open, set up] a business** 회사를 설립하다, 개업하다, 사업을 일으키다 **set up shop** 가게를 차리다, 개업하다 **close a business** 폐업하다 **shut up shop** 폐점하다, 일을 그만두다

business 사업상의 **commercial** 상업의, 상용의 **entrepreneurial** 기업가의, 기업가적인

| **a business trip** 출장 **a business lunch** 업무상 점심 **a commercial transaction** 상거래 **a commercial company** 영리 회사 **commercial aircraft** 상용기 **commercialize** 상업화(상용화)하다, 통속화시키다 **commercialization** 상업화, 상용화, 기업화 **entrepreneurial spirit** 기업가 정신 **entrepreneurial skills[ability]** 사업적 수완[능력] **entrepreneurship** 기업가 정신(의무)

| **the articles of incorporation[association], the certificate of incorporation** 회사의 정관 **incorporate** ~를 법인 조직으로 만들다 **incorporator** 법인 설립자, 발기인

| **do business with, deal with, trade with** ~와 거래하다 **deal in** ~를 취급하다

limited partner 유한책임 사원

| **general partner** 무한책임 사원 **businessman, businesswoman** 사업가 **businesspeople** 사업가 **entrepreneur** 기업가, 사업가 **an independent entrepreneur** 독립 기업가 **a private entrepreneur** 개인 기업가 **middleman, broker, jobber, commission merchant** 중간 상인, 중개인 **act as a middleman** 중간 상인을 하다 **cut out the middleman** 중개인을 이용하지 않다

| **home[main, head] office, center of operations, corporate headquarters, headquarters** (기업의) 본사 **be headquartered[based] in New York** 뉴욕에 본사를 둔 = New York-based, New York-headquartered

| **the board of directors, the board** 이사회 **outside director** 사외이사 **chief executive officer**

(CEO) 최고경영자 **chief financial officer** 재무 담당 최고 책임자 **chief operating officer** 업무 집행 담당 최고 책임자 **chief information officer** 정보 담당 최고 책임자

corporate 기업의, 주식회사의; 법인의

of or relating to a corporation = company, incorporated

용례 **corporate earnings[profits]** 기업 이윤 **corporate assets** 기업 자산 **corporate culture** 기업 문화 **corporate governance** 기업 지배구조 **corporate bonds** 회사채

| **corporate advertising** 기업 광고 **corporate identity** 기업 이미지 통합 전략 **corporate image** 기업 이미지 **corporate[industrial] espionage** 산업 스파이 활동

| **the corporate ladder** 기업의 계층적 서열 **a corporate dress code** 기업 복장 규정 **corporate capital spending** 기업 설비 투자 **corporate customer[client]** 기업 고객 **corporate sponsor** 기업 후원자

| **achieve corporate goals** 기업 목표를 달성하다 **corporate management** 기업 경영 **corporate income tax** 법인 소득세 **a corporate reorganization plan** 회사 정리 계획 **corporate loyalty** 회사에 대한 충성도 **a corporate name** 회사명, 법인 명의

| **in one's corporate capacity** 법인 자격으로 **corporate right(s)** 법인권 **corporate property** 법인 재산 **a corporate member** 법인 회원

| **company policy** 회사 방침 **company time** 근무 시간 **a company car[logo]** 회사 차[로고] **company profits** 회사 이익 **a company employee[director]** 회사원[이사]

필수예문

track 122

1 Several **companies** have faced allegations of human rights abuses in connection with their security practices. (여러 회사들이 보안 관행과 관련하여 인권 남용 주장에 직면하게 되었다.)

Many **firms** may be hit by loss of sales and other negative consumer actions over privacy concerns. (많은 기업들이 개인 정보에 대한 우려로 인해 매출 손실과 기타 부정적인 소비자 행동의 타격을 받을 수도 있다.)

2 A **parent company** should be held responsible for the environmental cost of its **subsidiary** by virtue of its corporate practices. (모회사는 기업 관행에 의하여 자회사의 환경 비용에 대한 책임을 져야 한다.)

Profits distributed by a **subsidiary company** to its **parent company** are exempt from withholding tax. (자회사가 모기업에 배당한 이익은 원천과세에서 면제된다.)

3 Some economists argue that a firm becomes **multinational** only when the parent company is effectively owned by nationals of two or more countries, but others contend an international company is **transnational** if the managers of the parent company are nationals of several countries. (일부 경제학자들은 모기업이 2개국 이상의 국민에 의해 실질적으로 소유될 때 그 기업은 다국적 기업이 된다고 주장하지만 다른 학자들은 모기업 경영진이 여러 나라 출신이면 국제적인 회사는 다국적 기업이 된다고 주장한다.)

4 A number of **large companies** are calling for urgent action on climate change. (많은 대기업들이 기후 변화에 대한 긴급 조치를 요구하고 있다.)

Small and medium enterprises face all the risks from the use of dangerous substances but are often not big enough to have in-house expertise. (중소기업들은 위험 물질 사용에서 생기는 모든 위험 부담에 직면하고 있지만 종종 내부 전문기술을 보유할 만큼 규모가 크지 못하다.)

5 The two companies have agreed to work together to develop and **commercialize** a new cleaning robot. (그 두 회사는 새로운 청소 로봇을 개발, 상용화하기 위해 협력하기로 합의했다.)

As nanotechnology firms mature from pure research to **commercialization** of a product, many are faced with the challenge of finding appropriate facilities to conduct research and manufacture products. (초미세 첨단기술 회사들이 순수 연구에서 제품의 상용화로 성숙함에 따라 많은 회사들이 연구를 수행하고 제품을 생산할 적절한 시설을 마련하는 어려움에 봉착해 있다.)

6 Investor confidence and share prices are being hampered by the general lack of **entrepreneurship** within companies in the country. (투자 심리와 주가가 그 나라 기업 내 기업가 정신의 부족 때문에 방해 받고 있다.)

The automaker has decided to relocate its **head office** to China in a bid to sell more cars there. (그 자동차회사는 더 많은 차를 팔기 위해 중국으로 본사를 이전하기로 결정했다.)

7 The group chairman has vowed to promote a **corporate culture** that fully values the backgrounds, talents and perspectives of all employees. (그 그룹 회장은 모든 종업원들의 배경, 재능 그리고 견해를 충분히 존중하는 기업 문화를 육성하겠다고 공언했다.)

Women still find it hard to **climb the corporate ladder** due to ingrained discrimination against them. (여성들은 아직도 뿌리 깊은 차별 때문에 기업 내에서 승진하는 것이 어렵다고 느낀다.)

8 It's **company policy** to ban users who violate copyright laws. (저작권법을 위반하는 사용자를 금지하는 것이 회사 방침이다.)

It's not **company policy** to purchase goods without a receipt. (영수증 없이 물품을 구입하는 것은 회사 방침에 어긋난다.)

The company is required to respond promptly to violations of law or **company policy** and take appropriate disciplinary action. (그 회사는 법이나 회사 방침 위반에 대해 즉시 대응하고 적절한 징계 조치를 취해야 한다.)

bankrupt

파산한, 지불불능의

unable to pay debts or continue in business = belly-up, broke, bust, failed, insolvent, out-of-business, ruined

반의어 **solvent, in the black, rich, wealthy**

용례 **go[turn, become] bankrupt, go belly-up** 파산하다 **be declared bankrupt** 파산 선고를 받다 **a bankrupt company** 파산한 회사

bankruptcy 파산

| **a trustee in bankruptcy, a court-appointed trustee[manager, administrator]** 파산 관재인

| **go into bankruptcy** 도산하다 **face bankruptcy** 파산에 직면하다 **save ~ from bankruptcy** ~의 도산을 막다

| **be on the brink[verge] of bankruptcy** 파산 직전에 있다 **emerge from bankruptcy** 파산을 딛고 일어서다 **avoid bankruptcy** 파산을 피하다 **be in bankruptcy** 파산 상태에 있다

| **a bankruptcy court** 파산 법원 **file for bankruptcy** 파산 신청을 하다 **a bankruptcy filing** 파산 신청 **obtain bankruptcy protection** 부도 유예를 받다 **corporate bankruptcies[failures]** 부도 기업

court receivership 법정관리

| **apply[file] for court receivership** 법정관리를 신청하다 **go into court receivership** 법정관리에 들어가다 **be put[placed] under court receivership** 법정관리에 놓이다 **be lifted[freed] from court receivership** 법정관리에서 해세되다

| **dishonor** 부도; (은행이) 부도 처리하다, 부도를 내다 **a dishonored check[bill]** 부도 수표[어음] **bounce** 부도 처리하다 **the default rate of corporate bills** 어음 부도율

takeover

인수

a change by sale or merger in the controlling interest of a corporation

= acquisition, purchase

용례 **friendly takeover** 우호적 인수 **hostile[unwelcome, unwanted] takeover** 적대적 인수 **takeover attempt** 인수 시도 **takeover bid, tender offer** 주식 공개 매수

| **a takeover fever[frenzy]** 기업인수 열기[광풍]

| **fight off a takeover bid** 공개 매수를 물리치다 **take over, acquire** 인수하다 **acquire control of** ~의 경영권을 인수하다

| **buyout** 기업 매수, 경영권 장악 **management buyout** (경영진에 의한) 자사주 매수 **leveraged buyout** 차입 기업 매수(매수 예정 회사의 자본을 담보로 한 차입금에 의한 기업 매수) **bear hug** 매력적인 가격의 기업 인수 제의

| **takeover target, target, target company[firm]** 인수 대상 기업 **a sleeping beauty** 잠재적 인수 대상 기업 **acquiring[bidding] company** 인수하려는 기업

anti-takeover defense 적대적 인수 방어

| **shark repellent, porcupine provision** 기업 매수 방지책

| **poison pill** 기업 매수에 대한 금융 방어책 (주가를 낮게 하는)

| **scorched earth policy** (기업 탈취 저항책으로서의) 경영 기반 초토 작전

| **pac-man strategy** 역인수 제의(인수하려는 기업을 인수하겠다고 위협하여 경영권을 방어하는 전략)

| **golden parachute** 황금 낙하산(적대적 인수 등으로 인수 대상 기업 대표가 사임하게 될 때 거액의 퇴직금과 스톡옵션을 부여할 수 있도록 정관에 삽입해 경영권을 방어하는 조치)

| **safe harbor** 안전지대(과도하게 규제를 받는 기업을 인수하여 매력을 떨어뜨리는 전략)

| **a proxy fight[battle, contest]** (주주 총회에서의) 위임장 쟁탈전 **a proxy vote** 대리 투표 **stage a proxy fight** 위임장 쟁탈전을 벌이다

| **a white knight** 백기사(위기에 처한 회사를 구제하기 위해 개입하는 제3의 기업)

| **a black knight** 흑기사(적대적 기업 인수를 획책하는 기업)

| **a gray knight** 회색 기사(기업 매수 싸움에서 표적 기업의 적인지 우군인지 분명치 않고 자신의 이익을 챙기는 진영)

| **greenmail** 주식 매점(주식을 매점한 후 주식 값을 올려 다시 높은 값으로 되파는 것), (기업 사냥꾼에게 적대적 인수를 하지 말

라고 주는) 프리미엄 **greenmailer** 주식 매점자

| **goodbye kiss, bon-voyage bonus** 적대적 인수자로부터 프리미엄을 주고 주식을 사는 행위

| **raider, corporate raider** 기업 사냥꾼 **dawn raid** (인수를 목적으로 한 특정 주식의) 개장 초 대량 매입

| **merger, consolidation** 합병 **a merger with a rival company** 경쟁 회사와의 합병 **a merger between two banks** 두 은행의 합병 **the possibility of a merger** 합병 가능성 **merger and acquisition(M&A)** 인수합병

| **merge, combine, consolidate, incorporate** 합병하다 **a merged entity** 합병 조직 **a merged company** 합병 회사

필수예문

track 123

1 A large number of highly indebted South Korean companies **went bankrupt** in the wake of a foreign exchange crisis that **put** the country **on the verge of bankruptcy** in late 1997. (부채비율이 아주 높은 많은 한국 기업들이 1997년 말 한국을 부도 직전으로 몰아넣었던 외환위기 여파로 도산했다.)

2 A court **declared** the company **bankrupt** and ordered it to sell its assets and pay its debts. (법원은 그 회사의 파산을 선고하고 자산을 팔아 부채를 갚도록 명령했다.)

If the company doesn't make a big sale soon, it will **be insolvent** before the end of the month. (그 회사는 조만간 큰 매출을 올리지 못하면 이달 말 이전에 지급불능에 빠질 것이다.)

The global computer market would be destroyed if Microsoft **went bust**. (만약 마이크로소프트사가 파산한다면 전세계 컴퓨터 산업은 파멸하고 말 것이다.)

3 The South Korean government gave the beleaguered bank a further $10 million in an attempt to **save** it **from bankruptcy**. (한국 정부는 어려움에 처한 그 은행을 부도로부터 구하기 위해 추가로 천만 달러를 제공했다.)

The airline is **on the verge of bankruptcy** after it posted a large loss due to soaring costs. (그 항공사는 급증하는 비용 때문에 큰 손실을 기록한 후 파산 직전에 있다.)

4 The credit card company said in a regulatory filing that it may **seek bankruptcy protection** if it cannot raise more cash or agree to a restructuring plan with its creditors. (그 신용카드회사는 공시를 통해 추가로 현금을 마련하지 못하거나 채권단과 구조조정안에 합의하지 못하면 파산 보호를 요청할지도 모른다고 밝혔다.)

5 The steel giant could form an alliance with another company in the sector to **ward off a hostile takeover bid** from a US steelmaker. (그 거대 철강회사는 미국 철강회사의 적대적 공개매수를 막기 위해 다른 철강업체와 제휴할 수도 있다.)

The Japanese company said it will **acquire** South Korea's largest mobile provider in a **friendly takeover**. (그 일본 회사는 우호적 기업인수를 통해 한국의 최대 이동통신 회사를 인수할 것이라고 밝혔다.)

6 The company **adopted a poison pill** to prevent a hostile takeover, which will entitle existing shareholders to buy its shares at a cheap price should any single group or company accumulate 15 percent or more of its stock. (그 회사는 적대적 기업인수를 막기 위한 방어책을 채택했는데 이는 만약 어떤 단일 집단이나 회사가 자사 주식의 15퍼센트 이상을 매집할 경우 기존 주주들에게 싼 가격에 주식을 매입할 수 있는 권리를 부여하게 된다.)

7 A **proxy fight** occurs when the **acquiring company** attempts to convince shareholders to use their **proxy votes** to install new management that is open to the takeover. (위임장 쟁탈전은 인수회사가 기업인수에 찬성하는 새로운 경영진을 앉히도록 주주들에게 위임 투표를 행사할 것을 설득하려고 시도할 때 일어난다.)

8 Were such a **merger** to take place between the two companies, it would create the world's biggest single drug company. (그 두 회사간 그러한 합병이 이루어지면 세계 최대의 단일 제약회사가 탄생하게 될 것이다.)

The chip maker said it will **merge with** a rival Japanese company to cope with intensifying competition from Chinese firms. (그 반도체회사는 중국 회사들과의 심화되는 경쟁에 대처하기 위해 일본의 경쟁사와 합병할 것이라고 밝혔다.)

심화학습

주식회사 corporation

주식회사란 자기가 인수한 주식의 금액을 한도로 회사에 대하여 출자의무를 질 뿐 회사 채권자에 대하여는 전혀 책임을 지지 않는 사원(간접 유한책임 사원), 즉 주주로만 구성되는 회사를 말한다.

A **corporation** is defined as a legal entity or structure consisting of a person or group of persons who become shareholders. The entity's existence is considered separate and distinct from that of its members. Like a real person, a **corporation** can enter into contracts; sue and be sued; pay taxes separately from its owners; and do the other things necessary to conduct business.

Since a **corporation** is an entity in its own right, it is liable for its own debts and obligations. As a result, the **corporation**'s owners (the shareholders) typically enjoy limited liability and are legally shielded from the corporation's liabilities and debts.

The existence of a **corporation** is not dependent upon who the owners or investors are at any one time. Once formed, a **corporation** continues to exist as a separate entity even when shareholders die or sell their shares until the shareholders decide to dissolve it or merge it with another business.

주식회사는 주주가 되는 개인 혹은 집단으로 구성되는 법적 실체나 조직으로 정의되며 법인체의 존재는 구성원들과는 독립되고 구분되는 것으로 간주된다. 실재 인물과 마찬가지로 **주식회사**는 계약을 맺을 수 있고 소송을 제기하거나 피소 당할 수도 있으며 소유주와 별도로 세금을 내며 사업을 하는 데 필요한 다른 일들을 할 수 있다.

주식회사는 스스로 독립체이므로 자신의 빚과 채무에 대한 책임이 있다. 따라서 **주식회사**의 소유주들(주주들)은 일반적으로 유한책임을 지며 회사의 부채와 빚으로부터 법적으로 보호를 받는다.

주식회사의 존재는 일정 시점에 소유주, 즉 투자자가 누구인가에는 영향을 받지 않는다. 일단 설립되면 **주식회사**는 전체 주주들이 회사를 해체하거나 다른 기업과 합병하기로 결정하기까지는 주주들이 사망하거나 주식을 팔아도 별도의 실체로 계속 존재한다.

be defined as ~로 정의되다 **legal entity** 법적 실체, 법인체, 법인 **consist of** ~로 구성되다, 이루어지다 **separate** 독립된 **distinct** 별개의, 다른 **real person** 실재 인물 **enter into a contract** 계약을 맺다 **sue** 소송을 제기하다 **conduct business** 사업을 하다 **in one's own right** 자신의 정당한 자격으로, 혼자 힘으로 **be liable for** ~의 책임이 있다 **obligations** 채무 **typically** 일반적으로 **limited liability** 유한책임 *cf.* **unlimited liability** 무한책임 **be shielded from** ~로부터 보호되다 **be dependent on** ~에 의존하다; ~에 좌우되다 **dissolve** 해체(해산)하다; 무효로 하다 **merge** 합병하다, 합병시키다

38 경쟁 | 독점 | 불공정거래

주제어	관련어
competition	contest, emulation, anti-competitive, price competition, vie, compete, contest, pit, competitive, competitiveness, competitor, rival, meat
monopoly	monopolistic, monopolize, oligopoly, dominate, market-dominant, antitrust
unfair trading	insider trading, internal transaction, collude, fix, rig, manipulate

●●● The survival of the fittest. 적자생존.

흔히 현대를 무한 경쟁의 시대라고 하는데 이는 교통수단과 인터넷의 발달로 전세계가 점점 좁아져 기업들 간에 그만큼 경쟁(competition)이 더 치열해지고 있다는 것을 말한다. 지구촌(global village) 시대에 국경은 이제 의미가 없는 것이 되었고 마음만 먹으면 세계 어디에서 생산되는 물건도 며칠 안에 구할 수 있는 시대가 되었다.

개발도상국에서 벗어나 선진국으로 진입하기 위해 애쓰고 있는 우리나라는 무섭게 성장하는 중국으로부터의 심각한 경쟁에 직면하고 있다. 우리나라 기업들이 만드는 제품은 높은 임금 때문에 싼 노동력으로 양산된 중국산과는 도저히 원가 경쟁을 할 수 없기 때문이다. 이로 인해 많은 한국의 기업들이 값싼 노동력(cheap labor)을 찾아 생산기지를 중국으로 옮기고 있어 산업 공동화(industrial hollowing-out)에 대한 우려도 높아지고 있는 실정이다.

경쟁의 이면에는 독점(monopoly)이라는 것이 있는데 이는 특정 재화나 서비스를 생산, 공급하는 업체가 하나만 존재하는 상황을 말하며 크게 법적 독점(legal monopoly)과 자연적 독점(natural monopoly)으로 구분된다. 법적 독점이란 법으로 하나의 공급자만을 지정해 놓을 때 생기게 되고 자연적 독점이란 규모의 경제(economies of scale) 때문에 진입할 수 있는 기업의 숫자가 제한되어 생기는 독점을 말한다. 소수의 업체가 하나의 시장을 지배하는 상태는 과점(oligopoly)이라고 하는데 우리나라 여러 산업들도 이러한 형태를 띠고 있다. 정부는 기업들이 자신들의 시장지배적 지위(market-dominant status)를 남용하지 못하게 하고 공정한 경쟁을 유도하기 위해 공정거래위원회(the Fair Trade Commission)를 두고 기업들의 반경쟁적 행태를 감시한다.

competition

경쟁

a business relation in which two parties compete to gain customers
= antagonism, contention, contest, emulation, encounter, rivalry

'경쟁하다'는 뜻의 동사 compete는 경쟁하는 대상이 올 때는 전치사 with와, 경쟁의 목표를 나타낼 때는 전치사 for와 함께 쓰인다.

compete with each other 서로 경쟁하다

compete for a prize 상을 타려고 경쟁하다

유의어 **antagonism** 반대, 적대심 **one-upmanship** 남보다 한 발 앞선 행위(술책) **rat race** 치열하고 무의미한 경쟁, 과당경쟁, (치열한) 경쟁 사회 **tug-of-war** 줄다리기, 주도권 쟁탈

반의어 **cooperation**

용례 **business competition** 기업간 경쟁 **perfect[pure] competition** 완전 경쟁 **imperfect competition** 불완전 경쟁 **fair[unfair] competition** 공정[불공정] 경쟁 **open competition** 공개 경쟁 **free competition** 자유 경쟁

| **a fierce[bitter, intense, keen, cutthroat, hot, formidable, strong, stiff, tough, vehement] competition** 치열한(격심한) 경쟁

| **a breakneck competition** (무모할 정도로) 격렬한 경쟁 **a dog-eat-dog world[business]** 냉혹한(치열하게 경쟁하는) 세상[사업]

| **rising[increasing, growing, escalating, mounting] competition** 높아지는(심해지는) 경쟁

| **foreign[international] competition** 해외(국제) 경쟁 **global competition** 세계적인 경쟁 **domestic[new] competition** 국내[새로운] 경쟁

| **intersexual competition** 남녀간의 경쟁 **competition among bidders for the hotel** 호텔에 대한 입찰자들의 경쟁 **the competition for a position** 자리다툼 **the age of limitless competition** 무한 경쟁 시대

anti-competitive 반경쟁적인

| **remove[lift, abolish] anti-competitive practices** 반경쟁적 관행을 없애다[철폐하다, 폐지하다] **competition-restricting practices** 경쟁 제한적 관행 **lift restrictions on competition** 경쟁에 대한 규제를 철폐하다 **impede fair competition** 공정 경쟁을 방해하다

| **competition-boosting, competition-promoting** 경쟁을 증진시키는

| **price competition, price war** 가격 전쟁 **price-cut war** 가격 인하 경쟁 **wage a price war** 가격 경쟁을 벌이다 **non-price competition** 비가격 경쟁

---

vie 경쟁하다, 우열을 다투다

to compete for something = compete, contend, contest, emulate, go for, pit, rival, scramble for

용례 **vie with another for power** 남과 권력을 다투다 **vie in beauty** 아름다움을 겨루다 **vie for one's attention** ~의 관심을 끌려고 경쟁하다

| **vie with rival companies** 경쟁 회사와 경쟁하다 **vie with ~ to be top of the class** 반에서 일등을 하려고 ~와 다투다 **vie with each other for the top spot** 1위를 하려고 서로 경쟁하다

| **compete with foreign companies** 외국 회사들과 경쟁하다 **compete with others for a prize** 상을 타려고 남들과 겨루다 **compete against each other** 서로 경쟁하다

competitive 경쟁의, 경쟁력이 있는

involving competition or competitiveness = aggressive, antagonistic, competing, cutthroat, opposing, rival, vying

반의어 **collaborative, cooperative, noncompetitive, unambitious**

용례 **a competitive examination** 경쟁 시험 **competitive games** 경기 종목 **competitive spirit** 경쟁심 **a competitive price** 가격 경쟁력

| **a highly[fiercely] competitive environment** 치열한 경쟁 환경

| **highly competitive** 경쟁률이 높은 **competitive coexistence** 경쟁적 공존 **a competitive market** 경쟁 시장 **competitive bidding** 경쟁 입찰 **competitive society** 경쟁 사회

| **remain[stay] competitive** 경쟁력을 유지하다 **a competitive salary** 높은 급여 **a competitive advantage[edge]** 경쟁력의 우위 **give ~ a competitive edge** ~에게 경쟁력을 갖게 하다 **a competitive economy** 경쟁력이 있는 경제 **competitive goods** 경쟁력을 갖춘 상품

| **noncompetitive, uncompetitive** 경쟁이 없는, 경쟁력이 없는

competitiveness 경쟁력

| **gain[lose, regain] one's competitiveness** 경쟁력을 얻다[상실하다, 되찾다] **boost[raise] one's competitiveness** 경쟁력을 높이다 **undercut one's competitiveness** 경쟁력을 약화시키다

competitor 경쟁자, 경쟁 상대

one that competes with another = antagonist, challenger, competition, contestant, corrival, dark horse, emulator, foe, opponent, opposition, rival

유의어 **adversary** 적, 상대편 **angries** (사회 등에 항의하는) 성난 사람들 **favorite** 우승 후보 **meat** 쉽게 이길 수 있는 상대

반의어 **ally, colleague**

용례 **a competitor in business** 경쟁 업자 **competitor analysis** 경쟁 기업의 정보 분석 **one's biggest competitor** 최대 경쟁자

| **a main[major] competitor** 주 경쟁자(경쟁사)

| **a direct competitor** 직접 경쟁자 **a strong competitor** 강력한 경쟁자 **a formidable[keen, strong] competitor** 만만치 않은(얕잡아 볼 수 없는) 경쟁자 **outdo[outdistance, outstrip, outsmart] competitors** 경쟁자를 물리치다

| **an arch-rival** 최대 라이벌 **a political rival** 정적 **a good[noticeable] rival** 호적수 **a rival in love, a love rival** 연적 **a business rival** 사업 경쟁 상대 **a friendly rival** 선의의 경쟁 상대

필수예문

track 124

1 Viewed as the pillar of capitalism in that it may stimulate innovation, encourage efficiency, or drive down prices, **competition** is touted as the foundation upon which capitalism is justified. (혁신을 자극하거나 효율성을 장려하거나 또는 가격을 떨어뜨린다는 점에서 자본주의의 중심으로 여겨지는 경쟁은 자본주의가 정당화되는 토대라고 거론된다.)

2 The government will make greater efforts to promote **fair and open competition** among all those who generate electricity and even among those who use it. (정부는 모든 발전업자와 심지어 모든 전기 사용자 사이에 공정하고 공개적인 경쟁을 촉진하기 위해 더 큰 노력을 할 것이다.)

Scores of South Korean textile plants will have to shutter their doors in the face of **cutthroat competition from** Chinese companies. (중국 기업으로부터의 치열한 경쟁에 직면하여 수십 개의 한국 섬유 공장들이 문을 닫아야 할 것이다.)

3 The antitrust watchdog says the competition process should not be distorted or impeded through the abuse of dominant positions or **competition-restricting** agreements between large players. (반독점 감시기구는 경쟁 과정은 지배적 위치의 남용이나 대형 업체들 간의 경쟁 제한적 협정을 통해 왜곡되거나 방해되어서는 안 된다고 말한다.)

4 South Korea's big retailers are **waging a fierce price war**, which analysts say could have a negative impact on the overall industry. (한국의 대형 소매업체들이 치열한 가격 경쟁을 벌이고 있는데, 분석가들은 이것이 업계 전반에 부정적인 영향을 미칠 수 있다고 한다.)

Non-price competition is a marketing strategy in which one firm tries to distinguish its product or service from competing products on the basis of attributes like design and workmanship. (비가격 경쟁은 한 회사가 자사의 제품과 서비스를 디자인이나 제조기술과 같은 특징을 근거로 경쟁 제품과 차별화하려고 하는 판매 전략이다.)

5 Several companies are **competing with one another for** a greater share of South Korea's rapidly growing mobile phone market. (여러 회사들이 한국의 빠르게 성장하는 휴대전화 시장의 점유율을 높이기 위해 서로 경쟁하고 있다.)

Rival construction companies are **vying for** the contract to build the world's highest building. (경쟁 관계의 건설사들이 세계에서 가장 높은 빌딩 건설 계약을 따기 위해 경쟁하고 있다.)

6 Large and medium-sized companies will be able to **remain competitive** and have the capability to adjust to business demands, but it is the smaller companies and start-ups that would be hard-pressed to **meet growing foreign competition.** (대기업과 중견 기업들은 경쟁력을 유지하고 사업 요구에 적응할 능력을 갖고 있지만 심화되는 해외 경쟁에 대처하기에 힘들어질 것은 소기업들과 신생업체들이다.)

7 Experts say South Korea can most effectively **boost its competitiveness** by abandoning protectionist pricing and marketing strategies that discourage technological innovation. (한국은 기술 혁신을 저해하는 보호무역주의적인 가격 및 판매 전략을 버림으로써 가장 효과적으로 경쟁력을 높일 수 있다고 전문가들은 말한다.)

Many scientists argue the United States risks **losing its competitive edge** by backing down on funding at a time when foreign countries are bulking up their science programs. (외국은 과학 사업을 확대하고 있는데 미국은 자금제공을 취소함으로써 경쟁력을 상실할 위험이 있다고 많은 과학자들이 주장한다.)

8 Management gurus stress stepping on the gas when others hit the brakes can allow a company to **overtake its mightiest rivals.** (경영 전문가들은 남들이 주춤할 때 서두르면 회사는 가장 강력한 경쟁자들을 추월할 수 있다고 강조한다.)

In a bid to compete with its domestic **arch-rival**, the company said it will introduce a new high-performance sedan as early as in August. (국내 최대 경쟁업체와 경쟁하기 위해 그 회사는 새로운 고성능 세단을 빠르면 8월에 출시할 것이라고 밝혔다.)

monopoly

독점, 독점권, 독점회사
a market in which there are many buyers but only one seller
= total control, corner

유의어 **cartel** 기업연합 **syndicate** 기업연합 **trust** 기업 합동

용례 **have a monopoly on[of, over, in]** ~를 독점하다 **the monopoly prohibition law** 독점 금지법 **monopoly capitalism** 독점 자본주의 **complete monopoly** 완전 독점

| **make a monopoly of** ~를 독점하다

| **gain[hold, secure] a monopoly** 전매권을 얻나[쥐고 있다, 확보하다] **a state monopoly** 국영 독점회사 **a tobacco monopoly** 독점 담배회사

| **monopolistic** 독점의, 독점적인 **monopolistic practices** 독점적 관행 **a monopolistic market** 독점 시장

| **monopolize** 독점하다, 독점권을 얻다 **monopolize the profit[conversation]** 이익을[대화를] 독점하다 **monopolize a market** 시장을 독점하다 **monopsony** 수요 독점

dominate 지배하다

| **dominate the market** 시장을 지배하다 **a market-dominant position[status]** 시장 지배적 지위 **exercise[abuse] one's market-dominant position** 시장 지배적 지위를 사용하다[남용하다] **a market-dominant product** 시장을 지배하는 상품 **domination** 지배 **dominance** 지배, (생물) 우성 **dominator** 지배자, 지배력

| **antitrust** 독점 금지의 **antitrust law[legislation]** 독점 금지법 **anti-truster** 독점 금지법 찬성론자, 자유 경쟁론자

| **control, call the shots[tune]** 지배하다 **pull the strings** 배후에서 조종하다 **be in the driver's seat** 책임자 입장에 있다 **take the driver's seat** 전권을 장악하다, 책임자가 되다, 책임을 지다

| **oligopoly** 소수 독점, 과점 **oligopsony** 수요 과점

unfair trading

불공정 거래
trading of goods and services in unfair terms

용례 **police unfair trading** 불공정 거래를 단속하다 **be suspected[accused] of unfair trading** 불공정 거래 혐의를 받다 **deny charges of unfair trading** 불공정 거래 혐의를 부인하다

| **unfair trading practices** 불공정 거래 행위

| **be charged with unfair trading practices** 불공정 거래 혐의를 받다 **detect[deter, rectify] unfair trading practices** 불공정 거래 관행을 적발하다[막다, 시정하다]

| **insider trading** 내부자 거래(내부 정보를 이용한 위법 거래) **ban[prohibit] insider trading** 내부자 거래를 금지하다 **commit insider trading** 내부자 거래를 하다 **uncover insider trading** 내부자 거래를 적발하다 **be accused[convicted] of insider trading** 내부자 거래 혐의를 받다[내부자 거래로 유죄 선고를 받다]

| **internal transaction[dealing, trading]** 내부 거래(기업 내부간의 혹은 그룹의 자회사들끼리 하는 물품 거래)

| **unfair** 불공정한, 불공평한 = arbitrary, biased, inequitable, iniquitous, partial, partisan, undue,

unethical, unjust, unjustifiable, unlawful, unreasonable, unrightful, wrong, wrongful
| **collude** 담합하다 **collude to rig[fix] prices** 가격 담합을 하다 **manipulate** 조작하다

필수예문

track 125

1 Economists argue the company should not **have a monopoly** on defense manufacturing and the government should grant some of its contracts to other firms. (경제학자들은 그 회사가 군수품 제작을 독점해서는 안 되고 정부는 계약의 일부를 다른 회사들에게도 주어야 한다고 주장한다.)

Foreign institutional investors **have a virtual monopoly** in the domestic capital market. (외국 기관투자가들이 국내 자본시장을 사실상 독점하고 있다.)

2 Companies can't **have a monopoly** when they have competitors. (기업들은 경쟁사가 있을 경우 독점을 할 수 없다.)

Government investigators have uncovered a web of corruption within the country's **power monopoly** and are looking into other wrongdoing by its officials. (정부 조사관들은 국영 독점 전기회사 내의 부정부패 음모를 적발하고 회사 직원들에 의한 다른 부정행위도 조사하고 있다.)

3 The government has taken stern measures to prohibit the computer giant from engaging in these **monopolistic practices** in the future. (정부는 그 거대 컴퓨터회사가 앞으로 이러한 독점적 관행을 하지 못하도록 엄한 조치를 취했다.)

Monopolistic practices are contrary to wholesome and effective competition in market operation because control of supply and demand makes it possible to set artificial prices against the best interest of the consumer. (독점적 관행은 시장 운영에서의 건전하고 효과적인 경쟁에 어긋나는데 이는 수요공급을 통제함으로써 소비자들의 최선의 이익에 반하여 인위적인 가격을 정하는 것이 가능하기 때문이다.)

4 Mobile phone makers are calling on the government to take steps to prevent one company from **dominating the domestic market**. (휴대전화 제조업체들은 정부에 한 회사가 국내시장을 지배하지 못하도록 하는 조치를 취하도록 요구하고 있다.)

A **market-dominant firm** may be in a position to earn monopoly profits, so it should be banned from **abusing its market-dominant status**. (시장 지배적 사업자는 독점 이익을 얻을 수 있는 위치에 있으므로 시장 지배적 위치의 남용이 금지되어야 한다.)

5 South Korea's **antitrust watchdog** said it will continue to ban the nation's family-controlled conglomerates, known as chaebol, from owning a bank. (한국의 독점금지 감시기구는 재벌로 알려진 가족 중심의 거대기업들이 은행을 소유하는 것을 계속 금지하겠다고 밝혔다.)

Business leaders demand the government improve its **antitrust law** and align it with international standards. (재계 지도자들은 정부에 독점 금지법을 개선하고 국제 수준에 맞추라고 요구한다.)

6 Civic groups argue the government should carry out coordinated probes into big businesses that secretly **collude to fix prices, rig bids and contracts or engage in anti-competitive practices.** (시민단체들은 정부가 몰래 가격을 담합하고 입찰과 계약을 조작하는가 하면 반경쟁적 관행을 저지르는 대기업에 대한 합동 조사를 해야 한다고 주장한다.)

The president of the company says short sellers, who attempt to profit from share price declines by borrowing stock, are trying to **manipulate** its stock prices. (그 회사사장은 주식을 빌려 주가 하락에서 이득을 취하려고 하는 공매도자들이 회사의 주가를 조작하려 하고 있다고 말한다.)

7 Prosecutors are investigating several big businesses into allegations that they engaged in **unfair trading practices** at the expense of smaller firms. (검사들은 여러 대기업들이 중소기업들을 희생하여 불공정 거래 관행을 저질렀다는 주장에 대해 조사하고 있다.)

The government has vowed to take all measures to prevent companies from **committing unfair trading practices.** (정부는 기업들이 불공정 거래 관행을 저지르는 것을 막기 위해 모든 조치를 취하겠다고 공언했다.)

8 Five corporate directors have been charged with **insider trading** for using non-public information obtained from two securities firms to trade stocks and collectively earn profits of more than $1 million. (5명의 기업 이사들이 증권사 두 곳으로부터 얻은 미공개 정보를 이용해 주식을 거래하고 모두 백만 달러 이상의 이득을 취해 내부자 거래 혐의로 기소되었다.)

심화학습

독점 monopoly

독점이란 특정 상품이나 서비스를 생산, 판매하는 기업이 단 하나뿐이어서 다른 기업과 경쟁이 이루어지지 않아 다른 기업에 일체 영향을 받지 않는 상태, 즉 시장이 극단적으로 집중되어 있는 경쟁 상태를 말한다.

A **monopoly** is defined as a persistent market situation where there is only one provider of a kind of product or service. **Monopolies** are characterized by a lack of economic competition for the good or service that they provide and a lack of viable substitute goods.

A **legal monopoly** is a monopoly based on laws explicitly preventing competition. When such a monopoly is granted to a private party, it is a government-granted monopoly; when it is operated by government itself, it is a government monopoly or state monopoly.

A **natural monopoly** is a monopoly that arises in industries where economies of scale are so large that a single firm can supply the entire market. In these industries competition will tend to be eliminated as the largest (often the first) firm develops a monopoly through its cost advantage.

독점이란 특정 상품이나 서비스의 공급자가 단 하나뿐인 지속적인 시장 상황으로 규정된다. **독점**의 특징으로는 공급하는 재화와 용역에 대한 경제적인 경쟁이 없고 성장 가능한 대체 상품이 없다는 것이다.

법적 독점이란 명시적으로 독점을 금지하는 법에 근거한 것이다. 그러한 독점권이 민간에 주어지면 정부지정 독점이 되고 정부가 직접 운영하면 정부 독점 혹은 국가 독점이 된다.

자연 독점이란 규모의 경제가 너무 커서 단 하나의 회사만이 전시장에 공급할 수 있는 산업에서 생기는 것이다. 이러한 산업에서 경쟁은 최대(종종 최초)의 업체가 비용 우위를 통해 독점을 형성함에 따라 경쟁이 제거되는 경향이 있다.

| **persistent** 지속적인 **provider** 공급자 **be characterized by** ~로 특징 지워지다, 특징은 ~이다 **viable** 성장 가능한, 실행 가능한 **explicitly** 명시적으로, 명백히 **arise** 생기다 **economies of scale** 규모의 경제 **eliminate** 제거하다 **cost advantage** 비용 우위

39 유통 | 운수 | 항공·해운

주제어	관련어
distribution	**distribution company, warehouse, warehousing, logistics, logistics hub, logistical, marketing, de-marketing, promotion, commercial**
transport	**transportation, air[surface] transport, transport service, transport company, public transport, transport ship, in transit, trucking**
airline	**flight, air route, airliner, load factor, code-sharing, aviation, no-show rate, shipping, shipper, cargo ship, freighter, container ship, cruise ship**

●●● Bad news travels quickly. 나쁜 소문은 빨리 퍼진다.

기업들의 목표는 생산된 제품을 원하는 소비자에게 적기에 공급하여 최대의 이익을 내는 것이라 할 수 있는데 생산 공장에서 소비자에게 제품을 연결하는 기능을 하는 것이 유통(distribution, physical distribution)이다. 생산자가 아무런 중간 단계를 거치지 않고 직접 소비자에게 전달하는 것을 직접유통이라 하고 제품 흐름의 과정상 특정 단계에 도매상이나 소매상과 같이 소위 중간상으로 알려져 있는 유통기관이 개재하여 흐름이 형성되는 것을 간접유통이라 한다.

이런 유통 과정과 밀접한 관련이 있는 것이 마케팅(marketing)이다. 마케팅은 생산자가 상품 또는 서비스를 소비자에게 유통시키는 데 관련된 모든 체계적 경영활동을 의미하며 매매 자체만을 가리키는 판매보다 훨씬 넓은 의미를 지니고 있다. 제품의 매상에 마케팅이 점점 큰 역할을 하고 있는데, 판촉활동은 이 마케팅의 일부분이며 TV에서 요란하게 해대는 기업들의 광고도 마케팅의 일부다.

국경을 넘나드는 무역(trade)에 관련된 유통회사로는 항공사와 해운회사가 있는데 이들이 우리나라의 수출품을 외국의 소비자들에게 전달하거나 수입품을 국내에 들여온다. 항공사들은 항공 화물(air cargo)을 취급하는 동시에 항공 여행객들도 실어 나른다. 우리나라의 국적기(national flag carrier)로는 대한항공(Korean Air)과 아시아나항공(Asiana Airlines)이 있다.

distribution

유통, 배급
the commercial activity of transporting and selling goods from a producer to a consumer = allocation, circulation, delivery, dissemination, marketing, propagation, transport, transportation

용례 **a distribution company** 유통회사 **distribution channel** 유통 경로 **distribution structure** 유통 구조 **a distribution center** 유통 센터 **a distribution revolution** 유통 혁명 **the distribution industry** 유통 산업
| **a distribution and sales network** 유통 판매망 **a distribution line** 유통 라인 **coordinate distribution** 유통을 체계화하다 **a new method of distribution** 새로운 유통 방식
| **distributor** 유통업체 **distribute** 유통시키다
| **warehouse** 창고 **bonded warehouse** 보세 창고 **warehouse club** 회원제 할인 매점 **a warehouseman** 창고업자, 창고관리인 **warehouse receipt** 창고 증권 **warehousing** 창고업 **warehousing cost** 창고 보관비용 **warehousing facilities** 창고 시설
| **store** 저장하다 **stack** 쌓다 **container** 컨테이너 **rack** 선반 **an automated conveyor** 자동 컨베이어 **identify** 확인하다 **track** 추적하다 **scan** 스캐너로 읽다 **bar code** 바코드(상품의 식별을 위한 컴퓨터 판독용 부호)
logistics 물류(원료에서 완제품까지의 흐름)
| **a logistics company** 물류회사 **a logistics center** 물류 센터 **a logistics hub** 물류 중심지 **logistics management** 물류 관리 **revamp one's logistics system** 물류 체계를 개편하다 **a logistics network** 물류망 **logistics automation** 물류 자동화
| **logistical** 물류의 **logistical cost** 물류 비용 **cut one's huge logistical cost** 엄청난 물류 비용을 낮추다 **keep the logistical cost as low as possible** 물류 비용을 가능한 한 낮추다
| **deliver** 배달하다 **delivery** 배달 **door-to-door delivery** 택배 **a courier, a dispatch rider, an express messenger** 급사(急使), 배달인, 퀵서비스 **call a courier service** 택배회사(퀵서비스)에 전화하다

---

marketing 마케팅, 판매

the commercial functions involved in transferring goods from producer to consumer = business, commerce, dealing, merchandising, merchantry, trade

용례 **marketing manager** 마케팅 매니저 **marketing strategy** 마케팅 전략 **marketing department** 마케팅부 **marketing function** 마케팅 기능 **marketing concept** 마케팅 개념 **a marketing environment** 마케팅 환경 **marketing planning** 마케팅 기획
| **mass marketing** 대량 마케팅 **viral marketing** 바이러스성 마케팅 **tele-marketing** 전화마케팅 **direct marketing** 직접 마케팅 **non-store marketing** 무점포 마케팅 **organization marketing** 조직화 마케팅 **multi-level marketing** 다단계(피라미드식) 마케팅 **e-marketing** 전자마케팅 **Internet marketing, online marketing** 인터넷 마케팅 **marketing mix** 마케팅 조합(통제 가능한 마케팅 요소의 유기적인 통합)
| **de-marketing** 역 마케팅 (담배회사 등이 자사의 수요를 억제하는 선전 활동)
| **promotion** 판촉 **promotion goods** 경품 **sales promotion** 판촉 **promotional material** 홍보물 **publicity** 홍보, 선전 **advertizing** 광고 **commercial** 방송 광고

필수예문

track 126

1 A **distribution business** is the middleman between the manufacturer and retailer. (유통기업은 제조업자와 소매업체 사이의 중간상인이다.)

After a product is manufactured, it is typically stored in a **distribution company**'s warehouse before being sold to retailers or customers. (제품이 만들어진 뒤 일반적으로 소매업체나 소비자들에게 판매되기 전에 유통회사의 창고에 보관된다.)

2 With the improvement of the market economy, the country's **distribution and logistics industry** is playing an increasingly crucial role in promoting production and enhancing economic growth. (시장경제의 개선과 더불어 그 나라의 유통 물류산업은 생산을 촉진하고 경제성장을 높이는 데 점점 더 중요한 역할을 하고 있다.)

The greatest challenge facing the **distribution industry** is providing what consumers want at the right time. (유통산업이 직면한 최대의 문제는 소비자들이 원하는 것을 적시에 공급하는 것이다.)

3 The food company said it will step up efforts to streamline its **distribution channels** in order to better provide consumers with its products. (그 식품회사는 소비자들에게 자사의 제품을 더 잘 공급하기 위해 유통 채널을 합리화하기 노력을 가속화할 것이라고 밝혔다.)

The carmaker has announced it will restructure its **distribution network** in an effort to establish a global brand. (그 자동차회사는 전세계적인 브랜드 확립을 위한 노력의 일환으로 유통망을 개혁하겠다고 발표했다.)

4 A complete **warehouse** automation system can drastically reduce the workforce required to run a facility, with human input required only for a few tasks. (완벽한 창고 자동화 장치는 시설 운영에 필요한 인력을 크게 줄일 수 있고 인적 자원의 투입이 몇 개의 작업에만 필요하게 한다.)

5 Firms in the **truck transportation and warehousing industry** provide a link between manufacturers and consumers. (화물차 운송과 창고업에 종사하는 기업들은 제조업자와 소비자 간의 연결고리 역할을 한다.)

Businesses, and occasionally individuals, contract with **trucking and warehousing companies** to transport, store, and deliver a variety of goods. (기업들과 때로 개인들은 화물운송 및 창고회사와 계약을 맺어 다양한 물건을 운송, 보관, 배달한다.)

6 The government says its key goal is to cut the country's **logistical costs** in order to stay competitive in the world market. (정부는 주요 목표가 세계 시장에서 경쟁력을 유지하기 위해 국가의 물류 비용을 낮추는 것이라고 말한다.)

The overall **land transport industry** in South Korea has been posting sluggish growth, but the exception is the **door-to-door parcel delivery service**. (한국의 전반적인 육상 운수 산업은 부진한 성장을 기록하고 있지만 소포 택배 서비스업은 예외이다.)

7 The key to success is how to develop a **marketing strategy**, begin **marketing research** and market your products on a shoestring budget. (성공의 열쇠는 어떻게 마케팅 전략을 개발하고 마케팅 연구를 시작하며 저예산으로 제품을 판매하는가 하는 것이다.)

The **marketing environment** consists of external forces that directly or indirectly impact the organization. Changes in the environment create opportunities and threats for companies. (마케팅 환경은 조직에 직·간접적으로 영향을 주는 외부요인으로 구성된다. 환경의 변화는 기업들에 기회와 위협을 창출한다.)

8 Some **multi-level marketing** plans are legitimate but others are illegal pyramid schemes. (합법적인 다단계 마케팅 방식도 있고 불법적인 피라미드식도 있다.)

E-marketing is a type of marketing that can be defined as achieving objectives through the use of electronic communications technology such as the Internet, e-mail, and mobile phones. It is a more general term than **online marketing** which is limited to the use of Internet technology to **attain marketing objectives**
(전자 마케팅은 인터넷, 이메일 그리고 휴대전화와 같은 전자 통신 기술을 사용하여 목적을 달성하는 것으로 정의될 수 있는 마케팅의 한 형태인데, 마케팅 목적 달성을 위해 인터넷 기술 사용에 한정된 온라인 마케팅보다 더 일반적인 용어이다.)

transport

수송(운송)하다; 운송, 수송
the commercial enterprise of transporting goods and materials
= bring, carry, convey, ferry, fetch, haul, take, tote, transfer

유의어 **back, hump** 등에 지고 나르다 **airlift** 공수하다 **airdrop** (물자, 병력 따위를) 낙하산으로 투하(보급)하다 **bus** 버스로 나르다 **conduct** 전도하다, 운반하다 **lug** (무거운 것을) 힘껏 끌다, 운반하다 **piggyback** 등에 업다, (짐을) 화차로 나르다 **pipe** (물, 가스를) 관으로 보내다 **run** ~를 차로 운반하다(태워주다) **schlep** (귀찮은 것을) 가지고 걷다, 나르다 **shoulder** 어깨에 지고 나르다 **truck** 화물차로 운반하다

반의어 **hold, keep**

용례 **transport goods** 화물을 수송하다 **transport a machine by ship** 선편으로 기계를 수송하다 **transport products from the factory to the station** 제품을 공장에서 역까지 운반하다

| **transport service** 운송 서비스 **a transport company** 운송회사

| **transport ~ by air[rail, ship, helicopter]** 비행기[철도, 배, 헬기]로 운송하다

| **transport of goods** 화물 수송 **land[overland, surface] transport** 육로 수송 **air transport** 항공 수송 **road[rail] transport** 도로[철도] 수송 **public transport[transportation]** 대중교통 **transport costs[charges]** 운송 비용, 운송료 **a transport center** 교통의 중심지 **modernize a transport system** 운송 방식을 현대화하다 **transport policy** 운송 정책

| **a transport plane[aircraft]** 수송기 **a transport ship** 수송선 **a supersonic transport** 초음속 수송기

| **in transit** 수송(운송) 중에 **be lost[damaged, broken] in transit** 운송 중에 분실된[파손된, 부서진] **goods lost in transit** 운송 중 분실된 제품

| **a trucking company** 화물운송회사 **a trucker, a truck driver** 트럭 운전사

airline

항공사, 정기 항공로
a commercial enterprise that provides scheduled flights for passengers
= airline business, airway, air carrier

용례 **airline code, airline code number** 항공회사 코드 번호 **airline[air] ticket** 항공권, 비행기표 **airline passenger tariff** 국제 항공 운임표 **airline service** 항공기 운행
| **a national airline** 국영 항공사 **a civil airline** 민영 항공사 **a major airline** 주요 항공사 **a feeder airline** 지선 항공사 **the airline industry** 항공 산업 **a small[large] airline** 소형[대형] 항공사 **a commercial airline** 민간 항공사 **a budget[low-cost, low-fare] airline** 저가 항공사
| **pilot** 조종사 **co-pilot** 부조종사 **air hostess, stewardess** (정기 여객기의) 스튜어디스 **flight attendant, cabin attendant** 객실 승무원 **crew** (집합적) 승무원 **crew member** (개개의) 승무원 **ground personnel** 지상요원 **air marshal** 항공기 안전요원 **air traffic controller** 공항 관제사
| **an air route** 항로 **open[launch] a new air route between A and B** A와 B간 새 항로를 열다 **a direct air link between** ~사이의 직접 항공 연결

flight 항공편
| **announce the arrival[departure] of Flight 800** 800편의 도착[출발]을 알리다
| **launch a weekly flight from A to B** A와 B를 연결하는 주1회 항공편을 개시하다 **resume flight service between A and B** A와 B의 항공 서비스를 재개하다 **ground all flights** 모든 항공편의 운항을 중단하다
| **a charter flight** 전세편 **a connecting flight** 연결편 **an in-flight magazine** 기내 잡지 **in-flight meal service** 기내 식사 서비스
| **propose an "open skies" agreement with** ~와 항공자유화 협정을 제안하다
| **sign a free-market aviation agreement with** ~와 항공자유화 협정을 맺다 **end government restrictions on aviation between the two nations** 양국간 항공에 대한 정부 규제를 없애다 **complete liberalization of civil aviation** 민간 항공의 완전 자유화

airliner, passenger plane 여객기
| **a hypersonic airliner** 극초음속 여객기 **a jumbo jet[aircraft]** 초대형 여객기 **a wide-body, a wide-body plane** 동체의 폭이 넓은 대형 여객기 **a cargo plane, a freighter** 화물기 **fleet** (동일 회사 소유의) 전체 항공기[선박, 차량]
| **aviation** 항공 **the aviation industry** 항공(비행기 제조) 산업 **an aviation cap** 비행모 **aviation sickness** 항공병 **an aviation shed, a hangar** 비행기 격납고 **civil aviation** 민간 항공 **aviation fuel[gasoline]** 항공유 **aviation cadet** 공군 사관후보생 **aviation badge** 공군 기장 **aviation medicine** 항공 의학 **aerospace industry** 항공 우주 산업

passenger 승객
| **passenger traffic** 여객 수송량 **air traveler** 항공 여행객 **no-show** (예약하고도) 나타나지 않는 승객 **no-show rate** 예약부도율
| **cargo** 화물 **cargo traffic** 화물 수송량 **load factor** 좌석 이용률 **code-sharing** (항공사 간의) 항공기 코드(편명) 공유 **mileage service** 마일리지 서비스(탑승 거리에 따라 항공사가 제공하는 서비스) **mileage point[credit]** (항공사의) 마일리지 포인트 **mileage surcharge** 항공 운임 할증금
| **aviator** 비행가, 비행사 **a civilian[private] aviator** 민간 비행가 **an aviatrix, a woman[lady] aviator** 여류 비행사 **a vapor trail, a contrail** 비행기운(飛行機雲) **become airsick** 비행기 멀미가 나다

shipping 해운(업)

the commercial transportation of freight, especially by ship = marine[sea, ocean] transportation

용례 **the shipping world, shipping circles** 해운업계 **a shipping conference** 해운 동맹 **a shipping policy** 해운 정책 **the shipping industry** 해운산업

| **a shipping line[company, agent], a shipper** 해운회사

| **a shipping magnate** 해운왕 **coastal shipping** 근해 해운 **a shipping lane** 해로 **a shipping route** 해운 항로

| **a shipping bill, a bill of lading** 선하증권 **issue a bill of lading** 선하증권을 발행하다 **a shipping invoice** 선적 송장 **shipping specification** 선적 명세서 **shipping costs[charges]** 선적(운송) 비용 **shipping insurance** 운송보험

| **a cargo ship[vessel], a freighter, a merchant vessel** 화물선

| **merchant marine** (한 나라의) 전체 상선 **a container ship[vessel]** 컨테이너선 **a very large container vessel** 초대형 컨테이너선 **an oil tanker** 유조선

| **a passenger ship[boat], a passenger liner** 여객선 **a ferry** 연락선 **a cruise liner, a cruise ship** 유람 여객선 **a luxury liner** 호화 여객선

| **charter a vessel** 용선하다 **round-trip[single-trip] charter** 왕복[편도] 용선

| **charterage, charter money, hire** 용선료 **a chartering market** 용선 시장 **chartering business** 용선업 **a charterer** 용선자 **a chartering broker** 용선 중개인

필수예문

track 127

1 Rail is used frequently to **transport** goods to a port for shipping overseas and when the goods arrive at the foreign port of entry and must carry on to another destination. (수출용으로 화물을 항구로 수송하고 제품이 외국 통관항에 도착해 다른 행선지로 이동해야 할 때 철도가 자주 이용된다.)

2 The company is China's largest **transporter** of fuels and other petroleum-based products and the only petroleum transport provider with a nationwide network and the ability to deliver gasoline. (그 회사는 중국의 최대 연료와 석유제품 운수회사이며 전국적인 수송망과 휘발유 배달 능력이 있는 유일한 석유 운송업체다.)

The country has more than 100,000km of asphalt road and the **overland transport** of goods and passengers is mainly carried out by motor vehicles. (그 나라는 10만 킬로미터 이상의 아스팔트 포장도로가 있어 화물과 여객의 육상 수송은 주로 자동차에 의해 수행된다.)

3 We will not take responsibility for goods that are lost or damaged **in transit**. (우리는 운송 중에 분실되거나 손상된 제품에 대해서는 책임을 지지 않습니다.)

A new study shows that using the city's canal network to move freight could help ease traffic congestion and halve **transport costs**. (새로운 한 연구에 의하면 그 도시의 운하망을 이용하여 화물을 운송하면 교통체증을 완화하고 운송비를 절반으로 낮추는 데 도움이 될 수 있을 것이라고 한다.)

4 Over the past 30 years, the **transportation policy** in Seoul has increasingly taken into account the importance of ecological considerations. (지난 30년 동안 서울의 교통정책은 환경적인 요인의 중요성을 점점 더 고려하게 되었다.)

Public transport has undergone major improvements and has significantly contributed to the reduction of individual car use. (대중교통이 크게 개선되어서 개인의 자동차 이용 감소에 상당히 기여했다.)

5 **Major airlines** are already suffering from higher labor costs and fuel prices. (주요 항공사들은 이미 높아진 노동 비용과 연료 가격으로 고통을 겪고 있다.)

As the economy has remained in the dumps, **Asian airlines** have also been dogged by weak demand for travel, especially among higher-paying business passengers. (경제가 침체에 빠져 있음에 따라 아시아의 항공사들은 여행 수요, 특히 더 높은 요금을 내는 출장 여객의 수요 감소에 시달려왔다.)

6 The airline has announced it will **launch a new air route** linking Seoul and Tokyo to serve the growing number of Japanese tourists to South Korea. (그 항공사는 늘어나는 한국행 일본인 관광객들의 수요에 맞추기 위해 서울과 일본을 연결하는 새 항공로를 개설할 것이라고 발표했다.)

Korean Air will temporarily **resume normal international flight services** between South Korea and Indonesia in anticipation of growing demand from South Korean travelers. (대한항공은 한국인 여행자들의 늘어나는 수요를 예상하고 한국과 인도네시아 간의 정규 국제 항공 서비스를 일시 재개할 것이다.)

7 South Korea's **shipping industry** is undergoing a boom of an unprecedented scale thanks to a surge in freight movement stemming from the rapidly growing Chinese economy. (한국의 해운산업은 급속히 성장하는 중국 경제에서 기인하는 화물 수송의 급증으로 전례 없는 호황을 누리고 있다.)

8 In an effort to boost its market share, the **shipping company** plans to increase its **fleet** to 100 vessels. (시장점유율을 높이기 위한 노력의 일환으로 그 해운회사는 회사 소유 전체 선박을 100척으로 늘릴 계획이다.)

The **oil tanker industry** is expected to suffer sluggish business this year due to weaker global demand and rising fleet capacity. (유조선 업계는 세계적인 수요 감소와 선박의 수송 능력 증가로 올해 경기 침체를 겪을 것으로 예상되고 있다.)

심화학습

물류 logistics

물류란 재화 및 서비스가 최초의 생산자로부터 최종 소비자에 이르기까지의 물리적인 흐름과 관련된 활동으로, 그 재화 및 서비스를 잠재 사용자에게 필요한 시간과 장소에 전달시키는 데 중요한 역할을 수행한다고 할 수 있다.

Logistics is the process of strategically managing the procurement, movement and storage of materials, parts, and finished inventory through an organization and its marketing channels in such a way that current and future profitability are maximized through the cost-effective fulfillment of orders.

The term **logistics** has evolved from the military's need of spare-parts supply, but is now widely accepted to include activities like purchasing, transport, warehousing, organizing and planning of these activities. **Logistics** managers need general knowledge of each of these functions, and specific knowledge of the industry, commodity, or business protocols governing the product types being managed.

Logistics automation is the application of computer software and automated machinery to improve the efficiency of logistics operations. Typically this refers to operations within a warehouse or distribution center.

물류는 현재와 미래의 수익성이 비용 면에서 효과적인 주문의 수행을 통해 극대화되도록 조직과 판매 경로를 통해 재료, 부품, 완제품 재고의 조달, 이동 및 보관을 전략적으로 관리하는 과정이다.

물류라는 용어는 군대의 예비 부품 공급의 필요성에서 발전했지만 오늘날에는 구매, 운송, 그리고 이러한 활동의 조직과 기획을 포함하는 것으로 널리 받아들여지고 있다. **물류** 관리사들은 이러한 각 기능들에 대한 일반적인 지식과 관리되는 제품 종류와 관련된 산업, 상품, 사업 관례 등에 대한 전문적인 지식을 필요로 한다.

물류 자동화는 물류 작업의 효율성을 높이기 위해 컴퓨터 소프트웨어와 자동화된 기계를 적용하는 것으로, 보통 이것은 창고나 유통 센터 내의 작업을 지칭한다.

process 과정 **strategically** 전략적으로 *cf.* **strategy** 전략 **procurement** 조달, 획득 **storage** 보관 **finished inventory** 완제품 재고 **in such a way that** ~할 수 있도록 **maximize** 극대화하다 **cost-effective** 비용 면에서 효과적인 **evolve from** ~에서 발전(발달, 진화)하다 **general** 일반적인 **specific** 특정의, 전문적인 **protocol** 관례, 관행 **govern** (원칙, 법칙 따위가) ~를 지배하다 **automation** 자동화 **application** 적용, 응용 **efficiency** 효율성 *cf.* **efficient** 효율적인

40 양도 | 상속 | 유산

주제어	관련어
transfer	**deed, hand over, transfer of power, transferor, transferee, transferable, alienation, quitclaim, donate, giveaway, gift, donation, donor**
inherit	**take over, inheritance, inheritance tax, inheritable, heir, heir apparent, heirloom, inherent**
bequeath	**bequeathal, bequest, devise, fee tail, legatee, will, testament, testator, testamentary**

●●● Charity begins at home. 남보다 먼저 가족을 사랑하라.

정부의 부동산 투기대책에도 불구하고 전국의 아파트 값은 천정부지로 뛰어 서민들의 내 집 마련의 꿈은 점점 멀어지고 있다. 전문가들에 의하면 이러한 아파트 값 폭등의 주원인은 투기 수요로서, 투기꾼들이 아파트 시세 상승을 주도하면서 아파트를 샀다 되팔아 엄청난 양도차익(capital gains)을 남기며 정부의 정책을 비웃고 있다고 한다. 정부에서는 양도차익에 대한 세율을 높이는 등 여러 가지 대책을 내놓고 있지만 여전히 아파트 값은 잡히지 않고 있다.

아무런 대가 없이 불우한 이웃이나 재난을 당한 사람들에게 돈이나 물품을 양도하는 것을 기부(donation)라고 한다. 태풍이나 기타 자연재해로 많은 이재민이 발생하면 흔히 기업체 등의 기부 소식을 듣게 된다. 평소에는 인색하다가도 일이 터져야 돈을 기부하는 기업가들의 행태를 일부 사람들은 비판하기도 한다.

양도와는 달리 재산을 물려주거나 물려받는 것으로 증여(gift)와 상속(inheritance)이 있다. 증여는 생전에 현금이나 재산을 자식이나 다른 사람에게 물려주는 것을 가리키는 데 반해 상속은 재산을 물려주는 사람이 죽은 뒤에 발생하게 된다. 몇 해 전 국내 최대의 재벌 2세가 편법적으로 아버지로부터 증여(gift)를 받았다고 해서 문제가 되기도 했었다.

transfer

(재산, 권리 등을) 양도하다; 양도, 이전
to officially give the ownership or control of something to someone else
= assign, cede, deed, hand, hand over, make over, turn over; assignment, handover, transference

용례 **transfer a title to land to someone** 토지에 대한 권리를 ~에게 양도하다 **suspend transfers of stocks, close the transfer books** 주식의 명의 변경을 정지하다
| **transfer the ownership of the house to him** 그에게 집의 소유권을 양도하다 **transfer one's right to another** 권리를 남에게 물려주다 **transfer one's estate to one's wife** 부동산을 아내 명의로 개서하다
| **transfer of power** 권력 이양 **peaceful transfer of power** 평화적 정권 이양(교체) **transfer of ownership** 소유권 이전 **a transfer agent** 명의 변경 대리인 **a transfer fee** 명의 변경료 **a deed of transfer** 명의 변경 증서 **a transfer income tax, a capital gains tax** 양도 소득세
| **transferor** (재산, 권리) 양도인, 매도인 **transferee** (재산, 권리) 양수인 **transferable** 양도할 수 있는 **a transferable vote** 이양표(移讓票) (비례대표제에서 다른 후보에게 이양할 수 있는 표) **unassignable** 양도할 수 없는 **transference** 양도, 매도
| **alienation** 양도 **quitclaim** 권리 양도(포기) **conveyance of title** 명의 양도(이전) **lend-lease** 대여, 무기 대여

---

give 주다

to transfer ownership of something = accord, award, confer, hand, let ~ have, present, provide

용례 **give him money, give money to him** 그에게 돈을 주다 **give her some advice** 그녀에게 충고를 좀 하다 **give secret information to the enemy** 적에게 비밀 정보를 주다
| **hand, pass** 건네주다 **slip** 재빨리 (살짝) 손에 쥐어주다
| **give out, hand out, share out, dish[dole] out** (한 무리의 사람에게) 똑같이 나누어주다
| **award, allocate, allot, confer, grant, present** 주다(give보다 formal한 말)
| **donate, give away, make a donation, subscribe to** 기부하다
| **give back, hand back, return, restore** 되돌려주다
| **be generous, lavish something on, shower something on** 아낌없이 주다, 세례를 퍼붓다
| **giveaway** (상품 판촉용) 경품; 떨이로 파는, 헐값의 **at giveaway prices** 거저나 다름없는 값으로, 헐값으로

gift 선물, 증여
| **a birthday[Christmas, wedding] gift** 생일[크리스마스, 결혼] 선물 **a gift of chocolates[flowers]** 초콜릿[꽃] 선물 **a gift to charity** 자선단체에 주는 선사품 **a kind[generous, small] gift** 친절한[관대한, 작은] 선물 **give[accept] a gift** 선물을 주다[받다] **select[wrap] a gift** 선물을 고르다[포장하다]
| **a gift certificate** 상품권 **a gift coupon** 경품(교환)권 **a gift shop** 선물 가게 **gift-wrap** 선물용으로 포장하다 **look a gift horse in the mouth** 선물로 받은 물건의 흠을 잡다, 남의 호의(친절)를 트집 잡다
| **a gift tax** 증여세 = a tax imposed on transfers of property by gift during the lifetime of the giver
| **giver, donator, donor** 증여자 **donee, donatory** 기증받는 사람 **donated property** 증여 재산
| **a blood donor** 헌혈자 **blood donation** 헌혈 **a kidney donor** 신장 기증자 **benefactor** 후원자, 재산 기증사 **philanthropist** 자선가, 박애주의자
| **donation** 기부, 기부금 **make a donation of $10,000 to the school** 학교에 만 달러를 기부하다 **charity** 자선, 자선기금, 자선단체 **handout** 남에게 주는 음식[옷, 금전]; (정부의) 보조금

필수예문

track 128

1 It is common for elderly homeowners to **transfer** ownership title of their homes or property to a younger family member — be it a son, daughter, or grandchild — before they pass on. (나이가 지긋한 주택 소유자들이 죽기 전에 주택이나 부동산 소유권을 나이 어린 가족—아들, 딸 혹은 손자—에게 양도하는 것은 흔한 일이다.)

The politician has decided to **transfer** his land to a conservation agency. (그 정치인은 자신의 토지를 자연보호 기관에 양도하기로 했다.)

2 The husband uses a **quitclaim deed** to **transfer** all of his ownership rights in a property to his wife. (남편은 부인에게 재산에 대한 자신의 모든 소유권을 양도하기 위해 권리 포기 증서를 이용한다.)

The businessman has promised to **transfer** all his property to a charity organization. (그 사업가는 자신의 모든 재산을 자선단체에 양도할 것을 약속했다.)

3 The strongman has received international acclaim for being the first military leader to **transfer power to** a civilian government voluntarily. (그 독재자는 문민정부에 스스로 권력을 이양한 최초의 군 지도자로 국제적으로 찬사를 받았다.)

Whichever candidate wins the presidency, the country will experience its first **peaceful transfer of power** in its 43 years since independence. (어느 후보가 대통령 선거에서 승리하든 그 나라는 독립된 지 43년 만에 최초의 평화적 정권 교체를 경험할 것이다.)

4 The formal **handover** of Hong Kong to China went without a hitch, but there remain concerns about whether China would squelch the human rights of the city's 6 million people. (홍콩의 중국에로의 정식 이양은 순조롭게 진행되었지만 중국이 6백만 홍콩 시민들의 인권을 억압할지도 모른다는 우려가 남아있다.)

A **capital gains tax rate** reduction would increase tax revenues as investors sell more assets to take advantage of the lower capital gains tax rates. (양도 소득세율 인하는 투자자들이 낮은 세율을 이용해 더 많은 재산을 팔게 되므로 세수를 늘리게 될 것이다.)

5 The official said his superiors authorized him to **give secret information to** reporters as part of the administration's defense of intelligence used to justify invading Iraq. (그 관리는 이라크 침공을 정당화하기 위해 이용된 정보를 옹호하려는 행정부의 노력의 일환으로 비밀 정보를 기자들에게 제공하는 것을 자신의 상관이 허용했다고 말했다.)

6 South Korea has pledged to **donate** $5 million to help victims of a devastating earthquake in Pakistan. (한국은 파키스탄에서 일어난 강력한 지진 피해자들을 돕기 위해 5백만 달러를 기부할 것을 약속했다.)

There are many different ways to **make a donation** and donations may be made online using a credit card. (기부할 수 있는 여러 다른 방법이 있는데 기부는 신용카드를 사용하여 온라인으로 할 수도 있다.)

7 If you give people a lot of money or property, you might have to pay a federal **gift tax**. But most gifts are not subject to the gift tax. (당신이 사람들에게 많은 돈이나 부동산을

증여하면 연방 증여세를 내야할지도 모른다. 그러나 대부분의 증여는 증여세를 내지 않아도 된다.)

After reaching an agreement with the **donors**, the recipients can make use of the **donated property**. (기부자들과 합의를 한 후 수령자들은 기부 재산을 이용할 수 있다.)

8 The Korea National Red Cross is starting a new **blood donation** campaign to help save thousands of lives. (대한적십자사는 수천 명의 생명을 구하는 것을 돕기 위해 새로운 헌혈 운동을 전개하고 있다.)

If there is a profit to be made, entrepreneurs will act with or without government **handouts**. (이익을 낼 수 있으면 기업가들은 정부의 보조금에 상관없이 행동하게 된다.)

A dollar from every payment will go to **charity**, and every time the $1 million mark is reached, it will be donated for a good cause. (모든 납입금에서 1달러가 자선단체에 보내져서 백만 달러에 도달할 때마다 그 돈은 좋은 운동에 쓰도록 기부될 것이다.)

inherit

(재산, 권리 따위를) 상속하다, 물려받다
to receive property or a title from an ancestor by legal succession or will
= acquire, be granted, be left, come into, derive, fall heir, gain, get, obtain, receive, succeed, take over

용례 **inherit a fortune from an uncle** 삼촌으로부터 재산을 상속 받다 **inherit money[property]** 돈[부동산]을 상속하다 **inherit an estate[everything]** 토지를[모든 것을] 물려받다 **inherit the family business** 가업을 물려받다

| **inheritance, heritage** 상속 재산, 상속, 상속권 **joint inheritance** 공동 상속 **inheritance tax** 상속세 (상속인이 내는 세금) **estate[death] tax** 유산세 (재산 상속을 할 권리에 대한 세금) **pay an inheritance tax in land** 상속세를 토지로 대납하다

| **a quarrel[squabble] over inheritance** 유산 싸움 **receive property by inheritance** 재산을 상속받다 **come into an inheritance** 유산을 상속 받다 **claim one's inheritance** 상속을 주장하다

| **heirloom** 법정 상속 동산, (조상 전래의) 가보 **a priceless heirloom** 귀중한 가보, 막대한 상속 재산

| **inheritable** 상속할 수 있는, 상속 자격이 있는 **an inheritable title** 상속되는 칭호 **inheritable blood** 상속할 자격이 있는 혈통

heir, inheritor (유산) 상속인

| **an heir to a large fortune** 막대한 재산의 상속인 **an heir apparent** 법정 추정 상속인, 확실한 후계자

heiress 여자 상속인

| **pot an heiress** 무남독녀에게 장가들다 **old-money** 조상 전래의 재산이 있는 **primogeniture** 장자 상속제, 장자 상속권 **ultimogeniture** 말자(末子) 상속제

| **inherent** 고유의, 타고난 = intrinsic, natural, essential, native, fundamental, hereditary

instinctive[innate, inherent] rights 생득권

| **disinherit** 폐적(廢嫡)하다, ~의 상속권을 박탈하다 **disinheritance** 상속권 박탈, 폐적

| **inherit his father's disposition** 그의 아버지의 기질을 타고나다 **an inherited quality** 유전 형질 **Habits are inherited.** 습관은 유전한다. **an inherited disease[disorder]** 유전병

bequeath

(동산을) 유증(遺贈)하다, 유산으로 물려주다
to leave or give (personal property) by will = bestow, endow, give, hand down, leave, legate, pass on, transmit, will

유의어 **devise** (부동산을) 유증하다 **entail** (부동산의) 상속인을 한정하다
용례 **bequeath him one's fortune, bequeath one's fortune to him** 그에게 ~의 재산을 유증하다 **bequeath $10,000 to charity** 자선단체에 만 달러를 유산으로 남기다 **bequeath someone one's jewelry** ~에게 보석을 유산으로 남기다
| **bequeathal, bequeathment, bequest** (동산의) 유증
| **leave[make] a bequest** 유증하다 **a donation by bequest** 유산에 의한 기부금 **leave a bequest of $10,000 each to one's grandchildren** 손자들에게 각각 만 달러의 유산을 남기다
| **devise** (부동산의) 유증, 유증 재산 **devisable** 유증할 수 있는
| **fee tail** 한사(限嗣) 토지 상속권 **ademption** 유증(遺贈) 철회 **perpetuity** (재산의) 영구 구속(양도 금지가 일정 기간 이상에 걸쳐 있는 것); 영구 재산(소유권, 소유지)
| **legatee** 유산 수령자(양수인) **a residuary legatee** 잔여재산 수령자
will, testament 유언, 유서
| **one's last will and testament** 유언(장)
| **make[draw up] one's will** 유서를 작성하다 **remember a person in the will** 유언장에 이름을 써넣어서 유산을 주다
| **testamentary** 유언의, 유언에 의한 **a testamentary paper** 유언장 **a testamentary guardian** 유언에 의한 후견인 **testator** 유언자

필수예문

track 129

1 Tom stands to **inherit** a huge fortune from his uncle, but in order to secure his **inheritance**, he must comply with a bizarre provision in the will — he must be absolutely penniless on a given day. (톰은 삼촌에게서 엄청난 재산을 상속 받을 것 같지만 상속을 확보하기 위해 그는 유언장에 있는 별난 조항을 따라야 하는데 그것은 그가 어느 특정한 날에 땡전 한 푼 없어야 한다는 것이다.)

2 He will someday become the **sole heir** to the fortune of South Korea's wealthiest man. (그는 언젠가 한국 최고 부자 재산의 유일한 상속자가 될 것이다.)

The term **heir apparent** is most often used to refer to someone who is first in the order of succession to a throne, or a political or corporate leader. It also refers to an heir whose right to inheritance is indefeasible by law. (법정 추정 상속인이란 용어는 왕위나 정치 혹은 기업 지도자 계승 순위에서 첫 번째에 있는 사람을 지칭하는 것으로 가장 흔히 사용된다. 이것은 또한 법에 의해 무효화할 수 없는 상속권을 가진 상속인을 지칭하기도 한다.)

Jane is her father's **sole heiress** and is expected to inherit his huge fortune but has only $10,000 of her own. (제인은 아버지의 유일한 상속녀로 그의 엄청난 재산을 상속 받을 것이지만 자신의 돈은 만 달러밖에 없다.)

3 It is becoming increasingly difficult to avoid **inheritance tax** and heirs are

obliged to pay 40 percent of anything over $100,000. (상속세를 피하는 것이 점점 어려워지고 있는데 상속인은 상속 금액이 10만 달러를 초과하면 40퍼센트를 내야 한다.)

The owner's worry now is that when she dies, her children may have to sell the shop to **pay the inheritance tax.** (주인의 현재 걱정은 그녀가 죽으면 자신의 아이들이 상속세를 내기 위해 가게를 팔아야 할지도 모른다는 것이다.)

4 Death often gives rise to disagreement among descendants who **quarrel over inheritance.** (사망으로 인해 상속 문제로 싸우는 자손들 간에 불화가 종종 생긴다.)

A **family squabble over inheritance** has erupted soon after the billionaire businessman died. (그 억만장자 사업가가 죽고 나서 곧 가족간 유산 싸움이 벌어졌다.)

5 After being declared bankrupt, he wants to sell a **priceless heirloom** to alleviate the poverty in his family. (파산 선고를 받고 난 후 그는 집안의 가난을 덜기 위해 귀중한 가보를 팔려고 한다.)

You are creating a **priceless heirloom** when you record family history stories, which could be a rich heritage to your children. (가족사 이야기를 기록하면 귀중한 가보를 만드는 것인데 아이들에게 값진 유산이 될 수 있다.)

6 The businessman is resolved to **disinherit** him if he does not give up gambling and marry. (그 사업가는 그가 노름을 끊지 않고 결혼을 하지 않으면 그의 상속권을 박탈하리라 굳게 결심하고 있다.)

Even if any close relative in your or your partner's family has suffered from an **inherited disease**, your baby could be at risk. (당신이나 배우자의 가까운 친척 누구라도 유전병을 앓은 적이 있다면 당신의 아기도 걸릴 위험이 있다.)

7 After losing much money by unlucky speculations, he was still able to **bequeath** a large fortune to his family. (불운한 투기로 큰돈을 날린 뒤에도 그는 여전히 가족에 많은 재산을 유증할 수 있었다.)

A **bequest** is when you make a gift of personal property, such as cash, a car, shares, etc., to a named person or organization in your will. (유증은 현금, 차, 주식 등과 같은 동산을 유언장에 지정된 사람이나 기관에 증여할 때 생긴다.)

People who accumulate $10 million normally know that their heirs receive less if they **leave a bequest to** charity. (천만 달러를 모으는 사람은 통상 자선단체에 유증을 하면 그들의 상속인들이 덜 받게 된다는 것을 안다.)

8 A **will** is a legal document declaring people's wishes regarding the disposal of their property when they die. (유언장은 사망시 자신의 재산의 처분에 관한 요청을 선언하는 법적 문서다.)

The **last will and testament** is used generally as a financial instrument to ensure that upon death, one's assets are distributed according to one's personal wishes. (유언장은 일반적으로 사망시 개인의 희망에 따라 재산이 분배되도록 하는 금융 문서로 사용된다.)

Male testators are more likely than **female testators** to leave the bulk of their estates to their widows, while female testators are more likely to bequeath their estates to their surviving children than to their husbands. (남성 유언자들은 여성 유언자들보다 재산의 대부분을 미망인들에게 남길 가능성이 더 크지만 여성 유언자들은 남편보다는 유족으로 남는 아이들에게 재산을 물려줄 가능성이 더 크다.)

심화학습

상속세 inheritance tax

상속세란 사망을 원인으로 한 상속으로 재산을 물려받은 사람(상속인)이 내는 세금으로 피상속인이 가지고 있던 모든 재산에 대해 과세되는데 모든 재산이란 상속인 명의의 재산뿐만 아니라 증여 재산과 간주 상속 재산도 포함되는 개념이다.

An **inheritance tax** is essentially an assessment on the amount of money or property that you inherit when someone close to you dies and names you as an heir in the will. The amount of tax you may be liable for depends on the amount of the inheritance and your relationship to the deceased person.

It is a tax on your right to receive an inheritance. It differs from an estate tax in that an estate tax is the assessment of the gross value of the estate. Some states have both an estate and an **inheritance tax** and many people use the federal gift levy as a way of avoiding problems with these taxes by giving the inheritances as gifts before they die.

When the property of the deceased passes to the surviving spouse there is no **inheritance tax** due on that amount. The **inheritance tax** is based on the bequests made in a will and the relationship of the recipient to the deceased. Those with the closest ties enjoy the biggest exemptions.

상속세란 본질적으로 가까운 사람이 사망하여 유언장에 당신을 상속인으로 지정할 때 상속 받은 돈과 부동산 금액에 대한 과세액이다. 당신이 부담해야 할 세액은 상속 재산의 액수와 사망자와의 관계에 따라 달라진다.

상속세는 상속을 받을 권리에 대해 매기는 세금으로 유산세와는 다른데 유산세는 재산의 총액에 대한 과세다. 일부 주에는 유산세와 **상속세** 둘 다 있으며 많은 사람들은 사망 전에 상속 재산을 증여로 줌으로써 이러한 세금 문제를 회피하기 위한 수단으로 연방 증여세를 이용한다.

사망자의 재산이 살아 있는 배우자에게 넘어갈 때 그 금액에 대해 **상속세**는 없다. **상속세**는 유언장에 적힌 유산과 상속인의 사망자에 대한 관계에 근거한다. 가장 가까운 관계에 있는 사람이 가장 큰 면제 혜택을 누린다.

essentially 본질적으로 **assessment** 과세, 과세액 **be liable for** ~할 의무가 있다 **depend on** ~에 달려있다, ~에 따라 다르다 **relationship** 관계 **deceased** 사망한 **differ from** ~와 다르다 **in that** ~라는 점에서 **gross** 총계의, 총 ~ **estate tax** 유산세 = death tax (사망자의 상속할 권리에 대해 부과하는 세금) **levy** 세금, 부과금 **surviving** 살아 남은, 유족의 **bequest** 유산 **exemption** 면제, 공제